小河区
花溪区
花溪
贵筑
清溪
溪北
黄河
长江
平桥
三江
金竹
二戈寨
石板镇
久安乡
党武乡
孟关苗族布依族乡
沪昆高速
图例
省政府驻地
市政府驻地
区政府驻地
乡、镇政府
街道办事处驻地
行政村寨
自然村寨
地级行政区界
旅游景点
温泉
企事业单位、工厂
主要山峰
黔灵山1396

贵阳建设生态文明城市年鉴

GUIYANG ALMANAC
OF
ECOLOGICAL AND CIVILIZED CITY CONSTRUCTION

2012

贵阳建设生态文明城市年鉴编辑部 编

新 华 出 版 社

图书在版编目(CIP)数据

贵阳建设生态文明城市年鉴. 2012 / 贵阳建设生态文明城市年鉴编辑部编
北京：新华出版社，2012.6
ISBN 978-7-5011-9990-7
Ⅰ.①贵… Ⅱ.①贵… Ⅲ.①城市环境—生态环境—城市建设—贵阳市—2012—年鉴 Ⅳ.①X321.273.1-54
中国版本图书馆CIP数据核字(2012)第126299号

贵阳建设生态文明城市年鉴（2012）
作　　者：贵阳建设生态文明城市年鉴编辑部编

出 版 人：张百新　　选题策划：米春改
责任编辑：米春改　　封面设计：新兴数码

出版发行：新华出版社
地　　址：北京石景山区京原路8号　　邮　　编：100040
网　　址：http://www.xinhuapub.com　　http://press.xinhuanet.com
经　　销：新华书店
购书热线：010-63077122　　中国新闻书店购书热线：010-63072012

照　　排：新兴数码
印　　刷：深圳市佳信达印务有限公司

成品尺寸：185mm×260mm
印　　张：23　　字　　数：550千字
版　　次：2012年6月第一版　　印　　次：2012年6月第一次印刷

书　　号：ISBN 978-7-5011-9990-7
定　　价：180.00元

编辑说明

一、《贵阳建设生态文明城市年鉴》是中共贵阳市委、贵阳市人民政府批准创办，贵阳市委政策研究室承办，《贵阳建设生态文明城市年鉴》编辑部编辑，新华出版社出版的一部综合反映贵阳市生态文明城市建设的资料工具书。

二、《贵阳建设生态文明城市年鉴》编纂宗旨是：以邓小平理论、“三个代表”重要思想为指导，深入贯彻落实科学发展观，全面反映贵阳市年度生态文明城市建设情况，为各级党政领导决策提供参考依据，为生态文明城市建设的理论研究和实践提供翔实的资料。

三、《贵阳建设生态文明城市年鉴》资料收录范围为：1.省、市领导关于生态文明城市建设的重要讲话、重要文章；2.本市及相关部门制定的有关生态文明建设的工作报告、政策性文件；3.市属各区（市、县）、各部门（单位）在生态文明城市建设中的基本情况；4.本市国民经济和社会发展的主要统计资料。

四、《贵阳建设生态文明城市年鉴》（2012）资料收录时限主要是2011年1月1日至12月31日。为全面反映贵阳市生态文明城市建设的有关情况，部分收录内容的时限有所延长。

五、《贵阳建设生态文明城市年鉴》（2012）采用分类编辑法，以事业（或事业相近因素）为主分类。全书设“中国共产党贵阳市第九次代表大会”、“‘三创一办’”、“2011生态文明贵阳会议”、“特载”、“市情概况”、“经济生态建设”、“城镇生态建设”、“社会生态建设”、“文化生态建设”、“自然生态建设”、“政治生态建设”、“区（市、县）生态文明建设”、“文献选编”、“建设生态文明城市大事记”、“媒体关注”、“附录：建设生态文明城市外地动态”16篇，由编目、分目、条目3个层次组成框架结构的主体部分。少数分目中增设子目层次。条目统一用【 】表示。

六、《贵阳建设生态文明城市年鉴》所载稿件，均由各区（市、县）及市直各相关部门（单位）指定专人撰写提供，并经单位领导审阅，具有权威性和可靠性。

七、《贵阳建设生态文明城市年鉴》所载国民经济和社会发展统计资料，为市统计局提供的年度快报数；各类目中的相关数据，以部门（单位）的统计数为准。

八、为使《贵阳建设生态文明城市年鉴》更好地发挥资政、研究、存史、服务等作用，希望读者提出宝贵意见和建议，以资改进。

《贵阳建设生态文明城市年鉴》编辑部

2012年6月

《贵阳建设生态文明城市年鉴》编辑委员会

顾　　问：李　军　李再勇

主　　任：李作勋

《贵阳建设生态文明城市年鉴》编辑部

主　　编：李作勋

副 主 编：李嘉宁　祖钰博　李　勇　王　黔　王杏飞　王　浩

编　　辑：江敬华　熊文武　韩丽芸　金　玫　吴朝元　徐艾晓蓉
郭　阳　刘　健　王玉梅　李正贵　欧德冰　桂德意
宋宗泽　陶泽敬　冯真书　王平安　丁　艳　张　洁
姚　媛　袁晓文　胡家凤　李冬生

目　录

特 载

市情概况

城镇生态建设

社会生态建设

文献选编

建设生态文明城市大事记

媒体关注

附录：建设生态文明城市外地动态

汉语拼音音序索引

Major Catalogue

Specialization

General Information of the City

中国共产党贵阳市第九次代表大会

ZHONGGUOGONGCHANDANGGUIYANGSHIDIJIUCIDAIBIAODAHUI

坚持走科学发展路　加快建生态文明市

——在中国共产党贵阳市第九次代表大会上的报告

中共贵州省委常委、贵阳市委书记 李 军

（2011年12月27日）

现在，我代表中国共产党贵阳市第八届委员会向大会作报告，请各位代表审议，并请列席人员提出意见。

一、过去五年的主要工作

八届贵阳市委把建设生态文明城市作为贯彻落实科学发展观的切入点和总抓手，团结带领全市广大共产党员和干部群众，在历届市委工作的基础上，解放思想、埋头实干，取得了显著成绩，开创了贵阳从“洼地”上崛起的新局面。

一是加速发展、加快转型，城市综合竞争力大幅提升。面对贵阳经济总量小、在省会城市中排名下滑，我们抢抓机遇，千方百计把发展速度拉起来。初步预计，2011年与2006年相比，地区生产总值和全社会固定资产投资分别增长1.18倍、2.87倍，达到1388亿元、1600亿元，在全国省会城市中排名均上升1位。财政总收入和地方财政收入分别增长1.54倍、1.92倍，达到400亿元、180亿元。针对工业结构不合理、产业层次较低，我们明确提出振兴工业经济，按照“大调整、大开放、大实干”的思路，实施了一大批技术含量高、产业链长、带动能力强的重大项目。开工首钢贵钢新特材料、中铝铝板带、开磷息烽磷煤精细化工、贵州奇瑞客车、黔轮胎异地技改等项目，建成贵阳卷烟厂异地技改、皓天LED蓝宝石衬底材料、振华锂离子电池正极材料、中航工业航空发动机等项目，高新技术产业增加值在规模以上工业增加值中的比重达34.2%。坚决推进磷、铝等资源就地转化，原有项目转化率超过60%，新上项目转化率达100%。规划建

中共贵州省委常委、贵阳市委书记　李军

设十大工业园区，贵阳高新开发区通过调整区位新增面积60平方公里，贵阳经济技术开发区通过托管新增面积17平方公里，奠定了长远发展的坚实基础。我们奋力发展服务业，被列为首批国家服务业综合改革试点城市，现代服务业占服务业增加值的比重超过30%。旅游业快速发展，总收入年均增长48.5%；会展业异军突起，今年以来举办各类会展300余场；金融业取得新突破，成功组建贵阳农村商业银行，引进花旗、中信、浦发等一批国内外金融机构。我们积极发展生态农业，蔬菜、水果、畜禽等主要农产品中有机、绿色及无公害产品认证606个。通过五年的艰苦努力，我市步入科学发展的良性轨道，成为全国生态文明建设试点城市、全国首批低碳试点城市，被评为中国十大低碳城市，是唯一入选《中国循环经济典型模式案例》的省会城市；与气候组织合作开展的“千村计划”在联合国德班气候变化大会上被评为最佳案例之一，是唯一入选的中国项

目。《全球城市竞争力报告（2009-2010）》显示，在全球500个城市中，贵阳的综合竞争力提升了42位，提升速度列第4位。

二是坚持规划引领，全市城乡协调发展。成立了省市共同参与的贵阳市城乡规划建设委员会，大大提高了省会城市规划的科学性，切实维护了规划的权威性和严肃性。以生态文明理念为指导，编制了《贵阳市城市总体规划（2011-2020年）》，完成了中心城区控规、重点地区和主要节点的城市设计以及77个专业规划、一市三县总规和城区控规、100个乡镇规划、427个村庄规划，建立了较为完善的规划体系。大力实施“城镇化带动”战略，建成区面积从132平方公里扩大到230平方公里。着力完善老城区等区域的功能性设施，建成十里河滩国家城市湿地公园、筑城广场；推进彭家湾、渔安安井等棚户区、城中村改造，实施了中心城区综合管网入地工程，改造中心城区道路14条、农贸市场177个，城乡面貌发生巨大变化；成功将中心城区长途客车站搬迁到金阳客车站和客运东站、将花溪大道沿线汽贸市场搬迁到孟关国际汽贸城、将五里冲农副产品批发市场搬迁到石板农产品物流园，“稀化”老城区取得重大进展。金阳新区建成区面积拓展到40平方公里，聚集人口25万，建成贵阳奥体中心主体育场、贵阳国际会议展览中心和观山湖公园等功能性设施，即将建成贵阳城乡规划展览馆，新区成为贵阳城市建设的一大亮点。同时，高度重视县城和乡镇道路、供水、供电以及教育、医疗等配套设施建设，形成了一批特色城镇和村寨。在生产力布局、基础设施建设、公共服务等方面全力支持县域经济发展，2008年10个区（市、县）全部进入全省经济强县行列。

三是强力推进以交通为重点的基础设施建设，城市功能日趋完善。规划建设“三条环路十六条射线”，建成了贵阳环城高速公路、二环路以及机场路、甲秀南路、北京西路、水东路、黔灵山路等骨干道路，共投入资金330多亿元，相当于以往20年市政道路投资的总和。中心城区人均道路面积从5.44平方米提高到7.3平方米，达到国家规范标准。规划建设总投资336亿元的“一环一射两联线”市域快速铁路网和总投资386亿元的城市轻轨1号线、2号线。建成西南地区最大铁路物流集散地贵阳铁路枢纽改貌货运中心，积极推进贵阳新火车北站以及贵阳至重庆、广州、成都、长沙、昆明等快速铁路建设，全力配合龙洞堡国际机场改（扩）建工程，贵阳在西南地区的交通枢纽地位进一步凸显。加大农村基础设施建设力度，全市1156个行政村实现通村公路路面硬化，建成村寨串户路5400公里、农村沼气池22万口，完成基本农田改造15万亩；新建鱼简河等8座水库，治理病险水库38座；完成农村饮水安全工程1030处，解决65万人饮水安全问题，农民生产生活条件稳步改善。

四是积极创新体制机制，改革开放取得新进展。围绕破解经济发展难题，努力推进重点领域、关键环节的改革创新。成立12家市级投融资平台公司，筹集建设资金504亿元，市场化融资取得重大成果；进一步完善市以下财政管理体制，切实调动了市、县两级的发展积极性；完成国企改制重组209户，实现了国有资本向优势企业聚集；进一步放宽民营企业准入范围，非公有制经济占全市经济的比重从39.5%提高到44%；启动农村土地承包经营权流转试点工作，农业规模化经营迈出实质性步伐；深入推进产学研结合，建成国家和省级重点实验室37个、工程技术研究中心47个、院士专家工作站和博士后科研工作站4个，被列为国家创新型试点城市、国家知识产权工作示范城市。围绕构建和谐社会，积极创新社会管理。被列为全国社会管理创新综合试点城市，在全国率先成立党委群众工作委员会，组建群众工作中心和群众工作站，形成了较为健全的群众工作网络；开展城市基层管理体制改革试点，变四级管理为三级管理，实现社会管理和服务群众重心下沉，全面推行为民服务全程代理制；调动统一战线力量，成立各级和谐促进会参与化解社会矛盾，获得全国统战工作实践创新成果奖；开展贵阳市居住证办理试点工作，使外来人口享受平等的基本公共服务，被列为全国流动人口计划生育基本公共服务均等化试点市。围绕大力招商引才，切实优化发展环境。建成市、县两级政务服务大厅，提供“一站式”服务，群众满意率达99%；深化行政审批制度改革，将市级625项行政审批事项核减到93项，成为行政审批事项最少的省会城市之一；持续开展“整治发展软环境，建设服务型机关”专项活动，查处了一批服务态度差、推诿扯皮、办事拖拉的典型案件；成立六个重点产业招商工作组和港澳招商工作组，开展专职专业招商。五年来，引进内资实际到位2027亿元，年均增长25.69%；引进世界500强企业15家；外贸进出口总额从11.18亿美元增长到33亿美元，增长1.95倍。采取超常规措施培养、引进和使用人才，共引进各类高层次人才1118名，其中博士105名，硕士和副高职称以上人才引进与流出比从8.6:1提高到27：1。

五是采取严格措施保护青山绿水，生态优势更加突出。针对一段时间红枫湖、百花湖、阿哈水库饮用水源水质下降的严峻形势，采取组建两湖一库管理局、成立全国首家环保法庭和环保审判庭、设立两湖一库环境保护基金会等措施进行专项治理，“两湖一库”水质目前稳定在二类、三类。在全社会大力倡导节约用水、科学用水，获得“国家节水型城市”称号。针对环城林带遭到破坏的状况，开展“落实科学发展观、打响森林保卫战”专项行动，支持司法机关依法查处“福海生态园”案件，得到社会各界普遍拥护；大力开展退耕还林、植树造林，新增绿地180万平方米，完成155平方公里石漠化治理、采石迹地恢复，森林覆盖率从34.7%提高到42.3%，获得“国家园林城市”称号。针对城乡污水和垃圾处理设施滞后的问题，新建12座污水处理厂，污水日处理能力从16万吨提高到65.6万吨，污水处理率达95.2%；开展城市生活垃圾分类收集试点工作，垃圾无害化处理率达93%。针对部分企业影响中心城区空气质量的情况，搬迁贵州水泥厂甘荫塘厂区等一批重点污染企业，关停贵阳电厂、贵阳钢厂的落后设备，取缔28家污染严重的小企业，空气质量优良天数保持在95%左右。针对局部地区农业面源污染严重的状况，开展了农村环境综合整治目标责任制试点工作，统筹农村治理污染、利用废弃物和发展清洁能源，创建了一批生态示范区、生态乡（镇）、生态村。针对有的地方为保护生态环境作出贡献，建立生态补偿机制，安排补偿资金5亿多元，调动了各方保护环境的积极性。同时，制定了全国首部生态文明建设的地方性法规《贵阳市促进生态文明建设条例》。

六是尽心竭力改善民生，市民幸福指数逐步提高。大力实施“六有”民生行动计划和“十大民生工程”，五年来全市财政用于民生的投入达509亿元，占财政支出的55%以上。为解决“上好学难”问题，在云岩、南明两城区小学和初中开展学区化改革，推进教育资源均衡配置；“两基”攻坚顺利通过国家验收，落实进城务工人员随迁子女入学“两免一补”，受益学生达15万人，获得地方教育制度创新奖；建成贵阳职业技术学院和贵阳护理职业学院新校区，开工贵阳职教园区，推动贵州花溪大学城建设。为解决“就业难”问题，建成高校毕业生见习基地189个，新增就业岗位26万个，实现城乡统筹就业40万人，创建充分就业社区252个，保持“零就业家庭”动态为零，被列为国家创业型试点城市。为解决“看病难”问题，着力提高医疗保险覆盖率，新型农村合作医疗参合率从72.6%提高到97%，城镇职工基本医疗保险参保率从73.92%提高到91.6%；全面实施城镇居民基本医疗保险制度，参保率达83.8%；实现惠民医疗政策、医疗救助制度全覆盖。为解决“养老难”问题，在全省率先、全国较早推行新型农村社会养老保险试点和城镇老年居民社会养老保险，参保77万人，落实被征地农民参加养老保险的政策，并将符合条件的60岁以上老人全部纳入社会养老保险范围。为解决“住房难”问题，将3.4万户家庭纳入公共租赁住房保障范围，在全国率先探索了“政企并力、建储并举、公廉并轨、租补并行”的保障性安居工程建设管理新模式；全面完成农村危房改造，受益农民25万人。为解决“治安难”问题，始终保持严打“两抢一盗”的高压态势，连续四次获得“全国社会治安综合治理优秀市”称号，群众安全感从2007年的70.75%上升到2011年的84.33%。五年来，城市居民人均可支配收入和农民人均纯收入分别净增8196元、4088元，达到19418元、7530元。2011年贵阳市民幸福指数为89.19，比上年提高1.81个点。

七是促进文化大发展大繁荣，城乡文明程度上了新台阶。提出并弘扬“知行合一、协力争先”的贵阳精神，激发了全市人民热爱家乡、建设家乡的巨大热情。大力倡导忠诚、诚信、孝顺等传统美德，涌现出李泽英等一批全国、全省道德模范；规划建设孔学堂等传统文化教育基地，集中整治网吧及校园周边环境，获得“全国未成年人思想道德建设工作先进城市”称号；全市46万志愿者积极参与“绿丝带”志愿服务活动，市民文明素质明显提高。积极推进文化体制改革，组建了贵阳日报传媒集团、贵阳演艺集团有限公司、贵阳广播电视台、贵州京剧院有限责任公司，成立了全国第一家“民办公助”的贵阳交响乐团；成功承办了三届中国舞蹈荷花奖民族民间舞大赛，连续获得金奖；京剧《布依女人》获国家舞台艺术精品剧目提名奖。着力推进公共文化服务体系建设，建成贵阳青少年活动中心、妇女儿童活动中心以及176个农民文化家园、4129座农村广播站，农村广播电视户通率超过90%，城乡群众文化生活更加丰富。

八是以改革创新精神加强党的建设，干部执行力显著增强。扎实开展深入学习实践科学发展观和“创先争优”活动，认真落实“三个建设年”、“四帮四促”和“万名干部下基层，扎扎实实帮群众”等部署，共选派1.8万名干部为企业、项目和基层群众办实事。稳步推进干部人事制度改革，先后开展“公推竞岗”、“公开选拔”、“公开遴选”、基层党组织“公推直选”等工作，注重在重点工程、重要工作、重大突发事件中考察识别干部，重用、提拔了一大批敢抓敢管、敢作敢为、敢闯敢试的干部，市级党政领导班子和领导干部群众满意度以及全市组织工作满意度连续三年在全省排名第一。今年全国组织工作满意度民意调查结果显示，贵阳市选人用人公信度和组织工作满意度分别为85.35分和87.82分，大大高于全国、全省平均水平。对干部严格要求、严格教育、严格管理，倡导全市党员干部做到思想艰苦、工作刻苦、生活清苦，在全国率先开展了干部辛苦指数测评，用两年时间对全市科级以上干部进行了执行力专项培训。以“三强一创”为载体推进基层组织建设，全市村级组织活动场所面积都在100平方米以上；将村（居）组织工作经费和干部生活补贴纳入财政预算，并建立定期增长机制。积极推进党务公开，通过设立“百姓——书记市（区、市、县）长交流台”、建立党委新闻发言人制度，较好地落实了党员群众的知情权、参与权、选择权、监督权。着力构建教育、制度、监督并重的惩治和预防腐败体系，弘扬廉政文化，查处了一批腐败案件。全面加强民主法制建设，大力支持人大、政府、政协依法履行职能和人民法院、人民检察院公正司法；加强对工会、共青团、妇联等人民团体的领导；国防后备力量建设、民族宗教、侨务、对台、老干部和关心下一代等工作取得新成绩。

五年中，我们还群策群力办成了三件大事。一是奋力战胜了历史罕见的特大自然灾害。面对2008年和2011年年初的特大凝冻灾害、2010年春和2011年夏的特大旱灾，全市干部群众积极应对，团结拼搏，不但最大限度地减少了损失，而且进一步密切了党群、干群关系。二是连续三年成功举办了生态文明贵阳会议。打造了立足贵阳、面向世界的高端论坛，向国际社会传播了生态文明理念，展示了贵阳、贵州以及全国建设生态文明的成果，推动了生态文明实践，在国内外产生了较大影响。三是卓有成效地开展了“三创一办”。成功、

中共贵州省委常委、贵阳市委书记李军到修文县视察雪凝灾情

圆满、精彩地协办了第九届全国少数民族传统体育运动会，被省委、省政府授予唯一的“特别贡献奖”，获得贵阳人民奋力争取多年的“全国文明城市”和“国家卫生城市”称号，充分展示了贵阳的良好形象，极大地提升了贵阳人的自信心和自豪感。

同志们，过去五年，贵阳的事业突飞猛进，贵阳的面貌焕然一新，贵阳的成就有目共睹。这一切，是在相对落后的条件下发生的，是在困难重重的环境下完成的，是在内部有担忧、外部有疑虑的情况下实现的。在这个过程中，中央领导同志多次视察指导，给予亲切关怀，让我们倍感温暖；省委、省政府对贵阳高度重视、加强领导，特别是去年召开了支持贵阳市加快发展动员大会，给贵阳市“松绑、让利、开绿灯、出政策”，营造了省市合力推进贵阳加快发展的空前良好氛围，极大地鼓舞了我们的干劲。在此，请允许我代表中共贵阳市第八届委员会，向关心、帮助贵阳发展的各位领导表示衷心的感谢！在这个过程中，全市共产党员亮出身份，冲在一线，顽强奋战在工作最艰苦、群众最需要的地方，充分发挥了先锋模范作用，无愧于共产党员的光荣称号；广大干部职工忠于职守、无怨无悔，表现出强大的执行力，不愧为筑城人民的优秀儿女；全体市民深深热爱贵阳，自觉为建设美好家园“添砖加瓦”，彰显了新时期贵阳人的良好形象。在此，请允许我代表中共贵阳市第八届委员会，向为贵阳崛起而辛勤劳作、做出贡献的全市共产党员、广大干部职工和市民朋友表示崇高的敬意！

二、必须牢牢记取的宝贵经验

五年的成绩来之不易，有很多经验可以总结，其中最宝贵的就是：必须确立把中央精神与本地实际紧密结合的发展思路，并坚持不懈地为之奋斗。

思路决定出路。越是贵阳这样经济社会发展相对落后的地方，越需要有好的发展思路来指引。好的发展思路来自哪里？来自中央精神与本地实际的紧密结合。我们认真领会中央精神，深刻认识到，以胡锦涛同志为总书记的党中央提出的科学发展观，标志着我们党执政理念的升华，是中国特色社会主义理论体系的重要组成部分，是全党全国工作的行动指南。我们准确把握贵阳市情，深刻认识到，贵阳地理区位差、土地资源少、开发历史短，经济发展受到严重制约，但生态相对较好、能矿资源丰富、后发潜力巨大，完全可以在区域竞争中形成比较优势。为此，我们把建设生态文明城市作为中央精神与本地实际的最佳结合点，确立了生态环境良好、生态产业发达、文化特色鲜明、生态观念浓厚、市民和谐幸福、政府廉洁高效的奋斗目标。这个发展思路，既体现了发展这个第一要义、以人为本这个核心、全面协调可持续这个基本要求、统筹兼顾这个根本方法，完全符合科学发展观，又有利于贵阳扬长避短，以特色取胜，因而得到了全市上下的广泛赞同和外界的普遍认可，在统一思想、协调行动中，在挖掘潜力、推进发展中发挥了旗帜作用。实践证明，结合就是落实。只有在结合上下硬功夫，创造性地开展工作，科学理论才能焕发出蓬勃生命力，地方发展才能走上健康轨道。

2007年市委作出建设生态文明城市的决定后，我们按照“五年打基础、十年见成效”

的要求，专心致志、一以贯之地推动实施。2008年八届六次全会、2009年八届八次全会、2010年八届十次全会，都把建设生态文明城市作为主线，贯彻到总体部署、措施制定和工作安排中，年年都有新作为。这期间，面对百年不遇的特大自然灾害的严重影响，我们没有动摇，而是围绕建设生态文明城市目标开展抗灾救灾和恢复重建，积极调整产业结构并取得了实质性进步。面对历史罕见的国际金融危机的巨大冲击，我们没有动摇，而是“借机成事”、谋求“弯道超车”，收获了发展加快、民生改善的可喜成果。面对极少数同志把发展工业与建设生态文明对立起来的糊涂认识，我们没有动摇，而是通过思想引导消除误解，通过埋头实干凝聚共识，实现了工业振兴和环境保护的双赢。实践证明，坚持才有收获。对于认准的正确发展思路，只有持之以恒、奋斗到底，不被困难所吓倒，不为非议所动摇，才能积小胜为大胜、从胜利走向新的胜利。

形势不断发展，实践没有止境。我们党的理论必将与时俱进，贵阳市情也会有新的内涵。不论客观情况发生什么变化，“结合”的根本方法不能变，“坚持”的顽强意志不能变。这条宝贵经验，是全市人民智慧和汗水的结晶，是贵阳的共产党人以高度责任心和使命感开拓创新的重大成果，来之不易，值得我们百倍珍惜、牢牢记取！

三、今后五年的奋斗目标

过去五年，我们取得了显著成绩，积累了宝贵经验，但要清醒地看到，目前贵阳生态文明城市建设还处于较低水平。突出表现在：一是发展不足，欠发达地位没有改变，一些主要经济指标在全国省会城市中排名仍然靠后；二是结构不优，三次产业的增长都还比较粗放，转变发展方式任务艰巨；三是人才匮乏，教育科技文化事业相对落后，自主创新能力不强；四是城乡规划建设管理领域存在不小差距，基础设施仍较薄弱，城市功能不够完善；五是部分企业治污效果不理想，局部地方环境形势依然严峻，节能减排压力大；六是劳动就业、社会保障、收入分配、市场物价、司法和社会治安等方面的问题不少，社会转型期矛盾增多，维护省会城市和谐稳定的难度增大；七是少数基层党组织软弱涣散，少数党员干部精神懈怠、能力不足、脱离群众、消极腐败，落实党要管党、从严治党的任务更为紧迫。这些问题表明，贵阳建设生态文明城市的大幕刚刚拉开，“万里长征”只是迈出了第一步！我们没有丝毫理由骄傲自满，没有任何借口停滞不前，必须更加坚定地把握“加速发展、加快转型、推动跨越”主基调，更加突出地实施工业强市和城镇化带动主战略，坚持走科学发展路、加快建生态文明市，为实现“十年见成效”而努力奋斗。

贵阳是省会，很大程度上体现着贵州的实力，代表着贵州的形象。省委、省政府全力支持贵阳市加快发展，殷切希望贵阳市在全省“作表率、走前列、做贡献”，当好全省经济社会发展的“火车头”、黔中经济区崛起的“发动机”。这是对我们的更高期望、更大信任，也是我们义不容辞的职责。当前，各兄弟市（州）纷纷谋求增比进位、实现跨越，贵州高原处处涌动你追我赶、竞相发展的热潮。贵阳面临着不进则退、慢进也退的严峻挑战。我们必须增强使命意识、忧患意识，以“人一我十、人十我百”的气魄，坚持走科学发展路、加快建生态文明市，才能不辜负省委、省政府的重托，才能在激烈的竞争中赢得主动，保持省会城市的荣誉。

综观国内外大局大势，建设生态文明的导向愈益明显，探索实践不断深化。国际社会应对气候变化合作的进程虽然异常艰难，但前进步伐不会停止，必将推动经济发展模式深刻变革，倒逼节能、环保、高新技术的发展和运用；在后金融危机时代，各国为了寻找实体经济新的增长点、实现经济复苏，竞相发展科技含量更高的绿色产业、低碳产业。党的十七大以来，生态文明建设已经成为中国特色社会主义事业总体布局的重要组成部分；十七届五中全会明确提出，“十二五”时期要加快建设资源节约型、环境友好型社会，提高生态文明水平。全国许多城市纷纷把建设生态文明从理念变为行动，加快转型升级。发展潮流势不可挡，大好机遇不容错过。我们必须乘势而上、顺势而为，坚持走科学发展路、加快建生态文明市，巩固先行优势，勇立时代潮头。

总起来说，坚持走科学发展路、加快建生态文明市，是谋求贵阳自身更好更快发展的迫切需要，是认真贯彻省委、省政府更高要求的具体行动，是积极顺应时代发展潮流的必然选择。全市今后五年总的奋斗目标是："一先二超一提升"。"一先"，即提前五年在全省率先实现全面小康。"二超"，即经济总量增长1.4倍以上，超1个省会城市，排到西部第6位，进入第二梯队；经济年均增长17%以上，超约7个省会城市，进入全国前列。"一提升"，即市民幸福指数提升3到5个点，达到93左右。

"一先二超一提升"的奋斗目标，是相互关联、内在统一的整体。"一先"，必须在经济发展、社会和谐、生活质量、民主法制、文化教育、资源环境各方面达到规定指标，是对发展水平的综合检验。"二超"，必须奋力增加总量、提升速度，是实现"一先"的重要途径。"一提升"，是全市老百姓的共同愿望，是"一先"、"二超"的根本目的。这个奋斗目标，体现了"好"和"快"的统一，体现了"见物"和"见人"的统一，体现了"硬实力"和"软实力"的统一，是今后五年贵阳坚持走科学发展路、加快建生态文明市的总载体。实现了这个目标，就标志着我们在建设生态文明城市的征程上又迈出了新的重大步伐。

同志们，我们已经取得了以"三创一办"为载体、纵深推进生态文明城市建设的重大胜利，现在，让我们喊着"一二一"的口令，跑步奔向"一二一"的奋斗目标吧！

四、实现更好更快发展，构建绿色的经济生态

绿色的经济生态，基本内涵就是"发展必须绿色、绿色推动发展"。坚持走科学发展路、加快建生态文明市，必须选择更科学的方式、更先进的技术，既要最大限度提升发展速度、增加经济总量，又要最大限度降低消耗、减少污染，实现绿色崛起。

一要做大做强绿色工业、现代服务业、生态农业三大产业。工业是转变发展方式，实现节能、减排、降耗的主战场。要继续按照"大调整、大开放、大实干"的思路，坚定不移推进新型工业化，巩固工业经济扭降为升、提速增效的喜人局面。传统产业要高端化，加快煤电铝、煤电磷、煤电钢、煤电化一体化步伐，发挥组合优势，形成多产业配套、耦合共生，使产品结构从初级向精深转变；以主机和总装为龙头，发展核心技术，形成先进制造业产业集群。特色产业要集团化，运用市场和行政的力量，改变目前小、散、弱的状况，加快制药和特色食品行业整合，打造大型企业集团，培育更多的全国乃至全球知名品牌。高新技术产业和战略性新兴产业要规模化，坚持有所为、有所不为的原则，集中力量在新材料、新能源、节能环保、生物制药、信息技术等领域取得重大突破，迅速形成生产能力、扩大生产规模，抢占市场先机。通过五年努力，将装备制造业、磷煤化工业、高新技术产业培育成产值超1000亿元的产业，将铝及铝加工、特色食品、制药等产业培育成产值超500亿元的产业。旅游、会展、物流、金融等现代服务业是公认的绿色产业。要加速完善旅游基础设施，大力扶持旅游骨干企业，精心办好"贵阳避暑季"、"贵阳温泉季"和2013年中国国内旅游交易会，提升"爽爽的贵阳"品牌影响力，保持旅游业快速发展的良好势头；要坚持专业化、社会化、市场化方向，集中力量打造生态文明贵阳会议、酒博会等高端会展品牌，用五到十年时间建成"中国夏季会展名城"；要顺应贵阳现代交通体系日趋发达的态势，加快商贸物流枢纽建设，培育大型现代物流企业，努力建成西南地区重要物流中心，使物流业成为新的经济增长点；要加快贵阳金融中心建设，支持贵阳银行、贵阳农村商业银行等本地金

融机构发展壮大，着力引进更多银行、保险、证券等金融机构，更好地为本地实体经济服务，特别是为中小微企业提供金融支持。生态农业是农业现代化进程中实现农业生态效益和经济效益双丰收的必然途径。要结合省会城市的特点，紧紧围绕市民“菜篮子”调整种养殖业结构，实现“服务城市”与“富裕农民”的统一。抓紧规划建设一批绿色农产品生产园区和加工基地，积极发展农民专业合作组织，扶持农业产业化龙头企业发展壮大，抓好农产品质量标准、农产品认证以及农产品标准监督管理体系建设，推动农业生产经营专业化、标准化、规模化、集约化。

二要把绿色发展落实到园区、企业、个人三大主体。园区是承载绿色产业的主体。十大工业园区要严格按照产业定位，充分考虑入园企业的关联性，延长产业生态链，形成产业集群，坚决避免低质同构、不良竞争；集中建设垃圾分类回收、污水处理、中水回用、固体废物处理等设施，实现园区公共设施使用效率最大化、园区污染最小化。特别是要大力支持贵阳高新区和贵阳经开区在体制机制上先行先试，充分激发“创新、创业、创优”活力，加快完善市政公用设施，健全配套服务体系，成为全市人才和知识最密集、高新产业最集中、人居和创业环境最好的绿色发展高地，争当全省新型工业化的排头兵，确保在全国同类开发区中排位前移。通过五年左右的努力，实现十大园区工业产值占全市工业总产值比重超过80%。企业是实现绿色生产的主体。要把绿色理念贯穿到企业生产、经营、管理的各个环节，鼓励企业制定绿色标准、生产绿色产品；引导企业通过设备改造、技术创新、工艺流程优化等措施，广泛开展清洁生产，提高资源能源利用效率，减少废弃物和污染排放。要在园区和企业大力推广循环经济模式，最大限度实现资源“吃干榨尽”、“变废为宝”；大力普及水煤浆等清洁能源，逐步淘汰燃煤锅炉，确保全市重点污染企业清洁能源使用率超过90%。个人是推动绿色消费的主体。要倡导市民提高消费品质，尽量选购有绿色标签、绿色认证的产品。倡导市民养成重复使用、再生利用习惯，少用一次性制品，推广废旧电池回收、垃圾分类投放、家庭循环用水等做法。倡导市民通过少开私家车、多乘公共交通、少开空调、不买过度包装产品等行动，践行低碳生活方式。

三要充分发挥政府、市场、科技三大作用。政府要当绿色经济的“发动器”。进一步制定支持绿色经济发展的政策措施，在用地、资金、税费等方面予以倾斜，实行绿色项目走“绿色通道”。在招商引资中，要改进方式、加大力度，多引进符合产业发展方向的大项目、好项目；同时，把好绿色关口，对达不到环保要求的项目，不管能提供多少产值、多少税收，一律不能引进。市场要当绿色经济的“助推器”。运用好价格杠杆，通过差别电价、阶梯水价等措施，加快建立有利于节约资源能源的利益导向机制，调动企业绿色生产、居民绿色消费的积极性。着力培育绿色市场主体，支持更多民营企业进入绿色产业领域，五年内使非公有制经济比重提高到55%左右。科技要当绿色经济的“加速器”。抓紧完善促进高新技术产业发展的综合性政策支撑体系，积极推进企业研发机构、高等院校、科研机构的融合，最大限度盘活科技存量，形成集聚效应；加快建设“人才特区”，大气用才、大度容才、大方励才，以比外地更加诚恳的态度、更加周到的服务、更加广阔的平台，超常规激活现有人才，超常规引进一批优秀科技型企业家、学科或技术带头人、海外留学归国人员，鼓励创新创业团队带资金、带项目、带技术到贵阳创业，确保五年内全市科技进步贡献率超过55%。

五、提升全域规划建设管理水平，构建宜居的城镇生态

城镇因人而建，人是城镇的主角。坚持走科学发展路、加快建生态文明市，必须着眼于人的需求，努力使城乡规划建设更加合理、公共设施更加齐备、生活环境更加整洁，真正

实现“城镇让生活更美好”。

一是坚持人本理念，高起点编制城镇规划。城镇是否宜居，首先取决于规划设计是否体现以人为中心的价值取向。在编制分区规划、控规、修规、单体设计等各个层面、各个环节，都要按照构建城镇生态系统的原理，把贵阳山多、水多、林多的生态优势进一步凸显出来，建设人与城镇、人与自然、城镇与自然相得益彰的生态家园。要“显山”，处理好道路与山体、建筑与山体的关系，高水平建设山体公园，让山因城而贵，城因山而美。要“露水”，想方设法把湖泊、河流敞亮出来，把更多的水体引入城镇，成为城镇景观的“点睛之笔”，增添城镇灵气。要“见林”，“见缝插绿”，建设绿化精品，让林和城相互掩映。要“透气”，科学设计建筑物和片区布局，严格保护好城镇禁建区和通风走廊，控制建筑容积率，增加自然通风，保持城镇通透。通过山、水、林、城的有机组合，使各组团、片区镶嵌在绿地、森林、湿地、河流之间，真正实现“城中有山、山中有城，城在林中、林在城中，湖水相伴、绿带环抱”。要充分发挥贵阳市城乡规划建设委员会的作用，完善运行机制，提高规划水平，加强规划监督，严查违法建筑，切实维护城镇规划的严肃性。

二是优化人居环境，高水平推进城镇建设。城镇布局合理和功能高效与否，直接关系居民的生活质量。要从贵阳市特殊的地理条件出发，坚持组团发展，拓展城市空间，形成老城区、新城区和特色小城镇协调发展的格局。老城区要在千方百计降低人口密度的前提下，加速推进大规模成片改造，三年内基本完成95个城市和国有工矿棚户区、中心城区44个城中村改造，提升城市品位和宜居度。金阳新区要积极适应辖区面积扩大的新形势，进一步完善交通基础设施以及教育、卫生、文化等配套服务，加快引进和培育高端服务业，打造生态型、园林式的现代化新城。要集中力量规划建设二环路和机场路、甲秀南路、花溪大道、贵黄路（艺校至清镇段）城市带，高品质建设一批生态环境良好、生活设施方便的低碳社区、绿色社区。按照量力而行的原则，大力推进百花生态新城、花溪生态新城、天河潭新城、龙洞堡新城、北部工业新城的规划建设。在此基础上，着眼长远，积极推进贵安新区、双龙新区、北部新区等建设，促进黔中城市群基础设施、产业布局、区域市场、生态环境和城乡建设一体化。依托贵阳至遵义、贵阳至安顺、贵阳至毕节、贵阳至都匀等高速或高等级公路，规划建设一批工矿型、商贸型、旅游观光型特色小城镇，提升环境质量和综合承载力，辐射周边村庄，促进农村人口合理有序向城镇转移。同时，积极推进撤县（市）改区工作，使其尽快与中心城区融合，实现集群化发展。

交通发达、出行便捷是城镇宜居的基本要求。要着眼于提升我市在西南地区的交通枢纽地位，全力配合建成贵阳新火车北站，贵阳至重庆、广州、成都、长沙、昆明等快速铁路以及龙洞堡国际机场改（扩）建工程。着眼于建立中心城区与一市三县之间更加便捷的通道，统一规划、分步实施市域快速公路网，并与城市路网有机衔接。继续大力实施中心城区“畅通工程”，在加快建设盐沙路、桐荫路、富源南路、东站路，圆满建成“三条环路十六条射线”的基础上，进一步打通次干道，疏通骨干路网之间的“毛细血管”，改善中心城区“微循环”，推广设立公交专用道和港湾式车站等成功做法，加快发展便捷公交系统，完善城市步行系统、无障碍设施。完成城市轻轨1号线、2号线和市域快速铁路网建设，适时启动轻轨3号线和4号线建设。要因地制宜、一事一策、多措并举，最大限度缓解交通拥堵、方便市民出行。

三是推行人性措施，高标准加强城市管理。我市虽然被授予“全国文明城市”、“国家卫生城市”称号，但坦率地说，我们的工作并非尽善尽美，一些时段、一些地方的脏乱差现象仍然存在，老百姓还有不少反映。得到称号不容易，保住称号也不容易。要认真总结并坚持“三创一办”中的成功做法，完善机构、

中共贵州省委常委、贵阳市委书记李军向一位小朋友介绍交通安全知识

加强力量，巩固长效机制，在努力保持主次干道、农贸市场整洁有序的基础上，着力解决背街小巷、城乡结合部、车站码头、公共厕所、建筑工地等存在的脏乱问题，确保良好的市容市貌成为常态。要妥善处理城市管理者与被管理者的关系，既要严格执法，又要文明执法，切忌激化矛盾、酿成事端。特别是对城市摊贩，要坚持疏堵结合，既管城市的“面子”，又管他们的“肚子”。良好的市容市貌，需要全体市民共同维护。“三创一办”作为提法已成历史，但其精神永驻筑城。衷心希望广大市民朋友为了自己、为了他人，继续唱响“我参与、我受益、我快乐”的主旋律，积极践行讲文明、讲卫生这个最起码的行为准则，像呵护自己的小家一样呵护贵阳这个“大家”。

需要强调的是，城乡生态是密切相关、互为条件的复合生态系统。建设环境优美、村容整洁、人居和谐的生态文明新农村，是构建宜居城镇的重要内容。我们必须比以往任何时候都更加重视农村的规划建设，统筹好城乡规划、生态保护、基础设施建设等工作。针对农村规划滞后、农房建设杂乱无章的突出问题，抓紧使规划和设计控制向村寨延伸，尽快实现城乡规划全覆盖，确保城乡建设有序，形成鲜明特色。特别是对民俗文化浓郁、重点发展乡村旅游的村寨，要精心规划建设，使之惠及今人、传于后世。要实施农村“通畅工程”，着力抓好“出口路”、“经济路”、乡村路建设，提高县乡公路的技术等级，改善路网末梢的通行条件、提升通行能力，方便农民出行和农产品销售。要开展高速公路、铁路、旅游公路沿线村庄整治，实施乡村清洁工程，加快建设农村生活污水和生活垃圾处理系统，完善通信、电网等设施。通过长期不懈而富有成效的努力，把农村建设得让农民感到很幸福、城里人感到很羡慕！

六、始终秉持为人民谋幸福的理念，构建和谐的社会生态

和谐，就是共生共赢、各得其所的状态。坚持走科学发展路、加快建生态文明市，必须最大限度实现人与人、经济与社会协调平衡，确保老百姓安居乐业、社会运行有序，达到安定和谐的新境界。

一要以缩小贫富差距为目标，积极开展城乡反贫困。近年来，在居民收入普遍提高的同时，贫富差距有扩大的趋势。在城镇，由于一些企业生产经营困难、物价过快上涨以及就业技能弱等原因，有部分群众生活陷入贫困；在农村，由于生产生活条件差、自然灾害以及生病、残疾等原因，还有不少农民生活窘迫，加之国家扶贫标准提高，粗略估计全市还有40万农民需要脱贫。穷人多了，社会难以和谐、难以安定。我们必须高度重视城乡反贫困问题，在做大“蛋糕”的同时，更加注重分好“蛋糕”，切实提高中低收入群体的收入水平，让贫富差距回到合理区间，逐步走向共同富裕。要通过实施更为积极的就业政策，开发更多的就业岗位，让凡是有基本能力、有就业愿望的城乡劳动者，只要“不挑不拣”，都能有一份工作。打响新一轮扶贫攻坚战，确保五年内全市农村贫困群众越过贫困线；多渠道增加农民收入，使城乡居民收入差距缩小到2：1以内。发挥社会保障的“兜底”作用，坚持“扩面”与“提标”并举，努力实现城乡医疗保险、养老保险全覆盖，逐步提高社会保险、企业退休养老金、城乡低保、优抚等标准，让

每一个贵阳人都生活在更加安全的社会保障网之中。健全城乡社会救助体系，确保临时出现生活困难的群众都能及时得到救助，不受冻、不挨饿、有住处、有病能医治，切实感受到党和政府的关怀。请各级领导牢牢记住，“朱门酒肉臭，路有冻死骨”绝对不是社会主义！

二要以强化公共服务为途径，全面加快社会建设。相对于经济建设而言，我市社会建设“欠账”多，是一块“短板”。如果不尽快“补上”，不但制约民生改善，而且会拖经济发展的“后腿”，造成结构失衡，影响社会稳定。加快社会建设，增加公众福祉，是党委、政府的应尽职责。各级领导必须转变社会建设是软任务而不是硬指标的观念，舍得投入更多的精力、财力，抓紧还“欠账”、补“短板”。教育、卫生等事业具有明显的公益性质，要通过增加优质资源、促进均衡发展，高标准地实现“学有所教”、“病有所医”。住房、养老等具有公益性和经营性相结合的特点，要发挥政府的“托底”作用，实现保基本、广覆盖；发挥市场高效配置资源的作用，满足多层次、多样化的需求，更好地实现“住有所居”、“老有所养”。安全是党委、政府必须提供的基本公共服务产品。老百姓安全感不高，对社会治安不满意，就是党委、政府最大的失职。“严打两抢一盗、保卫百姓平安”专项行动措施不能松、只能更紧，力度不能减、只能更大。要穷尽所有办法，让老百姓出门放心、在家安心，确保五年内群众安全感超过90%。这是各级党委、政府必须作出的庄严承诺！同时，大力发展人口与计划生育、体育、社会福利、慈善、残疾人等事业，保护妇女、未成年人合法权益，严格食品药品安全监管，强化安全生产管理，完善应急救援机制，健全重大工程项目、重大政策社会稳定风险评估机制。总之，要通过实施“十大民生工程”，提升公共服务水平，高质量改善民生，让全体市民充分享受到改革发展成果。

三要以夯实基层基础为重点，切实加强社会管理。当前，一些矛盾纠纷之所以不能有效化解，很重要的原因是基层基础工作薄弱。基础不牢，地动山摇；基层不稳，全局难稳。基层基础工作是和谐社会建设的基石。要坚持管理重心下沉，凡是与群众生产生活密切相关的部门，都要将更多资源向基层倾斜，真正做到物往基层用、钱往基层花、劲往基层使，不断提高基层社会管理能力。要继续推进城市基层管理体制改革，既态度坚决又步子稳妥，力争两年内在全市撤销街道办事处，普遍成立社区服务中心，实现扁平化管理；调整乡（镇）工作职责，逐步把工作重心转移到做好公共服务和社会管理上来。积极探索社会协同、公众参与社会管理的有效途径，大力发展社区服务性、公益性、互助性社会组织，壮大社区工作者队伍，形成社会各方面和广大群众齐抓共管的格局。基层工作最光荣，基层工作有前途，希望有才干、有文化、有抱负的年轻人到基层建功立业，为加强社会管理挑大梁。

七、弘扬“知行合一、协力争先”的贵阳精神，构建自强的文化生态

我们在长期落后的地方生活，容易甘于落后、麻木于落后；我们发展的基础较差、困难较大，容易信心不足，产生畏难情绪和“等、靠、要”思想；我们在开放度不高的环境中谋求发展，容易小富即安、小进则满。个人成功靠自强，城市崛起靠自强。在坚持走科学发展路、加快建生态文明市的进程中，我们一定要响亮地喊出：贵阳当自强！全体贵阳人都要有这么一股后来居上的精气神。

“知行合一、协力争先”的贵阳精神，熔铸了阳明文化精髓，寄托了老一代革命家殷切期望，蕴含了中央领导同志谆谆教诲，是激励自强、引领自强、实现自强的力量源泉。贵阳精神昭示我们：要立足于干。世界上的事都是干出来的，不是空喊喊出来的，也不是吹牛吹出来的。要有干事的激情、成事的抱负，以干事为荣、以不干事为耻。“公道自在人心”。只要干了事，哪怕有缺点，组织也会认可，群众也会拥护，历史也会铭记。要齐心协力干。一个地方、一个单位如果内耗、如果折

腾，不但误事，还会误人。“二人同心，其利断金”。只要我们求大同、存小异，顾大局、弃小隙，拧成一股绳，就没有迈不过的坎、闯不过的关。要争先恐后干。“不干则已，干则一流。”要掀起“比、学、赶、超”的新热潮，敢同强的争、敢跟快的赛，创造新的“贵阳速度”，用实际行动证明：其他地方能够办成的事情，我们贵阳不仅能办成，而且能办得更好！

弘扬“知行合一、协力争先”的贵阳精神，需要推进文化大发展大繁荣，充分发挥文化润物无声的独特作用，进一步激发全市人民热爱贵阳、建设贵阳的巨大能量。一要多出人才多出精品。鼓励文艺工作者到火热的现实生活中去，到生动的群众实践中去，提炼素材、获取灵感，潜心创作体现贵阳精神、鼓舞干部群众的优秀作品。制定有利于文艺人才成长、文艺精品生产的政策措施，推动形成名家辈出、名作纷呈的繁荣局面。二要多开展群众乐于参与的文化活动。坚持办好一年一度的筑城广场敲钟迎新仪式、观山湖公园春节灯会，打造彰显贵阳活力的城市名片；加快建设、精心管理孔学堂等传统道德教育基地，充分发挥其弘扬中华民族优秀文化、敦风化俗的作用；总结提升“绿丝带”志愿服务活动品牌，更好地引领互助友爱的风尚；健全覆盖城乡的公共文化服务网络，不断满足人民群众日益增长的文化生活需求。三要多培育竞争力强的文化实体。经济相对落后，并不意味着文化必然落后，国内外有许多经济落后而文化发达的先例。宣传文化系统在为贵阳人民自强不息营造良好氛围的同时，自身要瞄准一流目标做大做强。贵阳日报传媒集团要强化主业、拓展副业，打造西南地区有影响的大型现代传媒集团；贵阳广播电视台要集聚人才、开拓创新，努力增强实力、扩大影响力；贵阳演艺集团要整合资源、创新机制，建成知名的文化产业集团；贵阳交响乐团要完善管理、提高质量，跻身全国一流交响乐团；贵州京剧院要完善改革措施，做好京剧艺术的传承和发展，进一步提升在全国京剧领域的地位。同时，引导社会资本投资文化产业，参与国有经营性文化单位转企改制、重大文化产业项目实施，加快建成多彩贵州城、贵州文化广场、贵阳数字文化内容产业园。

八、以更严的态度治理保护环境，构建友好的自然生态

“人是自然之子”。善待自然就是善待我们自己。坚持走科学发展路、加快建生态文明市，必须更加尊重自然、感恩自然、呵护自然，实现人与自然友好相处。

一要把水治理好。水是生命之源、生产之要、生态之基。治水，须臾不可懈怠。红枫湖、百花湖、阿哈水库、花溪水库、松柏山水库是贵阳人民宝贵的“水缸”，饮用水源的功能任何时候都不能改变，保护措施任何时候都不能放松。南明河是贵阳的“母亲河”，要按照实施全流域综合治理的思路，抓紧建设完备的城市污水收集管网系统，因地制宜建设一批中小型污水处理设施，实现污水就近处理、达标排放，特别是要用三年左右时间解决黔灵湖、小关湖水库和水口寺以下河段的污染问题，确保“母亲河”长治久清。湿地是“地球之肾”，要加强对十里河滩国家城市湿地公园、观山湖公园等湿地的管理和保护，在有条件的地方再建设一批湿地，提高自然生态的净化能力。同时，要迅速掀起水利建设新高潮，加强农村中小水利设施建设，切实满足农民饮水和灌溉用水需要。加大农业面源污染和畜禽养殖污染治理力度，保护农村水生态环境。

二要把林保护好。森林是“城市之肺”。要持续开展“森林保卫战”，坚决保护好凝聚几代贵阳人心血的两条环城林带，严禁任何形式的毁坏、侵占林地和违规开山采石、破坏植被行为。要巩固退耕还林成果，坚持不懈地组织大规模植树造林活动，一代接着一代地绿化山川，扩大森林资源总量，实现森林覆盖率每年提升1个百分点。特别是要在环城高速公路和二环路沿线大搞植树造林，做到四季常青。每个贵阳人只有捍卫首个“国家森林城

市”荣誉的义务，而不能有任何损毁的行为。

三要把气净化好。空气清新，是高品质生活的基本标志。在城区，要狠抓汽车尾气治理，加快搬迁污染企业，暂时不能搬迁的要加强技术改造，提高废气综合利用水平，实现达标排放，保持中心城区空气质量优良天数在95%以上；按照国家要求，抓紧组织开展细颗粒物、臭氧和一氧化碳监测，并向社会及时公布。在农村，要引导农民改变焚烧秸秆等落后生产方式，大力发展沼气等清洁能源。

四要把土利用好。土地是人类生存之本，财富之母。我市土地资源稀缺，在加快推进新型工业化、城镇化进程中必须千方百计保住耕地、用好土地。要高标准做好土地利用总体规划，严格土地用途管制。转变土地利用方式，注重盘活存量土地，切实提高节约集约用地水平，提高单位土地上的投资强度。要积极做好土壤污染防治工作，尤其是工矿区附近的重金属污染，加快建立土壤污染防治监督管理体系。

同志们，贵阳的自然生态虽然有优势，但十分脆弱，一旦遭到破坏很难修复。我们即使当不了贵阳发展的“功臣”，但千万不要当破坏环境的“罪人”。为此，保护生态环境的各项措施必须“严”字当头。严格遵守重点开发区、优化开发区、限制开发区和禁止开发区的功能定位、发展方向，决不允许以任何形式侵占“绿线”、“红线”、“蓝线”。严格生态补偿，完善补偿方式、补偿标准及补偿资金筹集渠道，实现制度化、规范化。严格环保考核，落实环境保护一票否决制。严格环保执法，充分发挥环保法庭和环保审判庭的作用，坚决惩处各种破坏环境的违法犯罪行为。破坏环境就是犯罪，就是最大的犯罪！

九、加强和改进党的建设，构建协调的政治生态

政治生态是党风、政风、社会风气的集中体现。政治生态协调，就政通人和、风清气正；政治生态不协调，则人心涣散、风气败坏。坚持走科学发展路、加快建生态文明市，必须切实加强和改进党的建设，从解决关键问题入手，努力使全市政治生态更加协调。

一是积极发展党内民主。当前，个别党组织缺乏民主氛围，少数领导干部缺乏民主作风，严重影响了党员发挥主动性、积极性和创造性。党内民主是党永葆生机活力的源泉，是政治生态协调的首要前提。各级党组织要坚持民主集中制，鼓励各种意见充分讨论，让广大党员干部知无不言、言无不尽；要保护讲真话、敢直言的党员干部，做到言者无罪、闻者足戒。领导干部特别是“一把手”要听得进意见，从善如流，闻过则喜，不能自以为是、“唯我独尊”；要容得下那些不那么妥当甚至反对自己的意见，不能排斥异己，更不能伺机报复。在党内营造这样一种环境、形成这样一个局面，有百利而无一害。我们党是执政党，必须坚持以党内民主带动人民民主，依法实行民主选举、民主决策、民主管理、民主监督，保障人民享有广泛的民主权利。支持人大及其常委会依法履行职能，保障人大代表依法行使职权，密切人大代表与人民的联系；支持人民政协依法履行政治协商、民主监督、参政议政职能，发挥协调关系、汇聚力量、建言献策、服务大局的重要作用；支持工会、共青团、妇联等人民团体依照法律和各自章程开展工作，参与社会管理和公共服务，维护人民群众合法权益。

二是坚决反腐倡廉。对我们取得的巨大经济成就，老百姓都很称赞；对发生在少数党员干部身上的腐败问题，老百姓很有意见。国内外实践反复证明，腐败是执政党的“致命伤”。如果不有效惩治腐败，党就会失去民心。我们要认真总结经验，查找不足，将反腐倡廉工作提高到新水平。一要狠抓思想教育，让干部“不愿腐败”。“一丑遮百俊”。廉洁上出了问题，能力再强、功劳再大，都等于零。现在组织上选用干部，对廉洁的考核越来越细、越来越严。必须通过多种方式教育全市党员干部，无论是为党的声誉着想，还是为自己的政治生命着想，都应该洁身自好、守住底

线，不义之财不取、不法之物不拿、不净之地不去，做一个让老百姓称赞的清官，做一个让亲人引以为荣的好官。二要狠抓制度执行，让干部“不能腐败”。大量事实表明，腐败之所以发生，固然有制度不健全的原因，但更重要的是现有制度执行不到位，必须提高制度执行力，维护制度严肃性。“阳光是最好的防腐剂”，要将制度执行的全过程置于公众的监督之下，杜绝暗箱操作，让腐败分子无机可乘。三要狠抓严厉惩处，让干部“不敢腐败”。始终保持严惩的高压态势，是减少腐败发生的有效办法。必须坚持有腐必反，不管涉及什么人、不管职务有多“高”、不管关系有多“硬”、不管功劳有多“大”，只要触犯党纪国法，都要一查到底，坚决惩处，绝不姑息。

三是建强党的组织。把各级党组织建设成为坚强的领导核心，切实提高“总揽全局、协调各方”的能力，是政治生态协调的根本保障。思想政治要建强。思想政治水平的高低决定执政能力的强弱。每个党员干部都要加强理论学习，掌握马克思主义的立场、观点和方法，增强鉴别真理与谬误的能力；坚持理论联系实际，切实把科学的理论转化为正确的工作思路，增强谋划发展、推动发展的能力；坚定理想信念，始终保持政治上的高度清醒，增强应对考验、抵御风险的能力。干部队伍要建强。“为政之要，惟在得人”。要按照德才兼备、以德为先的标准和“五湖四海、任人唯贤”的原则，大力提拔重用那些对党忠诚、对群众感情深的干部，坚决不用那些党性不纯、群众口碑差的干部；大力提拔重用那些有思路、有激情、有贡献的干部，坚决不用那些没有思路、没有业绩也没有“毛病”的干部；大力提拔重用那些敢抓敢管、敢作敢为、敢闯敢试的干部，坚决不用那些不讲原则、不负责任、不敢碰硬的干部；大力提拔重用那些长期在艰苦地区、基层一线默默奉献的干部，坚决不用那些见风使舵、拉拉扯扯、投机钻营的干部。“用贤退不肖”，何愁党的事业不兴旺？何愁人民群众不拥护？工作作风要建强。作风是党的形象。要务求实在，为人要实在、做官要实在、干活要实在，不要说假话、办假事、造假数据、搞假政绩。要甘于吃苦，做到思想艰苦、工作刻苦、生活清苦。每个共产党员都要懂得这样一个基本道理：入党不是为了做官，而是为了干事；不是为了索取，而是为了奉献；不是为了享受，而是为了吃苦。要心系群众，判断形势，把群众情绪当成第一信号；确定任务，把群众愿望当成第一根据；推动工作，把群众力量当成第一依靠；评价效果，把群众满意当成第一标准。我们每个共产党人都要把群众利益看得重些、重些、再重些，把个人得失看得轻些、轻些、再轻些，为着群众，赴汤蹈火、在所不辞，鞠躬尽瘁、死而后已！

同志们，回顾过去的五年，一些过去想干而没有干成的大事，我们干成了；一些被认为高不可攀的目标，我们实现了；一些异常艰巨的任务，我们完成了；一些空前复杂的矛盾，我们解决了。所有参与创造这些奇迹的贵阳人，都有理由为此倍感自豪。展望未来的五年，我们一定要更加紧密地团结在以胡锦涛同志为总书记的党中央周围，在省委的正确领导下，锐意进取、拼命苦干，在坚持走科学发展路、加快建生态文明市的宏伟事业中再立新功、再创辉煌，以优异成绩迎接省第十一次党代会和党的十八大胜利召开！

中国共产党贵阳市第九次代表大会开幕式

2011年12月27日，中国共产党贵阳市第九次代表大会在贵阳会议中心隆重开幕。位于金阳新区的贵阳会议中心处处洋溢着热烈、隆重、和谐的氛围。主会场主席台正上方“中国共产党贵阳市第九次代表大会”的会标、眺台上“坚持走科学发展路，加快建生态文明市”的横幅格外醒目，主席台上熠熠生辉的党徽、鲜艳的红旗、盛开的鲜花，使整个会场显得庄严而喜庆。

李军、李再勇、李跃南、陈石、蒋星恒、马长青、李忠、王保建、刘文新、张平、刘俊、朱元俊、庞鸿、王玉祥在主席台前排就座。省纪委、省委组织部换届风气督导组组长、省委组织部原巡视员夏乡出席会议。

列席开幕式的有：不是代表的贵阳市四大班子成员，不是代表的中共贵阳市第八届委员会委员、候补委员、纪律检查委员会委员，不是代表的直属单位党组织主要负责人，不是代表但拟提名为中共贵阳市第九届纪律检查委员会委员候选人，不是代表的贵阳警备区、武警贵阳市支队、贵阳市公安消防支队的主要负责人。市人大常委会、市政府、市政协中的非中共党员领导干部，各民主党派、工商联主要负责人和无党派人士作为特邀来宾参加开幕式。

上午9时，大会在雄壮的中华人民共和国国歌声中隆重开幕。李再勇同志主持开幕式。出席这次大会的应到代表429名，实到代表424名，符合法定人数。

李军同志代表中共贵阳市第八届委员会作题为《坚持走科学发展路，加快建生态文明市》的报告。报告共分为九个部分：（一）过去五年的主要工作；（二）必须牢牢记取的宝贵经验；（三）今后五年的奋斗目标；（四）实现更好更快发展，构建绿色的经济生态；（五）提升全域规划建设管理水平，构建宜居的城镇生态；（六）始终秉持为人民谋幸福的理念，构建和谐的社会生态；（七）弘扬“知行合一、协力争先”的贵阳精神，构建自强的文化生态；（八）以更严的态度治理保护环境，构建友好的自然生态；（九）加强和改进党的建设，构建协调的政治生态。

中共贵阳市纪律检查委员会工作报告以书面形式提请大会审议。

中国共产党贵阳市第九次代表大会开幕式

喜看丰硕成果 共谋美好蓝图

——出席贵阳市第九次党代会代表视察生态文明城市建设成就

2011年12月26日上午，出席贵阳市第九次党代会的市领导、老同志代表、基层党代表及列席人员共400余人，冒着严寒视察了我市生态文明城市建设成就。视察历时近5个小时，途经云岩区、乌当区、南明区、小河区、花溪区、白云区及金阳新区。

视察活动中，代表们实地感受二环路、环城高速公路、甲秀南路、花溪大道等城市骨干路网的便捷、通畅；通过收听电台直播车流动直播的方式，听取关于“三环十六射”等主要交通设施建设、小孟工业园和沙文生态科技产业园等十大工业园区建设、孟关国际汽贸城等现代服务业发展、花溪区摆贡寨等农村危房改造和新农村建设、十里河滩国家城市湿地公园等生态环境综合治理工程以及棚户区和城中村改造、保障性住房建设等民生工程的情况介绍；途中，下车实地视察了中煤盘江重工项目建设、LED蓝宝石衬底材料生产和贵阳国际会议展览中心运行的情况。

代表们对过去5年贵阳市在纵深推进生态文明城市建设、全面振兴工业经济、大力发展现代服务业、改善交通基础设施、推进新农村建设以及深入实施民生工程等方面取得的巨大成就给予高度评价。大家一致认为，这些成绩体现前所未有的工作力度和发展速度，全市经济社会步入“加速发展、加快转型、推动跨越”的良性轨道。特别是2011年12月20日贵阳市同时获得全市人民奋斗多年的“全国文明城市”和“国家卫生城市”两项重大荣誉，令每一位代表、每一位市民为之激动和自豪。这些成绩的取得，是市委坚强领导的结果，是全市各级党组织团结奋斗的结果，是全市党员干部群众共同拼搏的结果。

以交通为重点的基础设施建设成就，是代表们关注的焦点。大家纷纷表示，“三环十六射”基本建成后，城市路网结构日趋合理，大大缓解老城区的交通拥堵，各区域连接更紧密，还为老城区空间布局、未来发展带来了巨大机遇，是市委、市政府执政为民的具体体现。

贵阳市工业发展的良好态势让代表们深受鼓舞。在小孟工业园和金阳科技产业园，看到一处处热火朝天的施工现场和一座座拔地而起的现代厂房，代表们非常振奋。他们说：“小孟工业园是全市振兴工业经济的主战场之一，园区建设的经验和做法值得认真学习和借鉴。”在LED蓝宝石衬底材料项目视察时，一些代表说：“类似这样过去想都不敢想的项目，近几年在贵阳也开始多了起来，一旦这些项目的聚集效应发挥出来，贵阳想不发展都不可能！”代表们同时还建议：今后仍要把工业园区作为推进新型工业化的重要抓手，努力实现空间集中开发、资源集约利用、产业集群发展、服务集聚配套，构建起结构更优化、技术更先进、生产更环保、附加值更高的现代产业体系。

在花溪区视察时，清爽整洁的花溪迎宾大道、风景如画的十里河滩湿地公园、民族风情浓郁的摆贡寨，让代表们为贵阳良好的生态环境感到由衷欣喜。途经贵阳奥林匹克体育中心，当听到动听激昂的第九届全国民族运动会主题曲时，一些代表情不自禁地跟着哼唱起来。他们说：“看到这个场馆、听到这首歌曲，民族运动会开、闭幕式的精彩场面仍历历在目。随着近年来贵阳的快速发展，随着‘爽爽的贵阳’城市品牌的日益响亮，贵阳的知名度、美誉度不断提升，作为一名贵阳人，我们真的非常自豪！”在贵阳国际会议展览中心，代表们称赞：“贵阳会展中心的规模和气势绝不输给其他地方，已经成为贵阳展现现代化、国际化、生态化、人文化都市形象的一张名片。只有贵阳大发展，才能有这么大手笔的工程。”

代表们对这次视察活动的组织工作给予充分肯定，一致认为，这次视察活动组织严密、内容丰富、解说精彩、服务周到、形式新颖，是本次党代表大会的亮点和创新，体现了贵阳市的办会水平。特别是通过电台流动直播车进行现场解说，大家沿途边看边听，对贵阳取得的发展成就有了更深刻、更直观的感受，收获很多。虽然视察时间近5个小时，但大家都感觉轻松愉快，受益匪浅，很多代表意犹未尽。

代表们认为，市委精心组织的这次视察活动很有意义，让大家直观感受到全市5年来的发展变化，既落实了代表们的知情权、建议权、监督权，又拓宽了代表们的思路，使代表们增强了信心、鼓足了干劲。代表们纷纷表示，要认真履行职责，审议好八届市委报告和市纪委工作报告，完成好选举任务，为加快推进生态文明城市建设献计出力。

中国共产党贵阳市第九次代表大会闭幕式

2011年12月31日，中国共产党贵阳市第九次代表大会圆满完成各项议程，在贵阳会议中心胜利闭幕。

闭幕式由李军同志主持。李再勇、李跃南、陈石、蒋星恒、马长青、李忠、王保建、刘文新、张平、刘俊、朱元俊、庞鸿、王玉祥在主席台前排就座。省纪委、省委组织部换届风气督导组组长、省委组织部原巡视员夏乡出席闭幕式。大会应到代表429名，因病、因事请假4名，实到代表425名，符合法定人数。

大会号召，全市各级党组织和广大党员干部要更加紧密地团结在以胡锦涛同志为总书记的党中央周围，在省委的正确领导下，认真落实“加速发展、加快转型、推动跨越”主基调和工业强省、城镇化带动主战略，锐意进取、拼命苦干，在坚持走科学发展路、加快建生态文明市的宏伟事业中再立新功、再创辉煌。

大会以举手表决的方式，通过了《中国共产党贵阳市第九次代表大会关于中共贵阳市第八届委员会报告的决议》；通过了《中国共产党贵阳市第九次代表大会关于中共贵阳市纪律检查委员会工作报告的决议》。稍前的大会第四次全体会议选举产生了中共贵阳市第九届委员会、中共贵阳市第九届纪律检查委员会。

大会高度评价八届市委的工作，认为5年来八届市委把建设生态文明城市作为贯彻落实科学发展观的切入点和总抓手，团结带领全市广大共产党员和干部群众，在历届市委工作基础上，解放思想、埋头实干，取得了显著成绩，开创了贵阳从“洼地”上崛起的新局面，总结了“必须确立把中央精神与本地实际紧密结合的发展思路，并坚持不懈地为之奋斗”的宝贵经验。大会高度评价八届市委报告，认为报告回答了贵阳坚持走什么路、以什么样的精神状态、朝着什么样的发展目标继续前进等重大问题，是一幅充满科学和务实精神的行动路线图，是一个鼓舞全市人民坚持走科学发展路、加快建生态文明市的政治动员令，是指导我市今后5年乃至更长时期经济社会发展的纲领性文件。

大会完成各项议程后，李军同志在热烈的掌声中作了讲话。他代表我市出席省第十一次党代表大会的代表，代表新当选的市委委员、候补委员和市纪委委员，对全体代表的信任和支持表示衷心感谢。他说，大家投下的这一票，是信任、是期盼、是重托。请各位代表放心，我们一定会以良好的精神面貌出席省党代会，把贵阳经济社会发展的显著成果充分展示出来，把贵阳城乡面貌发生的巨大变化充分展示出来；我们一定会认真履行职责，为贵阳的发展、为全市老百姓的幸福尽心竭力工作，绝不辜负大家投下的神圣一票。

李军强调，这次大会绘就了美好的发展蓝图，明确了前进的方向、路径和措施，开得很好，接下来的关键是要把会议精神学习好、宣传好、落实好。全市各级党组织要把学习宣传贯彻这次党代会精神作为当前和今后一个时期的重要政治任务，迅速传达到每一个党员干部，切实把党员干部思想和行动统一到党代会作出的决策部署上来，把智慧和力量凝聚到实现党代会的目标任务上来。各级领导干部要带头学习贯彻党代会精神，以推动科学发展的实际成效来检验党代会精神的贯彻落实。全市共产党员要迅速行动起来，在学习贯彻党代会精神中充分发挥先锋模范作用。各位代表回到自己的工作岗位后，要积极宣传党代会精神，带头贯彻党代会决议。各地各部门要在“结合”上下工夫、在“坚持”上下工夫，找到党代会精神与本地本部门实际的最佳结合点，确立正确的发展思路，并坚持不懈地为之奋斗。全市上下要以坚持走科学发展路、加快建生态文明市的优异成绩，迎接省第十一次党代会和党的十八大胜利召开。

李军最后说，新起点孕育新希望。我们坚信，有省委、省政府的正确领导，有市委、市政府的尽职尽责，有全市党员干部和各族人民群众的顽强拼搏，这次党代会确定的“一二一”奋斗目标一定能够实现，贵阳在“洼地”上加速崛起的理想一定能够实现，贵阳人民的生活一定会更加幸福，贵阳的未来一定会更加美好！

市人大常委会、市政府、市政协中的非中共党员领导干部，市级各民主党派、工商联主要负责人和无党派人士应邀出席大会闭幕式。

2012贵阳筑城广场迎新仪式

——贵阳市第九次党代会代表参加筑城广场迎新仪式

在贵阳市第九次党代会胜利闭幕之际、2011年12月31日晚，出席市第九次党代会全体代表和各族各界代表在新落成的“城市客厅”——筑城广场参加2012迎新仪式。省委书记栗战书、省长赵克志向全省各族人民致以新年祝福，合写一张心愿卡“秀美贵阳，人间天堂”、“筑城人民，幸福安康”。省领导王正福、张群山、谌贻琴、周忠良参加仪式。省委常委、市委书记李军致辞。

省政府秘书长唐德智，省政协办公厅主任李月成，市领导李再勇、李跃南、陈石、王保建、马长青、刘文新、张平、刘俊、朱元俊、帅文、兰义彤、庞鸿、王玉祥、丁旭东、李作勋出席迎新仪式。

当晚的筑城广场华灯璀璨、流光溢彩，洋溢着欢乐祥和的节日气氛。迎新仪式由序篇、“龙腾金筑”、“金龙献瑞”、“筑笙开泰”、“鼓舞飞祥”、“心灯祈福”、“新年献辞”、“盛世宏钟”、“祝福祖国”9个部分组成，充分利用现代传媒手段，通过多机位全空间展示、切换花絮短片、现场连线采访等方式，使得活动丰富多彩、引人入胜。

23时许，迎新仪式大型歌舞活动拉开大幕。12名贵州各界知名人士分别为象征10个区（市、县）和高新区、金阳新区的12条彩龙点睛，彩龙飞舞进场，口吐龙珠，12只卡通“贵州龙”把龙珠护送到金芦笙底下，全场一片欢腾。上百只芒筒齐声吹响，200只芦笙随音应和，《水姑娘》、《吉宇鸟》、《贵州恋歌》、《爽爽的贵阳》、《梦在路

2012年筑城广场迎新仪式

上》等舞蹈串烧、歌曲联唱精彩纷呈，广场上充溢着黔音筑韵的独特魅力。随着中心舞台大四面鼓上踢踏起舞，大铜鼓、水鼓、腰鼓、LED鼓、威风锣鼓等近400个各种鼓乐齐鸣，街舞、交谊舞、健身舞、交响乐、小提琴、自行车、滑轮、滑板、陀螺等各种群众文体活动高潮迭起……在表演中，数千名演员和现场观众激情互动、载歌载舞，璀璨的焰火、绚丽的灯光、激昂的音乐交相辉映，广场变成欢乐的海洋。

23时40分，筑城贵阳万家灯火，广场上亮起星星点点的心愿灯，大屏幕开始播放市民的幸福笑脸和新年祝词。在优美的祈福乐曲中，现场的省市领导与观众一起，在心愿卡上写下新年愿望。栗战书、赵克志合写一张心愿卡，栗战书写下“秀美贵阳，人间天堂”，赵克志写下“筑城人民，幸福安康”。栗战书说，即将过去的一年，全省人民团结奋斗，创造了许多令人鼓舞的业绩。在新的一年里，希望全省人民更加紧密地团结起来，心连心，肩并肩，手挽手，迈着矫健的步伐向前行，祝愿全省各族人民的日子过得越来越红火、越来越美满、越来越幸福、越来越舒心！祝贵阳更加美好，祝贵阳人民更加幸福！

随后，李军发表新年致辞。他说，即将过去的2011年，是硕果累累的一年。在省委、省政府的坚强领导下，我们办成了一些大事、难事、喜事。2012年，我们要坚持走科学发展路、加快建生态文明市，努力在“求快”、“保好”、“惠民”、“维稳”上有新的优秀表现，为实现“一二一”奋斗目标开好局、起好步。

李军说，即将在筑城广场敲响的钟声，是为贵阳这座城市带来安宁、带来祥和的钟声，是为贵阳每个家庭带来幸福、带来安康的钟声，是为每个贵阳人带来吉祥、带来好运的钟声。衷心希望,这雄浑的钟声永远响彻在筑城的上空，响彻在每个贵阳人的心里。

时近午夜，12个家庭代表打开龙珠取出幸福绳，来到敲钟点，挂到同心圆上。全场观众挥动荧光棒，高声齐呼倒计时“……五、四、三、二、一”。零时零分零秒，12个家庭准时敲响新年钟声，满载千万心愿的气球冉冉升起，灿烂的礼花在夜空中竞相绽放，全场欢声雷动。伴随着欢快的歌舞、梦幻的灯光，迎新仪式在火树银花中被推向高潮。最后，全场齐声高唱《祝福祖国》，嘹亮的歌声在筑城夜空久久回荡。

选举情况

中国共产党贵阳市第九次代表大会选举产生出席贵州省第十一次代表大会代表和九届市委委员、市纪委委员

2011年12月29日下午，中国共产党贵阳市第九次党代会举行第三次全体会议。会议应到代表429人，实到代表421人，符合法定人数。会议以投票方式选举产生了贵阳市出席贵州省第十一次党代会的代表50名，其中：省委提名到我市下选的代表4名、党员领导干部代表28名、生产和工作第一线党员代表18名。

12月31日上午，市第九次党代会举行第四次全体会议。会议应到代表429名，实到425名，符合法定人数。在总监票人和监票人的监督下，到会代表采取无记名投票的方式，选举产生51名九届市委委员、9名候补委员和35名市纪委委员。名单如下：

中国共产党贵阳市第九届委员会委员名单

（2011年12月31日中国共产党贵阳市第九次代表大会选举产生）

（按姓氏笔画为序，共51名）

丁旭东　丁雄军　马　磊　马长青（回族）　王廷志（布依族）　王建忠
王保建　石　洪　帅　文　兰义彤（女）　朱元俊（侗族）　朱丽霞（女）
朱桂云（女）　向子琨（土家族）　向虹翔（苗族）　刘　军　刘　俊　刘文新
刘玉海　李　军　李　忠　李　泽　李再勇（仡佬族）　李志鹏　李作勋
杨明晋　吴　军　张　平　张　洁（女）　张　曦　张定超　张海波（仡佬族）
陈　石　陈贵蜀（女）　陈雪梅（女）　庞　鸿　宗　文　赵　军　赵继红
柯德来　钟　阳（女，布依族）　钟汰甬　聂雪松　莫　惹（壮族）　高卫东
唐兴伦　黄昌祥　康克岩　蒋志伦　蒙秋明（水族）　翟　彦

中国共产党贵阳市第九届委员会候补委员名单

（2011年12月31日中国共产党贵阳市第九次代表大会选举产生）

（按得票多少为序，共9名）

严贵钧　李　华（女，布依族）　魏发志　蔡定荣　任筑江　宗玲玲（女）
赵福菓　徐　昊　曾明强

中国共产党贵阳市第九届纪律检查委员会委员名单

（2011年12月31日中国共产党贵阳市第九次代表大会选举产生）

（按姓氏笔画为序，共35名）

马　钊　王　军　王　敏（女）　王跃红　左章超（土家族）　付　涛

刘晓萍（女）　齐　军　汤慧勇　安　陵　阮晓燕（女）　阳亚林（苗族）
杨　梅（女）　杨　琴（女，苗族）　何志坚　张　平　张　君（女）　张　虎
张　洪　陆秀祥　陈　萌　陈永燃（布依族）　陈丽娅（女）　罗　俊
罗　亮　胡晓刚　秦亚梅（女）　袁　斌　黄良忠　黄柳松
蒋　浩　童徐勇　谢　军　谢红生　魏燕飞

中国共产党贵阳市第九届委员会第一次全体会议选举产生第九届委员会常委、书记、副书记

2011年12月31日下午，中国共产党贵阳市第九届委员会举行第一次全体会议。全会以无记名投票方式，差额选举产生中国共产党贵阳市第九届委员会13名常委。名单如下：

书　记：李　军

副书记：李再勇（仡佬族）　王保建

常　委：马长青（回族）　刘文新　张　平　刘　俊　朱元俊（侗族）
帅　文　兰义彤（女）　庞　鸿　丁旭东　李作勋

全会通过了中共贵阳市第九届纪律检查委员会第一次全体会议选举结果的报告。张平为市纪委书记，王敏、胡晓刚、王军为市纪委副书记。

中共贵阳市第九届委员会常委

九届一次全会讲话

我们的四点承诺

——在中共贵阳市委九届一次全会上的讲话

中共贵州省委常委、贵阳市委书记 李 军

（2011年12月31日）

同志们：

刚才，市委九届一次全会选举产生了新一届市委常委和书记、副书记，通过了市纪委九届一次全会的选举结果。在此，我代表新一届市委常委会，对各位委员的信任表示衷心感谢!

2007年6月5日，我在45岁时担任贵阳市委书记，到现在四年半多，即将年满50岁。在人的一生中，45岁到50岁是最有精力、最好干活的一段时光。几年来，我十分珍惜中央和省委的信任，十分理解全市老百姓的期待，在贵阳市委书记这个岗位上，把全部心思、全部感情、全部精力投入到工作中。通过全市干部群众的团结奋斗，我们办成了一些事，甚至办成了一些比较难办的事。但从我自身来讲，仍有很多不足，留下不少遗憾。有的工作谋划得不够周密，没有达到预期目标；有的工作抓得不紧，落实效果不够好；有的工作虽然抓得比较紧，但离老百姓的期望还有差距；有时性子比较急，开展批评不够注意方式方法，等等。对这些不足和遗憾，同志们最大限度地予以谅解，选我担任新一届市委书记。我深知，这是包容、更是鞭策，是动力、更是压力。今后，我将一如既往地把自己的热情、精力和力量奉献给贵阳人民，把这几年工作中积累的经验教训作为进一步做好工作的宝贵财富，努力克服缺点、发挥优点，弥补差距、提高水平，继续和各位常委、委员一道，和全市干部群众一道，坚持走科学发展路、加快建生态文明市，喊着“一二一”的口令，跑步奔向“一二一”的奋斗目标。

下面，我代表九届贵阳市委常委会，向全市党员干部、向全市人民群众作出四点承诺：

第一，我们一定虚心学习，不当庸官。我们13名同志能够进入常委班子，从某种意义上说只是机遇比别人好一点而已，并不意味着水平一定比别人高、能力一定比别人强。对此，各位常委同志必须有自知之明。我们有的同志是从熟悉的岗位转到不熟悉甚至完全陌生的岗位，有的同志虽然岗位没有变化但面临更高要求，有的同志从下级岗位提拔到上级岗位，大家在工作经验、领导能力、知识储备等方面都还不同程度地存在差距。对此，各位常委同志必须保持清醒头脑。特别是当前，客观形势变化很快，知识更新速度空前，新理念、新事物层出不穷，学习稍有懈怠，就会落后于时代，难以胜任职责。对此，各位常委同志必须有危机意识。为什么有的干部被老百姓称为“庸官”？最根本的原因就是不学习。“非学无以广才，非学无以明识，非学无以立德”。我们要甘当“小学生”，以老老实实的态度学习，向书本学习、向群众学习、向实践学习，不懂就是不懂、不要装懂；要认真学习马克思主义哲学，学习中国特色社会主义理论体系特别是科学发展观，提高政治理论素养，成为贵阳市的合格政治家；要抓紧恶补履行职责需要的相关知识，迅速成为所负责工作的行家里手；要以旺盛的求知欲努力学习新知识，使自己的知识库及时升级换代，始终紧跟时代步伐。各位领导同志工作都很忙，但这绝不能成为放松学习甚至不学习的理由，不能理直气壮地把“学习不够”作为自己可以原谅的缺点，在总结、述职、检讨的时候堂而皇之地摆出来。总之，我们一定要凭政策理论水平高、办事能力强，而不是靠市委常委这个头衔来赢得党员干部和老百姓的尊敬、称赞。

第二，我们一定拼命干事，不当懒官。“爱拼才会赢”。在刚刚结束的党代会上，与会党代表对过去五年取得的成绩给予高度评价。这些成绩是从天上掉下来的吗？不是。是靠外界帮出来的吗？不是。是撞大运撞出来的吗？也不是。是我们贵阳干部群众拼命干出来的。2008年和2011年初两场特大凝冻灾害，持续时间那么长、受灾面积那么广、抗灾救灾难度那么大，靠什么保证全市秩序基本正常，市民情绪平稳，没有因灾冻死、饿死一个人？靠的就是拼命。建设环城高速公路、二环路，成本那么高、难度那么大，靠什么只用两年左右时间就建成，创造贵州乃至全国公路建设史上的奇迹？靠的就是拼命。今年下线的LED蓝宝石衬底材料以及其他一批工业项目，涉及招商、引才、筹资、征地、拆迁、土建、设备安装等一连串问题，靠什么做到当年开工、当年投产？靠的就是拼命。开展“三创一办”，头绪那么多、涉及面那么广，靠什么成功、圆满、精彩协办民族运动会，一举拿回“全国文明城市”、“国家卫生城市”两块牌子？靠的就

中共贵阳市委九届一次全体会议

是拼命。面积16.07万平方米、创意独特的筑城广场，工期只有9个月，中间还有复杂的拆迁过程、难度极高的建筑安装工序，靠什么实现今晚迎接新年的钟声在广场上如期敲响？靠的也是拼命。现在，市第九次党代会确定了“一先二超一提升”的奋斗目标，特别是提出五年内经济总量增加1.4倍、增速年均17%的指标，这在贵阳历史上前所未有。在当前贵阳经济仍处于欠发达状态、各方面条件比较差的情况下，如果不拼命，实现这个目标就只能是一句空话。我们每位同志都要以坐卧不宁、寝食难安的状态，把争取时间放在首位，一刻也不偷懒，一天也不耽误，不管遇到什么困难、挑战和风险，都能豁得出去、冲得上去、拿得下来。只有这样，才能不辜负老百姓寄予的殷殷厚望，不辜负组织提供的宝贵平台，不辜负我们身处的伟大时代。希望每位常委同志、每位委员同志都要带头当促进贵阳发展、增加百姓福祉的“拼命三郎”，还希望贵阳市有成千上万这样的“拼命三郎”！

第三，我们一定精诚团结，不当“斗官”。团结促发展，团结出干部。现实生活中，在有的地方、有的单位，有的领导干部争强好斗、明争暗斗，斗来斗去，不仅耽误了事业、影响了发展，而且斗得好人遭了殃，斗得小人得了势，斗得下属无所适从，斗得自己心力交瘁，最终落得两败俱伤、满盘皆输。这样的“斗官”，既可恶，又可怜。细细分析起来，绝大多数情况下，领导干部之间并没有不可调和的矛盾，并没有根本利益的冲突，很多别扭都是一些鸡毛蒜皮小事引起的。对一些惨痛的历史教训，各位领导同志不可不察、不可不戒。懂团结是大智慧，会团结是大本事，真团结是大境界。毛主席说，“谅解、支援和友谊，比什么都重要”。我们走到一起，既是工作的需要，更是难得的缘分。一定要把市委班子、常委班子看成一个大家庭，时刻牢记“家和万事兴”的道理，积极维护这个“大家庭”的团结和睦。胸襟要宽广，心态要阳光，“待人以诚去其诈，待人以宽去其隘”，包容同事的缺点，尊重同事的个性、赞赏同事的长处，为同事的进步而高兴，为同事的成功而喝彩；相处要多沟通，凡事要多商量，发现问题相互提醒、发现不足及时指出，真正做到同心同德、同舟共济。要通过我们常委“一班人”的团结，带动市级几套班子“一层人”的团结，形成全市上下“一群人”的团结。

第四，我们一定清廉为政，不当贪官。廉贪一念间，荣辱两重天，一失足成千古恨。我们每一位同志能走上今天的领导岗位，组织培养不容易，同志帮助不容易，家庭支持不容易，个人努力不容易，于公于私，都应该珍惜自重，保持清正廉洁。要管住自己，树立高尚的精神追求，培养健康的生活情趣，增强定力、把稳操守，常思贪婪之害、常弃非分之想，严格执行廉洁自律的有关规定，满足于党纪国法允许的物质生活，始终保持一身正气、两袖清风。要管住自己的亲属，管住身边工作人员，对他们严格要求，绝不允许他们打着自己的旗号谋取私利特别是插手各类工程项目、人事安排，给自己抹黑、添乱、帮倒忙。很多时候，领导干部管住自己相对容易，“六亲不认”比较难，但腐败的“口子”往往是从“身边人”打开的。我们共产党人不是不讲感情，但不能为亲情、友情所惑，情不可以越纪，情不可以越法，一定要在讲原则的基础上讲感情，在讲原则的范围内讲感情。老百姓最恨贪官，党纪国法不容贪官，我真诚地希望市委班子特别是常委班子一定不要出贪官！

以上四条，是我们九届市委常委的集体承诺。作为“班长”，我将以身作则。请全市各级党组织监督，请全市党员干部监督，请全市人民群众监督！

谢谢大家！

“三创一办”

SANCHUANGYIBAN

2011年，在省委、省政府的坚强领导下，贵阳市“三创一办”强力推进，取得了显著成绩。9月10日至18日，成功、圆满、精彩地协办了第九届全国少数民族传统体育运动会；9月30日，被省委、省政府授予唯一的“第九届民族运动会承办工作特别贡献奖”荣誉称号；12月20日，获得全市人民奋力争取多年的“全国文明城市”和“国家卫生城市”称号，充分展示了贵阳的良好形象，极大地提升了贵阳人的自信心和自豪感。第九届民运会的成功协办，“全国文明城市”和“国家卫生城市”荣誉的获得，是贵阳市发展进程中的大事、喜事，标志着纵深推进生态文明城市建设取得了重要的阶段性成果。

创建全国文明城市工作基本情况

贵阳市创建全国文明城市工作从1999年开始，于2002年、2005年、2008年三次荣获“全国创建文明城市工作先进城市”称号。2009年，市委八届八次全会明确提出，要以“三创一办”为抓手，坚定不移地纵深推进生态文明城市建设。两年多以来，在全市上下的共同努力下，贵阳市以建设生态文明引领文明城市创建工作，走出了一条富有特色的文明城市创建之路。2011年12月20日，在中央文明委召开的全国精神文明建设工作表彰大会上，贵阳市被授予“全国文明城市”荣誉称号。在“创文”工作中，贵阳市主要开展了以下工作：

第一，强化体制机制保障，切实增强创建工作实效。强化了组织领导，省文明委建立了省市联席会议制度，形成了省市联动、合力推进、领导有力的创建工作格局。市文明委实行市委书记、市长“双主任”领导机制，成立由市四大班子“一把手”任组长的市创建全国文明城市工作领导小组，设立由市委常委、市委宣传部部长任指挥长的创建全国文明城市工作指挥部，具体负责创建全国文明城市的组织实施工作。健全了协调机制，建立领导小组会议制度和调度会议制度，及时研究解决创建工作中需要协调统筹的问题，采取市领导领题攻坚的方式，纵深推进各项创建工作，健全城乡联动共创机制，推动文明创建活动向基层拓展延伸。严格了督查考核，对创建指标进行了细化和分解，明确责任到市领导、责任单位和责任

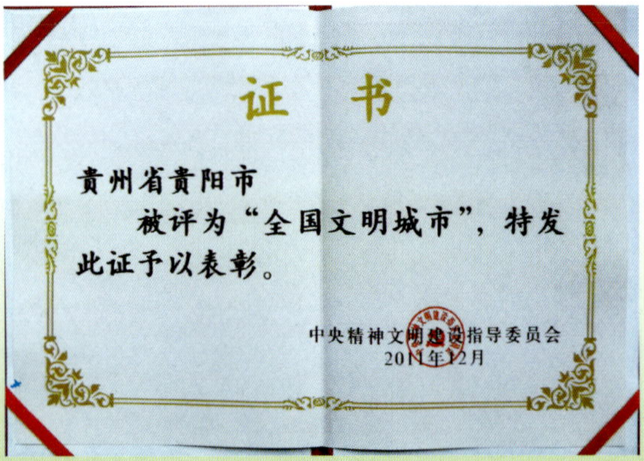

人，出台问责办法，进行严格问责；建立逐层、定期督查机制，充分发挥媒体和群众监督作用，对创建工作实行全方位督促指导。

第二，加快基础设施建设，提升城市综合承载能力。以实施“畅通工程”为重点，抓好城市交通基础设施建设，新建一批人行过街设施，新增3000个停车位，搬迁贵阳长途汽车客车站，加强交通秩序管理，实施市直机关错时上下班和中小学错时上放学制度，缓解交通通行压力，解决老百姓“行路难”问题。相继实施了“三条环路十六条射线”骨干路网、主城区主干道白改黑、环岛改造、城市综合管网入地等工程，建成新庄污水处理厂一期和小河污水处理厂二期等城市污水处理设施，全市污水处理率达95%以上。推行精细化管理，取缔占道经营百货夜市，对“五小”行业进行综合整治，严厉打击违法建设行为，严格落实“门前三包”责任制，加大城郊结合部、城中村、铁路沿线、背街小巷等城市重点地区整治力度，城市环境切实改善。建成数字化城市管理系统并投入使用，实现网格化管理，在中心城区设立300余个治安卡点，提高城市社会治安、交通管理事件的处置率。对全市城区900余所公厕实行免费开放，完成111个农贸市场升级改造，推进城市主干道机械清扫和生活垃圾分类试点工作，为市民营造整洁、靓丽、有序的生活环境。

第三，优化城市服务管理，促进整体文明程度提升。创新了社会管理的领导体制，成立市委群众工作委员会，代表市委统筹、领导全市群众工作。建强了群众工作平台，对市信访局的职能与工作方式进行调整优化，加挂市群众工作中心牌子，19个职能部门在中心设置窗口，直接受理群众来访、调处矛盾，把矛盾“中转站”变为“终点站”。推进了城市基层管理体制改革，撤销街道办事处，变“市—区—街道—社区”四级管理模式为“市—区—社区”三级管理，实现了服务和管理重心下沉，基层基础进一步夯实，为民服务得到优化。加强了流动人口服务和管理，赋予人口和计划生育部门对流动人口的综合服务和管理职能，进一步解决流动人口在就业、就医、社保、居住、子女入学等方面的实际困难，推进基本公共服务均等化。开通了“百姓—书记市长交流台”，运用网络、手机、固话、邮政“四位一体”平台加强党委、政府与群众的联系，倾听百姓意见、汇聚百姓良策、疏解百姓情绪、维护百姓利益。深化了行政审批制度改革，将原来的625项行政审批事项核减70%以上，仅保留128项，成为全国审批事项最少的城市之一。

第四，着力改善保障民生，确保市民享受创建成果。秉持为人民谋幸福的理念，扎实推进“六有”民生行动计划，让创建成果更多地惠及广大市民。在财政比较困难的情况下，压缩行政等方面的开支，每年涉及民生的支出都占50%以上。着力解决“上好学难”问题，开展义务教育阶段学区化改革，通过名号、法人、管理、教学、风格“五统一”，推进学区内教育资源均衡配置。实施义务教育“两免一补”、进城务工人员子女接受义务教育。对市属中等职业学校本市户籍学生免除学费。着力解决“就业难”问题，以创业带动就业，突出抓好高校毕业生、农民工、就业困难群体“三大重点人群”就业工作。着力解决“看病难”问题，新型农村合作医疗参合率达97%以上，惠民医疗政策、医疗救助制度100%覆盖城乡困难群众。着力解决“养老难”问题，率先建立新型农村社会养老保险和被征地农民必须参加社会养老保险等保障制度和政策。着力解决“住房难”问题，纳入住房保障家庭累计达22630户，积极探索西部城市保障性安居工程建设和管理的新路子，初步形成了“政企合力、建储并举、公廉并轨、租补分离”的模式。着力解决“治安难”问题，持续深入开展严打“两抢一盗”、打黑除恶等专项行动，群众安全感明显上升。

第五，动员各方参与创建，形成强力助创浓厚氛围。市四大班子成员身体力行，利用节假日休息时间，走上街头和社区居民家中，宣传生态文明理念；到公路沿线、广场、车站和公园，开展卫生清扫、文明劝导、植树绿化等志愿服务活动；深入街道重点路段，引导行人和驾驶员遵守交通法规，以实际行动带动全市人民参与创建。各区（市、县）周密部署，各街道（乡、镇）、各社区（村）认真落实，广大干部职工认真细致，全力奋战在创建一线，做了大量卓有成效的工作。各级机关、企事业单位干部职工高度自觉，积极投身创建活动，特别是各级宣传部、文明办、城管、公安、交通、交警、工商、卫生等部门干部职工恪尽职守、忘我工作，在市民教育、城市管理、交通秩序、市容环境、农贸市场升级改造、提高市民支持率、安全感等方面作了突出贡献。各类媒体充分发挥舆论导向作用，组建“三创一办”新闻采访队，曝光和制止不文明现象；开办“三创一办”专题导报，开设《认认他是谁》、《责任属于谁》、《看看该学谁》等栏目，赞扬先进、曝光落后。全市大中小学开展“小手拉大手、共建文明城”暑期社会实践活动，先后有85万学生参与活动，有效带动100余万家长投身到创建活动中来。全体市民积极唱响“我参与、我受益、我快乐”的主旋律，自觉讲究卫生、爱护环境，养成良好生活习惯，谱写了一曲曲全民参与、同创共建的美好诗篇。全市40多万“绿丝带”志愿者力尽所能，不计报酬，常年开展交通协勤、环境监督、关爱“空巢老人”等各类志愿服务活动。广大市民积极参加“排队日”、“步行日”、“让座日”等文明创建活动，以实际行动践行“健康、低碳、环保、绿色”的出行理念。社会各界朋友也为我市创建文明城市不断呐喊助威，建言献策，为我市创建全国文明城市奠定了广泛而坚实的群众基础。市民对创建工作的知晓率达97.2%、参与率达94.12%、支持率达98.9%。

创建国家卫生城市工作基本情况

1990年，贵阳市正式提出创建国家卫生城市的奋斗目标，先后开展了公厕革命、告别煤火、垃圾不落地、黄土不见天、南明河三年变清、创建文明区（县、市）、整脏治乱等一系列活动，于1994年获得全国卫生城市进步奖，1999年获得“全国卫生先进城市”称号。

2007年，市委、市政府提出以“整脏治乱”专项行动为有力抓手，大力开展创建国家卫生城市工作。2009年，市委八届八次全会决定，明确将“三创一办”作为纵深推进生态文明城市建设的重要抓手，与全市经济社会发展同安排、同部署、同考核、同落实。自此，贵阳市创建国家卫生城市工作进入了再次发力、攻坚克难的冲刺阶段。经过两年艰苦不懈的奋斗，贵阳市于2011年获得国家卫生城市称号，成功实现“创卫”目标。2011年12月20日，全国爱卫会在北京召开“国家卫生城镇命名表彰电视电话会议”，省委常委、市委书记李军代表贵阳市接受“国家卫生城市”奖牌，并代表全国新命名的35个城市作大会发言。

贵阳市创建全国卫生城市主要做法是：

第一，加强领导，坚定信心。为进一步强力推进我市“创卫”工作，市委、市政府成立了创建国家卫生城市工作领导小组和指挥部，由市委常委、副市长担任指挥长，各职能部门和各区党政一把手也作为本部门和本区“创卫”工作的第一责任人，形成了横向到边、纵向到底的“创卫”领导体系和工作网络。

第二，明确职责，狠抓落实。在“创卫”冲刺阶段，市委、市政府出台了《贵阳市创建国家卫生城市攻坚实施方案》，作为创卫迎检和攻坚战役的作战总体方案，强力推进我市创建国家卫生城市各项工作深入开展；对“创卫”工作职责任务进行细化分解，签订目标责任书，向全市发出了“攻坚克难，全力冲刺”的冲锋号角。

第三，协力共创，全民参与。各级各部门敢于担当，不推卸责任，主动承担责任，在实战中创新了一系列行之有效的措施和办法。全市广大干部职工加班加点，连续作战，超常规开展各项工作。驻筑部队充分发挥部队先锋队、突击队、宣传队的作用，广大市民积极建言献计、群策群力、同心协力，形成了人人参与的巨大合力，为“创卫”冲刺提供了源源不断的动力。

第四，完善制度，依法创建。市委、市政府始终以群众满意为标准，不断创新工作方法，提高创建工作效果。建立了“互检、互查、互学机制”，帮助各区、各部门之间互相发现问题，互相学习经验；通过“公众媒体监督机制”，设立了市容环境卫生投诉举报电话，在各大新闻媒体设立了曝光专栏，接受群众的投诉和监督；建立了“专家督检督导机制”，聘请20名省、市相关工作领域专家组成“创卫工作专家组”，对我市“创卫”工作进行督促检查和业务安指导；制定了“创卫工作责任追究机制”，对“创卫”工作不力，存在突出问题的单位和部门的直接责任人进行责任追究。一系列制度和机制的健全，确保了“创卫”冲刺工作的有序、有力、有效推进。

第五，攻坚克难，重点突破。集中人力、物力和财力，全面实施城中村和城乡结合部、农贸市场、建筑工地、公共厕所、“五小”公共场所、居民院落环境卫生综合整治以及落实“门前三包”责任制、病媒生物防制“八大攻坚战”。对全市111个农贸市场进行了升级改造。全面整治小餐饮店前灶后店现象，做到了规范化管理。在全国首次将“门前三包”列为地方性法规，使管理工作更具操作性和针对性。通过实施攻坚战役，有效地解决了“创卫”工作中的难点问题，使“创卫”工作纵横覆盖，达到了以点连线、以线带面、整体提升的效果。

创建国家环境保护模范城市工作基本情况

2007年8月，市政府正式作出决定，并向原国家环保总局提交申请获批同意开展创建国家环境保护模范城市工作。同年底，市委、市政府又根据党的“十七大”精神，决定在全国率先开展生态文明城市建设，以生态文明建设统领全市环境保护工作。

自启动“创模”和“生态文明城市建设”工作后，市委、市政府一直坚持将二者有机结合，以“创模”作为生态环境保护工作和建设生态文明城市的重要抓手，以生态文明城市建设提升和拓展“创模”内涵，将二者有机结合，深入扎实地开展“创环保模范城、建生态文明市”工作，至2009年市委、市政府决定集全市资源开展“三创一办”工作以来，市委、市政府将“创模”与“创卫”和“创文明”工作有机结合，合力推进，并取得切实成绩，在持续优化经济结构有力地推动全市经济社会持续健康快速发展，全市GDP由2006年的617.24亿元增加到2011年的1383.07亿元的同时；全市环保基础设施实现大幅改善，主要污染物排放总量实现大幅削减，化学需氧量和二氧化硫排放量分别由2006年的5.27万吨和22.77万吨下降至4.43万吨和11.51万吨，分别下降15.94%和49.45%，全面完成省政府下达的主要污染物减排任务；环境质量持续改善，城区空气质量优良率由2006年的92.9%提高至95.62%，高于创模标准10.62个百分点；城区区域环境噪声和交通干线噪声分别为55.9分贝和67.6分贝，分别优于创模标准4.1分贝和2.4分贝，城区集中式饮用水源水质实现100%达标，城市环境综合整治考核连续多年稳居全省第一。目前，我市26项创模指标已有16项达标，4项接近达标，6项尚有一定差距，其中在辐（放）射源监管、机动车污染综合治理等方面得到了环境保护部的高度评价。

环保部创模专家第二次检查指导贵阳市创模工作会会场

协办第九届全国少数民族传统体育运动会工作基本情况

中华人民共和国第九届少数民族传统体育运动会2011年9月10日至18日在贵阳隆重举行。这是历届全国民族运动会中规模最大、设置项目最多、参加人数最多的一届，也是贵州省、贵阳市历史上第一次举办的全国性综合体育赛事。

按照省委、省政府的安排，贵阳市第九届全国民族运动会开幕式、闭幕式和民族大联欢活动（简称“三大活动”）和交通运力保障工作。在党中央、国务院的亲切关怀下，在国家民委、国家体育总局和省委、省政府的大力支持下，坚强领导下，在全市各级各单位和各部门的通力协作以及全体党员干部、全市各族人民的共同努力和积极参与下，“三大活动”精彩纷呈，实现了确保第九届全国民族运动会“成功、圆满、精彩”的目标。

两年来，贵阳市在“协办”工作主要开展了以下工作：

一是切实加强组织领导。2007年11月，成立了贵阳市协办第九届全国民族运动会筹备委员会，“协办”工作正式启动。2009年底，市委八届八次全会将“协办”工作作为纵深推进生态文明城市建设的重要内容。2010年1月18日，全市“三创一办”动员大会暨第九届全国民族运动会开幕倒计时600天启动仪式隆重举行。2月，市协办第九届全国民族运动会工作指挥部正式成立。3月22日，省委、省政府召开省市合力推进“三创一办”工作动员大会，对省直机关“三创一办”活动进行动员和部署。12月，市委、市政府成立市协办第九届全国民族运动会工作领导小组，调整充实市协办第九届全国民族运动会工作指挥部，为强力推进“协办”工作提供强有力的组织保证。指挥部统筹制定了《贵阳市协办第九届全国少数民族传统体育运动会工作总体方案》及相应的工作子方案，编制了《开幕式组织实施流程》、《闭幕式组织实施流程》、《民族大联欢活动组织实施方案》、《开幕式观众组织方案》等重要工作方案，并按照这些方案扎实抓好落实。

二是精心编排文艺演出。经过比选，明确由中央民族歌舞团副团长丁伟担任开幕式、闭幕式总导演。2011年1月，市政府与中国国际电视总公司中视演艺中心正式签订第九届全国民族运动会开幕式、闭幕式文艺演出合同。从省歌舞剧院、省民族歌舞团、

民族大联欢活动之一——“长桌宴”

贵州师范大学等单位选聘30名舞蹈编导组成贵州籍编导团队，加强开幕式、闭幕式文艺演出舞蹈编创力量。专门组建了上千人的编导、灯光、音响、服装、道具、化妆、舞美、威亚、焰火、音乐、视频专业团队，确保排练组织工作、后勤保障工作不出差错。开闭幕式所有节目从7月开始进行分章分段合排，从8月1日起到9月18日，在贵阳奥体中心主体育场进行了整章合排、联排、彩排、预演、正式演出。

三是抓好演练、冲刺活动。2011年6月2日成功举办了有3.4万人参加的第九届全国民族运动会开幕倒计时100天万人誓师大会；6月8日成功举办了有2.7万观众参加的“中国之队”国际足球比赛。通过这两次大型活动的实战演练，全面检验、强力推进“协办”工作，为做好开幕式各项工作积累了宝贵经验。8月24日，市委、市政府召开创建全国文明城市暨协办第九届全国少数民族传统体育运动会全民动员大会，发起了全力冲刺、决战决胜的冲锋号。9月9日，本届全国民族运动会贵阳境内火炬传递在观山湖公园成功举行。

四是大力推进场馆建设。贵阳奥体中心作为本届全国民族运动会主场馆，以贵州少数民族传统的文化图腾符号水牛角作为造型，从2008年5月动工至2010年12月竣工，历时两年半，总投资8.82亿元，建成了全国一流、全省最大的综合性体育场馆，成为贵阳市的新地标、新景观。观山湖公园是民族大联欢活动的举办地，以“办好一次民族盛会、留下一座文化公园、构建一处城市地标”为创意理念，组织实施了大联欢活动场地的绿化、美化、亮化和九道迎宾门等基础设施建设，全面完成大联欢中心舞台、长桌宴、许愿池、对歌台、非物质文化遗产展示场馆和其它临时配套设施的搭建及锦鸡铜鼓雕塑场地改造、公园导示牌设置、公园环境整治和景观提升等相关工作。

五是强化安全保卫工作。本届全国民族运动会，参与各类赛事活动的领导、嘉宾、观众、演职人员、工作人员等共达 32万余人次，创下历届民族运动会之最。贵阳市强力组织实施社会面治安整治各专项行动，加大打击现行犯罪力度，坚决依法查处“黄、赌、毒”等违法犯罪行为，为第九届全国民族运动会创造良好社会治安环境。全市共出动安保力量达236659人次，运动会期间共投入6000名警力人员为运动会服务，成立14个工作组，专门负责各相关方面的安保工作。充分发挥安保综合指挥、“三大活动”指挥、交通指挥、治安巡防、消防辅助指挥、视频监控等6大应用功能作用，加强安全保卫监控调度。各级、各相关部门密切配合，社会力量广泛参与，形成安保工作的强大合力，确保了贵阳市社会治安稳定。

六是积极营造社会氛围。9月10日至18日,来自国内外近百家媒体对第九届全国民族运动会开幕式、民族大联欢、闭幕式及精彩赛事进行形式多样、前所未有的密集报道。央视四、五频道和外语频道，人民网、中国网络电视台等直播开幕式和转播比赛,全国16家广播电台现场解说精彩赛事。贵州广播电视台卫视频道及2、4频道、各频率，贵阳广播电视台1频道及相关频率、人民网、金黔在线、今日传播、贵阳新闻网等直播闭幕式。中央电视台（五频道）对闭幕式进行了录播。新华社、人民日报、中央电视台、香港文汇报、凤凰卫视、欧洲新闻图片社北京分社、日本共同社等境内外近百家新闻媒体开设专题专栏，第一时间报道运动会各项重大活动和赛事。据统计，开幕式现场有6.7万人观看，海内外约1.3亿人次收看现场直播,综合收视率达1.44%,比上一届全国民族运动会提升了3倍多,超过了同期不少强势竞技项目的收视率。

七是扎实开展备战参赛。在第九届全国民族运动会上，贵阳籍运动员成绩优异，在摔跤、独竹漂、板鞋竞速、秋千、陀螺、蹴球、民族式摔跤等8个竞赛项目上取得一等奖7个、二等奖13个、三等奖10个；在表演项目上取得一等奖1个、二等奖4个，实现了贵阳市确定的备战工作目标任务。

第九届全国少数民族传统体育运动会开幕倒计时100天万人誓师大会

2011年6月2日，第九届全国少数民族传统体育运动会开幕倒计时100天，市委、市政府在贵阳奥体中心隆重举行万人誓师大会，全面检阅前阶段协办工作成效，再鼓干劲、再掀高潮，确保把第九届全国民族运动会办成热烈隆重、特色浓郁、团结和谐的盛会。

国家民委副主任丹珠昂奔出席誓师大会。省委副书记、第九届全国民族运动会筹委会常务副主任王富玉讲话。省委常委、市委书记、筹委会副主任、市协办工作领导小组组长李军领誓，省委常委、省委政法委书记、省公安厅厅长、筹委会副主任崔亚东，省委常委、省委宣传部部长、筹委会副主任谌贻琴，副省长、筹委会副主任兼秘书长刘晓凯，省军区司令员凌峰，武警贵州省总队政委戴建国，国家民委文化宣传司司长武翠英等在主席台就座。市委副书记、市长、市协办工作领导小组指挥部总指挥长李再勇主持誓师大会。市委常委、副市长、指挥部第一指挥长李忠汇报贵阳市协办工作情况。

根据省委、省政府的安排，贵阳市负责承办本届运动会开幕式和闭幕式文艺演出、民族大联欢“三大活动”以及交通运输保障工作。市委、市政府和全市各族干部群众以

贵州省委常委、贵阳市委书记、筹委会副主任、市协办工作领导小组组长李军领誓

高度的政治责任感和强烈的历史使命感，迅速安排部署、积极推进筹备，市属场馆建设全部完工，文体表演排练、会议接待服务、志愿者报名等其他协办工作也有条不紊、强力推进。在剩下的100天时间中，贵阳将继续举全市之力，以一流的工作、一流的成绩、一流的服务、一流的环境，确保运动会成功举办。

上午10时30分，誓师大会正式开始。国旗方队、彩旗方队、少数民族方队、花环方队和模拟34个代表团的运动员方阵队伍，迈着矫健的步伐、挥舞着旗帜依次入场。随后举行升国旗仪式，全场高唱国歌。安全保卫工作者代表、志愿者代表、演职人员代表发言，在主席台就座的领导向贵阳市社会各界代表发放《市民手册》。

李军带领全场人员庄严宣誓：为了国家的荣誉，为了贵州的荣誉，为了第九届全国少数民族传统体育运动会的成功圆满和精彩，我们将忠于职守、拼搏实干、认真负责、精益求精，以一流的工作、一流的环境，当好东道主，为赛会提供优质服务，奏响和谐中华的强音，展示多彩贵州、爽爽贵阳的风采，不辜负党中央、国务院的重托，不辜负省委、省政府的重托，不辜负全国各族人民的期望！

王富玉在讲话中指出，在距第九届全国少数民族传统体育运动会开幕还有100天，检验各项工作推进成效的重要时间节点，召开万人誓师大会，对于激发广大干部和市民积极参与民族运动会、服务民族运动会、奉献民族运动会、保障民族运动会具有十分重要的意义。在党中央、国务院的领导下，在国家民委、国家体育总局的指导下，经过全省上下的团结奋战，运动会的筹备工作取得了重要成果。他代表省委、省政府向为运动会举办付出艰辛努力的工作人员表示感谢。

王富玉强调，为进一步做好冲刺阶段的筹备工作，要更加鼓足干劲，切实强化责任。全省各级各有关部门要高度重视，强化责任感与紧迫感。各相关部门要各司其职，主动配合，各指挥系统和工作机构之间要通力协作，形成全社会参与、服务、支持、奉献、保障民族运动会的强大合力。要力求精益求精，办出更好水平。开幕式、闭幕式、民族大联欢是运动会的重头戏，要整合全省资源，充分利用“多彩贵州”丰富的民族文化资源优势和“爽爽贵阳”得天独厚的自然生态资源优势，突出时代主题，突出民族地域特色和文化内涵，把运动会办成热烈隆重、特色浓郁、团结和谐的盛会。要确保净化环境，营造热烈氛围。通过全省上下共同努力，营造“和谐中华、多彩贵州、爽爽贵阳”的赛会氛围。要继续深入开展“整脏治乱”、“三创一办”活动。认真组织开展社会矛盾分析大排查，严厉打击各类违法犯罪活动，强化安保和社会稳控工作。广泛开展文明礼貌、遵纪守法、社会公德教育，引导市民自觉规范言行，争当文明东道主，展现热情、好客、文明、诚信、团结、友善的良好风尚，全面提升城市文明程度，营造文明和谐的社会环境。以一流的城市环境、一流的安全保卫、一流的接待服务，迎接运动会的举办。

国家民委、国家体育总局相关负责同志，省直有关部门负责同志，第九届全国民族运动会筹委会各部门负责同志，贵阳市四大班子其他负责同志及各区（市、县）、各部门负责同志出席誓师大会。

第九届全国少数民族传统体育运动会开幕式

第九届全国少数民族传统体育运动会2011年9月10日晚在贵阳隆重开幕。中共中央政治局委员、国务院副总理回良玉，全国政协副主席阿不来提·阿不都热西提出席运动会开幕式。

贵阳奥林匹克体育中心主体育场灯火璀璨，流光溢彩。56个民族欢聚一堂，奏响了一曲和谐的欢歌。由国旗、会旗、会徽等方队引导，身着靓丽民族服饰、代表56个民族的民族体育之花方阵翩然走来，随后广西、内蒙古、宁夏、西藏、新疆等自治区的代表队依次出场，包括台湾少数民族代表团在内的34个代表团，身着五彩纷呈、绚丽夺目的民族服装，行进中跳起风情各异的舞蹈或表演独具地方特色的文体节目，让观众如醉如痴。

中共中央政治局委员、国务院副总理、第九届全国少数民族传统体育运动会组委会名誉主席回良玉宣布："中华人民共和国第九届少数民族传统体育运动会开幕!"

刹那间，绚烂的礼花绽放夜空，贵阳奥体中心变成了欢乐的海洋。

国家民委主任、组委会主席杨晶，国家体育总局局长、组委会主席刘鹏向承办单位代表贵州省委书记、省人大常委会主任、组委会顾问栗战书，贵州省省长、组委会主席赵克志赠送象征"繁荣昌盛、吉祥和谐"的挂毯。

随后，贵阳市把一场精心编排的，以"和谐、生态、多彩"为主题,汇聚各民族特色和贵州少数民族原生态文化为一体的大型文艺表演《天地人和——中华颂》奉献给观众。

开幕式之前，回良玉、阿不来提·阿不都热西提会见了参加运动会的各代表团团长、运动员代表和全国民族体育先进集体、先进个人代表。

开幕式由国家体育总局副局长冯建中主持，贵州省省长赵克志致欢迎词，国家民委主任杨晶致开幕词。

本届少数民族传统体育运动会在竞赛项目、表演项目和参赛运动员方面均创造了历届新高。改革了奖励办法，取消竞赛表演项目的金银铜牌（奖），改设一、二、三等奖。运动会期间，34个代表团的6700多名少数民族运动员将参加独竹漂、花炮、珍珠球、民族式摔跤、武术等16个竞赛项目和188个表演项目的比赛。

在本次民族运动会期间，还召开全国民族体育先进集体和个人表彰大会暨民族体育科学论文颁奖大会、民族体育科学论文研讨会，举行民族大联欢活动和56个民族体育之花展演活动。

第九届全国少数民族传统体育运动会开幕式

第九届全国少数民族传统体育运动会民族大联欢活动

2011年9月15日，第九届全国少数民族传统体育运动会民族大联欢活动在贵阳市金阳新区观山湖公园举行。全国31个省（区、市），中国人民解放军、新疆生产建设兵团、台湾少数民族代表团的各民族同胞欢聚一堂，共叙血脉之情，共话和谐之愿。

省委书记、省人大常委会主任、第九届全国少数民族传统体育运动会组委会顾问栗战书，省委副书记、省长、组委会主席赵克志，省政协主席王正福，国家民委副主任、组委会副主席丹珠昂奔，中纪委驻国家民委纪检组组长、组委会副主席李小满，全国政协民族和宗教委员会副主任周明甫，省委副书记、组委会副主席兼执行主席王富玉，省领导龙超云、李军、崔亚东、谌贻琴、刘晓凯、谢庆生、刘鸿庥、班程农，省军区领导陈钢，与各民族代表及运动员、裁判员、市民代表一起，共同参加联欢活动。

赵克志宣布民族大联欢活动启动，丹珠昂奔、王富玉致辞，李军主持启动仪式。

丹珠昂奔在致辞中说，少数民族传统体育运动会，为全国各民族运动员同场竞技、展示风采搭建了平台，为各民族加深相互了解、增进友好感情架起了桥梁，有力推动了民族体育事业的发展。第九届全国少数民族传统体育运动会开幕以来，各民族运动员在赛场上奋力拼搏、勇创佳绩，赛出了风格、赛出了水平，为全国人民奉献了一场精彩的体育文化盛宴，向全世界展示了中华民族多姿多彩的文化、和谐团结的民族精神。交汇多彩文化、播撒友谊种子、凝聚团结信念，就是民族传统体育运动的魅力和真谛所在。民族大联欢活动是各民族运动员欢聚一堂、共庆祥和的节日盛会，也是全国少数民族传统体育运动会的特点和亮点。让我们共同分享体育运动带来的快乐荣光，纵情唱响民族团结的欢歌，祝各民族友谊之花永远盛开。

受栗战书、赵克志委托，王富玉在致辞中代表贵州省委、省政府和4000万各族人民，向各族各界朋友们的到来表示热烈欢迎。他说，这次民族大联欢活动以“和谐、生态、多彩”为主导，以真山、真水、真情为主线，展现贵州各族人民真挚、淳朴、好客的情怀，展现全国各民族丰富多彩、各具

民族大联欢文艺表演

特色的民族文化。我们相信，这场风情浓郁的民族大联欢活动，必将进一步把各民族的亲情、友情融汇在一起，必将进一步发扬各民族同呼吸、共命运、心连心的光荣传统，必将进一步巩固和发展平等、团结、互助、和谐的民族关系，必将进一步促进各民族共同团结奋斗、共同繁荣发展。

观山湖畔，风景秀丽、碧水清清。全省九个市（州、地）把自己最精华的色彩，浓缩汇聚成华丽的门庭，以最盛情的“九门迎宾”的迎客方式，欢迎每一位远道而来的宾客。

上午10时20分左右，99门礼炮绽放蓝天，99面铜鼓、99支长号悠悠鸣响，999只信鸽展翅而起，9999人长桌宴喜庆吉祥，联欢活动拉开序幕。一台各民族欢聚一堂、展现风采、团结友爱的文艺演出精彩登场。

360度全景圆形舞台彰显出浓厚的时代气息和缤纷的民族特色，让观众享受到强烈的舞台视觉冲击；各民族主持人用本民族语言向观众送上了真诚美好的祝福；民族歌曲大联唱，引得现场观众齐声共和；奥运明星邹市明、杨昊、罗雪娟和王海滨等以一首振奋人心的《站起来》，鼓励民族运动员追逐梦想；56个民族的歌手则共同演绎了本次大联欢活动专门创作的主题歌《金秋花开》；汤灿、才旦卓玛、汪正正、严当当等明星以及本土歌手雷艳相继登台，献歌民族大联欢。

歌声嘹亮，霓裳飞扬，演出中，各代表团少数民族同胞纷纷登上舞台，竞相亮相。歌声中，身着艳丽民族服饰的各民族兄弟姐妹们，像美丽的鲜花盛情绽放，和着鼓乐之声，踏歌起舞，极具民族、地方特色的精彩节目呈现出中华大家庭的团圆美景。藏族同胞嘹亮的歌声带来了布达拉宫遥远的祝福，维吾尔族青年击打着手鼓，欢快的节奏和悦耳的铜环撞击声，把大家带到天山脚下、葡萄架前……56个民族同呼吸、共命运、心连心，共同演绎了一场民族团结、和谐欢歌的精彩盛会。

联欢活动启动仪式前，34个代表团负责人用各自带来的家乡的土、家乡的水，共同种植了“民族团结同心树”，祝愿这棵同心树在“和谐中华、多彩贵州”的盛情浇灌下，生根发芽、枝繁叶茂。各民族同胞踊跃参加，种植“民族团结心愿林”，共同歌唱各民族团结一家亲，共同祝福伟大祖国繁荣富强。

参加活动的还有：国家民委、国家体育总局及各代表团有关负责人，省直有关部门和贵阳市负责同志。

第九届全国少数民族传统体育运动会闭幕式

历时9天的中华人民共和国第九届少数民族传统体育运动会，圆满完成各项赛事议程，于9月18日晚落下帷幕。国务委员戴秉国出席闭幕式并宣布第九届全国少数民族传统体育运动会闭幕。

省委书记、省人大常委会主任、第九届全国少数民族传统体育运动会组委会顾问栗战书，国家民委党组书记、主任、组委会主席杨晶，中纪委中央第三企业金融巡视组组长滕久明，省委副书记、省长、组委会主席赵克志，省政协主席王正福，国务院副秘书长江小涓，国家民委副主任、组委会副主席丹珠昂奔，国家体育总局副局长、组委会副主席冯建中，省委副书记、组委会副主席兼执行主席王富玉，中纪委驻国家民委纪检组组长、组委会副主席李小满，全国政协民族和宗教委员会副主任周明甫，内蒙古自治区副主席刘新乐，成都军区政治部副主任张建华少将及各代表团团长出席闭幕式。王富玉主持闭幕式，冯建中致辞。

晚上8时，在雄壮的国歌声中，中华人民共和国第九届少数民族传统体育运动会闭幕式在贵阳市奥林匹克体育中心举行。

在欢快的乐曲声中，出席闭幕式的领导为获得第九届全国少数民族传统体育运动会“体育道德风尚奖”的代表团颁奖。

贵州17个世居少数民族代表向本届民族运动会的志愿者代表献上鲜花，感谢他们为第九届全国少数民族传统体育运动会的成功举办所付出的辛勤努力。本届盛会共有来自社会各界的4万余名志愿者参与了志愿服务，奏响了“我热诚、我参与、我奉献、我成长”的旋律。

栗战书、赵克志代表本届运动会承办方，向全国少数民族传统体育运动会主办单位国家民委和国家体育总局代表杨晶、冯建中赠送纪念品。

冯建中在闭幕致辞中代表国家民委、国家体育总局和大会组委会，向为本届运动会的成功举办做出巨大贡献、付出辛勤劳动的贵州省委、省政府以及全体贵州人民，向所有参赛代表团致以崇高的敬意，向取得运动成绩和精神文明双丰收的全体运动员、教练员表示热烈的祝贺，向为大会成功举办默默奉献、作出重大贡献的工作人员、志愿者、裁判员和新闻界的朋友们表示衷心的感谢。他说，第九届全国少数民族传统体育运动会是在全国上下隆重庆祝伟大的中国共产党成立90周年的喜庆时刻举办的一届民族体育盛会。运动会的成功举办，全面展示了90年来，在党的坚强领导下，我国民族事业取得的伟大成就，展示了各民族优秀传统体育文化的无穷魅力和勃勃生机，展示了各民族同胞亲如一家、共建和谐社会的深厚情谊，必将为进一步推动民族体育事业，增进各民族间的交流和友谊，促进民族大团结、大发展产生积极和深远的影响。

本届民族运动会自9月10日开幕以来，来自全国各省、自治区、直辖市，新疆生产建设兵团、解放军代表团，台湾少数民族代表团的6000余名运动员，参加了16个大项132个小项的竞赛和188个项目的表演。香港特别行政区、澳门特别行政区也派出了观摩团观摩了本届民族运动会。各少数民族运动员传播了优秀的民族传统体育文化，展示了各少数民族健儿的多姿风采，谱写了一曲“平等、

第九届全国少数民族传统体育运动会闭幕式

团结、互助、和谐”的民族奋进之歌。

晚上8时25分，在中华人民共和国少数民族传统体育运动会会歌声中，中华人民共和国少数民族传统体育运动会会旗、第九届全国少数民族传统体育运动会会旗缓缓降落。

第十届民族运动会将于2015年在内蒙古自治区举行。在会旗交接仪式上，副省长、组委会副主席兼秘书长刘晓凯将中华人民共和国少数民族传统体育运动会会旗交给丹珠昂奔，丹珠昂奔将会旗移交给第十届全国少数民族传统体育运动会承办地代表刘新乐。内蒙古自治区代表团进行了简短精彩的现场表演。

本届运动会主题曲《手牵着、心连着》再度唱响，拉开了主题为《花好月圆——民族情》的闭幕文艺演出，会场成为歌与舞的海洋，光与影的世界。红的花、绿的叶，涓涓溪流，翻飞的彩蝶，舞台中央的光影流动，看台上荧光棒点点闪烁，交相辉映，真情祝福。

56根花柱绽放56颗明珠，56个民族的青年吹响56把长号，56架具有民族图腾风格的烟火车激情表演，唱响56个民族一家亲。“水流星”划过、银环滚动、卡通“贵州龙”欢奔、金色桂花绽放夜空，各民族同胞在《桂花开放幸福来》的乐曲中同庆运动会圆满成功，在“篝火”旁手拉手，跳起欢快的民族团结舞，共享和谐美满。

晚上9时零8分，通往第九届全国少数民族传统体育运动会火炬的石阶慢慢打开，歌声中，各少数民族兄弟姐妹们深情注视着本届运动会圣火缓缓熄灭。顷刻间，烟火绽放，夜空似锦。

贵阳市召开协办第九届全国少数民族传统体育运动会总结表彰大会

2011年10月24日，贵阳市协办第九届全国少数民族传统体育运动会总结表彰大会在金阳国际会议中心隆重举行。会议强调，要大力弘扬热爱贵阳、建设贵阳，不甘落后、奋勇争先，真抓实干、敢打善拼，万众一心、团结协作的“协办精神”，推动生态文明城市建设迈上新台阶，让全市人民生活得更幸福。省委副书记王富玉，省委常委、市委书记李军出席并讲话。

市委副书记、市长李再勇主持。省委副秘书长、省委政研室主任李裴，市人大常委会主任李跃南，市政协主席陈石，市委常委蒋星恒、李忠、王保建、邹碧声、刘文新、刘俊，市人大常委会副主任、市政府副市长、市政协副主席，贵阳警备区主官，其他在职地厅级干部出席会议。李忠作工作总结。邹碧声宣读表彰决定。

王富玉代表省委、省政府和栗战书书记、赵克志省长，对贵阳市圆满完成协办所有工作表示衷心感谢，向获得表彰的先进集体和先进个人表示亲切问候并致以崇高的敬意。他指出，本届民族运动会向全国展现了各族人民和睦相处、和衷共济、和谐发展的精神风貌，展现了贵州开放、创新、进取的良好形象，是一届“成功、圆满、精彩”的民族团结盛会，为全省各族人民实现经济社会发展的历史性跨越树立了信心、增强了志气、振奋了精神。成功举办这次空前的盛会，得益于党中央、国务院的亲切关怀，得益于省委、省政府特别是战书书记、克志省长坚强有力的领导，得益于全省各地各部门和社会各界、各族同胞的广泛支持与参与。贵阳市作为本届民族运动会协办单位，高度重视，齐心协力，全力以赴，精心组织，狠抓落实，出色完成各项协办工作任务，为民族运动会的成功举办作出了特别贡献。

王富玉强调，当前和今后一个时期，是我省“加速发展、加快转型、推动跨越”的关键时期。贵阳市要以这次表彰会为契机，认真贯彻落实党的十七届六中全会精神和省委常委（扩大）会议精神，认真总结和弘扬协办运动会彰显的相信群众、依靠群众的精神，牢固树立群众观点，坚持党的群众路线，把人民放在心中最高位置，为科学发展、全面发展、跨越发展提供力量源泉和牢固基础。认真总结和弘扬协办运动会彰显的团结合作、齐心协力的精神，进一步高举发展、团结、奋斗的旗帜，最大限度地凝聚各方力量，最大限度地调动各方面的积极性、主动性和创造性，加快经济社会发展。认真总结和弘扬协办运动会彰显的自加压力、负重奋进的精神，进一步增强发展意识、机遇意识、创新意识、责任意识，抓住机遇而不丧失机遇，开拓进取而不因循守旧，奋起直追而不甘居落后，在西部省会城市的排位中不断前进、不断上升。认真总结和弘扬协办运动会彰显的积极进取、争创一流的精神，始终保持昂扬向上的精气神，以更强的举措、更严的要求、更高的效益、更快的节奏，更加开放的姿态、更加创新的风尚、更加灵活的举措，着力形成干事创业、创先争优的良好风气，在全省作表率、走前列。

李军在讲话中说，我市“协办”工作取得的巨大成绩，最突出的表现就是开幕式、闭幕式和民族大联欢“三大活动”特色鲜明、气氛热烈、安全有序、影响广泛，实现了贵州和贵阳在全国乃至全世界面前的精彩亮相。以“协办”为重大契机，“三创一办”各项工作取得重大突破，市政基础设施明显改善，市容市貌显著改观，市民文明素质得到提升。“协办”工作的成功，归功于省委、省政府的坚强领导，归功于“协办”指挥部的有力指挥，归功于广大市民的热情参与。

李军指出，这次“协办”工作，贵阳市不仅收获了成功、圆满、精彩，极大提升了广大市民的自信心、自豪感、认同感，而且凝练出热爱贵阳、建设贵阳，不甘落后、奋勇争先，真抓实干、敢打善拼，万众一心、团结协作的“协办精神”，极大地丰富了“知行合一、协力争先”贵阳精神的时代内涵，是激励全市干部群众战胜各种艰难险阻、不断取得建设生态文明城市新胜利的强大“原动力”。全市上下要把“协办精神”贯彻到各项工作中去，努力争创新佳绩。当前，要发扬成绩，全面提升重大活动举办水平；要再接再厉，使良好的市容市貌和交通秩序成为常态；要乘势而上，确保完成并力争超额完成今年经济社会发展各项任务；要周密部署，以开好第九次党代会为契机营造良好的政治生态环境。

李再勇在主持会议时要求全市各级各部门继续发扬“知行合一、协力争先”的贵阳精神，把“协办”工作中积累的宝贵精神财富转化为改进工作方法、转变工作作风的动力，圆满完成各项工作，为贵阳当好“火车头”、“发动机”作出新的更大贡献。

会上，主席台前排的领导向获得“特别贡献奖”、“突出贡献奖”、“先进集体”、“先进个人”、嘉奖的代表颁奖。安保工作者代表、志愿者代表、保障单位代表、参排演单位代表和市民代表作了发言。

参加会议的还有：市直各部门、各区（县、市）党政负责人，排演单位、保障单位和其他直接参与单位负责人，获得表彰和嘉奖的先进集体和先进个人代表，市民、志愿者、武警、安保工作者、公交驾驶员、医务工作者、环卫工人代表，以及市协办指挥部的全体人员。

贵阳市召开创建“全国文明城市”“国家卫生城市”总结表彰大会

2012年1月13日，市委、市政府隆重举行创建全国文明城市、国家卫生城市总结表彰大会。省委副书记、省政协副主席王富玉，省委常委、市委书记李军出席并讲话。省委常委、省委宣传部长谌贻琴到会。

市委副书记、市长李再勇主持。省委宣传部副部长、省文明办主任杨兴举，市政协主席陈石，省卫生厅副厅长、省爱卫会副主任朱征明，市“创文”指挥部指挥长蒋星恒，市领导马长青、刘文新、刘俊、朱元俊、庞鸿、王玉祥、丁旭东、李作勋出席。市委副书记、市委群工委书记王保建宣读表彰决定，市委常委、市委宣传部长兰义彤，副市长、市“创卫”指挥部指挥长李忠分别汇报我市“创文”、“创卫”工作情况。

王富玉代表省委、省政府，向贵阳市喜获“全国文明城市”和“国家卫生城市”两块“国字号”奖牌表示热烈祝贺。他说，在全省上下深入贯彻落实党的十七届六中全会和省委十届十二次全会精神，奋力推进多民族文化大发展大繁荣之际，贵阳市同时获得两个荣誉称号，是贵阳市发展进程中的一件大事、喜事，标志着贵阳市纵深推进生态文明城市建设取得了重要的阶段性成果。

王富玉指出，贵阳市创建工作坚持服务大局、造福于民、提升素质、共创共建，不动摇、不懈怠、不折腾，有力地推动了全市经济大发展、社会大进步、旅游大提速，社会管理和民生大改进，城乡面貌大改善，人民群众得到的实惠越来越多。这些宝贵的经验和重要启示，不仅值得贵阳市继续坚持和发扬，也值得全省各地各部门很好地学习和借鉴。全省各地尤其是贵阳市要从战略和全局的高度，充分认识新形势下加强和改进精神文明建设的重要性和紧迫性，切实增强责任感和使命感，努力以精神文明建设的新成效，为实现“稳中求快、快中保好，能快则快、又好又快”提供坚强的思想保证、强大的精神动力、有力的舆论支持和良好的文化条件。

王富玉强调，要全市一盘棋，上下一条心，立足新起点、把握新要求，乘势而上、再接再厉，紧密结合推进生态文明城市建设的实际，以永不满足、永不懈怠的进取精神，做到工作不松、标准不降、力度不减，牢牢把握建设社会主义核心价值体系这个根本任务，始终坚持以人为本、创建为民这个根本目的，紧紧抓住改革创新这个根本动力，继续完善体制机制这个重要保障，持之以恒推动创建工作向更高、更深、更广的层次迈进，真正发挥好贵阳作为全省发展“火车头”和黔中经济区崛起“发动机”的作用，努力使贵阳在全省率先与全国同步进入全面小康。

李军在讲话中说，创建全国文明城市和国家卫生城市，难度很大、要求很高。在起点比较低、基础比较差的情况下，贵阳市经过长期奋斗获得这两个称号，来之不易，值得铭记、值得庆贺，包含了城市建设管理水平上大台阶、老百姓生活环境质量显著改善、城市知名度美誉度大幅提高、市民自信心自豪感明显增强等多方面的意义。李军代表市四大班子感谢省委、省政府的坚强领导，感谢省直部门和中央驻筑单位的鼎力相助,感谢历届市四大班子的不懈努力,感谢全市各级各部门和广大党员干部的顽强拼搏,感谢全市人民的积极参与。

李军指出，要清醒地看到，贵阳城市的整体文明水平、卫生水平还不算高，极易出现反弹和回潮；一些地方脏乱现象还比较突出，一些不文明行为还时有发生。全市上下必须认真贯彻落实省委、省政府一系列重要指示精神，坚持劲头不松、力度不减、标准不降，形成长效机制，巩固和扩大创建成果。机构要充分发挥作用，形成横到边、纵到底的工作体系；制度要充分发挥作用，进一步健全责任机制、检查机制、奖惩机制；人要充分发挥作用，各级干部职工要继续当好城市文明、卫生秩序的守护者，广大市民要像呵护自己的小家一样呵护贵阳这个“大家”。“三创一办”作为一个阶段性的提法，已经成为历史，但其内容是城市管理永恒的主题，不管时光如何变迁，党委、政府全心全意为人民谋幸福的理念不会变，创建工作惠民生的精髓不会变，贵阳迈向更加文明、迈向更加卫生的坚定步伐不会变。

会上，云岩区等19个单位、清镇市等27个单位、市法院等73个单位，分别被授予贵阳市创建全国文明城市工作“特别贡献奖”、“突出贡献奖”、“先进集体”称号；市卫生局等13个单位、市委办公厅等25个单位、市纪委（市监察局）等42个单位，分别被授予贵阳市创建国家卫生城市“特别贡献奖”、“突出贡献奖”、“先进集体”称号。云岩区、市城管局、志愿者代表、街道社区工作人员代表作交流发言。

市人大常委会、市政府、市政协其他领导，贵阳警备区主官，其他在职地厅级干部，市武警、消防支队主要负责人，市直各部门、各区（市、县）主要负责人，各民主党派市委主要负责人，市管企业、部分在筑企事业单位、全国文明单位和文明村镇主要负责人，获得表彰和嘉奖的先进集体代表，市民、志愿者、公交车出租车驾驶员代表，公安、城管、卫生系统代表等参加会议。

在贵阳市协办第九届全国少数民族传统体育运动会总结表彰大会上的讲话

中共贵州省委常委、贵阳市委书记 李 军

（2011年10月24日）

今天，我们隆重举行全市协办第九届全国少数民族传统体育运动会总结表彰大会，表彰先进集体和个人，总结成功经验，弘扬"协办精神"，激励全市进一步做好当前各项工作，加速发展、加快转型、推动跨越，把生态文明城市建设各项工作向纵深推进。

协办第九届全国民族运动会，是党中央、国务院，省委、省政府交给贵阳市的重大政治任务，是全省人民对贵阳市的殷切重托，是对贵阳市党员干部群众执行能力的一次重大检验。面对艰巨的任务、严峻的挑战，全市上下确立必胜的信念，拿出百倍的勇气，鼓起冲天的干劲，出色地完成了"协办"任务，贵州和贵阳成功实现了在全国乃至全世界面前的精彩亮相。

"协办"工作取得的巨大成绩，最突出的表现就是"三大活动"成功、圆满、精彩。省委、省政府明确，贵阳市"协办"工作的主要任务就是办好开幕式、闭幕式和民族大联欢"三大活动"。可以说，这"三大活动"是民族运动会最大的亮点，也是最大的难点。通过全市上下和有关各方共同努力，"三大活动"取得巨大成功，好评如潮。一是特色鲜明。我们从一开始就明确，无论是贵阳市的财力，还是民族运动会的各种资源，都无法和北京奥运会比，无法和广州亚运会比，必须在特色上做文章，靠特色取胜。富玉副书记从一开始就特别强调特色。按照这一思路，我们不比花钱、不比排场，比用心、比创意，在演员挑选、节目编排、道具制作、环境建设、氛围营造等各方面，注重突出民族性和原生态，融入更多民族元素，充分展现多彩贵州、爽爽贵阳的独特魅力。特别是开幕式上侗族大歌、苗族反排木鼓舞、布依族八音坐唱等本土节目，以及民族大联欢活动中风情各异的迎宾等互动联欢活动，都给人强烈的审美冲击，在民族运动会文艺演出史上留下了浓墨重彩的一笔。省内外观众和客人普遍反映，这届民族运动会的"三大活动"并不奢华，但在特色上、创意上与其他全国性运动会相比不仅毫不逊色，还略胜一筹。二是气氛热烈。开幕式和闭幕式观众都达6万多人，民族大联欢活动人数达2万多人，这样宏大的场面在贵阳历史上是第一次。广大观众激情参与、积极互动，将灿烂的笑容、热情的掌声和欢呼、有序的摇旗和挥灯融入活动的精彩，成为演出的重要组成部分。所有观众都是演员。舞台看台交相辉映，营造了欢乐、祥和的浓郁氛围，展示了贵州人、贵阳人文明、奋进的精神风貌，给来自全国的各族同胞留下了难忘的印象，至今还在我的脑海里经常浮现。很多国家部委领导、省领导包括各代表团领导都说，开闭幕式上观众互动组织得非常好，超过了很多全国大型运动会。另外，民族运动会期间，各级各有关部门开动脑筋，充分利用自身资源，通过广告牌、道旗、会旗、标语、LED显示屏等多种手段，在全城营造了浓厚的赛会氛围。三是安全有序。对于几万人参加的大型活动，安全保卫工作必须做到万无一失。为此，公安、武警、消防等有关部门强力组织实施社会面治安整治专项行动，严厉打击“两抢一盗”等多发性案件，始终保持对违法犯罪活动的高压态势，营造平安和谐的社会环境。对贵阳奥体中心、17个比赛场馆、69家接待酒店和人员密集场所、高层建筑、比赛场馆周边加强治安排查，确保绝对安全。特别是“三大活动”中，投入大量警力，精心布置安保方案，确保活动安全、有序进行。四是影响广泛。对这次民族运动会，新华社、人民日报、中央电视台等海内外主流媒体都进行了全方位的详尽报道，引起强烈反响，极大地提高了贵州、贵阳的知名度和美誉度。据统计，开幕式当晚，全球约1.3亿人次通过央视中文国际频道、体育频道和英语新闻频道收看了直播，综合收视率达1.44%，超过以往任何一届。省委、省政府对贵阳承办的“三大活动”给予高度评价，为贵阳颁发了唯一的特别贡献奖，并颁发奖金5千万元。在全省的总结表彰会上，省委书记栗战书指出：特别是贵阳市作为具体承办单位，市委、市政府和全市人民紧紧围绕“和谐中华、多彩贵州、爽爽贵阳”的主题，以高度的政治责任感，以极大的热情投入到运动会筹办中，功不可没。省长赵克志指出，贵阳市大力发扬“知行合一、协力争先”的精神，把“协办”的各项工作做到了极致，为贵州人民挣足了面子。

对一个城市来讲，举办重大综合性赛事活动，不仅是对统筹组织能力的极大锻炼，而且会带动市政基础设施、城市管理、市民素质等各方面的极大提升。我们以协办民族运动会为重大契机，统筹推进“三创一办”，取得了明显成效。一是市政基础设施明显改善。在交通设施方面，这几年我们先后投入300多亿元建成环城高速公路、黔灵山路、甲秀路、机场路、北京西路等一批城市干道，特别是全长49.1公里的二环路建成通车，在拉开城市布局、缓解中心城区交通拥堵、带动区域经济协调发展方面发挥了重要作用。“三环十六射”骨干路网的最后四条道路明年底将全面建成，城市轻轨、市域快速铁路建设积极推进。再经过三到五年的努力，贵阳市将迈入现代交通体系发达的城市行列。在重大设施方面，建成了全国一流、全省最大、功能完善的综合性体育场馆贵阳奥体中心，改建了8个专项比赛场馆，完成了民族大联欢活动主场地和9座迎宾门的建设，为赛会的成功举办提供了硬件保障。建成了贵阳国际会展中心、凯悦酒店等一批高品位、高档次的会议、酒店设施，提升了贵阳承接会议和接待服务能力。建成了观山湖公园、花溪十里河滩国家城市湿地公园，为广大市民和外地游客提供了新的休闲旅游地。特别是十里河滩湿地公园自今年9月6日正式建成对外开放以来，目前游览人数超过33万人。10月19日我去调研时，游客总的反映很好，当然，也对公厕、坐凳、标识等配套设施不够完善的问题提出了意见。希望花溪区和市直相关部门加强管理、完善设施、提升品质，真正使花溪十里河滩国家城市湿地公园成为生态文明建设的重要成果，成为贵阳市的靓丽名片。二是市容市貌显著改观。我们围绕赛会活动重点，对建筑立面、市政设施、路面、围墙、街景等进行了美化、亮化，重点开展对花溪大道、机场路、环城高速公路、南明河沿线沿岸和金阳新区的综合整治，创造良好的城市环境。我们按照既管城市“面子”、又管摊贩“肚子”的思路，规范占道经营，取缔马路市场，提升改造农贸市场；严格落实“门前三包”管理规定，大力整治沿街商铺、城中村、城乡结合部环境卫生；全面加强渣土运输管理，城市环境卫生状况大大改观。我们建成了数字化城市综合管理系统，加强人行过街系统、港湾式公交车站建设，搬迁贵阳长途汽车站，对喷水池环岛进行改造，实行错时上下班和上放学，实施“尾号限行”和“新车限牌”，中心城区交通拥堵状况明显缓解。三是市民文明素质得到提升。我们大力提倡“争做文明人、当好东道主”，唱响“我参与、我受益、我快乐”的主旋律，教育引导广大市民更加自觉地讲究卫生、爱护环境、遵守秩序，展示贵阳人文明、有礼的形象。特别是着力弘扬志愿者精神，成立志愿者协会，推进“绿丝带”志愿服务的常态化，组织动员越来越多的市民参与“绿丝带”志愿服务，目前总人数已达46万人。本届民族运动会期间，7.5万名志愿者、168所“微笑小屋”为数十万游客、运动员、市民提供各种志愿服务。可以说，现在的贵阳市，无论是城市功能、市容市貌，还是文明程度，都得到了从本地市民到外地游客的由衷称赞。前几天，有位网民写了一篇题为《贵阳，你真的成功了》的帖子，引发了热议，克志省长批示要求省市媒体予以报道，就是因为说出了广大市民的心声，引起了大家的强烈共鸣。俗话说，“金杯银杯不如老百姓的口碑，金奖银奖不如老百姓的夸奖”。对这样的局面，我们真是感到发自内心的高兴。

这次“协办”工作之所以成功，一要归功于省委、省政府的坚强领导。战书书记和克志省长到贵州工作后，高举发展、团结、奋斗三面旗帜，明确了“两加一推”主基调和工业强省、城镇化带动主战略，对各项工作提出新的更高要求，形成了良好的政治生态环境，全省政治面貌、经济面貌焕然一新，为民族运动会的举办营造了良好氛围。两位领导对举办民族运动会高度重视，战书书记亲自担任筹委会顾问，克志省长亲自担任筹委会主任，并多次听取汇报，检查工作进展，对“三大活动”、会场布置、安全保卫、服务接待等工作作出具体指导。富玉副书记作为筹委会常务副主任，大事小事亲自过问、亲自指导、亲自策划，协调解决困难和问题，特别是在演员、资金等方面给予大力帮助。今年中秋节当晚，在家家户户合家团圆的时候，富玉副书记还带领大家对民族大联欢活动和闭幕式的每一个细节进行认真研究、反复论证，力求做到极致，达到完美。超云部长、贻琴部长、晓凯副省长、庆生副省长等省领导时刻关注、亲自参与“协办”工作，想方设法帮助贵阳市解决困难和问题。省民委、省体育局等各有关部门从各自职责出发，倾力支持、悉心指导。没有这样坚强有力的组织领导、省市合力的良好氛围，这次运动会不可能这样成功、圆满、精彩。二要归功于“协办”指挥部的有力指挥。市委、市政府建立了高规格和强大阵容的“协办”工作架构，由再勇同志担任市协办工作指挥部总指挥长，李忠同志任第一指挥长，碧声同志任第二指挥长，维祥同志任第三指挥长；指挥部下设一室十处，形成了一个强力高效的指挥系统。指挥部始终与国家民委、国家体育总局和省委、省政府及组委会保持密切联系，加强工作协调；始终加强与导演团队和演职人员、各保障团队的交流和沟通，保持信息畅通，实现无缝对接。600多天里，指挥部高效运转，为顺利推进“协办”工作起到了关键作用。据我所知，几位指挥长自今年下半年以来，几乎就扎根在指挥部里，率领指挥部的同志们没日没夜、加班加点、连续作战。在几位指挥长的率先垂范下，指挥部全体同志克服种种困难，全身心投入“协办”工作。他们中有的长年累月不回家，有的母亲住院无法照顾，有的推迟婚期，有的带病工作。没有这样运转高效、执行力强的指挥部，这次运动会不可能这样成功、圆满、精彩。三要归功于广大市民的热情参与。在整个“协办”工作中，广大市民弘扬主人翁精神，争做参与者、不做旁观者，争当运动员、不当评论员，形成了人人服务民族运动会、人人奉献民族运动会的感人氛围，确保了我市市容整洁良好、交通运行顺畅、服务保障高效、社会平安和谐。市委、市政府发出“绿色健康出行”号召、采取“尾号限行”等措施后，数十万市民积极响应，自觉参与；2.6万余名私家车主主动停开，选择公共交通出行。所有这些，都为我们这座城市增添了亮丽色的工作体系。制度要充分发挥作用。要健全责任机制，继续落实“门前三包”等有效制度，做到任何时候、任何地点出现任何问题都能找到明确的责任人；健全检查机制，坚持开展分层次检查、交叉检查、定期和不定期检查，形成有效监督；健全奖惩机制，做得好的奖励，做得差的处罚，直至问责，使责任主体感到压力、激发动力。人要充分发挥作用。各级干部职工要继续发扬不怕吃苦、舍得流汗的精神，把创建工作中的那种艰辛、那种奉献变成日常工作状态，继续当好城市文明、卫生秩序的守护者。广大市民要继续唱响“我参与、我受益、我快乐”的主旋律，积极践行讲文明、讲卫生这个最起码的行为准则，像呵护自己的小家一样呵护贵阳这个“大家”，让外地人心服口服地说，“全国文明城市”的市民素质就是不一样，“国家卫生城市”的市民素质就是不一样！总之，我们不仅要保住两块牌子，而且要让城市文明程度、市容卫生秩序在现有基础上向前迈进，让贵阳老百姓得到更多、更持久、更高层次的实惠！

同志们，两年来，“三创一办”凝聚了我们太多的心血，也倾注了我们太多的感情。“三创一办”作为一个阶段性的提法，已经成为历史。我们会时常回忆起这段激情燃烧的岁月，回忆起这段共同战斗的岁月，回忆起这段创造奇迹的岁月。请各位同志牢记，“三创一办”的内容是城市管理永恒的主题，创建“国家环境保护模范城市”我们还行进在路上。也请各位市民朋友放心，不管时光如何变迁，党委、政府全心全意为人民谋幸福的理念不会变，创建工作惠民生的精髓不会变，“我参与、我受益、我快乐”的主旋律不会变，贵阳迈向更加文明、迈向更加卫生的坚定步伐不会变！

对贵阳市来说，通过“创文”、“创卫”这样高标准的“国考”，收获的不仅是文明、卫生，更重要的是收获了自信、自豪、自励，收获了志气、锐气、勇气，升华了“知行合一、协力争先”的贵阳精神，积累了宝贵的精神财富。我们不仅要在提升城市文明、卫生程度中运用这一财富，而且要将其贯穿到生态文明城市建设的各个方面，体现到各个领域，落实到各个环节。特别是市第九次党代会确定坚持走科学发展路、加快建生态文明市，要求喊着“一二一”的口令，跑步奔向“一二一”的奋斗目标。无论是“一先”、“二超”还是“一提升”，都是非常高的要求。我们不仅要立足于干，而且要齐心协力干、争先恐后干，着力构建绿色的经济生态、宜居的城镇生态、和谐的社会生态、自强的文化生态、友好的自然生态、协调的政治生态，奋力实现贵阳从“洼地”上的更大崛起。当前，要认真贯彻中央、全省经济工作会议和省“两会”精神，把握“稳中求进、提速转型”的总基调、总目标，保持我市经济社会持续、快速、健康发展的良好势头。特别要扎实做好一季度工作，确保实现“开门红”，以优异成绩迎接党的十八大和省第十一次党代会胜利召开！

谢谢大家！

2011生态文明贵阳会议

2011SHENGTAIWENMINGGUIYANGHUIYI

英国前首相托尼·布莱尔的视频讲话

2011年7月16日

大家好!

首先对2011生态文明贵阳会议的成功召开表示祝贺!

作为一个重要的地方性平台，生态文明贵阳会议为与会者提供了共同探讨实现低碳以及绿色发展的机会。今年的贵阳会议更具有特殊的意义，因为中国正式启动了第十二个五年规划，并且将绿色发展定为中国发展战略的核心。

应对气候变化已迫在眉睫。例如，今年，作为中国主要粮食生产基地的长江沿岸地区遭受了历史上罕见的水旱灾害。在此，我谨对灾区的人民表示最真挚的慰问，并对中国政府为帮助灾民重建家园所做的努力表示由衷的赞叹。正是因为有这类灾难，国际社会应通力合作，采取有效措施减排，同时，帮助发展中国家应对气候变化。

近几年出现在中国南方的极端天气情况说明应迫切提高极易受到气候变化影响的城市地区的适应能力。这需要用于开发新技术的资金，也要求城市管理者能够建造可提供更加稳定的水、电、食物以及废物处理的城市基础设施。城市需要学会如何加强自然灾害风险处理能力。要做到这一点，发达国家需要与发展中国家共享专业知识和技术，甚至提供经济上的支持。低碳和绿色发展是应对城市所面临的气候变化挑战的唯一解决方法。建筑和交通的能效，各行业碳排放的减少，城市发展和绿色产业所需的替代性清洁能源，所有这些都是极其重要的。我们已经拥有了在飞速城市化和工业化进程中实现低碳转变所需的各种手段、技术和工具。然而，要达到最终的目标，需要政府激励企业通过创新求发展。而要做到这一点，合作是关键：公共部门与私营部门间的合作，政府、企业以及全球非政府组织间的合作。

我很高兴地看到，生态文明贵阳会议为这些重要合作提供了一个极好的平台。我有幸参加了前两届贵阳会议，并被来自政府、企业，以及学术界的人士的参政水平以及对绿色发展所做的行动上的承诺深深打动。

我也非常感谢你们对我和家人的热情款待。衷心期待今年的贵阳会议能产生丰硕的成果，并且，希望在不久的将来能再次参加贵阳会议。谢谢!

中共贵州省委书记、省人大常委会主任栗战书在欢迎宴会上的致辞

2011年7月15日

尊敬的郑万通副主席，尊敬的徐匡迪老领导，尊敬的伯蒂·埃亨先生，各位来宾，女士们、先生们、朋友们：

今晚，在新落成的贵阳国际会议展览中心，我们非常荣幸地迎来出席2011生态文明贵阳会议的各位领导和嘉宾。在此，我谨代表中共贵州省委、省政府、贵阳市委、市政府向远道而来的各位领导和中外嘉宾表示热烈的欢迎！

生态文明是继农业文明、工业文明之后出现的一种高级文明形态，倡导生态文明建设，不仅对贵州、对中国自身发展有深远影响，更是中华民族面对日益严峻的生态环境问题作出的一个庄严承诺。与会各位嘉宾都是各自领域的精英，在建设生态文明方面富有远见卓识，我们热切期盼各位嘉宾在贵阳会议上发表崇论宏议，通过大家的共同努力，使会议为中国的生态文明建设、为人类的可持续发展作出更加富有建设性的贡献。

大家知道，贵州是全国最为贫穷的省份之一，发展“慢”是我们当前最主要的矛盾；同时，贵州又是全国石漠化面积最大、程度最深、危害最重的省份，我们的生态环境十分脆弱。我们面临既要“赶”、又要“转”，既要加快经济发展步伐、又要保护生态环境的双重任务、双重压力。基于此，我们提出，“十二五”期间要坚持“加速发展、加快转型、推动跨越”的主基调和要实施工业强省、城镇化带动两大主战略，把生态文明理念贯穿到经济社会发展的各个环节，大力发展绿色经济、低碳经济，在推动发展、改善民生的同时，有效保护贵州的绿水青山，使我们今天所做的一切，能给后人留下赞叹，而不是给后人留下遗憾。

各位嘉宾，贵州自然风光瑰丽奇秀，民族文化多姿多彩，各族人民淳朴好客，美食特产诱人丰富，希望大家通过参加此次生态文明贵阳会议，尽情地感受贵州、欣赏贵州、发现贵州，留下美好难忘的印象！

现在，让我们共同举杯，为2011生态文明贵阳会议的圆满成功，为各位嘉宾的身体健康，干杯！

专题演讲（部分）

致2011贵阳全球生态会议

——爱尔兰前总理、爱中合作理事会终身名誉主席伯蒂·埃亨在开幕式上的演讲

尊敬的各位来宾，女士们，先生们：

首先，我想说这次我能和大家一起来到贵阳这座美丽的城市我是多么高兴，我知道，贵阳去年还获得了“中国绿色会展城”的美誉。这座城市同样以其35%的森林覆盖率而被称为中国“森林之城”。

贵阳不仅是一个生态城市，还是一个数字化城市，它的高科技金融经济发展与环境保护为一体，这使得贵阳成为中国生态创新和生态文明的苗床，这是我这次要讲的话题，同样，根据我在欧洲的经历，贵阳在可再生能源使用方面也是居世界前列。

1997年到2008年间，我任爱尔兰的总理，那期间，不仅仅我们的经济快速增长，而且我们的环境保护及其政策的贯彻执行也和经济的增长相一致。当近来我们的经济，以及其它许多国家的经济都遭受挫折的时候，我们在环境保护方面却还有一个令人骄傲的记录，因为我们对环境立法和政策做了很大的改革，这些我一会儿再给大家一些例子，讲一讲我们在环境保护方面的一些新方案是如何在后来帮助我们国家走出经济困境的。

我们的小小岛国，有四百万人口，同样也是接纳众多美国ICT和药品行业的国际投资的欧洲中心，这一切都有着非常严格的环保要求，因此，作为一个国家，我们在生态创新和生态文明所面临的挑战和机会方面倒是有很多激动的故事可以和大家一起分享。

气候变化一直是一个全球性的紧急问题，国际能源署最近的估计表明，碳排放在2009年由于经济低迷有过短暂的下降之后，在2010年又达到了最高，因此，在中国，在爱尔兰，在欧洲，我们都在努力利用我们的自然资源来尽快的促进低碳产品和服务的创新工作。

为了建成生态文明，我们必须从全球规模着手，运用生态创新，通过能降低环境影响的产品和服务把思想变成经济的增长，我们必须要保护我们的资源，鼓励更高效的资源利用，欧洲的目标与此很接近，但从全球范围来讲，我们才仅仅开始明白和运用生态创新。

生态创新就是要像在《里斯本条约》里一开始所写的既要追求环境上的，又要追求竞争性上的双重目标。事实上，生态创新发展的指标，也与如下一些政策一致，包括：欧盟技术行动计划——可持续未来之生态创新（2004），还有最近的欧盟2020年战略（2010）中的七个“旗舰项目”中的一个是“创新联盟”，另一个是“资源效率”。这两项欧盟的新目标都支持生态创新，也即以经济价值换取对人类及我们脆弱的环境的影响，这是我们所有人都要面对的挑战，因为2009年《哥本哈根协议》所做的承诺还远远无法达到其所宣称要达到的目标，即：把全球气温上升控制在2度以内。

为了达到气候变化战略的要求，有许多种技术创新可以采用：

◆ 可以提高环境能力的产品，像可回收产品

◆ 集成创新，像在工业中应用清洁技术

◆ 生态效率技术，像可再生能源

◆ 组织创新，像教育和工业间的新结盟

◆ 通用创新技术，像使用ICT进行大范围的专业创新

在我当总理期间，我们进行了很多这些创新的研究，并付诸实践，收到了极好的环保效果：

◆ 在我在任的十年里，使用集成区域污水管理计划，把城市污水循环率从8%提高到38%；

◆ 对近海风能、海浪及潮汐能的研究，研究结果最后以ISLES项目报告的形式给了爱尔兰、北爱及苏格兰三个政府，目前这些正在使用之中；

◆ 零售店的“塑料购物袋税”，由此极大的促进了人们使用可长期重复使用的袋子；

◆ 欧洲绿色首都奖，由欧盟颁发，用以提高生态设计，支持生态文明；

◆ Rx3反思重造计划，增加回收行业的家庭市场和就业。

通过这些项目我们学到的经验教训表明，要把这个行星带回可持续发展的生态文明，我们必须：

◆ 帮助政策制定者们理解、分析并认识到总趋势；

◆ 理清生态创新路上的障碍，以帮助制定有效的政策；

◆ 帮助社会降低那些靠环境恶化所带来的增长；

◆ 让消费者明白不同的产品及不同的生活方式所带来的不同的环境后果。

正如斯德哥尔摩环境研究所的一个新研究将要表明的：中国减少的排放可能将近美国的两倍，中国正引领着低碳文化的潮流。因此，今年晚些时候中国能够很充分的引领世界在德班举行的一年一度的联合国气候变化大会上制定一个新的气候变化议定书以取代“京都议定书”。贵阳，这个生态城市，展示了未来必须是什么样子的，而不是应该是什么样子的，你们是为了整个人类的利益来爱护环境，并且还在此基础上促进经济繁荣。

环顾这座美丽的城市，我可以发现很多展示你们是如何贯彻生态城市这一理念的诸多特征：你们的绿地，不论是公园还是森林，都为市民提供了一个健康、可持续发展的实在环境，同样重要的，当然还有你们主要利用水电来供应城市的使用。

你们的城市因此被称为：森林之城，国家造林之城，第一林城等。

这些称号吸引了我的注意力，因为森林是我尤其在意的一个话题。在全球，很多国家和地区都遭受了，而且还将继续遭受毁林带来的灾难。从2000年到2010年，地球丧失了520万公顷的森林，但这只是全球水平，如果我们细看，就会发现有很多国家努力造林，以不让这个数字更糟糕。在东亚地区，森林覆盖面积增长了278万公顷，其中绝大多数在中国。然而，可悲的是，在其它地区，这一情况相当糟糕。如非洲：净损失森林面积340万公顷，中美：净损失森林面积24.8万公顷；南美：净损失森林面积399.7万公顷。今天这里没有人相信这还能继续下去，但问题是如何制止毁林行为？

通常，毁林目的只是为了把土地用于农业，然而让人遗憾的是，尽管由此得到的农业土地产出的粮食是很需要的，但这样带来的好处是不长久的，并且毁林还会导致水土流失，很多地方甚至还出现荒漠化。

因此，我们知道我们必须要找到一个平衡点。在我们国家，我们在很多年以前就开始了一个植树造林的项目，因此，我们的森林覆盖率已经从上世纪初的不到1%，增长到目前的11%了，而其中主要的增长是在过去的20年里，而且，确实我也很自豪能够参与其中，并且引来需要的投资。

这个例子还有另外一个方面，那就是如何合理使用土地，可持续的使用土地，让土地为所有人服务。在爱尔兰，我们已经把低产值的农业用地转变为高产出的森林，但更重要的是，这些森林的可持续性，就像你们中国很多地方所做的一样。通过这种方式，我们提高了土地所有者的生活水平，增加了他们远期的财富，并且同时，还建立了一个长期的，可持续的，活跃的林业产业，减轻我们对进口木材的依赖。因此，大家都愿意积极参与，我们这一产业到现在，也做得很好。

当然，还不只这些好处。森林的碳效益是

中国特色的城市化进程

十届全国政协副主席，国务院学位委员会副主任，
中国工程院主席团名誉主席、中国工程院院士　徐匡迪

一、城市是人类文明进步的载体

◆农业经济时代：城市＝城（Castle：皇宫、城堡、官府、衙门）＋市（Market：农产品+手工艺品=市场）

◆工业革命引起城市形态多元化：矿山城市、工业城市、港口航运城市、交通枢纽城市、金融中心城市、文化旅游名城……

◆经济全球化促进国际城市及大城市连绵带出现

近200年世界城市化进程

	总人口年均增长率(%)	城市人口年均增长率(%)	城市人口百分比年均增长百分点
1800-1850	5.11	9.44	0.024
1850-1900	5.38	20.44	0.140
1900-1950	8.35	24.11	0.314
1950-1990	18.69	28.57	0.340

20世纪以来世界城市化进程加速

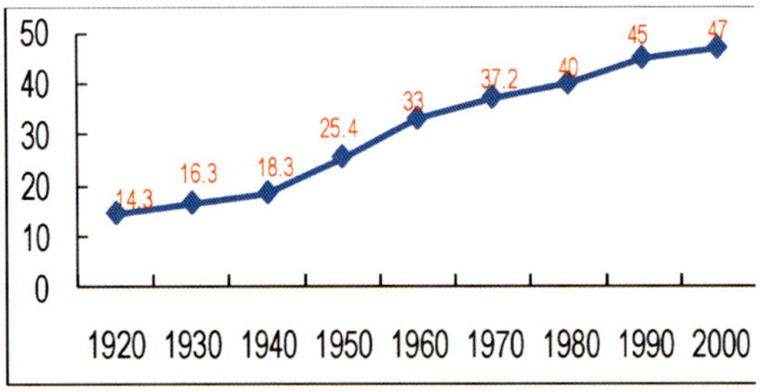

公元2年至2010年中国人口总数变迁

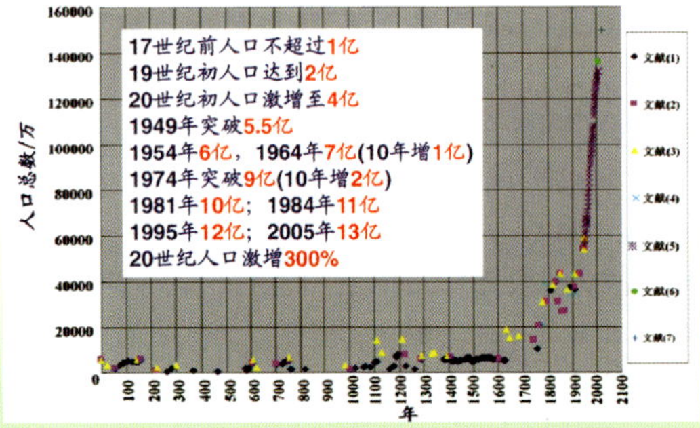

改革开放后中国城市化加速发展

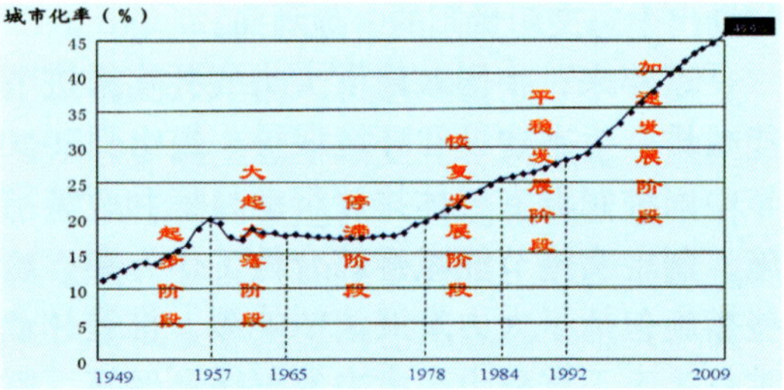

中国城市化发展预测

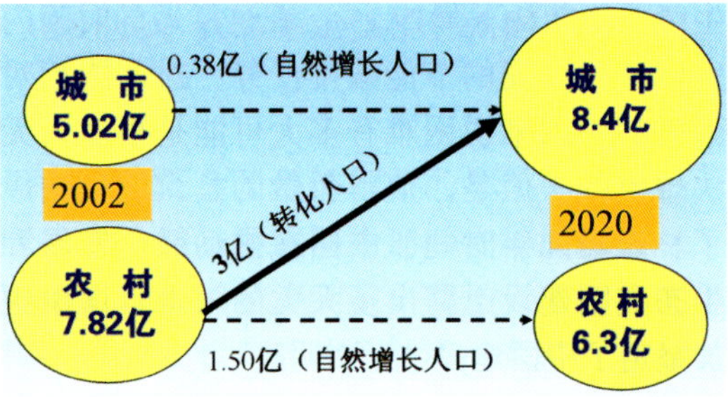

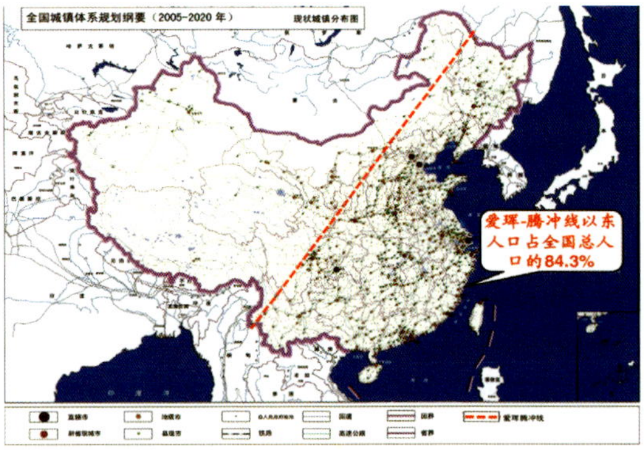

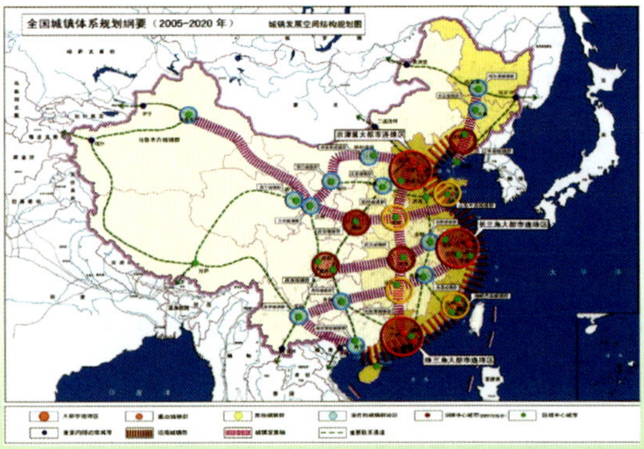

工业化后期城市连绵区的出现

1898年，英国人霍华德提出“城镇群体”（Town Cluster）的概念；1910年，美国人口统计中首次使用“都市区”（MetropolitanDistrict, MD）的概念；1915年，英国人格迪斯提出“城市集聚区”（Urban agglomeration, Conurbation）的概念，亦称组团式城市、组合城市；1957年，美籍法国人戈特曼提出大城市连绵区（Megalopolis），是区域性城市的概念，是若干个都市区的连绵。

国外城市连绵区发展的几个典型案例

1、美国东北海岸大城市连绵区。以波士顿、纽约、费城、巴尔的摩、华盛顿大都市区为核心，人口5200万（占18%），面积18万平方公里（占2%），却集聚全国近25%以上的GDP。

美国东北海岸大城市连绵区空间组织形态

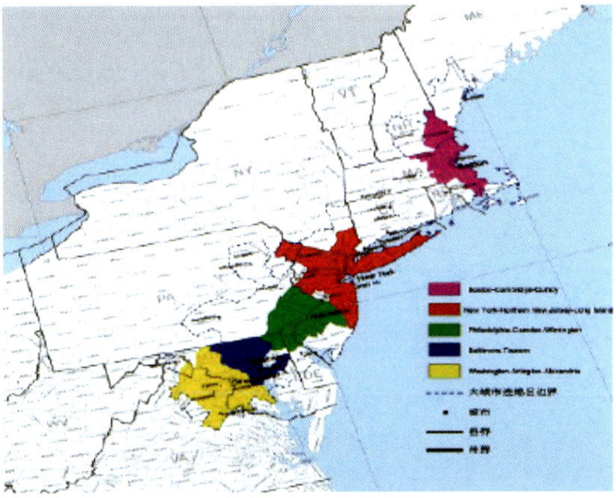

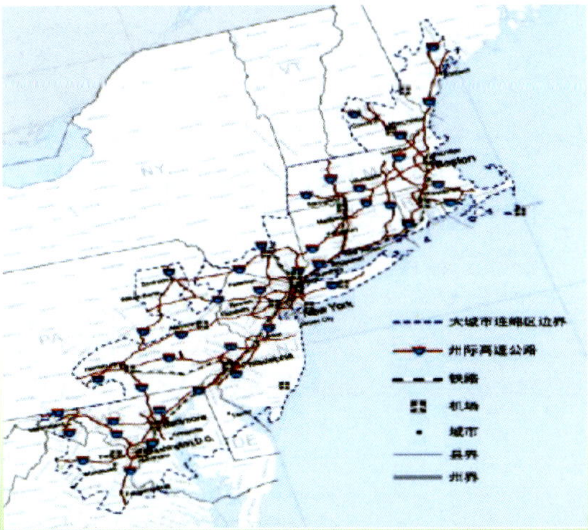

2、欧洲8个城市连绵区

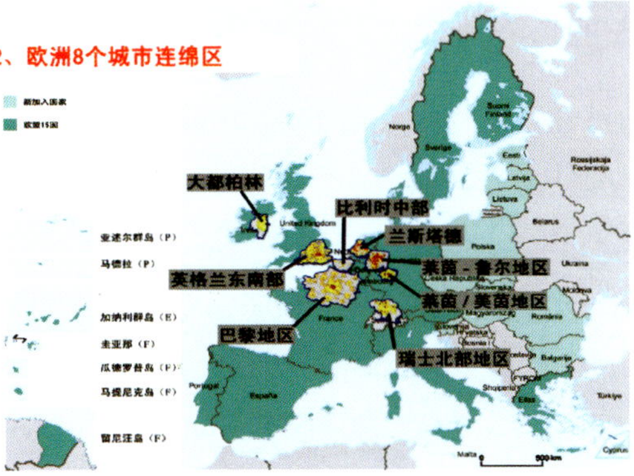

3、日本东海城市连绵区。由东京、名古屋、大阪三大都市圈组成，面积7.14万平方公里，人口超过6000万。面积占全国的20%，集中了全国就业人数的2/3、工业产值的3/4和国民收入的2/3。

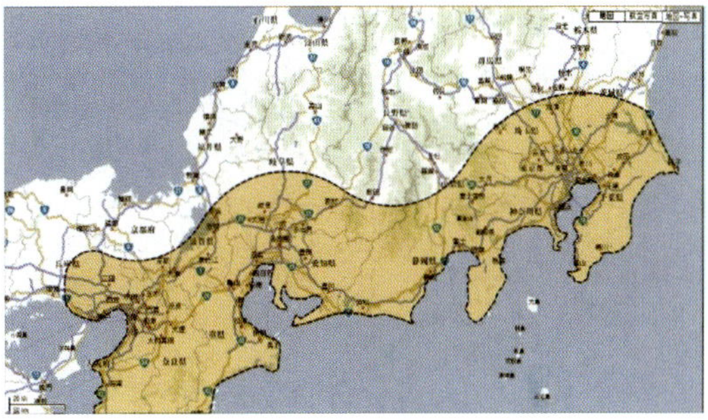

中国已形成三大城市连绵区

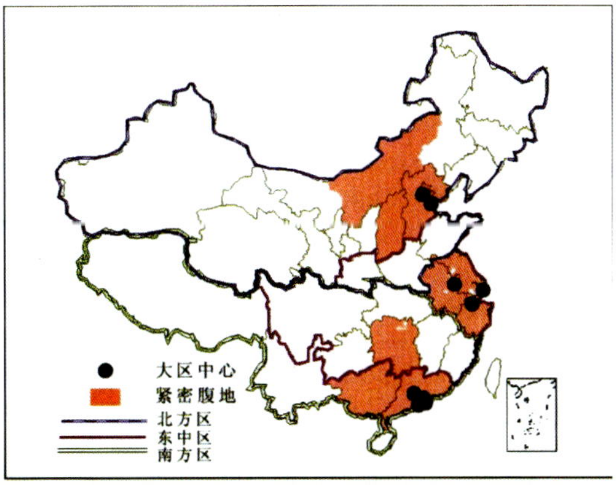

二、我国建设生态城市的几个主要问题

（一）环境严重污染，生态服务功能普遍下降

固体废弃物迅速增加，无害化处理率

低。生活垃圾使近2/3的城市陷入垃圾的包围之中。

有毒有害污染物的危害日益凸现。在江河湖泊及土壤中，已经检测出了多达数十种有毒有害污染物。

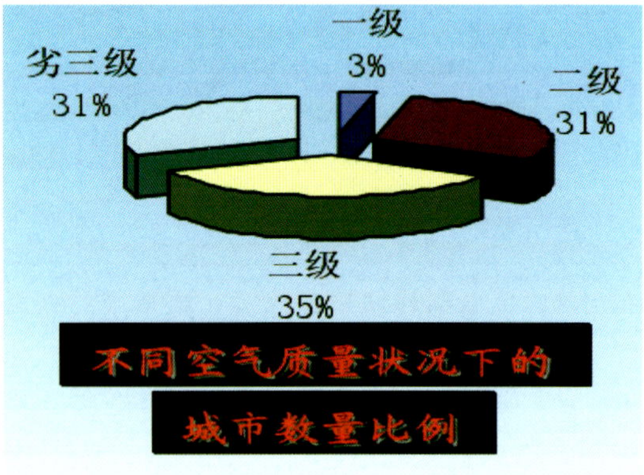

不同空气质量状况下的
城市数量比例

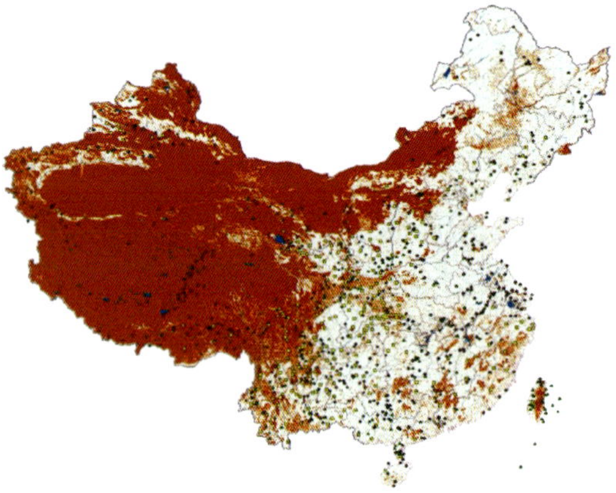

不适宜地区及各类地质灾害分布示意图

（二）能源消耗增长迅速，利用效率低下

城市能源消耗增长迅速，能源、资源短缺已成为国民经济和社会发展的瓶颈。

建筑耗能比重大、效率低，约占30%，未来将超越工业、交通等其它领域而居能耗首位。

机动车石油需求与日俱增，2010年已占到石油总消耗量的1/2。

（三）水资源短缺，利用效率不高，城市面临严重的水危机

城市普遍缺水，华北、西北城市最为突出。生态需水被严重挤占，已导致自然生态系统服务功能降低。

地下水开采过量，部分地区出现地面沉降、地下水位下降与海水入侵等问题。

（四）防灾减灾体系脆弱，城市安全面临严峻挑战

台风、地震、洪涝、火灾、地面沉降、突发性和传染性疾病等灾害，使城市安全受到严重威胁。

（五）大城市交通拥堵，汽车尾气和噪声污染严重

大城市交通拥堵呈现加剧的趋势，目前城市中心区的行程车速降至每小时20公里以下，严重制约城市经济和社会发展。

（六）片面追求高、新、奇，城市传统文化特征缺失

片面追求建筑物规模与形象新奇，忽视城市的整体协调与历史文化特色。一些著名城市景观雷同、缺乏个性，给人以“千城一面”的印象。一些城市中的历史地区、文物古迹、风景名胜、自然遗产等都因急剧的城市化与旅游开展而频遭破坏。

传统文化中城市审美诗句

苏州：水道脉分卓鳞次，里闾棋布城册方。

杭州：水光潋滟晴方好，山色空蒙雨亦奇。

南京：据龙蟠虎踞之雄，依负山带江之胜。

济南：四面荷花三面柳，一城山色半城湖。

桂林：群峰倒影山浮水，无山无水不入神。

重庆：片叶浮沉巴子国，两江襟带浮图关。

中国城市文化区域背景

图片来源：陈述彭著《数字城市的理论与实践》

坚持生态文明理念 引领经济社会发展

中共贵州省委副书记、省人民政府省长 赵克志

女士们、先生们，朋友们：

值此盛夏时节，大家聚首爽爽的贵阳，出席2011生态文明贵阳会议。在此，我谨代表中共贵州省委、贵州省人民政府，对远道而来的嘉宾们表示欢迎！对会议的召开表示祝贺！

党的十七大把建设生态文明作为全面建设小康社会奋斗目标的新要求之一，是我们党执政和发展理念的升华，是贯彻落实科学发展观的具体体现。生态文明贵阳会议举办以来，在大家的共同努力下，取得了丰硕成果，成为与会各方开展生态环境问题研讨、沟通、合作的重要平台和纽带，对宣传普及生态文明理念，展示生态文明建设成就，推动经济发展方式转变，发挥了积极作用。贵阳市作为举办地，充分利用会议成果，把生态文明理念贯穿于经济社会发展工作中，在加快推进工业化、城镇化、国际化的同时，加强生态建设和环境保护，实现了经济发展与环境保护的良性互动。

2011生态文明贵阳会议的主题确定为“通向生态文明的绿色变革—机遇与挑战”，这是一个很有深度的主题。中共中央政治局常委、全国政协主席贾庆林在给大会的批示中指出：要把生态文明贵阳会议办成我国建设生态文明、推动绿色发展的一个具有深远影响力的长期性、制度性论坛品牌。在开幕式上，郑万通副主席结合这次会议的主题，介绍了他近期参加联合国会议的有关情况，帮助我们了解绿色发展、生态文明、可持续发展的有关视角和声音，并强调：“发展绿色经济重在发展，没有发展就没有经济可言”。刚才，全国政协原副主席、中国工程院院士徐匡迪围绕“中国特色城市化进程”，作了精彩演讲，回答了坚持生态文明理念，引领中国特色城镇化进程的许多重大问题。

生态文明是建立在工业文明基础之上的文明形态，是现代工业高度发展阶段的产物。这种文明形态追求有效的经济增长、公正的社会环境和人与自然的和谐，本质要求是高效低耗、无毒无害、互利共生，通过改变人的行为模式以及经济和社会发展模式，达到经济增长与环境相互协调、经济增长与环境压力脱钩、经济社会可持续发展的目的。生态文明与物质文明、精神文明、政治文明相辅相成、相互联系。坚持生态文明理念引领经济社会发展，与坚持加速发展、加快转型、推动跨越的主基调和实施工业强省、城镇化带动战略是统一的而不是对立的，不是要回到原生态状态，而是在现代化进程中选择更先进的生产方式，通过更科学

我国城市化发展的几点思考

总结我国城市化历程的经验教训，必须走资源节约型、环境友好型的、具有中国特色的城市化道路。

大中小城市将进一步优化组合，一批以大城市为中心的中小城市密集区，将会在城市化进程中逐步出现。

我国幅员广大，民族众多，文化积淀深厚，城市发展必须传承历史文化，切忌照搬照抄、“千城一面”。

城市化要以科学发展观作为指导思想，循序渐进，统筹兼顾，城乡共同发展。（根据演讲录音和幻灯片整理）

的制度安排，走生产发展、生活富裕、生态良好的科学发展之路；既尊重自然、保护自然，又充分、合理地开发利用自然资源，实现经济和环境的双赢，使青山绿水与金山银山和谐统一；依靠科技进步，促进绿色发展，大力发展生态农业、生态工业、生态旅游，建设生态城镇、生态文化，推进节能减排，发展循环经济，减少污染排放，加强污染治理，走新型工业化发展之路。

贵州的基本省情是，山多地少水缺，发展速度慢、发展方式粗放，贫困人口多、贫困程度深，我们既要努力实现可持续发展，又要尽快缩短与发达地区的差距，面临着既要“转”又要“赶”的双重压力、双重任务。省委、省政府提出，“十二五”期间要突出加速发展、加快转型、推动跨越的主基调，重点实施工业强省和城镇化带动战略，这是从贵州省情实际出发作出的战略选择。我们将认真贯彻落实胡锦涛总书记在庆祝中国共产党成立90周年大会上的讲话精神，坚持以生态文明理念引领经济社会发展，引领工业化和城镇化，真正实现科学发展、加速发展，促进人民富裕、社会和谐，既要金山银山，也要碧水青山。坚持生态文明理念，引领经济社会发展，要注意把握好以下四点：

第一，加速发展，夯实生态文明建设的物质基础。科学发展观的第一要义是发展，生态文明必须建立在强大的物质基础之上。我们将牢牢扭住经济建设这个中心不动摇，聚精会神搞建设、一心一意谋发展，创造比其他文明更为丰富的物质财富。工业化是现代化不可逾越的阶段，也是生态文明必经的阶段。我省正处于工业化的初级阶段，加速发展首先必须大力发展工业。我们将坚定不移地实施工业强省战略，发展壮大支柱产业，改造提升传统产业，加快培育战略性新兴产业，把我省建设成为全国重要的能源基地、资源深加工基地、装备制造业基地和优质轻工业产品基地。通过做大做强工业，加快城镇规模扩张，带动农村、提升农业，实现工业化、城镇化、农业现代化“三化同步”，扩大社会就业，促进农民向城镇和非农产业转移，帮助贫困群众脱贫致富，支撑全省经济社会又好又快、更好更快发展。

交通是国民经济发展的动脉，水是生命之源、生产之要，更是生态之基。贵州重峦叠嶂、交通阻隔，人均工程供水量仅占全国平均水平的54%，工程性缺水问题十分突出。交通、水利是制约我们发展的两个重大瓶颈。建设生态文明，必须下大力尽快把这两个瓶颈解决好。我们将大力推进铁路、高速公路、民用航空、水运等交通基础设施建设，加快形成连通内外、覆盖城乡的现代综合交通运输体系；加快推进以骨干水源工程为重点的水利设施建设，2015年全面解决农村人口饮水安全问题、基本建成城乡供水体系，2020年基本解决工程性缺水问题，初步建成适应经济社会发展的现代水利体系。林业是生态建设的主体，我们将大力推进石漠化治理、退耕还林还草、天然林保护、植树造林、封山育林和草地、湿地恢复保护等重点生态工程建设，深入推进城市绿化和绿色通道建设，不断提高森林覆盖率，保障生态系统安全，切实增强加速发展、可持续发展的生态保障能力。

第二，加快转型，构建符合生态文明要求的生产方式。建设生态文明，必须推进经济结构调整，建立可持续的生产方式，实现经济由粗放型增长向集约型发展转变，走新型工业化道路。我们将立足我省山区实际，把发展循环型产业园区经济作为推进新型工业化、转变发展方式的现实路径，以园区为载体，促进优势产业向园区集中、优势资源向优势产业集中，使产业链尽可能在园区内向两端延伸，构建大中小企业密切配合、专业分工与协作相对完善的产业体系，实现集群发展、集聚发展、集约发展。加强科技创新体系和人才队伍建设，增强科技引进、消化、吸收和再创新能力，推动经济发展向主要依靠科技进步、劳动者素质提高、管理创新转变。坚持用信息技术改造提升传统产业，推动制造业信息技术集成应用，实现信息化与工业化深度融合，提升产业发展层次和水平。按照建设绿色贵州、生态贵州的要求，着眼打造适宜发展、适宜创业、适宜人居的环境，在加强生态建设的同时，坚持最严格的环境保护制度，完善清洁生产机制，发展循环经济，淘汰落后产能，狠抓节能减排，加快污水和垃圾处理等设施建设，强化污染防治，避免走先污染、后治理的老路，实现安全发展、清洁发展、可持续发展，确保青山常在、碧水长流，促进人与自然相和谐、发展与环境双赢。

第三，推动跨越，把生态文明理念贯穿小康建设全过程。实现经济社会发展的历史性跨越，是胡锦涛总书记对贵州的殷切希望。就我省来讲，实现历史性跨越，就是到2020年要与全国同步建成全面小康社会。建设生态文明，既是我国全面建设小康社会的一项重要目标，也是实现全面建设小康社会的重要保障。我们将把生态文明理念贯穿小康社会建设全过程，通过加速发展缩小与全国的差距，增强综合经济实力，实现增比进位；通过工业化、城镇化、农业现代化水平的显著提高，带动社会全面进步，使社会更加充满生机与活力；通过推动经济总量登上新的重要台阶，为解决各种问题创造良好物质条件，促进社会和谐稳定；通过加强资源集约节约利用和生态建设、环境保护，增强可持续发展能力，建设以资源环境承载力为基础、以自然规律为准则、以可持续发展为目标的资源节约型、环境友好型社会。

第四，改善民生，切实保障生态文明建设的发展成果。生态环境问题既是发展问题，也是民生问题。只有提高人民生活水平和文化素质，实现以人为中心的全面发展，才能更好地保障生态系统安全。我们将坚持以民生带发展，实施“十大民生工程”，把保基本的安全网织得牢不可破。重点要打一场脱贫攻坚总体战，帮助现有贫困群众尽快脱贫致富；创造更多就业岗位，让群众就地、就近稳定就业、充分就业，增加收入，实现共同富裕；优先发展教育，力争到2020年各级各类教育普及程度达到全国平均水平；大力推进城乡公共文化服务体系建设，满足广大人民群众的基本精神文化需求；健全公共卫生服务体系和医疗服务体系，努力为人民群众提供安全、有效、方便、价廉的医疗卫生服务；扎实推进农村危房改造和城镇保障性安居工程建设，努力实现住有所居；加快社会保障体系建设，解决农村部分低保对象季节性缺粮问题，实行失地农民和水库移民基本生活保障制度，尽快实现新型农村社会养老保险全覆盖。

建设生态文明是全人类、全社会的共同事业，需要大家携手合作、不懈努力。我们将在各方面的支持帮助和共同推动下，努力将生态文明贵阳会议办成一个立足中国、面向世界、绿色发展、引领未来的具有深远影响力的长期性、制度性论坛品牌，为改善生态环境，实现经济发展与环境保护相统一，作出积极贡献。

府推广高效节能技术和产品的激励机制，落实和完善资源综合利用税收政策，加大各类金融机构对节能减排、低碳项目的信贷支持力度。在措施上，要优化产业结构和能源结构。大力发展服务业、战略性新兴产业和循环经济，抑制高耗能、高排放行业过快增长，形成节能环保减碳循环经济的产业体系，大力发展可再生能源。在技术上，要加快低碳技术开发和推广应用，组织开展节能减碳共性、关键和前沿技术攻关，推广应用节能减碳技术。在行动上，要大力开展植树造林等生态修复、生态治理活动，全面开展节能减碳全民行动，重点在工业、建筑、交通运输、公共机构等领域开展节能减排，特别是要鼓励青年人在社会上积极倡导绿色理念与绿色行为方式，带动更多的人关注生态环境保护，从而开创一个全社会人人参与生态文明建设的新局面。

与会者强烈呼吁，生态文明是人类智慧的结晶，生态文明建设是一项利国利民、功在当代、泽被后世的伟大事业，能为这一事业作出贡献，是一种光荣和幸运。各方应以高度的责任感和使命感，携手同行，不懈努力，为生态文明建设作出积极贡献。

绿色文明与媒体传播论坛

2011年7月15日，2011生态文明贵阳会议“绿色文明与媒体传播论坛”在贵阳国际生态会议中心举行。论坛以“绿色文明与媒体传播”为主题，重点关注媒体在生态文明背景下的传播定位和社会责任。中国传媒大学副校长胡正荣担任论坛主席，生态文明贵阳会议秘书长、中国教育国际交流协会会长、教育部原副部长章新胜致辞。中央人民广播电台副总编辑史敏，中央编译局研究员曹荣湘，中国外文局对外传播研究中心副主任于运全，新华通讯社对外新闻编辑部副主任倪四义，贵州省广播电影电视局副局长、贵州人民广播电台台长晏世忠，中国人民大学新闻与社会发展研究中心主任郑保卫，中国国际广播电台副台长王冬梅，中国环境报社社长、总编辑杨明森，新华通讯社新华网时政部主任杨新华，中国国际传播战略与发展研究中心理事会秘书长吴敏苏，贵州电视台副台长杨茂林等嘉宾，围绕“政府、企业与绿色文明传播”和“绿色文明传播、NGO与媒介责任”两个议题进行了演讲与讨论。与会者共同探讨了媒体对于绿色文明的报道方式、引导舆论、引领话题的重要性，并一致认为，作为媒体，不仅要关注绿色文明的传播，也要带头进行生态文明建设，树立媒体绿色形象，推动绿色文明发展。

科学论坛

2011年7月15日，2011生态文明贵阳会议“科学论坛”在贵阳国际生态会议中心举行。论坛以“科学应对生态问题”为主题，全国政协常委、人口资源环境委员会副主任、中国气象学会理事长、中科院院士秦大河担任论坛主席，并在现场作了《气候变化科学新进展》的专题演讲，提出：气候变化对自然生态系统及社会生态系统的影响表现为正负两个方面，而负面影响更为严重。水资源短缺将变得日益严峻，农业生产的不稳定性增加，生物多样性会受损，而极端天气和气候事件将引发更多更重的自然灾害，生态文明建设面临气候变化的极大挑战。华盛顿大学环境学院院长丽莎·格洛里希，科学技术部社会发展科技司司长马燕合，中国科学院成都山地灾害与环境工程研究所所长邓伟，中国气象科学研究院副院长、中国气象学会秘书长翟盘茂，中国科学院地理科学与资源研究所旅游研究与规划设计中心主任、中国科学院地理科学与资源研究所副所长葛全胜等嘉宾，与200多名听众，就极端天气与灾害预防、生态保护、可持续发展等问题进行了互动交流，论坛现场气氛热烈。本次论坛开通了短信平台实时互动，场内听众和在线网友可以同时发送问题到手机短信平台，现场大屏幕实时显示短信提问，嘉宾现场予以解答。

共建低碳生态城市论坛

2011年7月15日，2011生态文明贵阳会议“共建低碳生态城市论坛”在贵阳国际生态会议中心举行。论坛以“共建低碳生态城市”为主题，气候组织大中华区总裁吴昌华担任论坛主席。住房和城乡建设部总规划师唐凯，贵州省建设厅副厅长伍祥华，武汉市发展和改革委员会副主任池少华，贵阳市委常委、市委统战部部长、副市长刘文新，施耐德电气能效大使兼中国区副总裁叶良侠，飞利浦（中国）有限公司灯具事业部亚太区首席执行官魏谦哲，世邦魏理仕亚洲区能源与可持续发展执行董事李勤善，法国开发署驻华代表处项目官员隋红，思科战略咨询部城市创新组高级总监高登等嘉宾，就如何协助中国城市落实低碳发展规划、推进城市低碳发展等议题进行了深入对话和讨论。贵州省各地专州、规划、发改、住建、城管及环保部门的相关负责人参与了大会的互动交流。

讨论中，唐凯总规划师表示，本论坛的主题对当今我国经济社会的发展很有现实意义。住房和城乡建设部高度重视低碳社会，将一如既往支持生态地区大力发展，积极引导相关项目落户低碳生态城市，把实地运作的相关项目纳入科技计划，给予政策和技术扶持，希望各地大力推进绿色产业、绿色交通、节水和可循环利用等项目的建立完善，在低碳绿色城市方面走出发展道路。吴昌华总裁提出，城市建设一定要把低碳环保放在首位。生态文明贵阳会议提供了一个很好的平台，让政府、企业和专家共同探讨如何“共建低碳生态城市”，通过“中国再设计”项目，气候组织将不断把这些研究和讨论带入不同城市，为更多城市的低碳实践提供参考借鉴，以促进城市低碳发展规划的实施。

此次论坛是气候组织与贵阳市多年合作的延续。气候组织将国际先进的城市照明、能源管理、建筑规划和节能减排融资理念与实践带进贵阳，贵阳市在适合自身发展的范围内进行示范，并对示范项目效果进行实时监测与评估。

UNESCO活动之一：青年先锋圆桌会

2011年7月15日，2011生态文明贵阳会议“UNESCO（联合国教科文组织）活动之一：青年先锋圆桌会”在贵阳国际生态会议中心举行。青年先锋圆桌会旨在为世界青年搭建一个跨领域交流的平台，这是生态文明贵阳会议的一个创新。论坛以“把握今天，展望未来——青年的责任与力量”为主题，由中国传媒大学学生邢哲铭，北京大学学生范敬怡共同主持。渠诚网络科技服务外包有限公司董事、总经理章海琨，比亚迪股份有限公司销售总监王瑗珲，根源投资有限公司董事长曾耿盛，北京大学学生王放，贵州大学学生何芋江，斯坦福大学学生塔尔·埃兹，康奈尔大学学生诺亚·伊夫斯、卡奥·凯撒·巴博萨班尼特·博赛特，东京大学学生廖昱嘉、周允耀，G-TRACE绿足迹队长毛虫、李煜，林业大学学生张雅璇，以及100多名来自美国、日本、中国的青年学生，围绕青年如何在生态文明建设中担起责任、贡献力量等议题进行了热烈讨论，为生态文明贵阳会议注入了新的活力。

贵州大学学生何芋江认为，生态文明建设不仅仅是青年的责任，更是每个人的责任。中国传媒大学公共关系学毕业生邢哲铭设计了一张白色和绿色为主调的明信片，带着“Greening the future Are you ready?”的邀请，通过网络发送给世界各地青年，诚挚邀请全球青年关注生态文明教育，关注青年的责任和力量。北京外国语大学学生王宾希望借助自己语言方面的优势，把中国环保理念传达给世界各地青年，在实际生活中，从节约用水用电等小事践行生态环保的理念。

论坛结束后，撰写和发布了题为“建设生态文明有我们的力量、创新与责任”的2011生态文明贵阳会议青年先锋圆桌会《青年先锋宣言》，发出最新的生态文明倡议，并提交给2011年10月在法国举行的第七届青年论坛。《青年先锋宣言》倡议：

曾经，我们在蓝天白云下嬉戏；曾经，我们于鸟语花香间成长；曾经，潺潺溪流润涌，幽幽青山挺拔。人类在这美丽的地球上创造出了文明的奇迹。而今，气候的变化、森林的消减、海啸的肆虐……地球正以她的独有的方式向人类提出了严重的警告，人类面临着环境所带来的前所未有的挑战，环境问题关系着人类的生存与发展。

因此，改善生态环境，共同呵护人类赖以生存的地球家园，已成为人类责无旁贷的使命；为完成这个使命我们要采取实际行动，不应有任何懈怠，农业文明、工业文明的一切优秀成果，让人类有足够的信心、勇气以及智慧来缔造一个新的文明——生态文明！

青年人，蕴藏着希望；青年人，承载着未来。青年人是建设生态文明的先锋。不分肤色、不分种族、不分国籍，青年人为改善生态环境而付出的任何一个努力，都会增强人类创造新文明的信心和希望！

作为建设生态文明的青年先锋，我们要牢记历史使命，真正肩负起时代赋予我们的责任，用我们的知识与力量、专注与热情、汗水与坚持，积极投身于生态文明建设的伟大实践中去，在实践中施展我们的领导能力，成就我们的事业，实现我们的人生价值。

1.作为时代青年，我们倡导“低碳行为”，通过节约一滴水一度电，种植一棵树，少开一天车等方式，减少个人对环境的污染和资源的浪费。

2.我们将积极参与联合国教科文组织倡导的“人与生物圈计划”，用我们青年人的创新动力和技术能力，寻找有效解决人口、资源、环境等问题的途径。

3.我们坚决反对任何“消费环境”的旅游行为，我们倡导的是“绿色”旅游和“可持续旅游业”。旅游让我们长知识，我们保证旅游不给我们的子孙和地球家园增添任何环境负担。

4.我们将努力发挥教育在生态文明建设中的引领作用，积极参与绿色校园、绿色工厂、绿色社区的建设，从而为全社会构建科学的绿色环境体系贡献力量。

5.我们关注青年为建设生态文明而做出的一切有益尝试，并努力推广成功的案例和经验，鼓励青年人在社会上积极倡导绿色理念与绿色行为方式，带动更多的人关注生态环境保护，从而开创一个全社会人人参与生态文明建设的新局面。

6.我们中外青年学生、企业家、新闻工作者、环保工作者2011年7月15日汇聚中国贵阳，我们承诺将加强各国青年人之间在生态文明建设方面的沟通与合作，凝聚力量，为建设人类生态文明的共同目标而一起努力。

把握今天，展望未来，我们青年人已经做好了准备！让我们一同努力，为人类文明的进步与发展做出积极的贡献！

UNESCO活动之二：人与生物圈计划

2011年7月17日，2011生态文明贵阳会议“UNESCO活动之二：人与生物圈计划”在贵阳国际生态会议中心举行。论坛以“人与生物圈计划”为主题，联合国教科文组织助理总干事、战略规划署署长汉斯·道维勒担任论坛主席。联合国教科文组织驻华代表处科技和环境项目官员贾古玛，中国科学院水生生物研究所学位委员会主任、中国人与生物圈国家委员会秘书长王丁分别作了题为“生物圈保护区”、“中国人与生物圈计划”的主题发言，回顾了联合国教科文组织“人与生物圈计划”创立40年来在全世界的发展现状和前景。贵州省荔波县作为国际生物圈保护区网络成员和“人与生物圈计划”的实施地与受益者，荔波县县长陈稠彪、荔波县茂兰自然保护区管理局局长冉景呈分别作了题为“尊崇生态文明理念，促进人与自然的和谐，践行可持续发展之路”、“用人与生物圈理念实践生态文明——以茂兰生物圈保护区为例”的交流发言。

与会嘉宾一致认为，“人与生物圈计划”是生态文明建设的有机组成部分，要把生态文明建设提到时代的高度，从理论和实践的结合上，深刻认识生态文明的内涵、本质、特征及重大的现实意义和深远的历史意义。同时，期待国家从立法、政策、资金、项目等方面，对生态良好、发展相对滞后地区给予生态保护更大的支持，生态产业更大的扶持，在众多区域经济发展方式中，探索出一条人与自然和谐、发展与环境共生双赢的有效模式。

教育论坛

2011年7月16日，2011生态文明贵阳会议“教育论坛”在贵阳国际生态会议中心举行。论坛以“教育引领绿色发展——创新理念与实践”为主题，生态文明贵阳会议秘书长、中国教育国际交流协会会长、教育部原副部长章新胜，北京大学校长、中科院院士周其凤，地球环境专家、爱丁堡大学前副校长、英国皇家学会会员杰佛瑞·伯顿担任论坛主席。英国肯特大学人类学与环境保护学院院长、应用资源经济学教授道格拉斯·麦克米兰，北京大学环境科学与工程学院教授、环境与经济研究所所长、环境科学与工程学院副院长张世秋，英国剑桥大学自然保护领导项目主任尼格尔·里德尔—威廉姆斯，复旦大学生物多样性科学研究所所长陈家宽，新加坡国立大学副教务长陈沺甸，美国耶鲁大学工业生态学、环境工程、地质和地球物理学教授、工业生态学中心主任托玛斯·格雷德尔，北京大学生命科学院教授、自然保护与社会发展研究中心执行主任吕植，美国华盛顿大学环境学院院长丽莎·格洛里希，瑞典乌普萨拉大学可持续发展硕士项目协调人布雷塔·斯文森，北京师范大学环境教育中心副教授田青，英国剑桥大学英语系戏剧表演研究员柔依·思维德森，加拿大大不列颠哥伦比亚大学副校长约翰·赫本，东北林业大学校长杨传平，日本东京大学教授味俊，四川大学副校长石坚，对外经贸大学副校长胡福印，北京林业大学宣传部部长李铁铮，贵州大学校长陈叔平，华北电力大学校长刘吉臻，同济大学副校长伍江，美国康奈尔大学国际建筑空间研究中心联合主任华颖等嘉宾，围绕为了人类的可持续发展，教育面临的挑战、多学科性在绿色教育中的作用、应对绿色教育挑战、发展环境保护领导力的新方式等议题作了专题发言，国内外部分大学领导和专家从绿色教育意识、政策、知识、科技和实践等层面出发，对绿色教育的成功尝试以及所遇到的问题与挑战提出了自己的观点建议，300余名听众与嘉宾展开了互动讨论。

与会嘉宾一致认为：目前，全球生态危机已使人与自然的和谐发展成为关系到整个人类生存和发展的现实问题。因此，实现人文、科技和整个生态环境的一体化是人类社会由工业文明迈向生态文明的重要标志，而教育在这一进程中起着重要的引领与促进作用。本次教育论坛的举行，为建设符合生态文明要求的、科学的、可持续的绿色知识体系提供了依据。

技术论坛

2011年7月16日，2011生态文明贵阳会议“技术论坛”在贵阳国际生态会议中心举行。论坛以“低碳技术：企业新机遇”为主题，十届全国政协副主席、中国工程院主席团名誉主席、中国工程院院士徐匡迪担任论坛名誉主席，中国工程院常务副院长、党组副书记、中国工程院院士潘云鹤担任论坛主席。上半场，中国工程院院士、中国工程院主席团成员、中国金属学会名誉理事长、钢铁研究总院名誉院长殷瑞钰，中国工程院院士、建设部中国城市规划设计研究院原院长邹德慈，中国工程院院士、西安建筑科技大学校长徐德龙，中国工程院院士、中国科学院大连化学物理研究所研究员衣宝廉，中国工程院院士、国家有机毒物污染控制与资源化工程技术研究中心主任、南京大学环境学院教授张全兴，围绕低碳话题分别作了精彩的专题演讲。下半场，浙江大学党委副书记、贵州科学院副院长郑强，光宝科技股份有限公司集团策略长暨事业群总经理黄存义，恒基伟业董事长、总裁张征宇，北京高灵能源有限公司总经理戴思嘉，中电能投资管理深圳有限公司总经理王新峰，中国绿色碳汇基金会秘书长、国家林业局气候办主任李怒云等专家及企业代表，与院士们就如何把低碳减排转化为企业发展的新机遇进行了深入探讨。各种新科技、新能源的概念和美好前景让200多名参会者“耳目一新”。

院士们指出，钢铁制造过程中“变废为宝”、工业废水的“资源化利用”等新技术、新能源的科学使用使传统产业得到延伸，绿色低碳经济正全面进入人们的生活。与会嘉宾一致认为，通过探讨，对发展新材料、新能源、新兴技术、循环经济等有了更为深入的理解，对于推动绿色发展具有十分重要的意义。

企业家论坛

2011年7月16日，2011生态文明贵阳会议“企业家论坛”在贵阳国际生态会议中心举行。论坛以“绿色发展，企业家的新财富”为主题，中国节能环保集团公司副总经理李杰担任论坛主席。论坛吸引了国内外众多在节能减排、发展循环经济、绿色经济方面领军的企业家和专家学者，共同讨论绿色经济给企业带来的机遇与挑战，共同探索在绿色经济时代企业家肩负的责任和使命。与会嘉宾围绕论坛主题，畅谈如何抓住“十二五”节能减排和经济转型的新机遇，探讨企业家在今后的发展过程中如何实施清洁生产、践行绿色发展、转变增长方式、创新财富价值，实现可持续发展，为生态文明建设做出贡献。

论坛分主题演讲和对话两部分。演讲部分，中国节能环保集团公司党委书记、副董事长、中国工业节能与清洁生产协会常务副会长陈津恩致辞，并作了题为“绿色发展，企业家的新财富”的主旨演讲。陈津恩书记提出，国内的节能减排和环境保护形势严峻，经济发展面临生态环境的瓶颈约束，解决这一问题的关键是经济转型，坚定不移走绿色低碳的发展道路，鼓励发展绿色经济，将绿色发展打造为带动经济增长的新引擎。同时，国内绿色发展面临来自国外的政策、产业、资金、技术等方面的壁垒。“十二五”期间我国加快节能减排事业发展的“十大”政策取向：一是明确节能减排总体思路；二是强化节能减排目标责任；三是调整优化产业结构；四是实施节能减排重点工程；五是加强节能减排管理；六是加快节能减排技术开发和推广应用；七是完善节能减排经济政策；八是加快推行节能减排执法责任制；九是推广节能减排市场化机制；十是加强节能减排基础工作和能力建设。泰康人寿保险股份有限公司董事长陈东升从环境破坏和全球经济一体化角度阐述发展绿色经济的必要性，建议对新能源的发展进行多层面的积极推动，从生产到生活的方方面面低碳环保。韩华集团中国总部首席副总裁咸泰泳介绍了韩华集团低碳绿色经营的相关内容和经验，从节能、工业改善、绿色社会贡献、绿色运营等方面进行了阐述。同济大学可持续发展与管理研究所所长诸大建作了题为“低碳经济变革与企业低碳竞争力”的演讲，阐述企业绿色发展历程，分析发展绿色经济面临的各种制约因素，剖析了多个知名公司绿色低碳发展取得的成绩，探讨了企业未来绿色发展的模式。

对话部分以“生态文明建设与企业家责任”和“城市低碳转型与企业家策略”为主题。气候组织大中华区总裁吴昌华主持“生态文明建设与企业家责任”对话。工业和信息化部节能与综合利用司司长周长益指出，工业节能是我国节能减排的重要方面，“十二五”期间节能规划关键领域就是技术创新，推动技术经济。招商银行行长兼首席执行官马蔚华提出将绿色基金理念纳入绿色消费中，利用碳排放量抵押来完善金融体系，参与绿色评价、绿色指数的发布。中国南车股份有限公司副总裁傅建国介绍了南车集团在低碳技术创新、引进、精细化管理方面的经验和努力。远大集团董事长张跃介绍了国际废热发电的经验，提出中国应学习借鉴国外分布式能源管理的体系系统。法国苏伊士环境集团中国区执行副总裁孙明华认为解决未来中国水资源危机、水环境生态问题的关键在于海水淡化，污泥减量化是中国未来节能减排发展的重要方向之一。施耐德电气能效大使兼中国区副总裁叶良侠认为提高能源管理的重点在于管理的量化。中央党校经济学教研部副主任韩保江主持“城市低碳转型与企业家策略”对话。中国诚信信用管理有限公司董事长毛振华，中国明阳风电集团执行董事王宪，江西赛维LDK太阳能高科技公司常务副总裁朱良保，联和能源投资控股有限公司总经理、中天城投集团副董事长石维国，中视金桥国际传媒集团执行董事陈新等嘉宾参与了对话，共同探究新形势下企业担负的社会和环境责任及发展转型的经验策略。

通过讨论，与会嘉宾达成了基本共识：绿色低碳生态环保是当今世界发展的趋势和方向，作为推动社会进步、经济发展的基本载体，企业应将生态、绿色、环保理念融入到自身发展中，勇于承担自身肩负的环境责任和历史使命，抓住机遇迎接挑战，同时积极构建政府与市场协同推进的绿色金融发展机制，加快企业升级转型，进而推动整个产业链的升级，引导和带动绿色消费，真正实现“生产——流通——消费——回收再利用”的绿色循环经济发展，在绿色发展中需求财富，为子孙后代留下一个美好的家园。

UNDP分论坛

2011年7月16日，2011生态文明贵阳会议“UNDP（联合国开发计划署）分论坛”在贵阳国际生态会议中心举行。论坛以“环境权益与公众参与”为主题，国际劳工组织驻华和驻蒙办事处主任安·赫伯特，中华环保联合会顾问夏·堡担任论坛主席。联合国开发计划署驻华代表处国别主任那华，中华环保联合会副秘书长谢玉红，中华环保联合会顾问吕克勤，中华环保联合会法律顾问胡玉来，河北环保联合会常务副秘书长汪贤强，重庆绿色志愿者联合会会长吴登明等嘉宾，就如何提高公众的环境权利意识，推动中国环境公益诉讼制度的建设等议题进行了广泛交流和探讨，提出了许多重要见解。谢玉红副秘书长指出，维护公众环境权益及推动环境公益诉讼制度的建立，能够提升公众及决策者对环境权的认识和维权意识，有利于维护社会公众的环境及健康权益。吕克勤顾问认为当前存在“守法成本高、违法成本低”和部分企业社会责任感严重缺失的情况，呼吁民间组织要敢于揭露环境污染事件，监督企业依法、合规排放，维护社会和公众的环境权益。那华主任表示，将与大家携手并肩，一起分享专业知识、成功经验和来自世界各国的最佳实践方式。

生态修复论坛

2011年7月16日，2011生态文明贵阳会议“生态修复论坛”在贵阳国际生态会议中心举行。论坛以“生态修复——西部开发的严峻命题”为主题，中国矿业大学校长葛世荣担任论坛主席。教授级高级工程师、国土资源部土地整理中心副主任郧文聚，波鸿工业大学校长、中德能源与矿区生态环境研究中心副理事长尤尔根·克莱彻曼，德国亚琛工业大学开采损害防治与地球物理研究所所长、国际矿山测量协会主席阿克塞尔·普鲁士，贵州省地质矿产局局长李在文，贵阳市人民政府副市长翟彦，中国铝业公司贵州分公司副总经理柳健康等嘉宾，围绕矿产资源开发的生态环境问题、生态修复的理念和原则、生态修复与生态文明建设、国外先进经验和启示等议题进行了广泛交流和深入探讨，形成如下共识：

第一，在西部开发中实现生态修复需要认识论和方法论的统一。由于生态修复意识不足，生态修复技术不高，矿产开发已给西部带来了较多的生态问题。要实现中国2010—2020年“生态环境保护上一个大台阶，生态环境恶化趋势得到遏制”的总体目标，需要实现政策与行动的统一，从一元投入到多元投入，从各自为战到系统协调，示范工程、科学研究和技术开发相统一。为此，应从提高绿色开采、科学限定产能、发展循环经济、试行生态成本四个方面积极行动。

第二，从总体上讲，土地整治是生态文明建设的促进因素。开展土地整治，就是在保护和建设生态文明。为此，要从提高土地整治规划的综合性和科学性；做好土地整治生态景观规划和建设示范，大力提升示范案例的引导和模范作用；加快土地整治生态景观建设科技支撑；把握好不同类型土地整治生态景观关键环节，积极推进生态景观技术应用等方面做好土地整治工作，使土地整治服务于生态文明建设。

第三，从德国鲁尔矿区的生态环境改善历程来看，产业结构的升级能够有力推动经济发展，促进生态修复，有效实现生态环境好转。

第四，从德国北威州150年矿业开采的历史来看，生态意识的增强、技术手段的进步和政策法律的保障能推进能源结构和供应方式的转型，从而实现生态的保护和修复。

第五，在矿产资源勘查和开发中，应正确树立生态保护的理念，最大程度地避免矿业开发带来的一系列生态环境问题。一是要加强基础地质找矿研究，提高地质勘查工作程度。二是要实现矿产资源整装勘查，加大资源整合力度。三是要加强半生矿资源的勘查和利用。四是要采用新技术和新方法，加强动态监测。五是要重视矿产资源环境友好型工艺技术的研究，最大程度地减少矿产资源勘查和开发带来的环境污染。

第六，要探索建立矿产资源开发过程中生态修复的长效机制，为生态修复提供有力、可靠的支撑。一是要建立矿产资源开发生态补偿机制。二是要在技术创新和转让、财政和税收支持等方面形成有利于生态修复的机制。三是要确立明晰的产权关系。四是要建立有效的监管机制。五是国家层面应倡导、鼓励建立政策性的绿色银行。

用了解不够全面，理解不够深刻，从而给NGO广泛有效地参与城市管理和建设，包括生态文明建设带来了一定的困难。

现阶段NGO参与城市生态文明建设也存在相当多的机遇：一是生态文明国家议程的提出，以及当前工业文明和城市化的高潮阶段引起的大量环境和社会问题，给NGO参与生态文明建设提供了相当多的机会；二是国家新近提出了社会建设和社会管理议题，如果NGO能在参与城市生态文明建设方面与政府形成良好的合作关系，则有可能使其成为我国社会管理创新的突破口和生长点，从而更好地促进NGO参与城市生态文明建设。

会议同时呼吁NGO在参与城市生态文明建设以及其他社会建设的过程中，应当充分依据国情，深入实际和基层，更好地寻找自身的角色定位；NGO与政府部门都应当以积极主动的心态寻求与对方的良性互动，形成积极合作态势，在生态文明建设和社会建设领域发展成为“战略合作伙伴关系”。会议同时关注到最近在公益领域出现的某些突出问题，呼吁政府关注公益生态，制定适当和透明的规则，使民间公益组织能够更有效地服务于社会。

招商引资项目签约仪式

2011年7月17日，作为2011生态文明贵阳会议重要内容和成果之一的贵阳市招商引资项目签约仪式在贵阳国际会展中心举行，一批绿色、环保、低碳招商项目成功签约。贵州省委常委、贵阳市委书记李军在签约仪式上致辞，贵州省副省长蒙启良讲话。贵阳市委副书记、市长李再勇主持签约仪式。贵州省政府副秘书长王文阳，贵州省政府副秘书长、省政府金融办主任周道许，贵州省旅游局局长傅迎春，贵阳市人大常委会主任李跃南，贵阳市委常委、市委群工委书记、市委秘书长王保建，贵阳市副市长翟彦出席签约仪式。贵阳市有关部门，各区（县、市），六大重点产业招商组、港澳招商组，各投融资平台公司，部分著名企业、项目签约企业等参加签约仪式。

与前两届会议相比，2011生态文明贵阳会议在务实性上取得了新进展，不仅有论坛、有展览，而且紧扣低碳经济、绿色发展、生态文明这一主线，加强产业领域的合作，取得了实实在在的成果。此次签约项目共15个，签约金额59.78亿元，涉及旅游、再生低碳、固体废弃物无害化处理与综合利用、现代物流等，均为绿色、环保项目。

特　　载

TE　　ZAI

贵阳市政府工作报告

——2012年2月9日在贵阳市第十三届人民代表大会第一次会议上

贵阳市委副书记、市长 李再勇

各位代表：

现在，我代表市人民政府，向大会作政府工作报告，请予审议，并请市政协委员、列席人员提出意见和建议。

一、过去五年政府工作回顾

五年来，全市人民在省委、省政府和市委的正确领导下，牢记“作表率、走前列、做贡献”的使命，坚定不移走科学发展路、建生态文明市，圆满完成了市十二届人民政府确定的各项目标任务。

（一）这五年，是发展速度明显加快、经济实力不断增强的五年。牢牢把握贵阳发展阶段性特征，扭住经济建设中心不动摇，加速发展、加快转型，经济发展呈现出速度加快、效益提高、排位前移的良好局面。2006年至2011年，全市生产总值从617.24亿元增至1383.07亿元，年均增长14.7%；人均GDP从15731元提高到31712元；财政总收入从157. 58亿元增至401.36亿元，年均增长20.6%；一般预算收入从61.58亿元增至187.14亿元，年均增长24.9%；全社会固定资产投资从413.36亿元增至1600.59亿元，年均增长31.1%；社会消费品零售总额从234.96亿元增至584.33亿元，年均增长20%。《全球城市竞争力报告（2009–2010）》显示，在全球500个城市中，贵阳市综合竞争力提升了42位，提升速度排列第4位。

（二）这五年，是经济结构不断优化、产业效益大幅提升的五年。三次产业结构中第三产业比重达53%；民营经济增加值占全市生产总值的比重达44%。一是工业发展明显加快。大力实施“工业强市”战略，工业经济呈现投资大、成长快、效益好的局面。规划建设十大产业园区，其中，升格为国家

贵阳市委副书记、市长　李再勇

级新型工业化产业示范基地1个、省级示范基地3个、省级开发区4个，全市园区的产业承接力不断提升。开工建设了首钢贵钢新特材料、贵州广铝年产80万吨氧化铝及其深加工等投资规模在5000万元以上的工业项目96个，累计完成工业投资550亿元。通过抓存量、扩增量，全市规模以上工业总产值从669.65亿元增至1436.62亿元、年均增长15.1%，增加值从228.91亿元增至365.23亿元、年均增长14.3%；工业综合经济效益指数从173.65提高到226.01，工业税收占税收总收入的48%。二是现代服务业发展快速推进。发挥省会城市综合优势，加快推进服务业发展，被列入首批“国家服务业综合改革试点城市”。整体提升南江大峡谷、青岩古镇等9个国家4A级景区，成功打造“爽爽的贵阳·中国避暑之都”、“温泉之城”等旅游品牌，旅游人数达到5250.42万人次、旅游总收入达到612.37亿元，年均分别增长23.1%、48.6%。“中国夏季会展名城”品牌效应初显，2011年共举办会展382个，实现综合经济效益7.2亿元。城市金融要素加快聚集，贵阳市商业银行更名为贵阳银行，成功

组建贵阳农村商业银行，引进花旗、中信、招商、浦发等一批国内外金融机构，2个村镇银行、43个小额贷款公司、116个融资性担保公司挂牌营业；上市公司发展到13家。全市金融机构人民币存、贷款余额分别从1494.17亿元、1202.85亿元增至3603.65亿元、3012.86亿元，年均分别增长19.3%、20.2%。改貌货运中心站、石板农产品物流园建成营运，二戈寨物流园、西南国际物流中心等项目加快建设，服务全省、辐射周边的商贸流通服务体系正在形成。全市服务业带动社会就业120多万人，对经济增长的贡献率从42.4%提高到48.3%。三是农业产业发展优化提升。围绕农业增效、农民增收、农村发展，大力发展生态农业，推进农业结构调整。市级累计投入财政性农业产业发展资金5.2亿元，是“十五”时期的2.5倍；认证无公害农产品产地604个，面积101.15万亩，经济作物占农作物的比重达60%；发展规模养殖基地1960个，畜产品年产量达到24.4万吨；培育市级以上农业龙头企业113家，带动农户10万户，加工产值突破200亿元，是2006年的2.5倍；农业产业化经营对农民收入的贡献率达20%以上。

（三）这五年，是城乡建设加快推进、环境面貌巨大变化的五年。坚持规划引领、建管并重、功能配套、要素统筹，大力实施城镇化带动战略，推进城乡一体化发展。一是城乡规划体系不断完善。编制了《贵阳市城市总体规划（2009-2020年）》、《贵阳市土地利用总体规划（2006-2020年）》，完成了中心城区控规、重点地区和主要节点的城市设计、77个专业规划以及一市三县城市总规和控规，实现了中心集镇和重点村庄规划全覆盖。二是城市空间大幅拓展。坚持以路网引领城市发展，“三环十六射”城市骨干路网基本建成，完成投资330多亿元；市域快速铁路和城市轨道交通开工建设，完成投资105亿元。城市建成区面积从132平方公里扩大到230平方公里，中心城区规划面积扩展到1230平方公里，城镇化率提高到69.2%。进一步优化功能布局，把中心城区的客车站搬到金阳客运站和客运东站，花溪大道沿线汽贸市场搬到孟关国际汽贸城，五里冲农副产品批发市场搬到石板农产品物流园，城区“内疏外拓”取得重大进展。三是城市服务功能和管理水平进一步提升。国际会展中心、奥体中心体育场、观山湖公园、十里河滩湿地公园、筑城广场等城市精品工程投入使用，世纪城、温泉新城等大型城市综合体初具规模，国际金融中心、花溪大学城、多彩贵州城、城乡规划展览馆等重要城市配套功能项目开工建设。供电、供水、供气及污水处理、公共交通等公用事业加快发展，城市综合服务功能进一步增强。深入开展“整脏治乱”、“三创一办”等活动，建成数字化城市管理系统，采取公交优先、错时上下班、专段号牌管理、尾号限行等综合措施缓解交通拥堵，对违法建筑、非法营运等实施依法整治，对户外广告、渣土运输、占道经营实行规范管理，城市人居环境不断优化。四是城乡基础设施明显改善。推进彭家湾、渔安安井等26个棚户区、城中村改造，实施了中心城区综合管网入地工程，改造农贸市场177个，建成市政道路913公里。配合抓好贵阳至广州、成都、重庆、昆明、长沙等快速铁路、客运专线建设，龙洞堡机场二期扩建工程和开阳港、息烽港建设加快推进。累计投入县乡交通建设资金51.6亿元，实现县际高速公路通达率90%、通乡油路率100%、通村油路率83%。累计投入水利建设资金近10亿元，实施了6大类水利项目，人均有效灌溉面积达0.57亩，90%以上的农村人口基本解决饮水困难。完成村庄整治243个，农村危房改造6.72万户，新建大中型沼气池215口、户用沼气池13.55万口，农村广播电视户通率达90%以上，农电网改造全面完成，群众生产生活条件明显改善。

（四）这五年，是环境保护从严有力、生态优势更加凸显的五年。坚持以生态文明理念引领发展，以最严厉的措施保护青山绿水。组建两湖一库管理局，成立全国首家环保法庭和审判庭，制定了全国首部生态文明建设的地方性法规，投入生态补偿资金5亿多元。深入开展“依法治理两湖一库，确保市民饮水安全”、“森林保卫战”、“除尘降噪”等专项行动，贵阳市民的“三口水缸”水质稳定在Ⅲ类以上；城市污水处理率达95.2%，生活垃圾无害化处理率达93%以上，市区空气质量持续改善；完成155平方公里石漠化治理、采石迹地恢复，森林覆盖率从34.7%提高到42.3%；节能减排目标任务全面完成。成功举办三届生态文明贵阳会议。与联合国气候组织合作开展的“千村计划”项目，在联合国气候变化大会上被评为最佳案例之一。生态文明理念深入人心，一大批生态文明社区、生态文明企业、生态文明学校在城乡涌现，被确定为全国生态文明试点城市和节能减排试点城市，被评为国家森林城市、国家园林城市、全国绿化模范城市、国家节水型城市和全国十大低碳城市，“生态”已成为这座城市的靓丽名片！

（五）这五年，是改革迈出坚实步伐、开放水平持续提高的五年。坚持激活内力与借助外力相结合，围绕破解发展难题推改革、立足提升发展速度促开放，全市发展动力不断提升，发展活力不断增强。一是重点领域改革不断深化。统筹推进财政体制改革、行政审批制度改革、国有企业改革和市属经营性事业单位改制以及农村综合改革。625项市级行政审批事项核减到93项，成为行政审批事项最少的省会城市之一；12家市级投融资公司筹集建设资金504亿元，市场化融资取得重大成果；完成国企改革211家，事业单位改制21家；集体林权制度改革全面完成。二是外向型经济发展步伐加快。共与国内外61个大中城市开通航线80条，与日本惠庭市、新西兰北帕默斯顿市、美国沃斯堡市等友好城市交流合作更加紧密。进出口总额从11.19亿美元增至37.69亿美元，年均增长27.5%；实际直接利用外资从0.7亿美元增至2.79亿美元，年均增长31.8%。累计引进内资项目8208个，实际到位资金2027.2亿元。务实高效、开放创新的发展环境进一步优化提升。

（六）这五年，是社会事业全面进步、幸福指数不断提升的五年。坚持民生优先，着力解决事关群众切身利益的民生问题。各级财政累计投入民生资金509.29亿元，占财政一般预算支出的55%以上；城市居民人均可支配收入达19420元，农民人均纯收入达7381元，年均分别增长11.6%、16.5%；贫困发生率从10.4%下降到7.3%；市民幸福指数提升到89.19。累计新增城镇就业30.17万人，城镇登记失业率控制在3.29%；积极探索“政企并力、建储并举、公廉并轨、租补并行”的保障房供给新模式，4.3万户家庭纳入住房保障；养老、医疗、失业、工伤、生育五大保险征缴扩面；13万城乡低收入人口纳入最低生活保障；新农合覆盖率达97.6%，城镇职工和城镇居民基本医疗参保率分别达91.6%、83.8%，城乡保障体系不断完善。“两基”顺利通过“国检”，学区化改革有序推进，教育均衡化发展水平逐年提高。连续四次被评为“全国社会治安综合治理优秀城市”，获得“长安杯”，群众安全感从2007年的70.8%上升到84.3%。文化、体育、科技、计生等事业长足发展，全面进步，连续五届被评为全国科技进步考核先进城市，获得全国双拥模范城、全国民族团结进步先进集体、法制宣传教育先进城市、中国舞蹈之都、全国人口和计划生育综合改革示范市、国家知识产权工作示范城市等称号。在过去五年中，国防教育、宗教、移民、史志、档案、侨务、对台、气象、老龄、慈善、残疾人、红十字、工青妇等工作全面发展，社会组织在社会事业中的积极作用有效发挥！

过去五年，我们坚持不懈地加强政府自身建设。先后成立市县两级政务服务中心，大力推行简政放权、并联审批、限时办结、首问责任等制度，优化服务方式，增强公共服务能力。完善重大事项社会听证、专家咨询和公示制度，全面推行网上政务公开和办事，“百姓——书记市长交流台”来件初始回复率达到100%。坚持依法行政，自觉接受人大法律监督、工作监督和政协民主监督，办理人大代表建议1056件、政协提案2517件，2011年满意率均达100%。加强政府廉政建设，强化审计监督和行政监察，坚决纠正部门和行业不正之风，严肃查处一批违纪违法案件，政务环境不断优化。过去五年，是我们在经济社会发展道路上迈出坚实步伐、取得可喜成就的五年!

刚刚过去的2011年，我们唱响“主基调”，主攻“主战略”，牢记为人民谋幸福的宗旨，更好更快推动经济社会发展，实现了“十二五”良好开局，为本届政府工作划上了圆满句号，为下届政府工作奠定了良好基础。

一年来，我们奋力加速、领跑“十二五”。全市生产总值、全社会固定资产投资、规模以上工业增加值、社会消费品零售总额、财政总收入、一般预算收入、城市居民人均可支配收入、农民人均纯收入分别比上年增长17.1%、57.1%、23.4%、20.5%、31.7%、37.3%、17%、23.5%，多项经济指标增速在全国省会城市中位居前列。在全省经济发展增比进位综合排位中，位居第1名。全市人民在“十二五”第一棒奋力加速，跑出了令人鼓舞的好成绩!

一年来，我们协力争先、提振精气神。432万贵阳人民团结协作，46万绿丝带志愿者辛勤付出，广大党员干部奋力拼搏，全力冲刺“三创一办”，凝聚和提振了“知行合一，协力争先”的贵阳精神，成功、圆满、精彩地协办了第九届全国少数民族传统体育运动会，被省委、省政府授予唯一的“特别贡献奖”；双双荣膺“全国文明城市”、“国家卫生城市”称号。生态文明贵阳会议、贵州首届国际车展、首届中国（贵州）国际酒类博览会暨投洽会、第五届全国工商联执委会暨全国民营企业助推贵州发展大会、筑城广场万人迎新活动等成功在贵阳举办。通过节会聚力、活动扬势，塑起城市人文新坐标，提振了贵阳协力争先的精气神。

一年来，我们竭力创新、突破新领域。瞄准世界前沿，主攻科技创新，居世界领先水平的皓天光电LED蓝宝石衬底材料成功下线，振华年产3000吨锂离子电池正极材料全面达产，中航工业凯阳航空发动机维修基地试车台点火成功，海信平板模组核心部件实现本地化生产，全省首家在创业板上市的互联网企业朗玛公司通过中国证监会上市核准。全市高新技术企业达到107家，占全省的69.9%，高新技术产业增加值占全市规模以上工业增加值的32%。我们积极推进基层管理体制改革，变四级管理为三级管理，实现服务职能下移；组建群众工作委员会和群众工作中心，畅通群众诉求渠道、变“中转站”为“终点站”；成立和谐促进会，增强社会矛盾化解合力；创新流动人口管理服务，开展“城市绿卡”发放试点工作，让新来这座城市的“客人”享受同城待遇。我们在创新中不断实现新的突破，在突破中不断积累新的经验。

一年来，我们致力跨越、奠定新基石。把开局之年作为基础之年，着眼于新起点上的新跨越，完成1600.59亿元固定资产投资，其中，实施了总投资44.58亿元的交通基础设施项目、3.18亿元的水利基础设施项目、19.3亿元的电力基础设施项目、13亿元的通信基础设施项目，着力提升支撑跨越的硬件基础。完成十大产业园区基础投资215亿元，占园区累计基础投资的87.7%；引进到位产业类项目资金224.74亿元，先后开工建设150个总投资700多亿元的工业项目，全部达产后预计年新增产值1000亿元，着力提升支撑跨越的产业基础。投入资金162亿元，扎实推进“十大民生工程”，多干利民之事，进一步拓宽社会保障覆盖面，筑牢民生网底，着力提升支撑跨越的保障基础。

回顾五年的工作，我们深刻地体会到：必须在市委的坚强领导下，确立把上级精神与本地实际紧密结合的发展思路，并坚持不懈地为之奋斗。这是一条最根本的经验!

总结五年的工作，我们也清醒地看到前进中存在的突出问题，主要表现在：经济总量不大，产业结构不优，转型速度不快，高新技术支撑不足，城乡居民收入水平不高；发展基础还需进一步夯实，综合带动力还需进一步提升，民生保障还需进一步完善，政府职能还需进一步转变，服务意识还需进一步增强，工作效率还需进一步提高等等。对这些问题，我们将采取更加有为的措施认真加以解决，努力让人民群众更加满意！

各位代表，五年的奋进历程充满艰辛，五年的发展成绩来之不易。我们深知，这是省委、省政府和市委正确领导的结果，是在历届市委、市政府打下坚实基础上取得的结果，是市人大、市政协有效监督、大力支持的结果，是全市干部群众努力奋斗、辛勤劳动的结果。在此，我代表市人民政府，向全市人民，向各位人大代表和政协委员，向各民主党派、工商联、人民团体和各界人士，向中央及省在筑单位，向驻筑人民解放军、武警官兵和公安政法干警，向所有关心和支持贵阳建设与发展的各位老领导、老同志和各界朋友，表示衷心的感谢，并致以崇高的敬意！

二、今后五年政府工作的总体要求、奋斗目标和战略重点

今后五年，是贵阳工业化、城镇化、农业现代化发展的攻坚期和加速期，是贵阳全面发力、奋力攀高、阔步领跑的黄金期和关键期。我们将认真贯彻落实国发〔2012〕2号文件精神，牢牢把握新一轮西部大开发、新一轮扶贫开发、东部产业加速向中西部地区转移、黔中经济区战略规划实施等重大战略机遇，树立世界眼光，强化战略思维，乘势而上，奋发有为，加快建设全国生态文明城市、国家创新型城市、西部地区高新技术产业重要基地、区域性商贸物流会展中心、内陆开放型经济示范区、“爽爽贵阳”旅游休闲度假胜地，努力铸就贵阳发展新辉煌。

今后五年政府工作总体要求：高举中国特色社会主义伟大旗帜，以邓小平理论和“三个代表”重要思想为指导，深入贯彻落实科学发展观，在省委、省政府和市委的坚强领导下，认真贯彻落实市第九次党代会精神，紧扣“两加一推”主基调，实施“工业强省、城镇化带动”主战略和“三化同步”总要求，“坚持走科学发展路、加快建生态文明市”，继续弘扬“开放创新，团结奋进”的贵州时代精神，“知行合一，协力争先”的贵阳精神，提振信心、提升动力、提质转型、提速发展，当好全省经济社会发展的“火车头”、黔中经济区崛起的“发动机”，更好更快地推进我市经济社会实现新的历史性跨越。

今后五年政府工作奋斗目标：加快建设经济实力更强、生态环境更好、幸福指数更高的生态文明城市，全力实现“一先二超一提升”的目标（提前五年在全省率先实现全面小康；经济总量增长1.4倍以上、超1个省会城市、排到西部第6位、进入第二梯队，经济年均增长17%以上、超约7个省会城市、进入全国前列；市民幸福指数提升3到5个点，达到93左右）。

今后五年政府工作战略重点：坚持六大发展，构建六大体系。

（一）坚持转型发展，构建绿色经济生态体系

围绕建设全国重要能源基地、资源深加工基地、特色轻工业基地、以航天航空为重点的装备制造基地、循环经济示范基地、新材料产业基地、生态低碳城市等目标，坚持产业绿色化、绿色产业化发展理念，把发展绿色经济作为转变经济发展方式的主要途径、作为实现可持续发展的战略取向、作为建设生态文明城市的重要引擎，采取最严格的手段保护生态、用科学的方式推进生产、用绿色的理念倡导消费，正确处理“转”与“赶”、“好”与“快”以及提速增量与降耗减排三大关系，通过科技创新驱动、产业集群联动、市场需求带动、政策扶持推动，集聚综合要素，促进生态资源转变为生态资本、生态优势转化为经济优势，加快构建以生态从严保护、资源深度开发、生产清洁低碳、产业升级高效为主要特征，以绿色农业为基础、绿色工业为支撑、绿色服务业为主导的绿色经济体系，推进绿色经济生态建设，

提升城市发展的可持续竞争力。通过五年努力，全市生产总值、财政总收入分别突破3000亿元、1000亿元；服务业增加值占地区生产总值57%以上；科技进步对经济增长的贡献率超过55%；高新技术产业增加值占规模以上工业增加值的比重超过38%；单位GDP能耗降低16%，主要污染物排放总量减少8–14%。

（二）坚持统筹发展，构建宜居城镇生态体系

按照“融入国际化、实现现代化、体现人文化、突出生态化”和“世界眼光、国内一流、贵阳特色”的要求，从打造新的战略支点和培育新的增长极出发，超前谋划黔中经济区核心区发展，高起点规划、高标准建设“三区五城五带”（贵安新区、双龙新区、北部新区；百花生态新城、花溪生态新城、天河潭新城、龙洞堡新城、北部工业新城；二环四路城市带、贵阳至遵义城市带、贵阳至安顺城市带、贵阳至毕节城市带、贵阳至凯里及都匀城市带），进一步优化城市空间布局、完善配套服务功能、推进产业集群发展、提高区域间快速通达能力，增强省会城市在全省的辐射带动功能。通过以城带乡、产城互动、城乡一体、统筹发展，着力在空间形态、交通构架、服务网络、产业布局、政策创新等方面打破城乡二元结构，加快构建空间优化、要素聚集、产业发展、环境优美、交通便利、生活舒适、文明安全、人文和谐的宜居城镇体系，推进宜居城镇生态建设，使城镇让生活更加美好。通过五年努力，中心城区建设用地规模达到380平方公里，新增城镇人口150万人，城镇化率达到75%以上，城镇经济占经济总量的比重达90%；城市建成区绿化率达到45%以上；城市棚户区、城中村改造率达到80%以上，中心村村庄整治覆盖率达到60%以上；市民公交出行分担率超过45%，行政村通班车率达到90%。

（三）坚持包容发展，构建自强文化生态体系

有容乃大，自强则立。站在新的历史起点，“贵阳当自强”正奏响最强音。这种自强来自奋勇攀高的进取心，来自敢打敢拼的自信心，来自对这座城市的认同感和自豪感。围绕建设全国文化交流重要平台、全省文化产业核心区的目标，坚持兼容并蓄、博采众长的开放包容理念，大力实施文化强基、文化惠民、文化保护、文化产业、文化诚信和文化人才“六大文化工程”建设，加快构建以多样性文化和谐共生、原生态民族文化繁荣发展为特色，以培养文化自觉、文化自信、文化自强为核心，以覆盖城乡、结构合理、功能健全、实用高效为基础的公共文化服务体系，不断丰富“知”与“行”的内涵，推进自强文化生态建设，提升城市软实力。通过五年努力，市民文明程度大幅提升，文化氛围更加浓厚，文化业态更加丰富，文化产业增加值占生产总值的5%以上；文化信息资源共享工程覆盖100%行政村、数字农家书屋覆盖100%行政村、数字电影放映设备覆盖100%乡镇，广播电视入户率达到95%以上。

（四）坚持持续发展，构建友好自然生态体系

注重用生态化理念发展产业、用产业化理念建设生态，正确处理环境保护与经济发展的关系，更加敬畏自然，更加尊重自然，更加善待自然，深入实施治水、护林、净气、保土工程，大力节能、节水、节地、节材，对资源实行有序开发、有偿利用，注重生物多样性的保护与建立，加快构建以水生态、林业生态、气候生态、土壤生态和生物多样性系统为支撑，以天更蓝、地更绿、水更清、空气更清新、环境更优美、人与自然和谐相处为目标的可持续自然生态体系，推进友好自然生态建设，让我们生存的家园更加美丽。通过五年努力，全市水源地一级保护区水质控制在Ⅱ类以上，二级保护区水质控制在Ⅲ类以上，集中式饮用水源地水质达标率100%；森林覆盖率达到45%，中心城区空气质量稳定提升；城市污水处理率达到98%，生活垃圾无害化处理率达到100%；农村污水处理率达到30%以上，生活垃圾定点存放清运率达到100%。

（五）坚持共享发展，构建和谐社会生态体系

坚持发展为了人民、发展成果由人民共享，更加注重人的全面发展和经济社会的协调发展，大力实施民生工程，推进文化生活大众化、社会保障普惠化、公共服务均等化、社会管理创新化、社会关怀人文化，着力构建学有所教、劳有所得、病有所医、老有所养、住有所居、业有其岗、保障完善、管理有序的和谐社会体系，加快和谐社会生态建设，让人民群众在这座城市生活得更有尊严、更有品质、更加阳光、更加幸福。通过五年的努力，全市财政民生支出比重提高到64%；城乡居民收入分别达到39000元、18000元，农村贫困群众全面脱贫；城镇人均住房建筑面积30平方米以上；城镇登记失业率控制在4.5%以内；建立覆盖城乡的社会保障体系和公共服务体系，城镇居民最低生活保障率达到98%以上，每千人医生数超过3人，大学入学率超过20%；群众安全感超过90%，市民幸福指数提升到93左右。

李再勇市长调研云岩区中华社区服务中心

（六）坚持改革发展，构建协调政治生态体系

始终坚持党的领导，高举“发展、团结、奋斗”的旗帜，秉持为人民谋幸福的理念和一切为了人民的价值取向，大胆改革和摒弃不适宜“两加一推”主基调、不符合“坚持走科学发展路，加快建生态文明市”总路径、不适应“一先二超一提升”总目标要求的思想观念、工作作风、工作方法和体制机制，进一步推进行政管理体制改革、政府职能转变和公务员队伍建设，加快提升政府系统的发展创造力、干事凝聚力、决策公信力、工作执行力和队伍战斗力，进一步解放思想、开拓创新、廉洁从政，积极营造保护创新者、支持改革者、鼓励发展者、宽容失误者，和衷共济、共同担当的干事创业环境，构建团结协作、务实高效、公正透明、诚实守信、清正廉洁、勤政为民的行政服务体系，促进协调政治生态建设，为在全省率先实现全面小康提供重要政治保障。“一报告两评议”群众测评满意率逐年提高；破坏投资环境案件和公务员队伍违纪违法案件逐年下降；群众对政府工作的满意度大幅提升！

三、今年的目标任务和工作重点

今年是新一届市委、市政府履职的第一年，是实施“十二五”规划承上启下的关键之年，是向全面实现小康社会发起主攻之年。做好今年各项工作，意义重大。今年经济社会发展的主要预期目标是：生产总值增长17%（一产增长6%，二产增长20.6%，三产增长15%）；财政总收入增长18%，一般预算收入增长18%；全社会固定资产投资增长55%；社会消费品零售总额增长18%；实际直接利用外资增长30%；外贸进出口总额增长17%；城市居民人均可支配收入增长16%，农民人均纯收入增长18%；城镇登记失业率控制在4.5%以内；城镇化率增加1个百分点；人口自然增长率控制在5‰。以内；居民消费价格指数控制在国家调控目标范围内；单位生产总值综合能耗、主要污染物排放总量控制在省下达指标内。

我们将以贯彻落实国发〔2012〕2号文件

为突破口，按照“稳中求进、提速转型”的总基调、总目标，“稳中求快、快中保好、能快则快、又好又快”的总要求，坚持走科学发展路，加快建生态文明市，突出八大重点、实现八个新突破：

（一）以投资拉动为重点，在发展速度提升上实现新突破

坚持把投资作为扩大内需的主渠道、作为拉动增长的主抓手，下大力抓项目、增投资、提速度，确保固定资产投资完成2480亿元。一是超前谋划项目。紧盯国家投资走向和市场经济走势，特别是国发〔2012〕2号文件中明确的发展定位、战略重点、项目支撑和政策支持，加大项目规划编制力度，加大项目前期经费投入，做深做实基础性工作，谋划一批大项目、好项目，使项目库动态保持在5000亿元以上。二是积极争取项目。坚持内外结合，一方面全力以赴争取上级项目投入，力争更多项目挤入国家和省发展盘子，确保国家、省属项目完成投资280亿元。一方面全方位推进对外招商，突出“世界500强、国内500强企业，现有产业中的上下游延伸和横向配套项目，关联度高的新业态项目”三个重点，坚持“亩均投资强度不高的项目不签，不符合环保要求的项目不签，圈地项目不签”三条原则，创新招商方式，力争引进市外资金增长30%以上。三是高效服务项目。坚持重大项目领导挂牌服务，做到项目审批不到位不放松、不按期开工不放松、不按进度推进不放松、不按要求投入使用不放松。全力破解用地问题。通过向上争取指标和点供直供政策、盘活土地存量、开展城乡建设用地增减挂钩、推进山地整治、低丘缓坡荒滩等未利用地开发利用试点、合理利用废弃矿山采空区土地、节约集约用地等多种措施，提高用地效率，把握用地节奏，缓解用地矛盾。全力破解融资问题。提高财政资金使用效益，集聚社会资本设立产业发展基金和创业投资基金；加强银企合作，扩大金融机构直接融资规模，并优化向农业产业、中小企业、微型企业的投向结构；积极引导民间金融机构发展；助推符合条件的企业上市；力争市级投融资公司基本调整为一般类公司客户，通过发债、信托、中期票据等方式提升融资能力；充分利用资源、资产、资本、技术、服务、预期收益等要素激活融资，鼓励和引导社会资本更广泛地参与项目建设和产业发展，为推进经济自主协调发展创造良好条件和宽松氛围。四是快速推进项目。重点抓好总投资3834.6亿元的173个省级重大工程和重点项目建设，年内完成投资616亿元。积极配合做好贵阳至瓮安高速公路等项目前期工作，力促开工贵阳至惠水、清镇至黔西、厦蓉高速清镇至织金段等高速公路项目。继续配合抓好贵阳至广州、成都、重庆、长沙、昆明等快速铁路建设和龙洞堡机场二期扩建工程。加快推进轻轨、市域快速铁路、开阳港、息烽港、渔洞峡水库等基础设施项目和首钢贵钢新特材料、乙二醇、奇瑞贵阳客车等重大产业项目建设。力争完成基础设施投资744亿元、工业投资840亿元，分别占固定资产投资总量的30%和34%，进一步优化投资结构，发挥投资效益。

（二）以转型升级为重点，在工业做大做强上实现新突破

围绕传统产业高端化、特色产业集团化、高新产业规模化的要求，以推进新型工业化综合配套改革试点为契机，突出产业园区建设、优势产业提升、新兴产业培育三大重点，强化科技支撑、加强运行调度、增强要素保障、注重资源整合，通过盘活存量、做大增量，使规模以上工业总产值增长30%，达到1800亿元。一是加快推进园区建设发展，全面提升产业聚集力和配套力。坚持把园区建设作为承接工业发展的基础支撑、作为产业集聚的重要平台，完善供能站、供能管道、供水管网、电力、通信、标准厂房等基本要素，加快金石产业园中广线等各园区进出路网建设，提高企业入驻条件，完成园区基础设施投资230亿元，产业投资310亿元，大力发展小额贷款公司、融资性担保公司、村镇银行、邮政储蓄银行、农村合作金融机构，激活民间金融市场，更好地服务经济发展。四是促进商贸物流业大发展。用好用活全国流通领域物流示范城市政策，加快打造西部区域物流中心。重点推进改貌、清镇、扎佐、息烽九寨物流园区和龙洞堡空港物流中心、花溪工业商贸物流园等建设，支持第三方物流加快发展，新增3A级以上物流企业4家。加快中大国际、保利国际等大型商业综合体建设，优化城市传统商业街区业态组合。支持星力、国贸等大型零售企业开展多元化经营，打造商业“航母”；支持建设现代化的中药材批发市场和酒类、茶叶交易市场。五是加快新兴服务业发展。适应新型业态多样化发展需求，积极支持和加快科学技术、信息产业、文化创意、服务外包、医疗服务、物联网以及研发设计、检测检验、科技成果转化、电子商务、生物技术等高技术服务业发展，提升省会城市的现代化发展能级。

（五）以“三农”工作为重点，在城乡统筹发展上实现新突破

认真贯彻落实中央农村工作会议精神，按照“三化同步”的要求，以工业化提升农业，促进农业向工业转换；以城镇化统筹农村，促进农村向城市转化；以市场化引导农民，促进农民向市民转变，努力推进城乡统筹发展。一是以增加农民收入为着力点，加快农业产业结构调整。按照“立足农业、跳出农业抓农业产业调整，立足农村、跳出农村抓农村经济发展，立足农民、跳出农民抓农民增收致富”的思路，在农业规模化、市场化、产业化发展上实现重大突破，加快建设山区现代化农业示范区。坚持因地制宜布局、集中连片规划、整乡整片推进，集约化发展肉、禽、蛋、奶等现代生态畜牧业，规模化种植蔬菜、果树、中药材、茶叶、花卉苗木等经济作物，在“三环”以内全面取消传统农作物种植，全市新增经济作物40万亩，粮经比由4：6调整到3：7。加大农村土地流转力度，强化农业实用技术推广，提高生产水平。加快推进农业产业化经营，重点扶持老干妈、黔五福、好一多等农业龙头企业40家，农民专业合作组织100家，带动农户5万户、发展基地10万亩，使农产品加工转化率提高2个百分点。认真落实“菜篮子”市长、区长负责制，发展万亩蔬菜专业乡镇（村）12个，建设蔬菜标准示范园20个，完成蔬菜播面155万亩（次）。二是以提高农业生产力为着力点，加强农业基础设施建设。掀起农田水利建设新高潮，完成基本农田基础设施建设3万亩，加快推进息烽两岔河等5座中型水库的前期工作，开工建设花溪红岩、开阳那卡河等中型水库和乌当金家箐、清镇席关等7座小型骨干水库工程，完成修文后洞等14座病险水库除险加固、青岩河等4条中小河流治理，新增解决农村23.67万人饮水安全，治理水土流失面积150平方公里，完成清洁小流域治理试点6平方公里。因地制宜推进山区农业机械化进程，不断提升现代农业装备水平。加快建立完善农业气象服务体系和农村气象灾害防御体系，切实发挥气象保障功能。三是以改善农村生活环境为着力点，提高村镇建设水平。完成739个行政村村庄规划编制工作，实现城乡规划全覆盖。实施农村“通畅工程”，改造农村公路200公里，新建串户路1000公里，建制村公路硬化率和通班车率分别达到84.5%、87%。整合资金，在高速（高等级）公路沿线，园区景区周边打造30个产业型、商贸服务型、旅游观光型特色小城镇，完善功能、提升品位，增强小城镇承接城乡统筹发展的纽带功能。纵深推进村庄综合整治，使全市33%的村庄达到“布局合理、设施配套、环境整洁、特色明显”的基本标准。加快学校、医院、公共交通、文化设施、健身场所、电力、通信、燃气、超市、路灯等基本公共服务设施向乡村延伸、向小城镇覆盖，促进公共资源在城乡之间均衡配置、生产要素在城乡之间自由流动，不断让农民和城市居民享受同城化待遇。

（六）以深化改革开放为重点，在增强发展活力上实现新突破

扎实开展“改革开放年”活动，借外力、聚内力、增活力，形成创业、创新、创优的社会环境。一是全力创新，推进重点领域和关键环节改革。深化财税体制改革，贯彻落实中央积极财政政策和税制改革、结构性减税方案，加强财源培育，优化收支结构，强化财政资金监管，逐步推行财政绩效考核，提高财政资金使用效益。进一步完善综合治税信息服务平台，覆盖一市三县。创新区、市、县目标管理方式，将增比进位与干部年度目标、领导班子责任目标考核挂钩。深化投融资体制改革，健全政府重大投资项目核准制和备案制，完善投融资公司法人治理结构，构建可持续发展的政府投融资体系。全力推进国有企业改革重组，实现国有产权集中化管理，健全财务监督、经营预算、产权监管和业绩考核“四大”体系，促进国有企业减数、提质、扩能，发挥国有资本服务政府主导战略和中心任务的能力。深化行政审批制度改革，继续做好市级行政审批事项下放工作，扩大联合审批覆盖面，努力做到审批流程最优、环节最少、效率最高。推进水务一体化改革，实现科学管水、治水、调水、用水。加快推进农村产权制度改革，开展农村土地承包经营权确权登记试点，实施农村土地承包经营权、林权、宅基地使用权作为农业农村发展融资有效担保物试点工作。二是全面放活，推进民营经济超常规发展。加快实施民营经济“三年倍增计划”，全面落实促进民营经济发展政策措施，在放宽、放活、放心、放胆、放手发展民营经济上实现新突破。按照“一视同仁，非禁即入”的原则，将基础设施建设、社会事业发展、生态建设、土地开发等领域全面向民营经济开放。加大对中小企业信贷支持力度，力争城市商业银行60%以上的新增贷款用于支持中小企业、微型企业。扎实开展“3个20万”创业工程，扶持5000户（五年扶持2.5万户）小型微型企业，催生、壮大市场主体，做活民营经济这篇大文章，力争实现民营经济增加值820亿元，增长34%。一市三县要勇立潮头，提升县域经济综合发展实力，在全省县域经济发展中当好排头兵。三是加快开放，积极开展对外交流合作。充分利用国际、国内两种资源、两个市场，促进我市外向型经济向更高水平发展，更有效地发挥全省对外开放制高点的引领作用。积极申报成立碳汇交易市场，加快区域对外贸易中心建设，推进贵阳综合保税区、无水港、小河航天高新技术出口基地等建设，支持25家进出口超过1000万美元企业做大做强，外贸进出口总额达40亿美元。以更大的力度走出去、引进来，实际利用外资3.5亿美元，引进市外到位资金900亿元。

（七）以生态建设为重点，在可持续发展上实现新突破

以推进国家循环经济试点城市、低碳试点城市、节能减排财政政策综合示范城市建设和生态补偿机制试点为契机，加快构建资源节约型、环境友好型社会，让良好的生态服务于经济社会发展。一是实施最严格的生态保护。继续实施以“两湖三库一河”为重点的治水工程、以林业生态建设为重点的绿化工程、以提高空气质量为重点的治污工程，将低碳环保理念深入城市生活和发展之中。启动雅关片区等综合改造项目，拓宽城市污水管网收集和处理系统覆盖面，城区污水处理率达96%以上。加强湿地公园管理和保护，进一步美化花溪国家城市湿地公园景观，申报“两湖三库”国家湖泊生态环境保护试点和国家城市湿地公园。强化建设工地二次扬尘治理，落实施工现场标准化管理，推进文明工地建设。推进农业面源污染治理，完成农村清洁工程20个，建设大中型沼气池30个。建成废旧电子拆解中心和废旧金属市场。二是加快推进生态建设。加强重点水源涵养区、自然保护区生态建设，加大对次生林、坡耕地的改造，把生态建设与产业发展相结合，大力发展茶叶、中药材、经果林等经济效益好的林种，在提高森林覆盖率的同时促进农民增收和农村劳动力转移，提高农民保护生态的积极性，实现生态效益、经济效益、社会效益最大化。巩固退耕还林成果，推进石漠化综合治理植被恢复、天然林资源保护等林业生态工程建设，新增营造林（草）22万亩，森林覆盖率提高1个百分点。加强森林保护，森林火灾受害率、林业有害生物成灾率分别控制在6‰、3‰以内。加强城区绿化建设，科学优化黔灵山、东山等城市山体林种结构和生物种群结构。启动实施环城高速公路、二环路等城市主干道沿线景观改造工程，打造一批高品位生态路、景观路，新增绿地40万平方米，形成环、带、线、点四位一体的城市绿化体系。三是大力推进节能减排。建立市级资源综合利用数据库，鼓励企业开展“三废”综合利用，全面推行清洁生产，培育一批资源综合利用龙头企业。加强对重点耗能企业的节能监管，实施强制性清洁生产审核，严查重处无证排污。在城市建设、企业生产、家庭生活中推广运用节能新技术和新产品，抓好联和能源年产300万吨水煤浆项目建设，在十大产业园区、煤化企业、大型房开项目率先推广使用。探索建立梯度用水价格机制，用市场手段调节用水。实施公交车清洁能源应用等14个低碳交通试点项目，增加新能源客运车辆。

（八）以保障和改善民生为重点，在和谐贵阳建设上实现新突破

坚持以人为本、普惠于民，继续实施“十大民生工程”和社会管理创新工程，努力满足人民群众不断增长的物质文化和精神文化需求。市级财政民生支出比上年提高1个百分点。一是推进文化生活大众化。以完善文化阵地、培育时代精神、推进体制改革、发展文化产业为重点，全力促进文化繁荣发展。加强基层文化站（室）建设，重点打造一批历史古镇、历史文化名村、历史文化古迹和历史文化街区，开工建设市档案馆、市工人文化宫等公共文化设施，不断完善公共文化服务基础网络。广泛开展文化进社区、进乡村、进企业活动，深入实施“传统美德弘扬工程”，既丰富群众精神文化生活，又提升市民文明素质。深入挖掘文化资源，开发文化产品，创新文化机制，发展文化产业。开工建设影视文化旅游基地、阳明文化产业园、水田创意文化产业园等项目，支持贵阳日报传媒集团、贵阳广播电视台、贵阳演艺集团、贵阳交响乐团、贵州京剧院提升市场竞争力，促进文化与产业深度融合，加快文化产业多元发展，让更多群众受益。大力倡导诚信文化，切实加强诚信政府、诚信企业、诚信单位、诚信个人为重点的诚信社会建设。二是推进公共服务均等化。深化学区化“五统一”改革，加大对义务教育阶段民办学校的支持力度，积极推进义务教育均衡协调发展，提高进城务工人员子女在公办学校就读的比例；多元化发展学前教育，学前教育入园（班）率达55%；对全市民族贫困乡实行高中阶段免费教育；启动金阳新区普通高中办学试验区建设，扎实推进清镇职业教育聚集区建设；加快幼儿师范专科学校建设并通过国家升格评估，提升贵阳学院、贵阳职业学院等高校办学质量；加强“平安校园”建设，切实保障师生人身安全。加快发展卫生、体育等事业，切实提高全民健康水平。严格执行国家基本药物制度，进一步规范基本药物网上集中采购机制；做好医院改革试点工作，加快市一医一分院、市妇幼保健院综合病房大楼等建设，进一步提升基层医疗卫生网络化服务水平。实施“全民健身计划”，多点建设群众健身活动场所，组团参加全国全省相关体育赛事，支持引进人和中超足球队入驻贵阳。做好奥体中心（一期）开放工作并力争开工建设二期工程。优化利益导向机制，坚持直接控制与间接控制相结合，严格控制人口数量，提高人口素质，继续提升人口计生工作水平。三是推进民生保障一体化。进一步优化创业环境，开展职业技能培训2.2万人，实现城镇新增就业9.95万人，实现农村劳动力就业转移3.2万人，保持城镇“零就业家庭”动态为零；鼓励农民以多种组织形式参与农业农村基础设施建设，增加工资性收入。完善社会保障体系，构建民生安全网。实现城镇职工基本养老、医疗、失业、工伤、生育保险分别扩面5万人、6万人、4万人、4万人、4万人；深入开展城市低收入家庭认定工作，实施城乡低保标准自然增长机制，城乡居民最低生活保障标准提高10%以上。继续实施“农超对接”与价调基金补贴、社会救助保障标准与物价上涨挂钩联动机制，确保主要农副产品市场价格总体平稳，城乡居民生活水平不断提升；加快保障性住房建设，稳定健康发展房地产业，形成合理的多层次住房供给体系，不断满足不同层次需求。整合资源，捆绑实施，连片推进，打好新一轮扶贫脱贫攻坚战，减少新口径贫困人口26万人，10个贫困乡（镇）脱贫摘帽。四是推进社会管理创新化。抓住中央综治委把我市作为西部地区中国特色社会主义大都市样板城市整体推进的机遇，继续加大基层管理体制改革力度，创新社会综合管理服务工作机制，切实抓好流动人口、进城务工人员、留守儿童、空巢老人、失地农民以及吸毒人员、艾滋病患者、刑释解教人员等特殊群体的服务工作，用真心帮助群众，用真情关爱群众，最大限度化解社会矛盾，构建和谐社会。加强社会治安综合治理，强化治安防控体系建设，严厉打击“两抢一盗”、贩毒等犯罪，切实保障人民群众生命财产安全。认真落实安全生产“一岗双责”制度，深入开展煤矿、道路交通、消防、建筑施工、非煤矿山、危险化学品等重点行业（领域）安全生产大检查和隐患大排查，实现生产安全事故起数和死亡人数“双降”。从严加强生产、流通全过程控制，逐步健全覆盖城乡的食品、药品安全监管体系，确保人民群众食品安全、用药安全。在保障和改善民生中，我们还将集中力量为民办好“十件实事”：（1）新建幼儿园9所、改扩建6所，建设农村寄宿制学校20所，新建高中阶段学校2所、改扩建3所，在城区新增初中阶段学校2所。（2）开工建设保障性安居工程1万套（50万平方米），竣工20万平方米。（3）建设10所中心敬老院。（4）对100岁以上、90-99岁、80-89岁老年人分别实行每人每月200元、100元、60元长寿补贴。（5）启动实施10个棚户区、城中村改造，让1.2万户群众受益。（6）实施城乡“四百”工程，以背街小巷、城乡结合部、小区院落综合整治为重点，打造100个文明示范小区；以便民利民为重点，规划建设100个便民市场（社区生鲜直销点）；改造提升100个文明示范村寨；实施100个全民健身工程。（7）实施黔灵湖、小关湖治理工程；实现“两湖三库”一、二级饮用水源保护区内，垃圾收运基础设施建设全覆盖。（8）启动建设餐厨废料（潲水）无害化处理厂。（9）加强交通、城管、治安等信息基础设施建设，实现主城区综合管理视频监控点（探头）、监控报警点全覆盖。（10）引进新能源客运车150辆，新增出租车1500辆以上。老百姓的小事就是政府的大事，我们一定竭尽全力办实办好！

认真贯彻落实党的民族宗教政策，进一步做好民族宗教工作。继续推进外事侨务、对台、移民、气象、史志、老龄、残疾人、双拥等事业发展，支持国防建设和法院、检察院工作，支持工青妇等群团组织做好工作。

四、切实加强政府自身建设

面对新形势、新任务、新挑战，我们将牢记党和人民的重托，不辜负省委、省政府和市委的殷切期望，按照为民、务实、勤奋、清廉的要求，大力提振创先争优士气、激发干事创业热情，不断解放思想、凝聚力量、坚定信心、强化执行，切实加强政府自身建设。

（一）努力建设创新型政府。一是加强学习。时刻把学习作为发展和进步的客观需要，把理论创新作为实践创新的基础，不断提高公务员队伍“看、听、思、说、干”的能力，做到“学以明理、学以养德、学以增智、学以致用、学以创新”。二是解放思想。坚持把党和人民的事业放在首位，敢于担当负责，敢于实践创新，自觉实现由线性思维向复合型思维转变、由局部思维向全局思维转变、由滞后思维向超前思维转变、由封闭思维向开放思维转变，努力使观念更加开明、视野更加开阔、环境更加开放，以思想的大解放促进经济的大发展。三是大胆突破。牢固树立“大发展小困难、小发展大困难、不发展最困难”和“不进则退、慢进也退”的意识，在工作中迎着矛盾上、顶着压力冲，以更大的魄力“闯”、更强的意识“抢”、更猛的劲头“争”、更足的勇气“拼”，敢于担当、大胆突破，推进贵阳经济社会超常规发展。

（二）努力建设服务型政府。一是始终把群众放在心中最高位置。增强民本意识，把群众呼声作为“第一信号”，把群众需要作为“第一选择”，把群众满意作为“第一标准”，深入开展“四帮四促”、干部驻村入企进社区活动，做到面对面引导群众、心贴心关心群众、手拉手帮助群众，全力实现好、维护好、发展好广大人民群众的根本利益。二是始终把服务作为最大的职责。按照“小政府、大服务”的原则，把服务贯穿于政府工作的全过程。深入推进行政审批制度改革，健全完善政务服务体制；坚定不移地推进城市基层管理体制改革，实现重心下沉、服务下移，以更合理的层级、更有效的方式、更务实的作风服务基层、服务群众、服务发展。三是始终把效率作为最直接的目标追求。进一步转变工作作风，能办必办、能快必快、能优必优，切实提高我们的服务质量和办事效率，努力使政府工作在务实高效中推进全市经济社会超常规跨越发展，在务实高效中赢得广大人民群众的信任、拥护和支持。

（三）努力建设法治型政府。一是加强法治宣传教育。不断提高人民群众的法治观念，增强各级公务人员特别是行政执法人员依法履职、依法办事的意识，做到有法可依、有法必依、执法必严、违法必究。二是规范行政决策行为。完善科学民主决策机制。坚持民主集中制，做到重大事项集体研究、集体决策；工作中广纳民意、广集民智，提高政府决策的科学性、民主性和规范性。三是健全完善监督机制。自觉接受人大及其常委会的法律和工作监督，政协和各民主党派、人民团体的民主监督，强化党和政府内部监督，重视新闻舆论和人民群众监督。进一步完善政务公开制度，提高政府工作透明度，做到政府的职能在阳光下运行、政府的工作在监督中推进、政府的公信力在民意中提升！

（四）努力建设廉洁型政府。一是认真落实党风廉政建设责任制和领导干部廉洁从政各项规定。扎实推进惩治和预防腐败体系建设，坚持用制度管权、按制度办事、靠制度管人，从制度上提高拒腐防变的能力。二是加强廉政宣传教育。深入开展正面示范教育和反面警示教育，引导各级公务人员常修为政之德、常怀律己之心、常思贪欲之害，自觉做到稳得住心神、守得住清贫、耐得住寂寞、抵得住诱惑，从思想上筑牢拒腐防变的防线。三是严格执行党的纪律。加大违法违纪案件查处力度，以党风廉政建设和反腐败斗争的实际成效取信于民，以良好的党风促政风带民风，为推动经济社会更好更快发展营造风清气正的社会环境；以良好的政治生态保障经济生态、城镇生态、文化生态、自然生态、社会生态的健康发展。

各位代表，回顾过去，我们负重拼搏、奋力爬高；展望未来，我们豪情满怀、推进跨越。让我们紧密团结在以胡锦涛同志为总书记的党中央周围，在省委、省政府和市委的坚强领导下，牢记“作表率、走前列、做贡献”的光荣使命，在坚持走科学发展路、加快建生态文明市的征程中，燃烧激情、超越自我，用我们的“辛苦指数”提高市民“幸福指数”，用“贵阳速度”展示“贵阳力量”，用“贵阳精神”提升“贵阳形象”，当好全省经济社会发展的“火车头”、黔中经济区崛起的“发动机”，朝着全面建设小康社会的目标奋勇前进，以更加优异的成绩迎接党的十八大和省十一次党代会胜利召开！

贵阳市人大常委会工作报告

——2012年2月9日在贵阳市第十三届人民代表大会第一次会议上

贵阳市人大常委会主任 李跃南

各位代表：

受市十二届人民代表大会常务委员会的委托，我向大会报告本届工作，请予审议，并请列席会议的政协委员和其他同志提出宝贵意见。

五年来主要工作回顾

市十二届人大一次会议以来，常委会深入贯彻落实科学发展观，坚定不移地走科学发展路、建生态文明市。围绕市委中心工作、围绕全市发展大局，紧贴经济社会实际、紧贴人民群众需要，坚持党的领导、人民当家作主、依法治国有机统一，与时俱进、真抓实干，积极依法履职，各项工作取得了新进展。

一、以建设生态文明为主线，地方立法有新突破

五年来，常委会坚持以生态文明理念引领，坚持“立、改、废”结合，制定地方性法规20部、修订24部、废止9部，为建设生态文明市提供了法制保障。

一是加强生态文明建设方面的立法，增强可持续发展能力。围绕市委建设生态文明城市的决策，开展创制性立法，制定了全国第一部生态文明城市建设专项法规——《贵阳市促进生态文明建设条例》，将市委落实科学发展观的决策上升到法制层面，依法推进生态文明城市建设，体现了党的领导和人民当家作主的有机统一。同时，还制定了生态公益林补偿办法、阿哈水库水资源环境保护条例、禁止生产销售使用含磷洗涤用品规定、民用建筑节能条例，修订了水污染防治规定。使《贵阳市促进生态文明建设条例》与已制定的20个相关法规配套，形成了较为完备的“绿色”法规系列，为改善生态环境、增强可持续发展能力，提供了重要法制支撑。

贵阳市人大常委会主任 李跃南

二是加强经济、科技立法，促进发展方式转变。以保障经济发展重大战略实施为核心，以解决发展中面临的困难和问题为导向，坚持急用先立的原则，制定了科技创新促进条例、科学技术普及条例、促进旅游业发展办法、高新技术产业开发区条例等法规。明确了我市促进科技创新、科技普及的政策措施，规范了旅游业发展、高新区开发，为促进发展方式转变发挥了积极作用。

三是加强社会领域立法，保障和改善民生。结合我市社会发展需要，注重解决人民群众生产生活中的困难和问题，促进依法行政，维护群众合法利益，制定了劳动保障监察条例、房屋使用安全管理条例、人民调解条例、燃气管理条例、住宅小区人口和计划生育管理服务规定等法规，对推动社会事业健康发展，妥善协调各种关系，维护社会和谐稳定，保障和改善民生起到了重要作用。

四是规范地方立法活动，提高立法质量。为建立科学、民主的立法机制，制定了贵阳市地方立法条例，进一步规范了市人大

及其常委会的立法活动，立法工作各环节的程序更加明确和具体，提请审议的法规草案质量得到进一步提高。在立法实践中，高度重视地方性法规"为谁立、立什么、怎么立"的问题，坚持不抵触、不重复，注重有特色、可操作，进一步发挥了常委会在立法中的主导作用。

五是坚持法制统一，开展法规清理。按照全国人大和省人大的要求，两次集中开展地方性法规清理。2010年，重点解决了地方性法规与上位法明显不适应、不一致、不协调、不具可操作性的问题，取消了自行设置的行政许可事项，废止了3部法规，修改了市政设施管理办法等14部法规；2011年，为保证行政强制法贯彻实施，就我市部分法规中的行政强制规定进行专项清理，对产品质量监督管理办法等8部地方性法规进行了修改。

二、以促发展保民生为主题，监督工作有新举措

常委会积极探索、创新监督形式，加大监督力度，推动解决关系我市改革发展稳定大局和人民群众切身利益的突出问题。五年来，常委会先后听取和审议"一府两院"工作报告116个；对23个方面的法律、法规实施情况进行了检查；接受并审查了市人民政府及各区（市、县）人大常委会报送备案的375个规范性文件。

一是加强对开展"三创一办"工作的监督，确保生态文明城市建设纵深推进。为推动"三创一办"深入开展，常委会有针对性地开展监督工作。在检查《贵阳市市容环境卫生管理办法》执行情况时，针对群众反映强烈的后巢医疗垃圾焚烧污染问题，首次开展专题询问，督促市人民政府妥善解决了医疗垃圾处置的污染问题，既避免了工程重复建设和资金浪费，又及时解决了群众反映强烈的问题。在视察"三创一办"工作时，首次对市环保局、卫生局、民宗委、公安局等单位开展专项工作评议，有针对性地提出了工作要求，促进了工作开展。为巩固创建成果，常委会从全局出发，从细节入手，针对《贵阳市促进生态文明建设条例》中"门前三包"责任制度执行不到位，环境卫生脏、乱、差，容易反弹等现象，及时作出了对"门前三包"责任制度执行工作加强监督的决定，要求市人民政府落实执法责任，建立长效机制，并两年三次开展全市性的执行情况检查。市人民政府及时制订了违规处罚、考核奖惩等工作制度，并通过打造"门前三包"样板街等示范性工作，以点带面，抓好落实，改善了环境卫生、绿化和市容秩序，使"门前三包"责任制落到实处。

二是加强对固定资产投资和振兴工业经济等经济发展关键环节的监督，切实保障经济健康持续快速发展。常委会紧紧围绕"加速发展、加快转型、推动跨越"主基调和工业化、城镇化战略，加强对政府工作的监督。对市发改委固定资产投资和重大项目建设工作进行了专题询问，提出了要继续加大投资力度，认真落实项目推进措施；着力提高招商引资质量；积极化解项目用地矛盾，增加土地有效供应；严格政府投资管理，努力防范债务风险等意见。对市工信委振兴工业经济工作开展了专项工作评议，提出了要进一步强化全省经济社会发展的"火车头"和黔中经济区"发动机"的意识，认真落实振兴工业经济大会的精神，优化投资环境，拓宽企业融资渠道，解决中小企业融资困难等要求。

三是加强对解决"三农"重点难点问题的监督，促进城乡统筹发展。为贯彻落实2011年中央一号文件，对市水利局水利基础设施建设工作开展了专项评议。为促进农业农村经济社会健康发展，视察了农村饮水安全、"四改一气"建设、农业专项资金管理等工作。在检查《贵阳市农村公路养护管理办法》执行情况时，发现"重建设、轻管养"等问题影响了农村公路的畅通，提出既要重建设，更要重养护管理等意见，督促市人民政府安排专项资金，切实提高农村公路养护能力。

四是加强对节能减排工作的监督，促进生态环境保护。对公园和绿化广场管理等法律法

规进行了执法检查，对南明河保护管理、水土保持、节能减排、机动车排气污染防治等工作进行了视察，对市园林绿化局园林绿化管理等工作进行了评议。开展《贵阳市环城林带建设保护办法》执法检查时，发现非法毁林情况严重，明确提出了要坚决纠正有法不依、执法不严、违法不究的行为。司法机关依法查处了福海生态园毁林建房等典型案件，有效增强了人们保护生态环境的法制观念。

五是加强对民生问题的监督，切实关心和维护人民群众的切身利益。对经济适用住房建设管理、职业教育、就业和社会保障、农产品质量安全、食品安全、烟花爆竹燃放、防雷减灾、“严打‘两抢一盗’，保卫百姓平安”等方面工作进行了专项检查，并提出了整改意见。如在对新型农村合作医疗工作进行专项视察时，提出了改进新农合医疗工作的具体意见，市人民政府及时制定和调整了新农合医疗制度实施补偿方案，大幅度提高了农民的受益面和受益程度。

六是加强司法监督和信访工作，维护社会公平正义。对法院环保法庭工作和检察机关诉讼监督、查办和预防职务犯罪工作进行了专项检查，推进司法公正，维护人民群众的合法权益。坚持和完善“法律咨询——信访联合接待”制度，充分运用“百姓—书记、市长交流台”及“网上信访”平台，抓好信访案件督办，解决了一批复杂疑难的涉法涉诉信访问题，为维护全市的安定团结发挥了积极作用。五年来，处理群众来信来访6000余起，做到了事事有回音，件件有答复，结案率达98%。其中，督办重要信访事项150余起，召开信访约见会、协调会100余次；常委会组成人员、人大代表、法律咨询员460人次参与了信访联合接待。同时，将接访中发现的带普遍性的问题和群众反映强烈的重点问题，纳入常委会地方立法调研和监督计划。

七是加强对国民经济和社会发展计划及财政预算的监督，确保经济健康运行。2009年，对我市国民经济和社会发展“十一五”

市人大主任李跃南“七一”走访

规划纲要实施情况进行了中期评估检查；2011年视察和审议了“十二五”规划纲要编制情况。为确保财政资金的规范运作和管理，常委会认真办理代表意见，督促政府将价调基金等预算外资金纳入预算监督，同时，进一步加大对市本级财政预算执行和其他财政收支审计情况的监督力度，要求建立健全责任追究制度，对发现的问题，一查到底。市人民政府边查边改，效果明显。

三、以保障依法履职为重点，代表工作有新进展

常委会始终尊重代表主体地位，依法保障代表行使职权，努力增强代表工作实效，健全和完善了支持和保障代表依法行使职权的制度和办法，充分发挥了代表在推进生态文明城市建设中的积极作用。

一是推进代表工作制度化、规范化、程序化。制定了代表五年培训规划、年度培训计划、代表履职培训制度；完善了代表议案、建议批评和意见办理制度，不断推进代表工作制度化、规范化、程序化。每年人代会上，为代表提供立法、执法检查、工作监督、工作调研项目参与意向表，按照代表意愿，适时邀请代表参加立法听证、法规论证、专题调研、专项工作评议、专题询问等工作，为代表充分反映

人民的意见和建议，行使代表权力创造条件。坚持为代表订阅报刊杂志、寄送资料，通过召开代表组长会、代表工作联席会例会和“一府两院”政情通报会，拓宽代表知情知政渠道。五年来，共举办代表专题讲座、培训班15期，培训人大代表1800余人次。

二是围绕工作大局，丰富代表活动的形式和内容。2008年，围绕“抗凝冻、抓重建、保民生”、食品安全、安全生产等全市重点工作和人民群众普遍关心的热点、难点问题，组织代表调研视察。2009年，开展“人民选我当代表、我当代表为人民”主题活动，代表就生态文明城市建设、整脏治乱、“两湖一库”保护等工作提出28条视察建议。2010年，全体人大代表向全市人民发出《投身“三创一办”争做文明市民》倡议书，呼吁市民积极参与“三创一办”；会后，代表们带头投身“三创一办”，围绕“门前三包”责任制落实、道路交通、水源污染治理等开展调研、视察活动。2011年，在全市三级人大代表中开展“维护社会稳定、化解社会矛盾”志愿者活动，代表们深入厂矿、农村、社区，深入信访工作一线，积极化解矛盾，促进社会和谐。

三是创新议案、建议批评和意见办理方式，提高办理“落实率”。常委会认真抓好代表议案、建议批评和意见的提出和督办环节。在提出环节，把代表参与小组活动、专题视察调研与提出议案、建议批评和意见创造性地结合起来，为写好调研报告，提出高质量的议案、建议创造条件。在督办环节，突出办理重点，完善沟通联系制度，规范办理程序，注重办理实效。五年来，代表提出的849件议案、建议批评和意见，全部办理完毕并答复代表，办理落实率和代表满意率进一步提高。

四、以拓宽有序政治参与为途径，扩大人民民主有新成效

常委会不断推进人大工作的公开、透明与民主，努力拓宽公民有序政治参与渠道，依法保障宪法规定的人民享有的民主权力。

一是完善旁听制度。常委会坚持实行和完善公民旁听制度，让广大群众对人大工作有更多的参与和更直接的了解。2007年，认真总结公民旁听常委会会议制度的经验，修订了《贵阳市人民代表大会议事规则》，将旁听常委会会议延伸至旁听人民代表大会会议。大会旁听后，及时召开旁听公民座谈会，认真听取和梳理他们对各项工作报告的意见和建议，对反映属实的问题，督促有关部门解决。五年来，已有512名公民旁听了45次常委会和5次代表大会，提出建议623条。实践证明，实行公民旁听制度，不仅可以直接听到人民群众对“一府两院”工作的意见，也把人大及其常委会的工作置于人民群众的监督之中，增强了人大工作的民主性、开放性和透明度，增强了常委会组成人员的使命感和责任感，激发了人民群众参政议政的热情。

二是推进开门立法。常委会始终坚持开门立法，推进立法的公开化、民主化，拓宽立法渠道，让市民、专家、人大代表更多地参与立法工作。制定和修订法规，都坚持立法公示，广泛听取全体市民和社会各方意见。在编制五年立法规划的过程中，公开向社会各界广泛征集到立法项目建议165件，最终有52项列入立法规划。在制订《贵阳市促进生态文明建设条例》过程中，首次尝试整合立法资源，与高等院校共同起草法规文本，并召开不同层次的座谈会、论证会100余次，收集意见建议3000余条，有效凝聚了各方智慧。法规出台后，赢得了专家、学者和社会各方的好评。在制定《贵阳市住宅小区人口和计划生育管理服务规定》时，对物业服务企业是否应履行计生服务协助义务等争议焦点，举行了立法听证，20名听证陈述人提出了22条建议和意见，使立法意向与公众的立法建议得以有机结合，制定的法规更加切实可行。

三是坚持广纳民意。五年来，我们坚持确定执法检查和专项监督工作项目听取群众意见。通过电话、网站、信函等多渠道多形式征求广大市民的意见，从中梳理出带有普遍性、典型性的意见和建议，纳入执法检查和专项监督工作安排。新闻媒体对监督过程采取进行式

报道，使人大监督与舆论监督、群众监督结合得更加紧密，取得了较好的社会效果。

五、以提升履职能力为目的，自身建设有新气象

为更好地发挥地方国家权力机关的作用，常委会把抓好自身建设放在了至关重要的位置。

一是坚持加强学习，提高思想素质和工作能力。常委会始终注重学习和实践科学发展观，认真组织常委会组成人员和人大机关工作人员学习十七大以来党的方针、政策，牢固树立党的观念、政治观念、大局观念、群众观念和法治观念，坚持用中国特色社会主义理论指导实践、推动工作。围绕生态文明城市建设主线和“两加一推”主基调，结合常委会立法、监督工作，组织了41次专题讲座，不断充实法律知识和现代科学文化知识，提升依法履职能力和水平，提高常委会的审议质量和工作效率。各专门委员会紧紧围绕常委会的中心工作，规范工作方式、加强协调配合，为提高人大及其常委会工作质量和水平发挥了重要作用，五年来共开展各种调研、视察、检查312次。

二是坚持完善制度，推进人大及其常委会工作制度化和规范化。制定了常委会年度立法计划编制办法，规范地方立法活动，为科学立法和民主立法提供了制度保证。制定了规范性文件备案审查工作规定、工作评议办法，及时对新的监督工作实践进行制度规范。修订了人民代表大会议事规则、常委会议事规则、主任会议议事规则，突出了人大工作按照民主集中制原则，集体行使权力，集体决策的特点。制定了常委会组成人员守则、常委会党组成员领题调研等制度，为常委会组成人员、党组成员以身作则，勤政为民建章立制。

三是坚持下基层、办实事。在全市遭遇特大凝冻灾害、罕见旱灾期间，在“三保三实”、“三创一办”、“工业和服务业重大项目服务”、“创先争优”、“四帮四促”、“绿丝带志愿者”等活动中，按照市委统一部署，常委会主任、副主任分别带领机关干部深入街道、社区、乡村、学校、企业等开展督促、指导和服务，切实为群众办实事、解难事，促发展、谋幸福。如在市人大机关和有关部门的持续帮扶下，修文县扎佐镇大河、长坡两个省级贫困村，如今变成了环境优美、村容整洁、人居和谐的生态文明新村，人均纯收入有了大幅度提高。

四是坚持加强理论研究和宣传，指导和推动工作实践。常委会十分重视人大制度的宣传，围绕各个时期的工作重点，发挥好贵阳人大信息网、人大工作杂志与人民群众互动的宣传优势，深入宣传人民代表大会制度。常委会还非常注重加强新形势下人大工作的理论研究，完成了地方国家权力机关提升执行力、“三创一办”与公众人文社科素养提升、创新社区卫生服务、人口管理现状及发展等20余个调研课题；出版了《迈向现代生态农业》、《贵阳市发展低碳经济读本》，对发展生态经济进行了理论探讨；出版了《天职—人大代表履职录》、《人民代表大会制度建设的浪花》，总结和回顾了贵阳地方人大30年来的工作，展示了地方人大建设轨迹。

五年来，常委会依法行使重大事项决定权，作出决议、决定35个；坚持党管干部原则，依法任免地方国家机关工作人员397名。

去年下半年和今年初是全市三级人大集中换届的时间，这是选举法修改后首次实行城乡按相同人口比例选举人大代表。我们按照省人大和市委的安排，认真培训，精心指导，保证了县、乡换届选举工作圆满完成，选举产生了市十三届人大代表，为坚持和完善人民代表大会制度、开创人大工作新局面提供了组织保障。

各位代表，五年来，在上级人大的指导下，在中共贵阳市委的正确领导下，在历届人大常委会的实践基础和智慧启迪下，在全体代表、常委会组成人员和机关工作人员辛勤工作下，在“一府两院”求实奋进、共同努力下，在各区（市、县）人大及其常委会的大力支持和全市广大人民群众的积极参与下，人大工作取得了新的成绩，人民代表大

政协贵阳市委员会常务委员会工作报告

——2012年2月8日在政协贵阳市第十一届委员会第一次会议上

贵阳市政协主席 陈 石

各位委员：

我代表政协贵阳市第十届委员会常务委员会，向大会作报告，请各位委员审议，并请列席人员提出意见。

五年工作回顾

过去的五年，在中共贵阳市委的领导及省政协的指导下，十届市政协坚持以邓小平理论和“三个代表”重要思想为指导，以科学发展观统领全局，坚决贯彻落实《中共中央关于加强人民政协工作的意见》精神，紧紧围绕 “走科学发展路、建生态文明市”这一工作大局，牢牢把握“关注民生、推动发展、促进和谐”这一工作主线，将求实创新贯穿各项工作的始终，广泛团结各民主党派、人民团体、政协委员和各族各界人士，发扬“知行合一、协力争先”的贵阳精神，认真履行职能，为全面实现生态文明城市建设目标，促进社会和谐稳定，助推全市经济社会发展作出了贡献。

贵阳市政协主席　陈石

一、围绕中心，服务大局，充分发挥职能作用

十届市政协把促进生态文明城市建设、推动科学发展作为履行职能的第一要

民参与立法的大门。实现人大监督与舆论监督、群众监督的有机结合。健全和完善监督制约机制，对人民负责，受人民监督，保障公民的知情权、参与权、表达权和监督权。

五是以增强履职能力为重点，进一步加强常委会自身建设。认真贯彻落实即将召开的党的十八大、省十一次党代会精神，贯彻落实好省十一届人大六次会议、第三次全省人大工作会议和市九次党代会精神。进一步加强常委会建设，建立高效科学的工作机制，切实加强学习、培训、调研、宣传和理论研究等工作，提高常委会组成人员的履职能力，建设高素质的人大机关干部队伍。继续保持和发扬为民、务实、清廉的优良作风，进一步增强责任感、使命感，努力探索和实践新时期坚持和完善人民代表大会制度的各项工作。

各位代表、同志们：

回首过去，我们为贵阳今天取得的巨大成就而深感自豪；展望未来，我们对贵阳的美好前景充满信心。我们相信，新一届市人大及其常委会，将紧密团结在以胡锦涛为总书记的党中央周围，在中国特色社会主义理论的指引下，在上级人大常委会的指导和中共贵阳市委的领导下，进一步深入贯彻落实科学发展观，抢抓国务院进一步促进贵州经济社会又好又快发展的历史性机遇，坚持“两加一推”的主基调，坚持走科学发展路，加快建生态文明市，团结一心、锐意进取、依法履职，继续开创人大工作新局面，为推进贵阳市经济社会发展的历史性跨越做出新的更大的贡献！

务。按照市委、市政府“十一五”期间和“十二五”开局的各项重大战略部署，充分发挥人民政协智力密集、联系广泛的优势，有序拓宽政治协商渠道，积极强化民主监督职能，着力提高参政议政能力，努力为推进我市经济社会发展建言献策。五年来，向市委、市政府报送的有关报告、建议等，得到省委常委、市委书记李军批示49次，市长及其他市党政领导的批示57次，发挥了政协应尽的职能作用。

（一）政治协商更加贴近民生

五年来，十届市政协紧扣全市中心工作，密切关注综合性、全局性、前瞻性的重大问题，尤其是人民群众特别关心、关注的民生问题，通过召开全体会议、常委会议、主席会议及其他各种形式的专题会议，开展政治协商，促进问题的有效解决。

主席约谈会助解民生难题。十届市政协配合“六有”民生行动计划和“十大民生工程”，围绕群众衣食住行和教育、医疗、就业等焦点，于2008年推出“主席约谈会”，开辟新渠道，倾听民声，助解难题。几年来，先后以“生态文明城市建设与百姓生活”、“投身‘三创一办’，服务生态文明城市建设”等为主题，就城市交通、市民用水、医德医风、廉租房建设、居民养老、环境卫生、食品安全、社区建设、城市管理等话题，组织了23次主席与市民约谈会，集中了群众反映的突出问题近200条，并提出解决问题的意见和建议120余条。很多意见、建议被市委、市政府及有关部门采纳，解决了一批重大民生问题，增进了社会和谐。如针对市民反映强烈的栖霞小区“用水难”问题，张承新副主席率队现场察看并要求尽快解决，市供水公司第二天就进驻现场组织施工，用时三天更换供水管网，解决了栖霞小区近万人的用水难题。又如青年路脏乱现象是长期影响该片区居民生活质量的一件难事，约谈会上市民代表提出意见后，我们立即向有关部门进行了反映，并提出整改要求，经市城管、建设等部门的全力改造和整治，道路的脏乱现象得到彻底改变。约谈市民关于“城市老有所养促和谐”的专题报告，引起了市委、市政府的高度重视，最终促成了《城镇居民养老若干意见》、《关于整合社会资源，支持创办城乡老年公寓的若干意见》等十余个文件的出台。

情况通报会聚焦全市工作重点。为配合贵阳市环城高速公路建设、“两湖一库”污染治理、长途客运站的搬迁、城市环境整治与市场建设、“公共餐饮具卫生”等重点工作，组织召开了21次情况通报会和专题评议会，向市委、市政府及市直有关职能部门提出意见和建议，助推了相关工作的开展。如“贵阳市长途汽车客运站搬迁金阳情况通报会”提出的16条意见和建议，得到省委常委、市委书记李军的肯定，李军书记批示：“市政协就市长途客运站搬迁工作提出的十六条意见和建议，都很有道理，对于做好搬迁工作有重要的启发”。本次通报会，为客运站搬迁金阳并实现正常运营发挥了积极作用；关于贵阳市“二环路”建设情况的通报会，为该线的早日建成通车、及时缓解贵阳市交通拥堵问题起到了积极的促进作用。

专题协商会促进科学民主决策。五年来，市政协围绕全市重大工作事项举办了20余次专题协商会，提出意见和建议百余条，有效推进了有关决策的科学化和民主化。如就《贵阳市总体规划修编》、《贵阳市生态文明城市建设条例》等进行深入协商，提出了许多建设性的意见建议；组织委员和专家对“龙洞堡新城”、“临空经济区”的整体规划进行专题协商，对新城的科学规划、快速建设发挥了积极作用；组织委员对贵阳市“十二五”规划纲要进行专题协商，就贵阳市未来五年的发展提出建设性的意见建议；邀请相关界别委员，就《贵阳市燃气管理条例》、《贵阳市城乡规划条例》、《贵阳市科技创新促进条例》等36个法规进行协商讨论，并将意见建议向有关部门作了反馈，多条意见和建议得到采纳。

（二）民主监督更加科学有效

完善机制，抓好提案工作。近年来，我

政府的大力推动下，占道多年的建筑被迅速拆除，经过大力整治，该地段面貌已焕然一新，深得群众欢迎。为推进解决非公企业扩建工程中存在的问题，刘建军副主席带领第29工作队，先后十余次深入贵州益佰制药股份公司，协调土地、规划、环评等相关工作。为解决贵阳市双峰路的环境“脏乱差”问题，第4、第29工作队多次深入现场协调相关问题，督促有关部门完成了路面的大修，并组织志愿者清理施工和生活垃圾30余吨，建成1500平方米的过渡性农贸市场，有效改善了该地段环境卫生状况。省委常委、市委书记李军批示：“市政协狠抓双峰路环境整治与市场建设，是发挥自身优势，积极参加‘三创一办’的实际举措，要监督有关方面实施。”上世纪90年代曾经繁华的市府时装城，随着时间的推移，已老化破损、环境脏乱，严重影响了市容市貌和周边市民的生活环境，有关部门为此多次要求拆除，但都因诸多原因未能达成协议。负责南明区的第十二工作队队长胡朝双副主席了解这一情况后，亲自率队到现场查看，并及时召开专题会议，研究拆除市府时装城及复兴巷的破损修复有关事宜。经多次协调，解决了时装城的各种阻拆难题，并筹资10万元对复兴巷的破损情况进行修复。为帮助贵州轮胎股份有限公司异地发展项目和黔峰生物科技园项目解决实际困难，夏钢副主席率领工作队及有关部门负责人，多次到项目现场开展协调服务，帮助企业解决难题。

市政协主席陈石在花溪区金石产业园进行调研

（二）参与全市产业园区建设，打造新的经济增长极

2010年7月，在对花溪区石板镇石材资源及产业情况进行充分调研的基础上，我会向市委、市政府报送《关于在花溪区石板镇发展贵阳市石材产业的几点思考》的调研报告，省委常委、市委书记李军亲自批示，并多次视察调研，把园区建设列入全市十个产业园区的盘子，加速了金石产业园的健康发展。

（三）响应市委号召，主动开展工作

五年来，在全市举办的重大活动和面对自然灾害时，十届市政协响应市委号召，主动工作，承担任务。如 2008年和2011年，贵阳先后遭遇了百年不遇的特大凝冻灾害和特大旱灾。面对灾情，我们积极响应市委号召，发动广大政协委员和机关干部投入到救灾工作中，以实际行动为抗凝、抗旱作贡献；积极参与“三创一办”活动，组织政协委员和机关干部组成志愿者，投身于“三创一办”的有关各项工作；为响应市委关于招商引资工作的安排部署，徐学仁、黄乃铸两位副主席先后牵头组成“贵阳市港澳招商组”，紧紧围绕我市六大重点产业，采取“走出去”与“请进来”相结合的方式，积极外出招商引资，同时，有针对性地邀请投资商到贵阳进行项目考察，通过努力，已引进多家企业到我市投资。

三、发挥优势，协抓文化建设，打造文化品牌

一是努力传承贵州传统文化。加强发掘、传承优秀传统文化的相关工作，多次举办高层次文化专题讲座和学术研讨会；完成了《浪潮——贵阳市改革开放三十年纪实》、《贵州60年变迁》、《穿越——贵阳

工业的亲历、亲见、亲闻》及其续集等书刊画册的编撰；组织开展省、市知名画家书画义卖活动，筹集资金40余万元帮助息烽县建成卫生院和小学主教学楼；为提高《贵阳文史》的质量，多次改版，现每期发行量已达1万多册；组织中国国家画院画家和贵州画院画家写生创作，在北京中国美术馆成功举办了“爽爽的贵阳”美术作品展，全国政协副主席郑万通，文化部部长蔡武，省委常委、市委书记李军，副省长谢庆生，中国美协主席刘大为，中国美协副主席、中国美术馆馆长范迪安，以及中国国家画院、贵州画院画家出席了开幕式；与省政协办公厅、省文化厅、贵州画院合作，完成了《贵州百年百米画卷》的创作，向中国共产党90华诞和辛亥革命100周年纪念献上了一份浓墨重彩的厚礼。二是积极打造“文化兴村”典范。我会以帮助花溪区镇山村实施危房改造为契机，协调动员各方力量，帮助解决了入寨道路修建、关口寨马路硬化、古屯墙修复、村民先祖李仁宇将军雕塑、表演广场建设等项目，发掘、丰厚了该村文化内涵，提升了镇山村旅游资源的档次。

四、紧扣两大主题，为构建“和谐贵阳”建言出力

（一）促进交流合作，增进广泛团结

坚持把“团结”和“民主”贯穿于履职的始终，注重加强与各党派、团体和各界人士的联系。鼓励支持民主党派、工商联和人民团体通过政协平台建言献策，发表政见，努力为党委、政府分忧解难。积极做好联谊工作，每年通过走访、邀请参与调研、慰问“三胞”眷属，举办国庆、中秋茶话会，召开座谈会等形式，积极加强与非公经济人士、海外人士、民族宗教界人士的联络交流；为各界人士在筑投资、捐资兴办公益事业牵线搭桥、提供服务。同时，加强与省政协及外地政协的联系，促进交流与合作，实现各地政协的资源共享和工作联动。积极配合省政协到我市进行有关课题调研，组织驻筑的省政协常委、委员进行专项视察。

（二）关注民情民生，引资助学办实事

大力开展智力支边扶贫工作。五年来，十届市政协共实施智力支边项目522项，完成农业、教育、医卫等培训403期3.75万人次；经各民主党派、工商联、侨联等单位牵线搭桥，共协调有关单位、企业资金600余万元，支持农村通路、通水、通电、通讯和文教卫生等新农村建设项目和产业结构调整；接受社会捐赠资金和物资320万元，用于建希望学校、教学楼危房改造、建学生宿舍等，改善我市贫困地区学校教育教学条件，帮助1100名贫困高中生和大学生解决读书难问题；向各区（市、县）捐赠价值近17万元的药品和100多万元的医疗器械，帮助建设乡（镇）卫生院和村卫生室，帮助当地农户解决看病难问题；协调市直有关单位资金400余万元，帮扶息烽县西山乡鹿窝村、修文县大石乡回水村实施农田基本建设、乡村道路硬化、危房改造、农业产业结构调整等项目。

联系港澳台侨引资助学办实事。五年来，十届市政协积极发挥联系港澳台侨的优势，以对外联谊为主线，在积极主动开展捐资助学、扶贫济困、关注民生办实事等方面做了大量卓有成效的工作，共引进境外各界的捐助资金折合人民币3274万元，修建了11所希望学校和多媒体电教楼，2所乡卫生院，23个村卫生室，帮扶了19961名贫困优秀学生完成学业，为农村学校购校服、图书、体育器材、电脑及设立奖学金等。还引资30万元为农村65岁以上1000名困难老人发放敬老金。

（三）组织大型公益活动，共建美好家园

2010年初，百年不遇的干旱使我市森林防火频频告急。为最大限度地减少森林火灾，保护好宝贵的森林资源，市政协响应市委号召，向全社会发出了“全市人民行动起来，保护我们宝贵的森林资源！”的倡议，得到全社会及有关部门的积极响应。在市政协牵头、市文明办统一协调、各区（市、县）政协具体组织下，全市10个区（市、县）开展了“十万森林保护志愿者行动”，

先后组织了近13万人(次)参与到这场声势浩大的“森林保卫战”行动中，使森林火灾得到有效遏制。

为协助推进花溪十里河滩湿地公园建设，在2011年初贵阳市“两会”期间，受市委主要领导的委托，市政协发起了“认种一棵树，认养一片林，共建十里河滩湿地公园”大型公益活动。活动激发了社会各界齐心协力搞好公园建设的积极性和广大市民热爱家乡、共建美好家园的热情，先后收到捐款一千余万元。

五、加强自身建设，不断提高履职水平

（一）重视理论学习，不断夯实履行职能的基础

五年来，十届市政协始终把政治理论学习放在重要位置，组织政协委员和机关干部认真学习中共十七大报告；学习《政协章程》和《中共中央关于加强人民政协工作的意见》及省、市《实施意见》；学习各个阶段的时事政治、相关法律法规和政协统战理论等；学习《中共贵阳市委关于建设生态文明城市的决定》、“三创一办”相关内容等；多次举办“宏观经济形势与贵阳发展”等内容的专题讲座。同时，结合政协工作实际，先后举办了六期专题报告和专题辅导会，参加委员2670余人次。通过形式多样的学习活动，提高了政协委员及机关干部的理论素养，把思想高度统一到市委、市政府“走科学发展路，建生态文明市”的重大决策和部署上来，进一步增强了做好新时期人民政协工作的政治责任感和历史使命感，科学履职能力和水平不断提高。

（二）强化服务与激励，发挥委员主体作用

通过举办委员培训班、形势报告会、情况通报会、知识讲座等活动，为委员知情明政创造条件。通过开展“三联系”、“委员活动日”等活动，认真听取并及时反映委员们了解到的社情民意，加强了政协组织与委员、委员与委员的联系；制定和实行主席约访、走访委员制度，密切政协领导与政协委员之间的联系；8个专委会积极组织委员开展调研、视察、提交提案、反映社情民意等活动，充分调动了委员履行职能的积极性、主动性和创造性。

2009年，正式成立了委员联络处并正常开展工作，制定了《关于进一步发挥政协委员作用的意见》、《常务委员会议请假的规定（试行）》等文件，逐步规范了对委员的联络服务工作。

（三）突出界别的优势和特点，发挥界别作用

组织完成了《如何进一步增强民主监督职能》、《如何更好发挥市政协界别作用》调研课题，积极吸纳各地政协的成功经验，结合实际，创造性地开展了有关工作。以政协例会为平台，组织界别联组讨论、大会发言，形成专业性意见建议，发挥了界别的专业优势。以提案和反映社情民意为渠道，把界别提案作为重点提案来源，发挥了界别的整体优势。以专委会为依托，在开展调研、视察、研讨、座谈、咨询服务以及与党政部门开展对口联系和协商等活动中，邀请相关界别委员参加，发挥了界别的资源优势。

（四）加强专委会建设，充分发挥团体优势

2007年新设置了市政协农业和农村工作委员会，使市政协专门委员会由上届的7个增至8个，并配齐了其他专委会的主任和专、兼职副主任。五年来，政协专委会在认真做好视察调研工作的同时，加强了与党政有关部门的协作与配合，各专委会之间以及与各区（市、县）政协之间也加强了联系协作，着力提高履职质量，充分发挥团体作战的优势。各专委会还不定期召开工作会议，加强委员的学习交流，增强了专委会委员及政协工作人员的履职能力。

（五）加强机关自身建设，努力构建“五型机关”

按照建立学习型、服务型、创新型、团结型、廉洁型机关的要求，通过举办培训

班、专题学习报告会、专题讲座、支部和理论小组学习座谈等形式，不断提高机关干部职工的文化理论水平和综合素养。与北京科技大学合作，组织政协系统机关干部进行MPA（公共行政管理）在职研究生学习，着力提高政协工作者的履职素质；加强对年轻干部的培养、选拔工作，选派优秀干部到基层挂职锻炼。

各位委员，同志们，通过五年的辛勤努力，市政协的各项工作扎实推进，履职能力不断提高，履职内涵不断扩大，得到了市委、市政府领导的首肯。这些来之不易的成绩，是在中共贵阳市委正确领导和省政协的指导下，在市人大、市政府和社会各界的大力支持下取得的，是与历届市政协老领导、老同志的关心和支持分不开的，同时这也是十届市政协各位主席、各专委会、广大政协委员齐心协力共同奋斗的结果。在此，请允许我代表十届市政协常委会，向各位领导、各位委员、同志们表示衷心的感谢！在肯定成绩的同时，我们也要清醒地看到，我们的工作与中共贵阳市委的要求、与社会各界和人民群众的期望还有差距，工作中还存在着不足，有待于我们在今后的工作中认真研究解决。

主要经验和体会

回顾十届市政协五年来的历程，我们对做好政协工作有以下主要经验和体会。

——坚持中国共产党的领导，紧紧围绕市委的中心开展工作。我们主动把履行职能的各项工作置于中共贵阳市委的领导之下，按照市委的重大决策部署，围绕全市的中心工作真抓实干，围绕全市的发展主题齐心协力干，围绕全市的重点工程重大项目争先恐后干，狠抓落实，狠抓服务，做到了帮忙不添乱，补位不越位，形成了党委重视、政府支持、政协主动、各方配合的良好机制，使我市的政协事业沿着正确的方向不断迈进。实践证明，开展政协工作，只有坚持中国共产党的领导，找准政协与市委决策部署的结合点和着眼点，才能明确方向，理清思路，并在各项工作中一以贯之、坚持不懈、扎实苦干，才能取得成效。

——坚持创新，在政协章程的框架下探索新的工作方法和平台。我们坚持按照政协章程，探索新的工作路子，在实践中积累了一些富有成效的工作思路。如：不断创新主席会议视察形式；直接参与全市经济建设，不断深化政协参政议政职能；对重要提案实行主席会议督办，对提案进行“回头看”；通过“网上议政”、合办《民声》栏目等形式，搭建参政议政、民主监督新平台；围绕有关重大问题开好情况通报会；与民主党派、工商联开展联合调研等。实践证明，坚持与时俱进、开拓创新，就能使政协工作真正体现时代性、把握规律性、富于创造性。

——坚持关注民生、传递民意，当好党委的参谋和助手。我们始终把关注民生作为履职工作的重点，坚持深入实际，深入基层，深入群众，倾听人民群众的呼声，体察人民群众的意愿，反映人民群众的要求，当好党委的参谋和助手，千方百计协助党和政府解决群众的实际困难。我们通过主席约谈会、专题座谈会等形式，听取和收集了大量来自基层的社情民意，密切了与人民群众的联系；通过动员社会各界深入开展智力支边和帮村扶贫，为提高农民群众的生活水平和质量，做了大量实事和好事，为建设社会主义新农村增添了许多亮点。实践证明，只有不断实现好、维护好、发展好最广大人民的根本利益，人民政协才能大有作为。

——坚持团结和民主两大主题，为构建“和谐贵阳”凝聚人心。我们充分发挥人民政协作为爱国统一战线组织和发扬社会主义民主重要形式的作用，高举爱国主义和社会主义两面旗帜，牢牢把握团结和民主两大主题，把发扬民主、增进团结贯穿于各项工作中，在团结全市各族各界群众共同致力于我市经济社会建设、促进社会和谐方面，较好地发挥了人民政协的独特优势和作用。实践证明，只有牢牢把握团结和民主两大主题，扶贫济困活动等形式，及时准确地反映社情民意，协助党委、政府做好维护稳定和促进和谐的工作。四是进一步加强与各族各界人士的联系交流，营造更加团结和谐的氛围。切实开展丰富多彩的交流活动，加强与各民主党派、工商联和人民团体的团结合作；进一步加强同港澳台侨各界人士的联系，推动地区间的交流与合作，提高利用外资水平；加强同少数民族、宗教界代表人士的联系，维护少数民族群众的合法权益，促进政党关系、民族关系、宗教关系、阶层关系和海内外同胞关系的和谐，为推进“和谐贵阳”建设营造更加良好的氛围。

五、坚持改革创新，不断提升政协工作科学化水平

一要在提高工作效率上创新。要认真学习兄弟市政协开展工作的新方法、新思路和成功经验，提高政治协商、民主监督、参政议政的工作效率。二要创新视察调研形式。把推动科学发展贯彻到视察调研工作的各个环节，紧紧围绕生态文明城市建设的重大问题精心选题，认真开展好各项视察调研活动，积极建言立论、献计献策。三要创新反映社情民意工作形式。继续组织好市政协主席约谈会，利用政协各种例会和开展的各项履职活动，拓展收集渠道，充分反映社会各界人士特别是基层群众的意见、建议和合理利益诉求，努力搭建基层群众利益表达和有序参政的平台。

六、进一步完善工作机制，切实加强政协自身建设

一要切实抓好政协机关建设。按照市委的统一安排部署，坚持以转变干部作风为抓手，切实加强市政协机关思想建设、作风建设、制度建设和组织建设，努力营造干事创业的环境、求真务实的环境、团结和谐的环境、风清气正的环境，不断增强市政协机关干部服务科学发展的能力和水平。二要抓好界别建设。要加强与各民主党派、市工商联的联系、沟通与协调，为其更好地履行职能搭建平台、创造条件；进一步完善界别活动考核方式，突出界别特色，丰富界别活动形式，发挥界别在政协履行职能中的作用。三要抓好委员队伍建设。进一步加强委员的学习培训，不断提高委员的综合素质。建立和完善发挥委员主体作用的长效工作机制，加强为委员履职的服务工作，团结广大政协委员在做好本职工作的同时，积极履行职责，充分发挥委员的主体作用。四要进一步加强专委会建设。要不断完善对专委会工作的考核机制和办法，为专委会进一步开展好工作创造有利条件，强化专委会工作基础，不断提升专委会工作质量。五要加强对基层政协工作的联系和指导。关心和支持区（市、县）政协工作，加强沟通联系，加强指导协作，尽力帮助基层政协解决实际困难，努力提高全市政协工作整体水平。

各位委员，同志们：未来五年，将是我市实现经济社会发展历史性跨越十分重要的时期。新的形势和任务对人民政协的工作提出了更高的要求，也为人民政协事业的发展搭建了更为广阔的舞台。站在新的历史起点上，我们倍感责任重大，使命光荣。让我们紧密团结在以胡锦涛同志为总书记的中共中央周围，高举中国特色社会主义伟大旗帜，全面落实科学发展观，在中共贵阳市委的领导和省政协的指导下，唱响“坚持走科学发展路、加快建生态文明市”的主旋律，同心同德，群策群力，扎实工作，献计献策，为实现五年内“一先二超一提升”的总目标作出贡献。

市情概况

SHI QING GAI KUANG

明寺建于明末，距今有300多年历史。清乾隆三十六年（公元1771年）曾重修，宏盛一时。咸、同年间，兵火连年，僧众离散，一叫舒竹平的士绅，借故据为私有，并改名为“舒家祠堂”。一直到民国21年（公元1932年）左右，贵州省佛教会在绅耆平刚等支持下，才收回黔明寺，恢复旧名。民国2 2年（公元1933年）迎广妙法师为该寺住持。寺内建筑有大雄宝殿、大悲阁和藏经楼。大雄宝殿为寺内首殿，内塑有释迦牟尼及普贤、文殊坐像。中殿大悲阁内塑千手观音像，左右有善才、龙女，两边有阿弥陀佛和地藏菩萨。大悲阁匾额为中国佛教协会原会长赵朴初所题，楹联为著名书法家陈恒安书。寺内大小佛像均贴真金，可谓金碧辉煌。藏经楼飞檐翘角，共三层，上层藏有影印的《碛砂藏》和《频伽藏》各一部，共一千余册，又有大小铜佛像数十尊；中层供达摩像；底层在广妙圆寂后供广妙塑像。黔明寺为省级文物保护单位，是全国重点开放的寺观之一。

【仙人洞】 位于贵阳市东栖霞山上，是贵阳市仅存的一座道观。传说有仙人来此栖息过，因而得名。山上有三个天然石洞：来仙洞在半山腰，洞内平敞可居，洞外有松竹花草，洞口题有“来仙”二字；靠山顶处是仙灯洞，坐东朝西，每当夕阳西下，阳光照入洞内即反射出彩色光芒，犹如洞中有灯，洞中塑关羽像；八仙洞在仙灯洞之上，洞中塑八仙像。仙人洞现有古建筑两座：一为三官殿，建于康熙十二年（公元1673年）；一为三清殿，建于清初。有摩崖两处：一为刻于山壁上“云川万里”四个大字；一为刻于八仙洞东侧石壁上的吕洞宾像。仙人洞是市级文物保护单位、贵州省重点道观。

【觉园】 原名长生庵，位于云岩区富水北路，建于清光绪初年。1937年改名觉园，广收皈依弟子，前往礼佛者络绎不绝，香火缭绕，盛极一时。20世纪60年代，觉园尼姑在殿前街房开设豆花饭店，主要经营豆花饭和素菜。其豆花鲜嫩可口，素菜物美价廉，在贵阳远近闻名，筑城市民及外地来宾多慕名到觉园品尝豆花饭。觉园现已建为仿古式建筑，分前后两进，各三层。临街第一进为餐馆部，经营素食。第二进为宗教活动场所：底层为大雄宝殿，供有玉佛一尊；二层为藏经楼。

市情概况

SHI QING GAI KUANG

地理概况

【区位区划】 贵阳简称“筑”，位于中国西南云贵高原东部，贵州省中部，介于东经106° 07′ -107° 17′ 和北纬26° 11′ -27° 22′ 之间，最高处海拔为1762米，最低处海拔为506米，市中心平均海拔为1000米。东、南与黔南布依族苗族自治州的瓮安县、福泉县、龙里县、惠水县、长顺县接壤，西南与安顺市的平坝县毗邻，西、西北与毕节地区的织金县、黔西县、金沙县相连；北与遵义市的遵义县交界。东西宽约113千米，南北长约130千米，国土总面积8034平方公里，占全省总面积的4.56%。

贵阳是贵州省省会，全省的政治、经济、文化中心，中国西南重要的交通枢纽。现辖云岩、南明、花溪、乌当、白云、小河6个区和修文、息烽、开阳3个县及清镇市，有49个乡（其中民族乡18个）、29个镇、39个街道办事处、31个新型社区及1166个行政村。

【位置面积】 贵阳市总面积为8034平方千米。城区面积365.27平方千米，占全市面积的4.53%。其中，云岩区处于城中心区北部，面积92.8平方千米；南明区位于城中心区南部，面积209.34平方千米；小河区在城区南部，面积63.13平方千米。郊区面积2066.52平方千米，占全市面积的25.63%。其中，花溪区在市区西南部，面积910.19平方千米；乌当区（包括贵阳国家高新技术开发区）在市区东北部和西部，面积884.33平方千米，白云区在市区西北部，面积272平方千米。“一市三县”总面积5630.8平方公里，占全市总面积的69.84%。其中，清镇市在市西部，面积1492.4平方公里，占全市面积的18.58%；修文县在市西北部，面积1075.7平方公里，占全市面积13.39%；息烽县在市北部，面积1036.5平方公里，占全市面积的12.9%；开阳县在市东北部，面积2026.2平方公里，占全市面积的25.22%。

【建置沿革】 贵阳是一个以汉族为主的

雾锁南江

多民族聚居城市，如果从修建石城算起，距今已有600多年的历史。

春秋时期，贵阳属牂牁国辖地。战国时属夜郎国范围，两汉时期隶属牂牁郡。唐朝在乌江以南设羁縻州，贵阳属矩州。宋代称贵阳为贵州，宣和元年(公元1119年)更矩州为贵州。元至元十七年（公元1280年）置顺元路宣抚司，翌年改为宣慰司；二十年（公元1283年）置贵州等处长官司，为顺元路治，先隶四川行中书省，后隶湖广行中书省；二十九年（公元1292年），顺元、八番两宣慰司合并，设八番顺元宣慰司都元帅府于顺元城（今贵阳）。

明洪武四年（公元1371年）设贵州宣慰使司，司治贵州（今贵阳）。六年（公元1373年）十二月置贵州卫指挥使司。十五年（公元1383年）置贵州都指挥使司，下领贵州等十八卫。二十六年（公元1393年）又置贵州前卫。明永乐十一年（公元1413年）置贵州等处承宣布政使司，贵州建省，贵阳成为贵州省的政治、军事、经济、文化中心。隆庆三年（公元1569年）三月，改新迁程番府为贵阳府。万历十四年（公元1586年）置新贵县，隶属于贵阳府。二十九年（公元1601年）升贵阳府为贵阳军民府。三十六年（公元1618年）析新贵县、定番州地置贵定县，仍隶贵阳军民府。崇祯四年（公元1631年）废贵州宣慰司，析宣慰司水东地置开州。明末，贵阳军民府辖新贵县、贵定县、开州（今开阳县）、广顺州（今长顺县）、定番州（今惠水县），亲领4个长官司。

清顺治十六年（公元1659年）设贵州巡抚驻贵阳军民府。康熙五年（公元1666年）移云贵总督驻贵阳。二十六年（公元1687年）省贵州卫、贵州前卫置贵筑县，与新贵县同城，改贵阳军民府为贵阳府。三十四年（公元1695年）省新贵县入贵筑县。乾隆十四年（公元1749年）贵阳府辖贵筑县、贵定县、龙里县、修文县、开州、定番州、广顺州和长寨厅（今属长顺县）。光绪七年（公元1881年）增辖罗斛厅（今罗甸县）。

民国3年（公元1914年）废贵阳府设贵阳县，贵州分为3道，贵阳县属黔中道，为道治；移贵筑县驻扎佐，旋移息烽，改名息烽县。民国9年（公元1920年）废黔中道，贵阳县直隶于贵州省长公署。民国25年（公元1936年）全省设为8个行政督察区，贵阳县属第一行政督察区；次年，贵阳县直隶于省政府。民国30年（公元1941年）7月1日，撤贵阳县设贵阳市，另置贵筑县驻花溪，直至解放时未变动。

1949年11月15日贵阳解放，11月23日成立贵阳市人民政府。同时设贵阳专区，管辖贵筑、修文、开阳、息烽、惠水、龙里等县，专署驻贵筑县治（花溪）。1952年，撤贵阳专区设贵定专区。

1954年，贵筑县划归贵阳市辖。1958年，撤贵筑县建置，将市郊划为花溪、乌当两区；经国务院批准，将原属安顺专区的清镇、修文、开阳3县和原属黔南自治州的惠水县划归贵阳市辖。1959年设白云镇，相当于市辖区一级行政单位。1963年，将开阳县划归遵义专署，修文、清镇两县划归安顺专署，惠水县划归黔南自治州。1973年恢复白云区建置。1992年，清镇撤县设市。经国务院批准，自1996年1月1日起，将原安顺地区管辖的清镇市和修文、息烽、开阳“一市三县”划归贵阳市辖。2000年1月，国务院批准贵阳市设立小河区。

【地形地势】 贵阳市地处黔中山原丘陵中部，长江与珠江分水岭地带。总地势西南高、东北低。苗岭横延市境，岗阜起伏，剥蚀丘陵与盆地、谷地、洼地相间。相对高差100-200米，最高峰在水田镇庙窝顶，海拔1659米；最低处在南明河出境处，海拔880米。中部层状地貌明显，主要有贵阳—中曹司向斜盆地和白云—花溪—青岩构成的多级台地及溶丘洼地地貌。峰丛与碟状洼地、漏斗、伏流、溶洞发育。较平坦的坝子有花溪、孟关、乌当、金华、朱昌等处。南明河自西南向东北纵贯市区，流域面积约占市区总面积的70%。

贵阳地貌属于以山地、丘陵为主的丘原盆地地区。其中，山地面积4218平方千米，丘陵面积2842平方千米；坝地较少，仅912平方千米；此外，还有约1.2%的峡谷等地貌。

清镇市，地处黔中山原丘陵中部。南部地势较平缓，以剥夷丘陵和喀斯特化低山为主，喀斯特盆地相间错落。西部沙鹅—鸭池一带及北部鸭池—木刻一带受乌江和猫跳河强烈切割，谷深坡陡，比差300-400米。最高点宝塔山，海拔1762米；最低处在猫跳河口，海拔769米。乌江流经北部边缘，猫跳河、暗流河为境内主要河流，由南向北注入乌江。

修文县，地处黔中山原丘陵中部，地势东南高、西北低，大部地区在海拔1100-1400米之间。中部丘岗起伏，宽谷、盆地错落，保存较广阔的山盆期剥夷面。西部、北部边缘受猫跳河、乌江侵蚀切割，谷深坡陡，形成深切的峡谷地貌。最高点三元乡三角山，海拔1610米；最低点凉水井乡鸭池河出境处，海拔679米。

息烽县，地处黔中山原丘陵中部，地势南高北低，一般海拔1000-1200米，大部为低中山丘陵地，碳酸盐类岩分布广，喀斯特发育，峰丛、洼地、溶丘、溶洞、暗河、漏斗甚多。北部边缘受乌江及支流侵蚀切割，沟谷纵横。最高点南望山南极顶，海拔1749.6米；最低点乌江出境处大塘口，海拔609米。

开阳县，地处黔中山原丘陵北部，地势西南高、东北低，大部为低中山地和丘陵，一般海拔1000-1200米。河流分水岭地带尚保留小面积较完整的剥夷面。乌江、南明河（清水江）沿岸，河流侵蚀切割强烈，地面破碎崎岖，多陡峻山岭、深切峡谷和坡立谷。最高点在西部的狼鸡岭主峰，海拔1704米；最低处在东北乌江出境处小河口，海拔506米。

【山脉】 境内主要山峰有：青龙山，在清镇市南部、城关镇东隅，面积10.5平方千米，海拔1333.5米。山腰有文明洞，深10余米；山顶有亭，石级路通达，为清镇胜境。

云归山，又名云贵山，在清镇市东部。因山高林密，晴天仍有雾气环绕，故名。面积22平方千米，主峰名炉岭，海拔1715米。“炉岭归云”为清镇古八景之一。

宝塔山，在清镇市中部。山岭呈南北走向，长约8千米，面积14平方千米，主峰海拔1762.7米，为清镇市最高峰。富产铝矿、铁矿。

五龙寺，在修文县南部、白云区北部，主峰海拔1605米，南坡陡峭，北坡平缓。铝土矿藏丰富。

三角山，又名斗山，在修文县东南部、白云区北部，面积7平方千米，主峰海拔1610米，为修文县最高峰。

白安营，在开阳县西部，山势险峻，三面为断崖绝壁，海拔1179米。山顶原有殿宇亭阁，山腰有神仙洞，山麓有响水洞，古木虬结。1942年冬至1944年春，张学良将军被囚禁于此。

狼鸡岭，在开阳县西部、息烽县东部，呈东北—西南走向，绵延9千米，面积31平方千米，最高处海拔1702米，为开阳县最高峰。富产磷矿。

轿顶山，在开阳县东北部，面积2平方千米，海拔1166.4米，四周陡峭，顶部平坦。清咸丰同治年间，何德胜领导的农民起义军于此驻营多年，遗址尚存。

南望山，又名南山，在息烽县东部，面积80平方千米，主峰南极顶，海拔1749.6米，为息烽县最高峰。山腰有玄天洞名胜。富有煤、磷等矿藏。

西望山，又名西山，在息烽县中部，面积94平方千米，最高峰窄垭口，海拔1622.8米。峰岭有“九山十三湾”之说，怪石林立，明、清两代在山顶和四周建有8座寺庙，遗址尚存。

照壁山，又名相宝山，在贵阳城区东

北隅，海拔1172米。孤山突出如屏，故名。明、清两代于山顶建有庙宇，与黔灵山、东山并列为贵阳三大胜地。

锅底箐，在乌当区北部，面积90平方千米，主峰大观山，海拔1564米。四周山势高峻，溪流纵横，中部低洼，故名。山区有大片原始森林，植物种类繁多，有杉、松、银杏、南方红豆杉、三尖杉、岩生鹅尔枥、西南米槠、旱冬瓜、丝栗栲、异叶榕、香芙木、黑壳楠、杜鹃、香果树等70余种裸子植物；野生动物有野羊、獐、獾、兔、穿山甲等。

云雾山，在市区北部白云、乌当两区交界处，面积20平方千米，主峰庙窝顶，海拔1659米，是贵阳市最高峰。铝土矿藏丰富。山顶建有贵州电视差转台和气象站。

皇帝坡，在花溪区东南部，面积50平方千米，主峰海拔1655.9米。南坡及东北坡有成片松、杉林，其余多为灌木丛及杂草。山涧溪水流入涟江。主峰北面的摆桥山上，有清康熙年间贵州著名诗人周渔璜墓。

自然资源

【河流】贵阳处于长江水系与珠江水系的分水岭地带。以花溪区桐木岭为界，桐木岭以南的河流属珠江水系，以北的河流属长江水系。长江水系面积7631.67平方千米，占全市土地面积的94.8%；珠江水系面积415平方千米，占全市土地面积的5.2%。全市天然径流深545-640毫米，平均每平方千米产水56.3万立方米，高于全国平均值；水资源总量46.79亿立方米，占全省水资源总量的3.9%。

南部河流是蒙江的上游，右源青岩河，境内河长30千米，左源马林河，境内河长19千米，流量均不大。重点记述境内长江水系河流。

乌江，长江南岸支流，是贵州境内流域面积最大的河流。源于贵州威宁自治县，由西北向东南，至普定县境折向东北，于思南县境转向北流，至沿河自治县官孔坝入四川省境。沿途纳流域面积1000平方千米以上支流16条。乌江流经贵州23个县、市、区(特区)，贵州境内河长874千米(含黔川界河72千米)，流域面积6.68万平方千米。普定至黔西县化屋基段称三岔河，化屋基至遵义乌江渡称鸭池河，其中流经修文县段又称六广河，乌江渡以下始称乌江。化屋基以上为上游，长326千米；向东北流经黔西、清镇、修文、金沙、息烽、遵义、开阳等县边界，再经瓮安、湄潭、余庆、凤冈、思南县为中游，长367千米，沿途纳猫跳河、余庆河、石阡河等；从思南至四川涪陵市注入长江为下游，长345千米。乌江干支流落差大，水力资源丰富，建有多座大、中、小型水电站。乌江渡和猫跳河梯级骨干电站总装机容量86.9万千瓦，东风、普定电站总装机容量58.5万千瓦，电力供贵阳、遵义、安顺、六盘水等地。

鸭池河，乌江干流之一段，其中修文县境段称六广河，全长150千米，穿行于深峡河谷，水力资源丰富，分别在清镇市鸭池河建东风、在遵义县乌江渡建乌江渡两座大型水电站。

猫跳河，乌江南岸支流，源于安顺市头铺，自西南向北流经安顺、平坝、清镇三市县境，再经贵阳市白云区、乌当区边界折向西北，沿清镇、修文两市县边界至清镇市青杠坝附近注入乌江。干流长181千米，流域面积3248平方千米。中、下游河谷深切，河床陡峭，水力资源丰富，建有红枫湖、百花湖两个大型水库及6座梯级水电站。

息烽河，又称潮水河，乌江南岸支流，源于息烽县猫场乡，向东至难桥后折向北流，至大河口纳头道河支流，于马脑石附近注入乌江。全长50千米，建有小桥河、底寨水库。

南明河，乌江南岸支流，源于平坝县与天河飞瀑贵阳市花溪区交界处，自西南向东北流经花溪区、贵阳市区、乌当区及龙里、开阳两县边界，至龙里两岔河纳独水河，折

金秋盆景

向北经开阳、福泉、瓮安三县市边界，至开阳县清水江口注入乌江。干流长215千米。流经花溪区段称花溪河，入市区后称南明河，纳独水河后称清水江。主要支流还有小车河、定扒河、南贡河、瓮昭河等。流域面积6600平方千米。水力资源丰富，理论蕴藏量约32万千瓦，是贵阳市工业、生活用水和农田灌溉的重要水源，建有花溪、松柏山、阿哈、小关、小冲、花马冲、月亮石等中小型水库多座，水力发电站10余座。

南贡河，又名鱼梁河，南明河支流。源于修文县三元乡，西流转北经扎佐向东北入开阳县境，称清河；至小岩脚纳白水河折向东北流，转东流，与白安河汇合后称南贡河，流至两岔河汇入南明河(清水江)。全长80千米，流域面积1033平方千米，水能理论蕴藏量5.78万千瓦，建有水库3座、小型水电站5座。

【湖泊与水库】 红枫湖：位于清镇市西南，水域面积57.2平方千米，总库容6.42亿立方米，建有装机2万千瓦的水电站1座。库区山清水秀，有大小岛屿70多个；湖滨绿树成荫，湖面烟波浩淼，四季风光如画。已定为国家级风景名胜区，景区面积240平方千米。有红枫公园、枫叶山庄、水上娱乐场、花鱼洞、将军湾等旅游景点及湖沿的侗寨、苗寨、布依寨等具有浓郁民族特色的景区。红枫湖以其旖旎的湖光山色令中外游客流连忘返。

百花湖：建于清镇市与乌当区朱昌镇交界处的猫跳河中游，是具有发电、供水、灌溉、养殖、旅游综合效益的水库。水域面积14.5平方千米，库容量1.9亿立方米。建有装机2.2万千瓦的水电站。湖中山峰小巧清秀，古树葱茏，湖水清碧，有八仙过海、雁臂山、三屯五堡、百花山庄、人造沙滩、湖滨公园等景点，省级风景名胜区。

东风湖：建于距清镇市区60千米的鸭池河上，水域面积19.7平方千米，蓄水10亿立方米，以建东风水电站而形成，电站装机52.5万千瓦。湖两岸悬崖峭壁，雄奇峻秀，具有独特的高原湖泊风光。

花溪水库：位于南明河上游花溪镇。水域面积1.4平方千米，库容量2620万立方米，建有装机3120千瓦水电站。电站大坝之下即花溪公园，山清水秀，自然风光佳绝，有“高原明珠”之称。

阿哈水库：建于南明河支流小车河上游，是以城市用水为主的中型水库，库容量5450万立方米。湖周九龙山、火焰山、犀牛坡环抱，湖中七岛突兀，湖区绿水苍松，风景优美。

松柏山水库：位于花溪区党武乡南明河上游，是以灌溉为主，兼供水、发电综合利用的水库，建有装机2000千瓦水电站，总库容4760万立方米。

红岩水库：位于清镇、修文两市县交界处，总库容2752万立方米，建有装机3万千瓦的水电站。

此外，还有清镇市迎燕水库，库容657万立方米；修文县岩鹰山水库，库容量1755万立方米；息烽县小桥河和洪马水库，总库容674万立方米；开阳县十三寸和翁井水库，总库容850万立方米。

【森林资源】 据2005年贵阳市第三次森林资源规划设计调查，全市国土面积803390公顷，其中林业用地面积382828.04公顷，占国土总面积的47.7%；非林业用地面积420561.96公顷,占52.3%。全市森林覆盖率42.3%，林木绿化率44.71%。

林业用地按地类划分：有林地面积264977.6公顷，占林业用地面积的69.2%。其中乔木纯林面积227530.49公顷，乔木混交林面积37031.75公顷，竹林面积415.38公顷。疏林地面积1658.27公顷，占林业用地面积的0.4%。灌木林地面积80885.79公顷，占林业用地面积的21.1%。其中国家特别规定灌木林地57388.02公顷，其他灌木林地23497.88公顷。未成林造林地面积21990.9公顷，占林业用地面积的5.7%。其中人工造林未成林地21556.77公顷，封育未成林地424.17公顷。苗圃地面积1121.22公顷，占林业用地面积的0.3%。无立木林地面积2957.61公顷，占林业用地面积的0.8%。其中采伐迹地96.65公顷，火烧迹地375.18公顷，其他无立木林地2485.78公顷。宜林地面积8993.9公顷，占林业用地面积的2.3%。其中荒山荒地4460.96公顷，岩山地2483.46公顷，白云质砂石山984.63公顷，其他宜林地1064.85公顷。辅助生产林地面积242.58公顷。四旁树占地面积13323.97公顷。在非林业用地面积中，大于25°的坡耕地面积14770.95公顷。林业用地按森林类别划分，重点公益林地面积99515.56公顷，占林业用地面积的26.0%；一般公益林地面积173824.39公顷，占林业用地面积的45.4%；商品林地面积109488.09公顷，占林业用地面积的28.6%。全市活立木蓄积12545250.35立方米。其中乔木林蓄积12058930.95立方米，占96.12%；疏林地蓄积15692.34立方米，占0.13%；四旁树蓄积431449.95立方米，占3.44%；散生木蓄积39177.11立方米，占0.31%。

【草地资源】 全市共有草地面积264.5万亩，其中天然草地247.89万亩，人工累计种草16.61万亩。天然草地中成片草地94.06万亩，其中开阳县11.98万亩、息烽县11.76万亩、修文县13.19万亩、清镇市14.45万亩。零星草地153.84万亩，其中开阳县38.8万亩、息烽县19.88万亩、修文县20.51万亩、清镇市28.57万亩。

【土地资源】 全市土地总面积804666.99公顷，其中耕地271941.03公顷，占土地总面积的33.80%；园地74512.16公顷，占9.26%；林地273652.85公顷，占34.01%，牧草地26670.36公顷，占3.31%；水面15418.39公顷，占1.74% (坑塘水面1213.08公顷，养殖水面222.59公顷，河流水面4490.13公顷，水库水面9476.81公顷，湖泊水面15.78公顷)；建设用地(含居民点及工矿用地、交通用地和水利设施) 63017.6公顷，占7.83%；未利用地113162.64公顷，占14.06%。全市土壤总面积60.82万公顷，有黄壤、黄棕壤、石灰土、紫色土、潮土、沼泽土、水稻土、草甸土8个土类。其中，黄壤30.16万公顷，石灰土19.66万公顷，水稻土8.01万公顷，分别占土壤面积的49.59%、32.33%和13.17%。

【矿产资源】 全市已探明矿种52种，主要有煤、铁、硅、重晶石、大理石、耐火粘土、铝矾土、磷、硫、汞等矿产资源。

铝土矿保有储量4.3亿吨，占全国的五分之一，矿床主要集中在修文县和清镇市，有特大型、大型、中型矿床9个，其中清镇市猫场铝土矿储量1.5亿吨，为国内著名特大型铝土矿。铝矿品位高，三氧化二铝含量平均在70%左右，铁含量平均小于5%，铝、硅比平均为7.87。

磷矿储量4.64亿吨，是全国三大磷矿基地之一，全国70%以上的优质磷矿集中在贵阳。

煤炭储量9亿吨，“一市三县”及3个郊区均有分布；铁矿储量2396万吨，硫铁矿储量2878万吨，汞（金属量）储量2683万吨。

【生物资源】 贵阳市植物种类繁多，维管束植物有177科、489属、1299种，其中被子植物1154种，属于国家重点保护的植物，有银杏、水杉、杜仲、天麻、厚朴等8种。特有的稀有树种有青岩油杉、岩生红豆树、贵阳润楠、短叶石楠和高坡四棱香等。药用植物，有170种，著名的有天麻、杜仲、银花、党参、天冬等，还有含维生素C丰富和经济价值较高的刺梨、猕猴桃等野生植物。全市动物资源主要有陆栖脊椎动物约40种。其中属国家重点保护的珍稀动物有大鲵(娃娃鱼)、穿山甲、大灵猫、猕猴、白冠长尾雉、鸳鸯等13种。还有野猪、山羊、麝、野兔、野鸡、白鹭以及夜莺、赤麻鸭、杜鹃和家燕等53种候鸟。全市共有粮食作物200多种，栽培蔬菜14大类、90多种、223个品种。栽培植被有用材林、经济林和农田植被三类。用材林主要是以马尾松、杉木和华山松为主的针叶林，其中杉木分布零星，马尾松数量最多，蓄积量大，分布广，是主要用材林。经济林主要有油茶林、油桐林、茶丛和果树林等。农田植被为大面积的水田和旱地中种植的栽培植被群落。

【水资源】 贵阳市年均水资源总量为46.79亿立方米，占全省水资源总量的3.9%，其中，地表水35亿立方米，占74.8%，地下水11.79立方米，占25.2%。全市天然径流深为545-640毫米，每平方公里年产水56.3万立方米，高于全国平均值。地下水主要是岩溶地下水，约占地下水总量的95%，其余为基岩裂隙水。

全市水能资源理论蕴藏量130.7万千瓦，可开发量为87.3万千瓦，相对集中于乌江、猫跳河、清水江等几条河流的干流。其中南明河水能理论蕴藏量约32万千瓦，建有花溪、松柏山、阿哈、小关、小冲、花马冲、月亮石等中小型水库多座，水利发电站10余座；猫跳河建有百花湖、红枫湖两个大型水库及6座梯级水电站；鱼梁河水能理论蕴藏量5.78万千瓦，建有水库3座、小型水电站5座；息烽河建有小桥河、底寨水库。市境内除有红枫、百花、东风水库3座大型水电工程外，市区还有松柏山、阿哈、花溪3座以城市供水、发电、灌溉和防洪的中型水库。此外，全市还建有小型水库150余座，水库总蓄水库容达20亿立方米以上。

【气候概况】 气温。全市年平均气温在12.9℃（开阳）~15.5℃（贵阳）之间，与常年相比，白云偏低0.7℃，其余各地与常年比较正常。

冬季（1~2月）平均气温全市在1.9℃（开阳）~4.8℃（贵阳）之间；与常年同期相比较，花溪、白云特低，偏低幅度最大的为花溪2.1℃，息烽正常，其余各地偏低。

春季（3~5月）平均气温全市在12.2℃（白云）~14.9℃（贵阳）之间；与常年同期相比较，花溪、白云特低，偏低幅度最大的为白云1.4℃，息烽和开阳正常，其余各地偏低。

夏季（6~8月）平均气温全市在21.7℃（白云）~24.3℃（贵阳）之间；与常年比较，乌当偏高1.2℃，白云和修文正常，其余各地偏高。

秋季（9~11月）平均气温全市在15.3℃（白云）~18.1℃ （贵阳）之间；与常年同期相比较，白云偏高0.8℃外，其余各地均特高，偏高幅度最高为乌当的2.1℃。

12月平均气温全市特低，偏低幅度为1.6℃（息烽）~3.0℃（白云）。

降水量。全市年降水量时空分布不均，在714.4mm（乌当）~935.2mm（花溪）之间；与常年相比全市降水量偏少，偏少幅度为18.7%（花溪）~38.7%（乌当）。

【自然保护区】 青岩油杉保护区位于贵阳市花溪区青岩镇和黔陶乡，于2001年7月在花溪区青岩油杉保护点的基础上正式批准建成。现有地球上仅存的青岩油杉活立木9000余株。根据保护对象的空间分布特点，北京林业工程咨询公司和贵阳市青岩油杉自然保护区管理处编制了《贵阳市青岩油杉自然保护区总体规划》，将保护区面积调整为15.9397万亩。

人口与民族

【人口状况】全市年末常住人口439.33万人，年平均人口436.13万人。按城乡分，城镇人口304.02万人，比上年增长3.08%，乡村人口135.31万人，比上年减少1.93%；按性别分，男性225.82万人，比上年增长1.37%，女性213.51万人，比上年增长1.60%。

【民族】贵阳是一个以汉族为主的多民族聚居的城市，其中1000人以上的民族有汉、布依、苗、回、侗等14个民族。据贵阳市第五次人口普查机器汇总数据表明，全市汉族占总人口的84.57%，少数民族占总人口的15.43% 。全市少数民族以布依族、苗族为主体，其中，布依族占全市人口的4.92%；苗族占全市人口的6.08%；回族占全市人口的0.22%；侗族占全市人口的0.56%；彝族占全市人口的0.79%；壮族占全市人口的0.12%；满族占全市少数民族人口的0.15%；黎族占全市人口的0.05%；蒙古族占全市人口的0.08%；白族占全市人口的0.25%；土家族占全市人口的0.81%；水族占全市人口的0.09%；仡佬族占全市人口的0.42%；1000人以下的各占全市人口的0.10%；未识别民族占全市人口的0.79%。少数民族分布具有大散居、小聚居的特点。全市有18个民族乡，其中花溪区5个、乌当区2个、白云区2个、清镇市3个、开阳县3个、修文县1个、息烽县2个，少数民族人多集中在18个民族乡中，其余均为零星散居分布。

经济与社会发展

【概况】2011年，全市经济主要指标保持较快增长。全年完成生产总值1383.07亿元，比上年增长17.1%。其中第一产业完成增加值62.55亿元，比上年增长2.8%；第二产业完成增加值586.84亿元，比上年增长21.3%；第三产业完成增加值733.68亿元，比上年增长15.2%。三次产业结构为4.6：42.4 ：53.0。社会消费品零售总额达584.33亿元，比上年增长20.5%。全年完成全社会固定资产投资1600.59亿元，比上年增长57.1%；实现财政总收入401.31亿元，比上年增长31.7%，其中地方财政一般预算收入187.09亿元，比上年增长37.3%。全年完成进出口总额37.69亿美元，比上年增加65.6%；实际直接利用外资27874万美元，比上年增长106.9%。城市居民人均可支配收入19420元，比上年实际增长17.0%；农民人均纯收入7381元，比上年实际增长23.5%。工业保持平稳增长。全市规模以上工业增加值365.23亿元，比上年增长23.4%。非公有制工业发展势头强劲，全市非公有制规模以上工业增加值比上年增长32.5%，全市规模以上工业主营业收入1417.47亿元，比上年增长23.1%；工业综合经济效益指数达226.01，比上年提高30.6个百分点。旅游业发展迅速，全年实现旅游总收入612.37亿元，比上年增长43.8%。农业生产和农村经济稳步增长。农业完成粮食总产量40.24万吨、烤烟产量1.82万吨、牛奶产量3.78万吨、肉类总产量13.94万吨。固定资产投资保持较快增长。全年完成全社会固定资产投资1600.59亿元，比上年增长57.1%。其中基本建设投资完成727.10亿元，比上年增长71.7%；更新改造投资完成343.39亿元，比上年增长59.3%；房地产开发投资完成467.36亿元，比上年增长50.5%。社会事业协调发展。全市城乡统筹就业1210001人，城镇登记失业率为3.29%。全市养老保险参保人数达104.05万人，比上增长15.9%；失业保险参保人数达48.08万人，比上年增长12.3%；基本医疗保险参保人数达105.57万人，比上年增长3.4%；参加生育保险人数89.24万人，比上年增长10.6%；农村合作医疗参合率达到97.57%；年出生率10.29‰，死亡率4.58‰，自然增长率5.71‰。

文化与传统习俗

【新堡布依族“三月三”歌会】 新堡布依族乡位于贵阳市北郊，距贵阳城区34公里，距乌当区政府所在地23公里。该乡居住着布依、汉、苗等民族，总面积为58.6平方公里，有7个行政村，是一个以布依族为主的山乡。“三月三”是布依族的传统节日，俗称“地蚕会”。这一天，人们不下地干活而在家中炒包谷花，然后三五成群地沿田边土坎边走边唱，同时把包谷花撒在土中，为的是“祭地蚕”，祈求天神保佑盼望五谷丰登。男女青年互相以对山歌、倾吐心曲，谈情说爱，相辉成趣。党的十一届三中全会以后，广大布依人走出了“日出而作，日落而息”的枯燥生活，将民间的地蚕会发展为今天的布依“三月三”歌会。每到三月三这天，上至六七十岁的老人，下至十一二岁的小歌手争先登台唱歌。改革开放以来，集“刺梨花”布依歌大赛、布依民俗展示、布依篝火晚会和“三月三”焰火观赏、布依饮食文化体验、山歌对唱、民间文艺演出、旅游观光为一体。从过去简易的赛歌场，发展为现在的广场，集会群众上万人，观光的人员不仅来自省内外，同时还吸引了外国观光旅游者，歌会越来越红火，如今，新堡布依三月三歌会已经成为贵阳地区各民族的一个盛大艺术节日。首次举办时间1980年4月，截至2011年底已举办32届。

【三桥村圣泉“三月三”民族艺术节】 三桥村是位于贵阳市云岩区西北出口要道城郊结合部的一个多民族聚居的村寨（有苗族、布依族、黎族、土家族、汉族等八个民族），每年农历“三月初三”村民们自发地聚集到下五里布依村寨圣泉边，以山歌对唱的形式表达丰收后的喜悦，青年男女借此机会，表情达意互叙衷肠，以定终身，因而得名“三月三”。下五里“圣泉”是因地壳运动而形成的天然奇观，有史书记载“泉水自山麓涌出，涨涨缩缩，连绵不断，昼夜不停，又驹百盈”，也称漏勺泉，发现于明代永乐年间，距今已有600多年的历史。1992年举办了首届民族艺术节至此每年一届，截至2010年底共举办了19届，从布依对歌、山歌对唱、发展到斗鸡、斗鸟、苗族跳场、文艺专场演出与村民自编自演文艺节目等。

【高坡地区的苗族“跳硐”】 高坡是贵阳市地势最高的地区之一，它的南沿皇帝坡是乌江流域与珠江流域的分水岭。高坡民族自治乡既是贵阳市南部郊区—花溪区苗族最大的一个聚居区，也是贵阳市苗族最多的一个聚居区，人口约一万五千多。这支苗族不仅具有服饰上的特点，而且在古老的民风民俗上也保留着自己独特的习俗。高坡乡的杉坪、甲定、克里、五寨，在每年农历的正月初四、初六、初七和初八日，分别在四个地方举行一天的地区性苗族重大节日活动—跳硐。这一天，高坡地区苗族和与高坡毗邻的龙里县、惠水县交界地区的部分苗族群众都身着节日盛装，从四面八方赶来参加活动。男青年身着天蓝色长衫，头上包黑色长头巾，手中捧着五尺长的大芦笙，边走边吹，拥向传统的跳硐地点；女青年的装束五彩缤纷，几丈长的黑头巾一层又一层裹在头上，前额上方的头巾象小木船头一样高高翘起来。上衣袖是两接的一长一短的彩袖，背上是自己精工绣制的背牌，前腰间穿着长长的滚了红色布边的围腰，后腰以下的臀部上挂着全黑布壳质地的背腰。精美的银头饰、耳环、项圈和手饰，使这种打扮格外富于苗族特有的色彩。除了男女青年之外，其他的苗民在这一天都穿戴一新，他们汇集起来欢度自己的古老节日—跳硐。

【“六月六”布依族歌节】 每年农历六月初六，在贵阳市乌当区偏坡乡都会举行少数民族的盛大节日—六月六布依歌节。当日，省内外地方的少数民族同胞们身着节日盛装，云集在风光秀美的偏坡乡，展示布依族民族特色、弘扬民族民间文化，山歌对舞动的笙歌唱、民间体育、竞技、祭祖等活动。

【苗族芦笙会——跳场】 跳场(苗语：nuza ī)是苗族流行得最广的民族风俗活动之一，其流行地域之广，参与人数之多，是苗族其他节日集会的各种活动难以相比的。跳场有各种不同叫法，如跳厂、跳布、跳月、跳花场、芦笙会等等。苗族在春节中，跳场又是一个不同于汉民族和其他民族过春节的特殊形式。跳场，虽然大多数集中在农历正月上半个月，但也有延续至二月上旬举办的。贵阳地区的苗族跳场场址，主要分布在三个郊区，其中花溪区的有桐木岭、石板镇山、磊庄；乌当区的有东风石头寨、罗吏、高寨，以及白云区的都溪等。贵阳地区各处跳场情况与传说却大同小异。花溪区桐木岭在每年农历正月初八到十三(青苗跳前三天，花苗跳后两天，中间空一天)，乌当区东风乡石头寨在农历二月十四至十六跳场，白云区都溪跳场与东风乡石头寨时间相同。总之，贵阳地区苗族跳场是一个具有多种含义的重大庆祝活动，除了一般的祭祀、祈愿意义外，最显著的是它的社会交往和自娱性质。在花溪区石板乡镇山地方，还有一个具有苗族、布依族共同开办的花场，这里明显地表现了民族协作、团结友爱的内容。

芦笙欢歌

【苗族传统节日“四月八”活动】 农历四月初八是贵阳苗族的传统节日，节日当天耸立在贵阳市区喷水池四周的建筑物和大街上各种彩球飞扬，悬挂着民族团结等大幅标语；喷水池周围绿叶成荫，街心花园百卉争妍，鲜艳夺目。贵阳市及临近惠水、龙里、平坝等地的苗族同胞身着节日盛装成群结队，从四面八方汇集到市中心的喷水池一带，小伙子们吹着芦笙、箫筒，跳起芦笙舞，姑娘们穿着节日盛装，佩戴着夺目的银项圈、银花等饰品，围绕着一支支芦笙和铜鼓发出的节奏，欢歌笑语，翩翩起舞，吹呀、跳呀、唱呀，尽情地吹、跳、唱到晚霞染天，苗族同胞三五成群，在街道两旁，在大树下，或倚桥栏，对歌，谈知心话，把“四月八”节日作为交朋结友、走亲访友、聚会的好时机。他们用歌声抒发心中的激情，用歌声赞美新生活，用歌声赞美改革开放，用歌声来增强民族团结。清脆婉转的笙声、歌声、欢声在宁静的夜空回荡，贵阳苗族同胞沉浸在欢乐的气氛中。贵阳苗族“四月八”活动始于解放前。从1983年起，贵阳市委、市政府决定在“四月八”前后，开展“民族团结周”活动，市民族局、市文化局等部门举办“民族团结周启动仪式”，举办民族文艺调演，召开座谈会，联欢会等各种形式的活动进行党的民族政策和民族团结的教育。因此，“四月八”又成了贵阳市各族人民共同的节日和群众文化品牌活动。

【新场小尧苗族花鼓舞】 “小尧花鼓舞”是流行在贵阳市乌当区新场乡小尧花苗族中的一种女子四人舞蹈。这种舞蹈因使用的道具和跳法而得名。它是由汉族的“打花鼓”和当地的“击鼓小唱”（击鼓唱小调）

的形式逐步形成的舞蹈。“小尧花鼓舞”主要是在当地民俗活动“跳年”之中表演。每年农历正月初七，小尧苗族都要举行民族的“跳年”以贺新春。“小尧花鼓舞”主要来源于苗族名间祭祖活动。经过不断演变至今，现在主要是为丰富精神文化生活、庆祝重大活动为目的，在苗族的重大节日上表演，一般在农历“四月八”或是寨中重大活动上进行表演。“小尧花鼓舞”是苗族历史演变的传承的发展，承载着苗族同胞的历史文化信息和原始记忆，将成为苗族同胞民间文化传统得以保持和延续的重要因素。

公园

【黔灵山公园】 位于市区西北角黔灵山麓，距市中心仅1.5公里，始建于1957年，占地面积426公顷，是国内少有的城区大型综合性公园，以古寺、明山、秀水、幽林为主要特色。园内的“九曲径”始建于清康熙二十七年（公元1688年），它有24道“之”字形弯道，共382级石阶，依山傍势，蜿蜒曲折。沿途树出石隙，浓荫障天；猕猴跳跃林间，百鸟欢鸣枝头。径旁摩崖石刻均为著名书法家手迹，如清代黄宗源的“第一山”，字体挺拔清秀，刚劲有力。其旁的“古佛洞”，中供苦行佛。明代著名旅行家徐霞客曾于1638年到此驻足游览。古佛洞旁石壁高达数丈，上刻有一高4.5米，宽3.8米的草体“虎”字，一气呵成，气势恢宏，笔走龙蛇，如此大的字，举国罕见。署名为岱山赵德昌，实为清代名书画家孙清彦代笔。稍前又有袁思 题刻的“赤松归隐”和“叠翠”。拾级而上，有“一泉”、“ 亭”二亭， 亭因亭后石壁有若干小孔，游人吹之，似螺号长鸣，声应山谷而得名。距“九曲径”百米处，建有一座野生猕猴观赏点。人们可在此观赏群猴的精彩表演。在城区内拥有如此规模的野生猕猴群，实为罕见。黔灵公园内的黔灵湖，湖面35公顷，像一颗晶莹的明珠镶嵌在群山环抱之中。荡舟碧水之上，令人怡然自得。湖西岸的烈士陵园，雄伟高峻的“解放贵州革命先烈永垂不朽”的纪念碑巍然屹立，松柏簇拥，广阔宏敞，气象肃穆。动物园内有黑头叶猴、丹顶鹤、东北虎、非洲狮等珍稀动物可供观赏。偶闻狮吼虎啸、狼嚎猿啼，给公园增添了不少野趣。麒麟洞，原名唐山洞，一名檀山洞，又名云岩洞，洞内一块巨石酷似麒麟，故俗称麒麟洞。洞旁曾建一庙宇，名“白衣庵”，迭经废坏，现已改筑精舍。洞口石壁，藤葛缭绕，有似织帘；阶前双桂，临秋扬芳，别有幽趣。抗日战争时期，著名爱国将领张学良、杨虎城曾先后被蒋介石囚禁于此，现已辟建为陈列室。

公园内还有建于清康熙十一年（公元1672年）的弘福寺，该寺是贵州最大的佛教寺庙和全国重点开放寺观之一，属省级文物保护单位。弘福寺金碧辉煌的古建筑群掩映在绿树浓荫之中，共有三重殿宇：进山门第一重是天王殿，内有弥勒像及四大天王塑像；第二重是观音殿，内塑千手观音；第三重是正殿，内有释迦牟尼佛像及十八罗汉塑像。正殿后为藏经楼，还有玉佛殿、地藏殿、钟鼓楼、九龙壁等。偏殿辟罗汉堂，有五百罗汉塑像。寺院外有“月池”、“塔群”、“生生泉”、“月明池”、“亦云栖”亭等，与弘福寺浑然一体，错落有致。沿蜿蜒曲折的盘山公路乘车可直达寺前。

【十里河滩国家城市湿地公园】 位于贵阳市花溪区，距市中心12公里，与青岩古镇和天河潭风景区相邻，2009年由国家住房和城乡建设部批准设立，是西南地区首个国家城市湿地公园。

十里河滩景区南起牛角岛，北至龙王村，西临花溪大道，东抵大将山山脉，长6.5千米，面积2.19平方千米。十里河滩湿地生态系统包括农田湿地、河流湿地、沼泽湿地、河滩湿地、湿草甸、沟渠等多种类型，具有

湿地公园牛角岛

蓄水及消减洪峰的功能，能够调节气候，改善环境；蕴藏极其丰富的生物资源，其中有国家级和省级重点保护植物7种——香樟、榉树、青檀、沉水海菜花、银杏、牡丹、杜仲，国家重点保护野生动物5种——大鲵（俗称娃娃鱼）、游隼、红隼、岩原鲤、多斑金线鲃。十里河滩景区秀峰环抱，竹木夹岸，洲岛错落，跌水潺潺，鱼游碧水，鹭戏浅滩，还有水车、碾房、粮仓等人文景观。陈毅元帅曾赞叹“十里河滩明如镜，几步花圃几农田”。

【花溪公园】 位于市南郊17公里处的花溪镇，始建于1936年，占地825亩，园区森林茂密，风光秀丽，景色迷人，融真山真水、田园景色、民族风情为一体，被誉为“高原明珠”，是贵州省著名的旅游风景名胜区。花溪公园的景致，沿着花溪河，以麟、凤、龟、蛇四山为中心展开，亭、台、楼、阁以及牡丹、桂花、桃花、松柏四园和人工湖、睡莲池点缀其间。亭阁玲珑小巧，水中小屿蜿蜒，瀑布迭出，芦苇碧翠，花树婆娑，莺飞鱼跃。主峰麟山峭岩嶙峋，林木森森。沿曲径拾级而上，半山有天然石洞，名“飞云岫”。洞外有“飞云阁”依危崖而筑，红柱青瓦六角飞檐，气势宏伟。至麟山之巅，有“倚天亭”，临亭放眼环顾，公园全貌，尽收眼底。龟山状如寿龟，山下碧水东流。蛇山形如长蛇，曲折逶迤。其弯曲处有三个小岫，各建亭一座，中为“蛇山亭”，左为“柏亭”，右为“观瀑亭”。山上古柏参天，怪石交错。与之相邻的凤山，形如凤凰丽冠，山麓有“棋亭”又名“玉棋亭”。当年陈毅元帅在此观“战”时，留下诗句：“劝君让他先一着，后发制人棋最高。”花溪河水清澈碧绿，曲曲弯弯溯流而上，可以饱览河水的多种风貌：或恬然静卧，波平似镜；或瀑流飞湍，泼珠撒玉；或水面骤扩，豁然开朗。其上有坝上桥，桥西有“西舍”，早年叫“尚武俱乐部”；桥东有“东舍”，又名“花溪小憩”、“憩园别墅”。两舍均临水而建。周恩来总理与邓颖超曾下榻西舍并荡舟河面，董必武、陈毅、贺龙等老一辈无产阶级革命家也曾在此下榻。1944年春，著名作家巴金与萧珊女士辗转来花溪，8年相恋终在东舍梦圆。巴金小说《憩园》大部分写于此。公园树木繁茂，四季鲜花不断，苗圃中培育着近千种四季名花，及时充实园内各处的花圃、花坛。河边岩畔还有各种野花争奇斗艳。公园内楼台亭阁、曲桥花圃错落有致，公园旁田畴交织。花溪河两岸，民族村寨点缀于碧流树丛之间，炊烟袅袅，鸡犬声声，宁静悠然，宛如世外桃源。

【观山湖公园】 位于贵阳市金阳新区观山大桥南北两侧，属金阳新区的中心区域，占地面积4800亩，是一个集观赏游览、文化娱乐、康体健身、科普教育等综合功能为一体的原生态湿地公园。观山湖公园距离贵阳市中心区仅12公里。其区域内的观山水库、金华湖、小河水库等构成的水域为公园核心范围，园区呈矩形，东西长1.87公里，南北长2.99公里。

观山湖公园的景观以现有的水体、山丘、林木、野生动物（白鹭）等构成，以湿地为特色，园内有丰富多彩的水体景观、高原湿地景致、野生鹭鸟观赏，包括自然山水风光、文化娱乐、休闲运动、科普教育及度假等游乐项目，是一座具备显著时代气息和丰富文化内涵的生态公园。

【河滨公园】 位于市中心区西南部，建于1942年，濒临南明河畔，占地255亩，依山傍水，环境幽雅，小巧别致，是闹市中一片难得的幽静天地。园内林木葱茏、花草繁茂，花坛鱼池与画廊舞厅错落有致，楼台亭榭及游乐设施掩映于绿树丛中。园内有楠园、竹屋、竹廊、竹亭，呈现闹中有静的山村野趣。园中的儿童游乐园是孩子们的欢乐世界。河岸上下，是游人品茗对弈、垂钓游泳、赏玩休憩的好去处。而游人对歌、遛鸟，则是河滨公园的独特风情。每日晨光熹微或夕阳西下之际，草坪旁，林荫道上，打拳、舞剑、散步者自得其乐。

【森林公园】 位于贵阳城区东南2.5公里处，辟建于1960年，是国内第一个城市森林公园。园内现有森林面积3900公顷，是国内目前面积最大的城市森林公园，有“筑城翡翠”之称。除了莽莽林海外， 园内还有秀水、奇石、溶洞、山谷、古迹等，以“险”、“幽”为其特色。园内峰峦叠翠，山石嶙峋。登山远望，苍山似海，恢宏巨丽。林中绿荫蔽日，凉风送爽。盛夏时节，园中气温比市区低1～2度，是纳凉消暑的好去处。密林深处有一人工湖，建有“鹿园”。众多梅花鹿放养林中，温驯活泼，惹人喜爱。盆景园中，陈列着大小盆景数百盆，玲珑典雅，造型奇特，耐人观赏。园内图云关，曾是中国红十字救护总队的中心基地。1938年，由波兰、奥地利、美国、捷克等9个国家组成的一支国际援华医疗队，自愿来到贵阳市图云关中国红十字救护总队，组织人员奔赴到抗日各战场，救护抗日爱国将士，为中国人民的抗日事业作出了巨大贡献，有的甚至献出了宝贵的生命。1943年，日军在广西使用细菌弹，英籍女医生高田宜（中国名）以自己身体作试验注射防疫针，不幸中毒牺牲，遗体安葬于图云关中国红十字救护队基地附近森林中。贵阳解放后，在市政府和海外侨胞、爱国人士的大办倡导和协助下，用乳白色的大理石建造了“国际援华医疗队纪念碑”和“英国女医生高田宜之墓碑”。纪念碑上刻有国际援华医疗队全体队员姓名、国籍；在高田宜墓碑后面，是一只用大理石精雕细琢而成的巨大和平鸽，象征人类需要和平、需要友爱。园内还建有“中山堂”，掩映于绿树丛中，庄严肃穆，游人到此，临景驻足，凭吊怀想，思绪万千。

【南郊公园】 位于市南郊7公里处，是一个以溶洞景观为主、园林山水风光为辅的城市近郊型公园，建于1966年。园内有一钟乳石溶洞，洞长587米，蜿蜒曲折，洞内石壁、钟乳石呈乳白色，状如一条白龙，以此得名“白龙洞”。洞内，石钟欲坠，石幔若帘，石笋丛生，石柱挺立，石花怒放，拟人状物，惟妙惟肖，栩栩如生。“钟声幽谷鸣”、“银河飞瀑”、“水底峻岭”、“双玉盘”、“香罗帐”、“动物园”、“花果山”、“苗岭梯田”、“雄狮怒吼”、“蘑菇山”、“悬岩百花溪公园丈冰”、“大丰收”、“江边夜景”、“旭日东升”、“枯木逢春”、“破镜重圆”、“沙僧看马”等共计33处景点，错落点缀于洞内，整个溶洞犹如一条琳琅满目的立体画廊，又似一个奇异多姿的童话世界。洞中“百步桥”，由100个石磴连成，人行其上，如置身水晶宫殿。出洞则豁然开朗，百花争妍，漫步浓荫花丛，泛舟碧波清流，令人心旷神怡。

景区景点

【十里画廊】 “十里画廊”乡村旅游区毗邻贵开高等级公路，距贵阳市46公里，开阳县城18公里。旅游区由禾丰乡和南江乡沿清龙河畔的10余个自然村寨组成，主要以沿河两岸的田园风光为载体，提供观赏、采摘、游乐等体验性休闲活动。

“住农家屋、吃农家饭、干农家活、享农家乐”是“十里画廊”乡村旅游区最大的特色，特别是打富硒糍粑、摘富硒枇杷、品富硒绿茶、尝富硒米酒、吃富硒豆花、享富硒盛宴、观民族风情等，更是最大的休闲旅游亮点，也是游客参与率和重游率最高的旅游项目。

宁静恬然的田园风光,底蕴深厚的水东土司文化,风情浓郁的布依族、苗族村寨，是十里画廊乡村旅游区的魅力所在。世代生活在清龙河流域的布依族、苗族群众，至今仍保留这很多传统的工艺和生活方式，如酿酒、打糍粑、推豆腐、碾米、榨油等。此外，这里的马头寨还是贵州独有的水东土司文化的发祥地，“马头寨古建筑群”是全国重点文物保护单位。

“旧林故渊”（凤凰寨）、“古风河韵”（河湾平寨）、“廊桥遗梦”（万寿古桥）、“玉水金盆”（底窝八寨田园风光）、“土司古寨”（马头寨）、“云山茶海”（百花富硒有机茶园）、“水调歌头”（水头布依寨）、“书香门第”（王车书法村）等民风纯朴、依山傍水的自然村寨，是“十里画廊”知名的八景，让清龙河流域获得了“十里美画廊，片片黄金甲”的美誉。

【南江大峡谷】南江大峡谷位于贵州开阳县，国家AAAA级旅游景区，2006年被评为“贵阳八景”之一，誉为“喀斯特生态博物馆”。2008年被国际旅游联合会的“中国最佳绿色生态景区”评为“最佳绿色生态景区”。“贵州十大魅力景区”。南距省城贵阳仅39公里，北距开阳县城27公里。便捷的交通使南江大峡谷成为贵阳市民周末休闲观光和来贵州旅游的长线游客继黄果树之后的必选景区。

南江大峡谷全长约18.4公里，落差218米，已开发龙广桥至锣鼓冲6.5公里，以发育典型、气势宏大的喀斯特峡谷风光，类型多样的瀑布群，优越的生态为特色，集奇峰、峡谷、峭壁、断崖、瀑布、跌水、钙华、溪泉、巨石、喀斯特森林于一峡，纳奇、险、雄、秀、野、幽、奥为一体，风光旖旎，景象万千，具很高的美学、科学和旅游价值。也是中国最具特色的漂流度假胜地。

南江大峡谷

【天河潭】位于市西南郊22公里处，是近年开发的风景游览区，兼具黄果树瀑布之雄、龙宫之奇与花溪之秀，集飞瀑、清泉、深潭、奇石、怪洞与天生石桥于一身，浑然天成；农舍水车，小桥流水，野趣盎然，清幽宜人。天河潭主要分为洞内、洞外两部分。至景区，一弯天生石桥雄跨丁壁立的两山之间，气势恢宏。过桥洞，河水似自天而降，涛声轰鸣，飞珠溅玉，形成一泓深潭，以此得名“天河潭”。潭中景致令人赏心悦目。潭旁有水洞，洞内宽大深邃，被誉为“贵阳龙宫”。乘小船漫游洞中，风光旖旎，各种钟乳石千姿百态。水洞旁还有旱洞，洞内盘旋曲折，信步其中，沿途奇景令人目不暇接。出洞则一派山野风光，穿瀑布、钻弯洞、过小桥、看水车、访农家，观赏苗家姑娘亲手织成的精美刺绣；或去参观离潭不远的石砌圆形屯堡，探访古代战争中的防御工事，可以引发您的怀古遐思。

【情人谷】 位于乌当区鱼梁河下游的阿里杨梅园旅游区中心地段，离贵阳市城区9公里。全长约2公里，两岸岩壁如削，古树倒悬，藤蔓纠葛，河谷中水流急湍，礁石砥流，涌泉鼓突，水质清澈。谷岸山体中有车郎宫、花鱼洞、通天洞、和尚洞、蝴蝶洞、神仙洞，及鬼斧神工的天梯，还有骗牛石等景点。河岸边还有一片如地毯一般的青草坪，是恋人情侣悠闲漫步、野炊露营的好去处。

【渔洞峡】 位于贵阳市东北城郊，距市中心15公里，与国家级贵阳高新技术产业开发区相连，交通便捷。景区面积约6平方公里，这是一个多姿多彩的风景名胜区：有令人神往的渔洞地下河、月亮洞等岩溶洞穴；有使人陶醉、蔚为壮观的渔洞河峡谷和渔梁河峡谷；有“其山群叠、其水曲绕”的来仙阁及多座佛教寺庙等，是集河流峡谷、山川洞石为一体的风景名胜区。来仙阁始建时名“水月小亭”、“水月招提”，至今已有400多年的历史。其间经风雨侵蚀，逐渐倾圮。清嘉庆十五年（公元1810年）重建，变亭为阁。因阁凌空高耸，四面环水，云霭缥缈，松翠鹤鸣，似有仙人来临，故名“来仙阁”。阁为木质结构建筑，高24米，占地70平方米，为六面六角三重檐攒尖顶阁楼。由下往上逐层收缩，各层翼角翘耸，十八只翼角顶端饰有龙头鱼尾祥物，下坠铜铃木鱼，微风轻拂，叮咚作响，悦耳动听。阁分三层，上层旧祀奎宿，中层祀文昌，下层供观音。

古韵陇脚

【镇山村】 位于花溪水库旁，村寨三面环水，背靠万树摇曳的青山，是一个以布依族为主体的民族村寨，为“贵州省民族文化保护村”之一。全村数百间大小石头房屋依山而建，层层叠叠，错落别致，爬上山之巅，俯瞰全村，只见绿树掩石屋，湖水映山村，一时恍如村寨飘湖面，人游图画中。镇山民居建筑的一大特点是依山而建，因地就势，就地取材，变石为宝。从古至今，镇山祖祖代代的能工巧匠们筑成一座石头之城，只要人们踏上这座石头城，恍如进入了一座中世纪的石砌古堡。古屯堡的“城墙”由规整的石墩构筑而成，城门是巨型条石拱制成型，屋顶用畸形石板取代青瓦，房屋墙壁均用方形石板镶嵌，以石代木。院坝及小巷均以石板铺设，村民们装水的水缸、装谷的干缸、马槽、猪槽等用具全是石头凿成，就连寨门口的山神庙，庙中的土地爷都用石头雕成，好似进入一座石雕的大展厅。镇山的布依族和苗族有着丰富多彩的民族传统文化艺术，至今保存比较完整，如苗族的“四月八”、布依族的“六月六歌会”等等，都是民族民间文化艺术的精华。

文物古迹

【青岩古镇】 贵州省著名的历史文化名镇，形成于明洪武年间（公元1368年-1398年），历明清两代，迄今600余年。历史悠久，人文荟萃，文化氛围极为浓郁。是建设部、国家文物局公布的历史文化名镇。青岩古镇位于贵阳市花溪区南郊，距贵阳市区29公里。因附近多青色岩峰而得名，古为屯田驻兵之地。明清之际商贾云集，寺庙林立，香烟缭绕，盛极一时。旧城四周有城墙，皆用巨石构筑于悬崖之上，依山就势，巍峨险要，颇富山寨城堡特色。有东、西、南、北四座城门，现存有建于清代的城南定广门。四门内外原有8座石牌坊，现存3座，皆为白棉石建造四柱三开间牌楼，上有楹联、浮雕，工艺精湛，栩栩如生。青岩古镇方圆3平方公里范围内，祠宇林立，规模宏伟，建有9寺、8庙、5阁、2祠、1院、1宫，近30座庙宇祠堂。保存较完整的有迎祥寺、慈云寺、川祖庙、万寿宫、云龙阁、青岩书院等。这批古建筑布局合理，气势雄伟，雕梁画栋，重檐飞角，建筑工艺精妙绝伦，令人叹为观止。青岩古镇的民居特色十分引人注目，古色古香的商业街及大街小巷的青瓦木屋，保留了浓郁的南方古民居风韵。镇内石砌的围墙、路面、柜台、庭院及石碓、石磨、石碾、石缸随处可见，极富地方风貌，因此，青岩古镇又被誉为青岩石头城。明清以来，青岩历史上出了几个著名人物。周渔璜（公元1665年-1714年）是贵州清代康熙年间著名诗人，官至翰林院编修，曾参与撰修《康熙字典》和《贵州通志》，并著有《桐埜诗抄》，对中国文化作出过杰出贡献。清康熙年间举人周钟瑄（公元1671年-1763年）曾任台湾诸罗知县，著有《诸罗县志》。清末状元赵以炯（公元1857年-1907年）以“状元及第而夺魁天下”，轰动华夏。现已恢复“赵以炯状元府第”供人游览。平刚先生是贵州辛亥革命的先驱，曾东渡日本留学，任孙中山先生中华民国临时政府秘书长。现存平刚先生故居。镇内还有众多历史文化遗址和自然风物景观：现存1935年4月中国工农红军长征作战指挥所；抗日战争时期周恩来、邓颖超同志父母曾居地；清咸丰十一年（公元1861年）震惊全国的青岩教案遗址。有占地200余亩，相传为云龙阁和尚所植的国内珍稀保护植物青岩油杉林以及全国著名古生物化石山—云上坡。青岩的民间文化活动丰富多彩。每年正月间的舞龙、跳花灯，吸引着成千上万的男女老幼前来观赏。青岩土特产颇具魅力，刺梨糯米酒、双花醋、玫瑰糖、豆腐果、水盐菜、苦丁茶等遐迩闻名，深受人们喜爱。

【甲秀楼】贵阳城南南明河中流有石矶突起，名鳌矶。明万历二十六年（公元1598年），贵州巡抚江东之、巡按应朝卿于此石筑堤，拦截水势；并在鳌矶石上建楼，命名“甲秀”，取“科甲挺秀”之意。天启元年（公元1621年），楼毁于兵燹，后总督朱燮元重修，更名“来凤阁”。清康熙二十八年（公元1689年），巡抚田雯重建，恢复甲秀楼旧名。清雍正十年（公元1732年），巡按张广泗、布政使常安增修。乾隆四十一年（公元1776年），巡抚裴宗锡重修，并题楼额，又在浮玉桥上增建涵碧亭。光绪初，布政使林肇元重修，并题楼额。宣统元年（公元1909年），楼毁于火，巡抚庞鸿书重修，湘人谢伦书楼额，现为贵阳市标志性建筑。甲秀楼为三层三檐四角攒尖顶阁楼，高约20米，飞甍翘角，石柱托檐，屹立河中。浮玉桥如白玉卧波，穿过楼下，贯通两岸。桥上有涵碧亭，桥下有涵碧潭、水月台，登楼远眺，远山含翠，近水涌绿，令人心旷神怡。入夜，华灯齐放，楼、桥、亭、台，火树银花，恍若仙境。过浮玉桥抵南岸的翠微园，该园原名“南庵”，始建于明宣武年间，距今已560多年。南庵曾多次更名，先后称水月寺、圣寿寺、忠烈祠、武侯祠。明永历九年（清顺治十二年，公元1655年），迁武侯祠于南明河北岸，改祠为观音寺，1956年改为甲秀小学。1990年贵阳市人民政府拨款修复，更名为“翠微园”。翠微园前临南明河，后枕小山，老树交阴，风景清幽，向为贵阳游览胜地。旧志称其“琳宫璀璨，云

甲秀楼

木萧疏，山光水色，晴雨皆宜，诚为南郊胜景”。题咏的诗文楹联颇多，以阮元（芸台）七律及汪炳暾联语最著名。甲秀楼景区均为省、市文物保护单位，2006年6月国务院列为第六批全国重点文物保护单位。

【息烽集中营旧址】 息烽集中营是国民党军统局在贵州设立的一所特别监狱、秘密监狱。因其址在息烽县城南6公里处的阳朗坝猫洞（今息烽县永靖镇猫洞村），又称阳朗集中营或猫洞集中营，与重庆望龙门看守所、渣滓洞监狱统称为国民党军统的三大集中营。其中息烽集中营规模最大。息烽集中营于1937年建立，1946年7月撤销。先后关押过罗世文、车耀先、许晓轩、杨虎城、黄显声、宋绮云、张露萍、韩子栋（著名长篇小说《红岩》中华子良的原型）、马寅初等中共党员、进步人士1200余人，其中被秘密杀害和折磨致死的有600多人。位于息烽县城北面约8公里的玄天洞，曾是明清时闻名遐迩的道教圣地，因关押著名爱国将领杨虎城达8年之久，成为息烽集中营的重要组成部分。1982年息烽集中营旧址被列为贵州省重点文物保护单位，1988年被列为全国重点文物保护单位，1996年又被中共贵州省委、省政府命名为全省第一批爱国主义教育基地。1997年初息烽集中营革命历史纪念馆成立。同年5月，中共贵阳市委、市政府又将息烽集中营革命历史纪念馆命名为贵阳市爱国主义教育基地。李鹏、杨汝岱等党和国家领导人曾先后前来参观，并留影题词。2008年4月被中宣部、财政部、文化部、国家文物局列为首批重点扶持、免费开放的博物馆、纪念馆。

【中共贵州省工委旧址】 中国共产党贵州省工作委员会旧址（以下简称省工委），在贵阳市文笔街9号（后门为忠烈街8号）高公馆花园内。高公馆大门对面为贵阳女中（现二中）右边围墙，左邻邬家巷，右下为文明路，为清代乾隆以来高姓聚居的住宅。四进四院，有天井十余个，房屋数十间。花园名怡园，有后门通忠烈街。1934年省工委成立，次年1月经中共中央批准林青任书记，邓止戈、秦天真为委员。高家青年高言志参加革命活动，为掩护革命工作和便于与同志们联络，他提供高家花园中“怡怡楼”和“楼外楼”两处房屋，作同志秘密居住和工作会议之地。1934年9月，林青、秦天真等在此进行秘密集会，部署工作。1937年6月，“全国学联”杨蕴青由北平到贵阳，省工委在楼外楼召开积极分子会议，参加者20余人，为贵州省学生救国联合会的成立奠下基础。1938年2月19日，国民党特务逮捕“学联”领导骨干，当晚李策在楼外楼召开各校中共支部负责人会议，商讨对策和营救办法。同年，由谢凡生等负责联络60多人参加的“贵阳社会科学座谈会”，也在此召开大会。楼外楼是当时一些党员入党宣誓的地方。怡怡楼是高家藏书楼，省工委的文件、书刊均秘密存放于藏书之中，刻印文件及宣传品等工作也在此进行。秦天真曾秘密居住楼上。高家花园是省级重点文物保护单位。

【达德学校旧址】 位于市区中华南路忠烈宫内，创于清光绪三十年（公元1904年），初名民立小学堂，次年更名达德小学堂。民国元年（公元1912年）更名为达德学校。民国9年（公元1920年）增办中学，后又增办女中。为贵州著名私立学校之一。创办人有黄于夫、凌秋鹗、贾一民等人。辛亥武昌起义不久，贵州革命自治学社在贵阳发动武装起义，该校积极响应。达德学校历史悠久。革命先烈王若飞即该校毕业生，后来曾在该校担任教师。民国16年（公元1927年）8月，贵州省主席周西成以“结党营私，图谋不轨”罪名解散达德学校，改组为省立第二小学。民国18年（公元1929年）8月4日该校恢复旧名，定8月4日为复校纪念日。民国20年（公元1931年）“九·一八”事变，贵阳教育界成立“抗日救国会”，会址设于该校。抗战期间筑光音乐会（共产党领导的文艺团体）在此设立达德支队，创办地下刊物《新生》，宣传党的抗日主张。八路军驻贵阳交通站一度曾借该校作办公地点。1950年，达德学校与私立正谊、南明中学合并，改为贵阳市第二中学。1956年，南明区政府在原址另建立科学路小学。达德学校为省级文物保护单位。忠列宫又名忠烈庙，俗称黑神庙，始建于元代，祀南霁云。明景泰《寰宇通志》云：“忠烈祠在宣慰司南，元时建，祀唐忠臣南霁云。国朝洪武十七年重建。”《贵阳府志》云：“正统时，贵州按察使王宪请于朝，始列秩祀，赐庙额曰‘忠烈’”。正德元年（公元1506年）重修。清康熙十二年（公元1673年），暴雨连绵数日，中梁毁损，是年复建。以后，乾隆十四年（公元1749年）及三十八年（公元1773年）皆重修。道光十八年（公元1838年），增建客房，改建大门。光绪二十七年（公元1901年），私立达德学校成立，借忠烈宫部分房屋为校舍。民国25年（公元1936年），忠烈宫大门（连戏台为一个整体建筑），改建为半西式建筑，整个忠烈宫古建筑形式受到破坏。这半西式的楼房，是贵山民众图书馆馆址所在。忠烈宫大殿建于康熙年间，结构庄严高大，为现今市区内为数不多的古建筑。忠烈宫第二进大殿（达德学校礼堂）前面右壁，有清代管理忠烈宫房屋的组织“盔袍会”某次购置房地产的记事石刻，今存。忠烈宫为市级文物保护单位。

【文昌阁】 位于市区东门月城内。据万历《贵州通志》载，阁建于万历二十四年（公元1596年）。该志卷首绘有贵阳城垣图，文昌阁屹立东门月城之上，为三层结构，清晰可见。清代，文昌阁屡次重建和维修。民国年间失修，常为驻兵之所，机关亦任意占用，且一度为囚禁进步人士之所。文昌阁以结构奇异著名。阁系文昌宫寺院的主体建筑，坐东面西，后倚城墙。东门在贵阳各城门中地势最高，阁又高踞于东门之上，有高屋建瓴之势。阁高约20米，通面阔11.47米，进深11.58米，为三层三檐不等边九角攒尖顶结构。底层正方，四角翘檐，二层和三层均九角翘檐，九面开窗，其上覆以宝顶。九角作图的原理是将圆周先分四等分，再将正面（向西一面）一条弧三等分，构成三角；其余三条弧均二等分，构成六角；合起来，便成为一不等边的九角形。在整个结构上，底层的金柱通到第二层作该层檐柱，另在底层横梁上立金柱通到第三层作该层的檐柱。第三层顶部空悬着的雷公柱，则由九根角梁拱撑着；在二层的横梁上另立金柱和檐柱作为支点，承托着宝顶。如此枋梁承挑，逐层收缩，既分散了承重支点，增强了阁楼的稳固性，又扩大了楼面空间及其使用面积。除底层为四边形外，二、三层各处结构，都按三、九的数目或其倍数设计，如屋顶为九角，梁为八十一根，柱为五十四根，二、三层的楞木各为九根。这种造型的阁楼为国内仅存。1983年，贵阳市人民政府决定维修文昌阁，历时3年多，全部竣工。1988年正式对外开放。文昌阁为全国、省、市文物保护单位。

【阳明洞】 为中外驰名的王学圣地，是明代哲学家、教育家王阳明先生读书悟道和讲学之所，主要有阳明洞、何陋轩、君子亭、王文成公祠等景点。阳明洞，位于修文县城东北1公里的龙冈山腰。原名“东洞”，王阳明先生移居其间后，更名为“阳明小洞天”，世称阳明洞。前后三通，洞中有洞，可容百人以上。主洞口刻有明代贵州宣慰使安国亨书“阳明先生遗爱处”七字，洞内有明、清、民国各代仕宦及名人瞻仰所书摩崖40多幅。洞口外有两株参天柏树，系阳明先生手植。何陋轩，是当时的苗、彝民众见阳明洞内阴湿，遂在洞右边构筑的一间木屋，供阳明先生居住。阳明弟子敬仰先生之德，特在轩内四壁嵌刻有清代贵州布政使罗绕典、黔抚乔用迁等书录的阳明先生文章。君子亭，由当时民众自发在龙冈山顶筑建。阳明先生爱竹，认为竹有君子之德、操、时、容，故取名君子亭。重修后的君子亭，独具逸秀。亭侧立有阳明先生《君子亭记》石碑。王文成公祠，位于龙冈山顶，系阳明先生创办龙冈书院故址。祠与正殿、右厢、元气亭组成四合院。祠门上嵌“三载栖迟，洞古山深含至乐；一宵觉悟，文经武纬是全才”等对联二副。祠内嵌有阳明先生《龙冈漫兴》等诗碑。正殿供奉王阳明先生铜像。右厢一楼一底三通间，曾幽禁民族英雄张学良将军两年有余。全国、省文物保护单位，全国爱国主义教育基地。

【《新华日报》贵阳分销处旧址】 位于贵阳市富水西路12号（原慈善巷8号），是中共贵州省工委领导下负责党报发行的组织。1982年2月23日经贵州省人民政府公布为第一批省级文物保护单位。

《新华日报》贵阳分销处成立于民国27年（1938年）9、10月间，是租赁黎姓居民的房屋一间作为办公室用。这是一栋普通的木结构老式平房，跨进大门，是一个大约30平方的石板天井，坐东向西的是长三间有小楼的正房，对厅也同样是长三间的木结构瓦房。在这个机构建立以前，党中央为了宣传抗日，传播马列主义，在一些国民党统治的中、小城市相继建立了生活书店、新知书店的分店，这些书店出售革命书刊的同时，也零售重庆出版的《新华日报》。当时设在贵阳马家巷的《大公报》社，也出售少量的《新华日报》，由于读者踊跃，门市上往往供不应求，兼之有些心怀叵测的人借抢购的手段来达到没收的目的，使得一些地下党员和进步人士无法获得党报。民国27年（1938年）4月秦天真和邓止戈由延安回贵阳主持中共贵州省工委的工作，在生活书店工作的党支部书记熊蕴竹向他们汇报了以上情况，省工委作出了在贵阳设立《新华日报》贵阳分销处的决定。恰在这时，《新华日报》记者秋江由重庆来贵阳采访，省工委请秋江同志将设置党报专门分销机构的意图带回去研究， 不久，总社表示同意，并颁发椭圆形橡皮印章一枚。尽管开展工作困难重重，但《新华日报》贵阳分销处的成立，却成为地下党组织进行抗日救亡运动的一盏指路明灯。

《新华日报》贵阳分销处旧址保护至今尚好，为一木结构四合院平房，正房及对厅均为三楹瓦房，中间为庭院。分销处租用的是坐东向西靠北正房，前后隔为两室，一为工作室，一为卧室。最近，贵阳市考虑结合中华路街景环境整治将原有居民迁出旧址对文物进行维修。

宗教场所

【弘福寺】 弘福寺位于贵阳市黔灵山群峰中心，距城约1.5公里，是十方丛林，为贵州首刹，向有“黔南第一山”之称。弘福寺于1672年（清康熙十一年）由赤松和尚开创，“弘福”二字乃“弘佛大愿，救人救世；福我众生，善始善终”之意。赤松是为本寺开山始祖，佛法为临济一系之正宗，乃禅门五宗之一。1983年，列为国务院公布的全国重点开放寺院之一，同时定为省重点文物保护单位，1987年7月，慧海法师出任方丈法席，为第十五任住持，复兴黔灵禅法。

2005年9月，心照法师接替慧海老法师，出任弘福寺第十六任住持，于2006年9月吉日升座，荣膺黔灵山第十六代方丈，现在，弘福寺已成为贵州省佛教活动中心和具有特色的旅游胜地。

【西普陀寺】 位于贵阳市白云区南湖新区龙井路，总占地面积4万多平万米，其中主建筑占地2万多平方米，广场面积6000多平方米，绿化率达55%以上，是在原白云寺的基础上异址、更名修建的。寺院集办学、修行、安居、传戒、佛学研究为一体的大型传统寺院。西普陀寺的设计修建，严格按照中国古典寺院建筑的传统布局与风格，融合传统的建筑艺术、园林艺术与佛教文化，充分体现出独特的建筑艺术和深刻的宗教内涵。

【贵阳北天主教堂】 贵阳北天主教堂（今和平路）是贵阳市现存历史最长、中西建筑风格混合的天主教教堂。清乾隆三十九年（1774年）天主教传入贵阳。道光三十年（1850年）天主教贵州教区第一任主教白斯德望(Albrand,1805年-1853年)修建了贵阳第一所长17米，宽11米的正式天主教堂。同治十三年（1874）贵州主教李万美将原教堂拆除重建，光绪元年（1875年）因火灾使即将完成的教堂付之一炬，后再行重建，于次年完工，即今上北堂之大教堂。主建筑大教堂（现存）长50米，宽18米，檐高10米，建筑面积850平方米。随着100多年的城市变迁，大门朝向改在相反的和平路一面，教堂整体面积也缩小了二分之一。现占地约8000平方米，所剩下的历史建筑10来座。目前，贵阳北天主教堂仍是全省天主教的中心和最大的教堂。

【贵阳南天主教堂】 南天主堂旧址为1860年贵州提督田兴恕在贵阳城内六洞桥的公廨(今博爱路贵阳市一医旁)，后在贵阳新华路与兴隆街交汇处重建，2003年3月2日，重建的南天主堂正式启用。

1860年，胡傅理被罗马教廷任命为贵州主教。当时的贵州提督田兴恕和巡抚何冠英不愿执行《北京条约》中公开合法传教的条款。1861年端午节，贵阳青岩大修院的守门人罗廷荫和修士与“游百病”的人群发生口角，青岩团总赵畏三（国澍）带领团丁逮捕修士张文澜（张如祥）、陈昌吕及守门人罗廷荫，抓到龙泉寺看管，放火烧毁修院。院长白伯多禄带着部分修生逃走。因而引发青岩教案。正在交涉期间，田兴恕密令将3人及修院女厨王玛尔在青岩镇谢家坡斩首，又发生了“开州教案”。最后清政府将田兴恕革职并充军流放新疆，将田兴恕在贵阳城内六洞桥的住宅(今博爱路贵阳市一医旁)，赔偿作天主教堂（南天主堂）；赔偿白银120001两。事后另拨土地修建青岩天主教堂。

【黔明寺】 黔明寺位于贵阳市阳明路中段，是贵阳市重要的佛事场所，贵州省佛教协会和贵阳市佛教协会均设于寺内。黔明寺建于明末，距今有300多年历史。清乾隆三十六年（公元1771年）曾重修，宏盛一时。咸、同年间，兵火连年，僧众离散，一叫舒竹平的士绅，借故据为私有，并改名为“舒家祠堂”。一直到民国21年（公元1932年）左右，贵州省佛教会在绅耆平刚等支持下，才收回黔明寺，恢复旧名。民国2 2年（公元1933年）迎广妙法师为该寺住持。寺内建筑有大雄宝殿、大悲阁和藏经楼。大雄宝殿为寺内首殿，内塑有释迦牟尼及普贤、文殊坐像。中殿大悲阁内塑千手观音像，左右有善才、龙女，两边有阿弥陀佛和地藏菩萨。大悲阁匾额为中国佛教协会原会长赵朴初所题，楹联为著名书法家陈恒安书。寺内大小佛像均贴真金，可谓金碧辉煌。藏经楼飞檐翘角，共三层，上层藏有影印的《碛砂藏》和《频伽藏》各一部，共一千余册，又有大小铜佛像数十尊；中层供达摩像；底层在广妙圆寂后供广妙塑像。黔明寺为省级文物保护单位，是全国重点开放的寺观之一。

【仙人洞】 位于贵阳市东栖霞山上，是贵阳市仅存的一座道观。传说有仙人来此栖息过，因而得名。山上有三个天然石洞：来仙洞在半山腰，洞内平敞可居，洞外有松竹花草，洞口题有“来仙”二字；靠山顶处是仙灯洞，坐东朝西，每当夕阳西下，阳光照入洞内即反射出彩色光芒，犹如洞中有灯，洞中塑关羽像；八仙洞在仙灯洞之上，洞中塑八仙像。仙人洞现有古建筑两座：一为三官殿，建于康熙十二年（公元1673年）；一为三清殿，建于清初。有摩崖两处：一为刻于山壁上“云川万里”四个大字；一为刻于八仙洞东侧石壁上的吕洞宾像。仙人洞是市级文物保护单位、贵州省重点道观。

【觉园】 原名长生庵，位于云岩区富水北路，建于清光绪初年。1937年改名觉园，广收皈依弟子，前往礼佛者络绎不绝，香火缭绕，盛极一时。20世纪60年代，觉园尼姑在殿前街房开设豆花饭店，主要经营豆花饭和素菜。其豆花鲜嫩可口，素菜物美价廉，在贵阳远近闻名，筑城市民及外地来宾多慕名到觉园品尝豆花饭。觉园现已建为仿古式建筑，分前后两进，各三层。临街第一进为餐馆部，经营素食。第二进为宗教活动场所：底层为大雄宝殿，供有玉佛一尊；二层为藏经楼。

经济生态建设

JING JI SHENG TAI JIAN SHE

第一产业

【概述】 贵阳市坚持以生态文明城市建设为统领，切实转变农业发展方式，调整农业产业结构，加快推进农业标准化、集约化、产业化、规模化、市场化，在遭受有气象记录以来特大旱灾严重影响的情况下，采取“大田作物损失蔬菜种植补、大季损失结构调整补、种植业损失养殖业补、农业损失务工收入补”等有力措施，实现大灾之年农业生产不减产、农民不减收的目标。2011年，实现第一产业增加值62.55亿元，比上年增长2.8%，增幅居于全省前列；农民人均纯收入7381元，比上年增长23.5%，连续4年超过全国平均水平。粮食总产量40.24万吨，比上年下降25.5%；油菜籽产量5.47万吨，比上年增长26.2%；水果产量11.06万吨，比上年增长5.4%；肉类总产量13.94万吨，比上年增长0.3%；禽蛋产量2.24万吨，比上年增长2%；牛奶产量3.78万吨，比上年增长2.3%；水产品产量9058吨，比上年增长3.9%。全年完成营造林8671公顷，比上年增长77%。（翟宇鸣）

【落实强农惠农政策】 全市各级农业部门认真贯彻执行中央、省委、市委一系列强农惠农政策，切实减轻农民负担，增加农民补贴性收入。2011年，通过一卡通兑现农作物良种补贴2112.77万元，其中水稻良种补贴823.25万元，玉米良种补贴627.02万元，小麦良种补贴75.13万元，油菜良种补贴587.37万元；发放农机补贴资金2010.14万元，落实农机具购置补贴11618台（套）。成立贵阳农业担保公司，为多渠道增加“三农”投入、加快发展生态农业提供金融服务。（翟宇鸣）

【加快农村经营体制改革】 贵阳市进一步稳定和完善农村基本经营制度。加快推进农村土地承包经营权流转，在9个区（市、县）成立农村土地流转服务中心，建成乡镇级农村土地流转服务站79个，明确村级信息员1072人，基本形成覆盖市、县、乡、村四级的农村土地流转信息网络体系。全年通过土地流转服务中心备案合同2984份，流转面积986.7公顷，涉及农户3037户。发挥龙头企业、农民专业合作组织等产业化组织的作用，引导农民生产由单家独户小生产向区域性集约经营转变。全市农业产业化龙头企业113家，其中国家级龙头企业8家，省级龙头企业31家，市级龙头企业74家，龙头企业带动基地面积2.67万公顷以上，带动农户10万户以上，产值上亿元龙头企业18家；发展农民专业合作社460家，带动农户5.5万户。在深入推进集体林权制度改革方面，市林业绿化局、市财政局、中国人保贵阳公司共同制定出台《贵阳市政策性森林保险试点方案》，全年办理林地流转3起，面积73.3公顷，办理林权抵押贷款面积68.2公顷，抵押贷款金额300万元。（翟宇鸣）

【优化农业产业布局】 贵阳市围绕蔬菜、畜禽、水果、烟叶等主导产业，加快建设规模化、标准化、产业化、专业化商品基地，初步形成一批资源利用效率高、优势产业突出、生产过程无公害、产品效益明显的农产品生产基地。种植业：以贵遵、贵黄等公路沿线和低河谷地区为核心，建立夏秋反季节、次早熟、加工、特色经济观光等四大蔬菜产业带；以“三县一市”为重点，发展枇杷、杨梅、桃、葡萄、梨、樱桃等产业，形成特色果树产业带；利用贵阳丰富的中药材资源，形成以清镇桔梗与金银花、乌当白术、修文玄参与观音草、息烽栝楼与续断等为主的四大中药材种植基地，形成以息烽续断、花溪黑骨藤、清镇金银花、铁筷子、见血飞为主的三大野生中药材抚育基地；以开阳县禾丰乡、清镇市红枫湖镇为核心，重点发展以优质富硒绿茶等为主的高品质绿茶，形成开阳县优质富硒茶产业集群和围绕百花湖、红枫湖的湖滨茶叶观光保护带。畜牧业：以清镇为核心，依托温氏公司、大发公司、希望集团等企业，形成年产优质肉鸡千万羽以上全省最大的肉鸡产业集群；以清镇、修文、乌当为核心，依托三联乳业、好一多乳业，建设大型标准化牧场，打造万头奶牛产业带；以开阳、修文、乌当为核心，依托台农公司等企业，形成优质生猪产业区；以开阳、花溪为核心，依托南江公司等企业，形成存栏蛋鸡三百万羽以上工厂化禽蛋生产园区。（翟宇鸣）

【特色种植业】 贵阳市在花溪、息烽、清镇启动实施4个万亩保供蔬菜基地建设，在白云、南明启动实施2个食用菌产业园和2个蔬菜专业村项目建设；全年完成蔬菜播种面积9.33万公顷（次），蔬菜产量180万吨，食用菌产量1.83万吨，保障了市民“菜篮子”供给。全年新建果树产业基地2682.9公顷，全市果树总面积2.47万公顷，涉及农户14.8 万户，产值5.85亿元。全年完成中药材核心基地示范及辐射带动种植2133.3公顷，仿野生种植及野生抚育8000公顷，总产量1.25万吨，总产值1.5亿元。全市新建优质茶园686.7公顷，全市茶园总面积5706.7公顷，茶叶总产量2500吨，总产值11960万元，其中名优茶产值6640万元，占总产值55.5%。采用订单农业形式，发展小杂粮种植，全年完成高粱种植面积790.6公顷，小米基地建设100.3公顷。各基地成立专业协会，由专业协会与收购企业签订订单，进行订单收购，经济效益显著。（翟宇鸣）

【生态畜牧业】 2011年，贵阳市进一步扩大生猪、肉鸡、蛋禽、奶牛等养殖规模，加快发展生态畜牧业。全年新建或扩建大金、雪峰、九天等10个年出栏万头生猪养殖园区，完成13个年出栏千头生猪养殖场标准化建设升级改造，全市实现新增出栏商品猪12万头，生猪出栏135万头，比上年增长9.1%。做大做强清镇市千万羽肉鸡产业集群，加快息烽千万羽肉鸡产业基地县建设，启动花溪现代循环农业畜禽产业园区项目，

息烽栝楼种植基地

全市肉鸡出栏2250万羽，比上年增长25%。支持南江、长生源、黔福、创新、原禾牧业等企业改扩建蛋鸡养殖园区，新建修文县六屯乡年存栏20万羽蛋鸡养殖园区，全市10万羽以上蛋鸡养殖园区达8家，新增存栏蛋鸡40万羽，蛋鸡存栏量370万羽，比上年增长12%。加快推进清镇市、开阳县4个存栏3000头大型标准化奶牛养殖小区和清镇市石关日处理1000吨乳品加工厂建设，全市核心奶牛群体达1.2万头。大力推行“养殖→有机（生物）肥→种植→养殖”的生态循环种养模式，加快实施畜禽粪污无害化处理，在粪污相对集中的规模养殖场重点实施畜禽粪污能源利用工程，把畜禽粪尿转化为农村清洁能源和有机肥。在开阳县、花溪区、修文县、乌当区、清镇市布局，建立5个有机复合肥生产点，利用“阿科蔓”生态基处理技术、畜禽粪便蚯蚓养殖技术和大中型沼气池处理等技术实现畜禽养殖粪污有效利用和处理，促进畜牧业循环、健康、可持续发展。进一步规范规模养殖场（户）建设，全市共认定规模养殖场（户）335家，成功申报获得国家级、省级标准化示范场称号的养殖企业分别有7家、5家。（翟宇鸣）

【农产品加工业】 贵阳市以农民增收为核心，以做大总量为目标，加快农业结构

调整，农产品加工业实现快速发展。全市农产品加工业总产值211.2亿元，比上年增长29.9%，工业增加值增长速度29.6%；上缴税金8.08亿元，比上年增长32.9%。规模以上农产品加工企业139家，调味品、畜产品、现代中药、蔬菜等具有比较优势的特色农产品加工原料基地规模快速扩大，逐步形成花溪羊艾食品工业园、修文扎佐医药工业园、乌当顺海食品工业园等初具规模的食品药品产业集群。农产品加工企业通过技术创新，涌现出老干妈、味莼园、贵州龙、黔五福、益佰制药等名优企业。（翟宇鸣）

【农产品质量安全监管】 2011年，全市围绕食用农产品生产环节和优势产业，抽检各类农资及农产品14.2万批次，合格率达99.9%。开展豇豆、瘦肉精、生鲜乳、兽药及兽药残留、水产品质量安全、农业投入品监管、“三品一标”等专项整治行动，出动农业执法人员17653人（次），检查生产经营使用企业6816家，立案调查各类农业违法案件64起，结案59起，查处违法农业投入品和农产品25吨，价值金额28.87万元，对企业违法行为依法处以罚款9.11万元，没收违法所得1.32万元，确保全年无重特大农产品质量安全事故发生。切实抓好“三品一标”认证工作，全市新增无公害农产品认证100个，新增绿色食品认证8个，新增有机农产品3个；花溪辣椒获得了农产品地理标志登记保护产品。全市已建成省级无公害农产品基地120个，市级无公害农产品生产基地325个，各类无公害生产基地面积达到4万多公顷。（翟宇鸣）

【动（植）物疫情防控】 为深入推进兽医管理体制改革，切实提高重大动物疫病防控能力，保证动物及动物产品质量安全，确保人民身体健康，贵阳市出台《关于进一步加强基层动物防检队伍建设的意见》。全年禽流感、口蹄疫免疫密度达100%，高致病性猪蓝耳病、猪瘟、新城疫等免疫密度达国家标准。初步建成贵阳市动物疫病可追溯体系并投入运行，市动物疫病预防控制中心实验室通过省农委验收，成为全省第一家通过验收的实验室。加强农业植物有害生物防控体系建设，逐步完善重大病虫监测防控网络，共设立122个病虫监测点，发布病虫预报与防治动态206期。稳步推进专业化防治队伍建设，实施专业化防治5.25万公顷。持续推广重大病虫害综合防治技术，推广面积13.74万公顷，防治效果达83.9%，主要农作物化学农药用量减少15.5%，病虫灾害实际损失率1.2%，达到损失率小于5%的防治目标。建立农药面源污染治理技术示范点61个，治理面积3186.7公顷，探索出饮用水源保护区农药面源治理技术模式——“杀虫灯绿色控害辅以无害化配套治理技术”。（翟宇鸣）

【农业科技培训】 贵阳市围绕农业增效、农民增收和农村稳定工作大局，积极开展贫困地区农村劳动力转移、“阳光工程”、农民技术、“绿色证书”等农业科技培训，全面提高农民自身素质和农业科技含量。全市共完成“阳光工程”培训6560人，“雨露计划”培训6800人，转移培训5450人，“农民技术普及培训”20万人次，“绿色证书”培训6500人，颁证5000人。全年财政投入贫困地区农村劳动力转移培训经费735万元，“阳光工程”培训经费344.2万元，农民技术培训经费135万元，有力保障农业科技培训工作的顺利开展。（翟宇鸣）

【2011中国·贵州国际绿茶博览会】 2011年7月8日至10日，主题为“贵州绿茶·秀甲天下”的2011中国·贵州国际绿茶博览会在贵阳国际会议展览中心举办。本次博览会是由中国农业部和贵州省人民政府主办，贵州省农业委员会、贵阳市人民政府承办的全国性茶事活动，汇聚国内十大名茶、贵州五大名茶及其他知名品牌茶叶。北京、天津、四川、陕西等15个省、自治区、直辖

2011中国·贵州国际绿茶博览会会场

市政府组团参展，中茶、吴裕泰、武夷星、大益等国内外知名茶叶企业538家参会，涵盖茶产品、茶用具、茶机械、茶文化等产业链。会议展场面积2.5万平方米，展位470个，吸引10.6万人观展，现场交易额2439.54万元，签订订单389笔，订单金额近5亿元。展会期间，举办了文艺演出、茶产品展销与经贸洽谈、中国茶叶高端论坛、万人品茗、茶叶生态游等系列茶事活动，突出了包括贵州绿茶在内的中国茶类特色，展示了贵州人文风情、历史文化和旅游资源，深化了贵州茶产业的对外交流合作。（翟宇鸣）

【2011中国·贵阳特色农产品交易会】 2011年8月10至14日，主题为“生态贵州·绿色产品”的2011年中国贵阳特色农产品交易会在贵阳国际会议展览中心举行。本届农交会是贵州省规模最大、企业最多、范围最广的农业展会，展出面积2.5万平方米，展位536个，上海、江苏、安徽、黑龙江等10个省、自治区、直辖市政府组团参展，食品、饮料和机械行业世界500强和中国500强企业，台湾、香港地区和越南、泰国、德国、欧盟及全国多家农产品生产、加工及百盛、家乐福、华联等企业客商888家参会，吸引30万人观展。展会期间，各项农产品销售额1.3亿元，签订订单协议8亿余元。同时，还举办了优势特色农产品推介会、农产品质量安全在身边专题访谈等系列活动，极大地宣传展示了贵州特色农产品，促进了贵州农业的交流合作与贸易。（翟宇鸣）

第二产业

【概述】 贵阳市认真贯彻落实全省工业发展大会、全省民营经济发展大会及全市振兴工业经济大会精神，按照生态文明城市建设的要求和“工业强市”战略部署，加强目标管理，狠抓各项工作落实，全市工业经济呈现出“发展提速、转型加快”态势。2011年，实现全部工业增加值454.9亿元，比上年增长22.3%。其中，规模以上工业增加值365.23亿元，比上年增长23.4%。十大工业行业规模以上工业增加值277.69亿元，比上年增长20.3%。六大特色支柱产业实现工业增加值270.88亿元，比上年增长24.8%。轻工业规模以上工业企业增加值比上年增长20.5%，重工业规模以上工业企业增加值比上年增长26.1%；国有企业规模以上工业增加值比上年增长20.9%；国有控股规模以上工业企业增加值比上年增长18.3%；非公有制规模以上工业企业增加值比上年增长32.5%；外商及港澳台投资规模以上工业企业增加值比上年增长23.2%；高新技术规模以上工业企业增加值比上年增长26.5%。

2011年，全市规模以上工业主营业务收入1417.47亿元，比上年增长23.1%。实现利税总额265.38亿元，比上年增长26.7%，实现利润67.78亿元，比上年增长19.2%。工业综合经济效益指数226.01，比上年提高30.6个百分点。（邓朝阳）

【工业投资和重大技术改造项目建设】 2011年，贵阳市工业投资累计完成560亿元，比上年增长109%。全年开工建设贵州轮胎高性能子午胎异地技改项目、贵州中煤盘江煤矿机械装备成套研发制造项目、贵州皓天光电年产3000万片LED用蓝宝石项目、险峰机床厂异地搬迁扩能项目、奇瑞客车项目等123个重大工业项目，项目总投资674.3亿元，项目建成达产后预计年新增产值1160.5亿元。全年累计建成开磷剑化异地搬迁技术改造项目、海信模组项目、振华新材料3000吨锂离子电池、凯沃重工项目、枫叶建筑聚乙烯PE管材项目、景峰药业葡萄糖川芎注射液生产线技改项目、皓天光电年产3000万片LED衬底材料一期项目、贵州华工工具注塑有限公司汽配厂整体搬迁技改项目等120个工业项目，项目总投资145.9亿元，建成达产后预计新增工业产值246亿元。（屈　艺）

【重点工业园区建设】 贵阳市不断加大对重点园区的建设力度。截至2011年底，全市十大工业园区完成基础设施投资215亿元，产业项目投资250亿元，实现工业产值835亿元、占全市规模以上工业产值的50.2%，提供就业岗位8.9万个。十大园区实际建成面积41.7平方公里，建成并已投产企业243家，在建项目142个。全年共平整土地1562万平方米、建成道路85公里、供水管网124.7公里、排洪大沟48公里，通信管网基本建成，园区公共信息平台建设启动。小河——孟关装备制造业生态工业园、麦架——沙文高新技术产业园成为国家级新型工业化产业示范基地，息烽磷煤化工基地、清镇铝煤化工基地被评为省级新型工业化产业示范基地，其余园区被列为省级示范工业园区。

麦架——沙文高新技术产业园全年完成基本建设投资40.07亿元，产业项目投资29.45亿元，黎阳、凯阳、国检中心、贵州科学院等一批企业入驻园区。小河——孟关装备制造业生态工业园全年完成基础设施投资46.06亿元，奇瑞客车、中国普天、中煤盘江、中联重科、凯沃重工等成为园区龙头骨干企业。南明龙洞堡食品轻工业园全年完成基础设施投资20.6亿元，产业项目投资15.4亿元，江苏雨润、春梅酿造等企业入驻发展。白云铝及铝加工基地全年完成基础设施投资18.51亿元，产业项目投资17亿元，今飞轮毂、15万吨铝板带、华科等一批产业项目入园发展。乌当医药食品工业园全年完成基础设施投资19.58亿元，产业项目投资13.07亿元，吉品风味食品、高新惠诚、富鑫、新民等企业入驻。清镇铝煤化工基地全年完成基础设施投入25.01亿元，产业项目投入57.33亿元，广铝、昊华、联合能源等一批项目入园发展。修文扎佐医药工业园全年完成基础设施建设投资20.04万元，产业项目投资59.72亿元，贵钢、黔轮胎、贵酒等企业进驻。息烽磷煤化工基地全年完成基础设施投资23.12亿元，产业项目投资21.04亿元，中化开磷化肥公司、开磷磷业公司、汇川能源公司等企业进驻。开阳磷煤化工基地全年完成基础设施投资20亿元，产业项目累计完成投资26.02万元，博赛集团、开阳化工公司、双赢集团等企业进驻。贵阳金石石材产业园全年完成基础设施投资23.09亿元，产业投资27.97万元，金石联创、金石亿隆等企业入园发展。（梁大彰）

【技术创新及新产品开发】 2011年，贵阳市市级财政安排380万元专项资金，支持贵

贵阳烟厂全景

州欧普纳特种材料科技有限公司大尺寸薄壁坩埚精准旋压制造工艺研究项目、贵阳航空电机有限公司30KW纯电动汽车用驱动控制系统项目、贵州枫阳液压有限责任公司整体式负流量控制多路阀关键技术研究等13个重点项目。全市评选出优秀新产品24项，其中特等奖1项、一等奖7项、二等奖10项、三等奖6项；优秀技术改造项目12项，其中一等奖4项、二等奖4项、三等奖4项。获得优秀新产品特等奖的产品是由贵州振华新材料有限公司开发的钴镍锰三元正极材料（NCM532），该产品克服了目前大量使用的锂离子二次电池正极材料钴酸锂的生产成本偏高、安全性差和耐高温性不理想等缺点，用相对丰富而价廉的镍、锰部分或全部取代钴，在降低成本的同时能获得更高的比容量、大电流放电性能、循环稳定性和安全性，以取代钴酸锂，满足迅猛发展的动力电池和移动设备电池的需要。（邓朝阳）

【节能降耗】 2011年，贵阳市节能降耗取得明显成效，规模以上企业工业增加值能耗预计比上年下降6%以上(未评估数)；规模以上企业工业总产值能耗比上年降低17%以上(未评估快报数)；市重点监测企业工业总产值能耗预计实现0.87吨标煤/万元，比上年降低20%以上（快报数）。积极开展工业固体废物综合利用基地建设试点工作，完成开阳紫江水泥等19户企业21个资源综合利用产品认定初审工作，着力提高企业利用磷石膏、粉煤灰、炉渣、磷渣、铁合金渣等工业固体废物的积极性，全市工业固体废物资源综合利用率预计比上年增长3%以上。积极开展节能专项监察工作，清查出高耗能落后机电设备（产品）521台（套），其中在用数量236台（套），已淘汰285台（套）。积极培育生态文明示范企业，评选生态文明企业第一批32户、第二批82户。按期完成全年淘汰落后产能目标任务，共淘汰落后电力40万千瓦时，其他产能181.25万吨，涉及炼铁、水泥、磨料、造纸及黄磷5大行业，22户企业。严格按照《财政部关于印发〈淘汰落后产能中央财政奖励资金管理暂行办法〉的通知》及《贵州省淘汰落后产能财政奖励资金管理实施细则》的有关要求，奖励了按时淘汰落后产能设备的企业，确保全市淘汰落后产能工作顺利开展。（邓朝阳）

【民营经济和中小企业发展】 2011年，贵阳市以优化发展环境、完善服务体系、加强要素保障、提高可持续发展能力为重点，扎实推进民营经济3年倍增计划。全市民营经济实现增加值613亿元，比上年增长28%，增速比上年提高11个百分点；民营经济占全市GDP比重达44%，比上年提高1.6个百分点；民间投资801亿元，比上年增长62%；民营经济注册资本982亿元，新增就业5.9万人。民营经济发展速度、投资额、民营经济注册资本、新增就业等指标均达到历史最高水平，顺利实现3年倍增计划首年目标。围绕民营经济发展保障体系建设，制定出台《关于进一步加快全市民营经济发展的实施意见》，进一步细化发展民营经济的指导思想、目标任务、政策措施和保障措施等。全市703户规模以上工业企业中，中小企业有691户，占规模以上工业企业比例达98%，实现销售产值687.6亿元，占全市的50.57%，中小企业成为贵阳经济发展中最具活力和最具有发展潜力的主力军。大力推进民营经济融资体系建设，积极发展以民间资本为主体的融资性担保和小额贷款公司。全市融资性担保公司116户，注册资金108亿元，小贷公司43户，注册资金17亿元，从银行融资担保和直接发放贷款金额超过100亿元。通过整合银行、证券、保险、私募基金、金融租赁、担保、小贷及征信等资源，构建政银企沟通平台，建立“贵阳市中小企业融资中心”，该中心于2011年12月开始运行，主要开展银行担保贷款、股权投资、上市服务等项业务。（代 兵 王锦丹）

【重点产业发展】 2011年，贵阳市大力推进特色优势产业发展，总体保持较快增长速度。装备制造业（冶金工业）完成工业总产值361.9亿元（含橡胶制品），比上年增长30.2%，占规模以上工业总产值比重25.2%，增加值完成69.65亿元，比上年增长33.3%；黑色金属冶炼及压延加工业总产值累计完成65.8亿元，比上年增长33.64%，增加值累计完成8.6亿元，比上年增长26.9%。磷煤化工业实现工业总产值263亿元，比上年增长35.3%，占全市规模工业总产值比重18.3%。铝及铝加工业氧化铝生产能力达120万吨/年，电解铝产量达43.92万吨，规模以上铝及铝加工企业实现工业总产值85.1亿元，比上年增长7.6%。截至2011 年11月，现代医药业实现工业总产值139.28亿元，比上年增长16.5%，增幅比上年提高13个百分点，完成工业增加值30.47亿元，比上年增长11.2%。特色食品和烟草业规模以上企业完成工业总产值221.78亿元，比上年增长36.38%，完成工业增加值115.35亿元，比上年增长26.75%，占全市工业增加值的31.6%。以“老干妈”公司为龙头的辣椒制品产业群工业总产值27.19亿元，比上年增长58.55%。（金海亮 屈 艺 张 海 凌 洁 邓 飞）

【招商引资工作】 2011年，贵阳市认真贯彻落实十七届五中全会精神，牢牢把握加速发展、加快转型、推动跨越的主基调，进一步加大推进开放型经济工作力度，招商引资各项指标均实现较大幅度增长。当年，全市实际到位内资691.31亿元，同比增长52.35%，为年度目标的123.1%；新引进项目1539个，总投资1682.86亿元，实际到位资金387.25亿元，资金到位率56.02%；续建项目实际到位资金304.06亿元。引进世界500强企业2家、国内500强企业9家、国内民营企业500强企业4家。全市重点产业招商共引进到位资金140.1亿元，为全年目标任务的132%。其中，装备制造业招商组引进到位资金42.95亿元，为年度目标任务的110.1%；铝及铝加工业招商组引进到位资金30.82亿元，为年度目标任务的228.3%；磷煤化工业招商组引进到位资金26.50亿元，为年度目标任务的129.9%；现代药业招商组引进到位资金10.48亿元，为年度目标任务的109.2%；特色食品业招商组引进到位资金14.65亿元，为年度目标任务的116.2%；物流业招商组引进到位资金10.03亿元，为年度目标任务的125.4%；港澳招商组引进到位资金5.06亿元，为年度目标任务的168.7%。积极组织66家企业参加2011年5月2日至7日在香港会议展览中心举行的“贵州·香港投资贸易活动周”，参展企业涉及制造、能矿资源、科技创新、动漫和软件、特色食品、药品、名烟名酒、化工建材、旅游资源、民族民间工艺等10个领域，参加人员69人。其中，装备制造企业15家，能源矿产资源企业4家，科技创新企业3家，动漫及软件企业18家，特色食品企业1家，药品企业10家，名烟名酒企业1家，化工建材企业6家，民族民间工艺企业8家。参展企业精心组织实物及模型600余件，展示灯箱130余幅，发放宣传画册及资料10000余册。2011年12月20日至22日，全国工商联十届五次执委会和全国民企助推贵州发展大会在贵阳召开。按照省委、省政府统一部署，贵阳市充分利用此机遇，精心筛选了总投资额达2450亿元的91个招商引资项目参加招商，签约合同项目74个，总投资1748.2亿元，引入全国民营500强企业合同项目5个，总投资100余亿元。（邓朝阳 冉 馨 代 兵）

【2011中国·贵阳中医药（民族药）博览会】 2011年7月27日至30日，由中国民族医药学会、中国中药协会、世界中医药学会联合会、中国医药物资协会、贵州省经济和信息化委员会、贵州省扶贫开发办公室、贵州省科学技术厅、贵州省民族事务委员会、贵州省食品药品监督管理局、贵阳市人民政府主办，贵阳市工业和信息化委员会、北京创意行通展览展示有限公司和贵州益佰制药股份有限公司共同承办的“2011中国·贵阳中医药（民族药）博览会暨民族医药创新发展交流会”在贵阳国际会议展览中心举行。本届药博会展出面积20000多平方米，设前序厅、特装区、中成药（民族药）、中药材等

展区，参展产品达1万余种。参展企业主要为中成药、民族药生产企业和中药材种植企业、经销商，包括省外企业787家，省内企业69家(贵阳市59家制药企业参展)。本届药博会共吸引专家、学者、专业观众6000余人，企业代表、产品经销商、代理商、下游洽谈客户2万余人。（凌 洁）

第三产业

【概述】2011年，贵阳市以国家服务业综合改革试点为契机，全力打造旅游文化、现代物流、金融、会展等现代服务业，壮大商贸等传统行业，第三产业呈现总量规模扩大、运行质态良好、对经济增长拉动作用增强的良好发展态势。全年第三产业实现增加值733.68亿元，比上年增长15.2%，增速比上年提高0.9个百分点，占地方生产总值的53%，对经济增长的贡献率为48.3%，拉动经济增长8.2个百分点。第三产业完成投资1032.14亿元，比上年增长42.7%，占全市固定资产投资总额的64.5%。实现社会消费品零售总额584.33亿元，比上年增长20.5%。全年外贸进出口总额37.69亿美元，比上年增长65.6%，其中出口27.8亿美元，比上年增长92.9%；进口9.89亿美元，比上年增长18.5%。实际直接利用外资2.79亿美元，比上年增长106.9%。

开展服务业综合改革试点工作方面：成立由常务副市长任组长的服务业综合改革试点工作领导小组，制定《贵阳市开展国家服务业综合改革试点2011年工作方案》，提出产业发展和试点任务、改革保障措施。建立健全联动机制，形成职责明确、分工协作的服务业管理体系和工作推进制度；定期召开季度分析会，及时跟踪服务业综合改革试点各项工作开展情况；建立考核机制，按照《贵阳市开展国家服务业综合改革试点2011年目标任务分解表》，对区（市、县）和市直有关部门进行考核。

在推动第三产业发展的措施方面：加强产业规划和政策引领，制定《贵阳市“十二五”旅游产业发展专项规划》、《贵阳市“十二五”文化和文化产业发展专项规划》、《关于支持花溪进一步发展旅游业的意见》等规划措施，对旅游、现代物流、连锁经营等重点行业、关键领域和薄弱环节。减免城市配套费、土地出让金优惠、奖励补助等优惠政策。加大投入和引导，全年市级投入产业发展引导资金6000万元，撬动社会资金10亿元以上。加快推进重大项目建设，对贸易、物流、旅游等一批重点企业进行定期监测跟踪，全力做好服务。规范行业发展标准，颁布实施《贵阳避暑度假酒店环境、设施与服务规范》，编制完成《贵阳市住宿业服务质量要求标准》，制定出台《贵阳市商贸批发市场规范布局调整暨清理搬迁工作方案》等。

在以旅游、会展、物流、金融为重点的现代服务业发展方面：全年共接待海内外游客5250.42万人次，比上年增长33%，实现旅游总收入612.37亿元，比上年增长43.8%。举办各类会展活动382个（场），实现综合经济效益7.2亿元。建成贵阳铁路枢纽改貌货运中心、花溪地利农产品物流园一期、孟关国际汽贸城一期等物流中心和专业市场，启动建设二戈寨、金阳、扎佐、清镇四大物流园区。贵阳商业银行更名为贵阳银行，合并组建贵阳农村商业银行，贵州股权托管交易中心和贵阳大宗商品交易所挂牌开业，开工建设贵阳国际金融中心。电子商务、研发设计、管理咨询等新型业态不断涌现，一批公共开放式实验平台、科技研发服务平台、检测认证服务平台相继建成并投入使用，聚集发展雏形显现。（袁 艺）

旅游业

【概述】2011年，贵阳市按照旅游业“三年大突破，五年大提高”的目标要求，加快完善产业体系，大力发展“避暑经济”和“温泉经济”，全面启动“旅游倍增行动计划”，着力实施旅游基础设施支撑、旅游核心吸引物、旅游质量服务、旅游科教人才支撑四大体系建设，加大旅游宣传促销力度，相继出台《贵阳市住宿业管理办法》、《关于加快发展红色旅游的实施意见》、《关于加快休闲观光农业发展的意见》等政策措施，编制完成《贵阳市旅游总体规划（修编）》、《贵阳市红色旅游专项规划》，全面启动《黔中旅游经济区发展战略规划》编制工作，旅游业呈现大提高、大发展的良好态势。全年旅游总收入612.37亿元，比上年增长43.8%；接待国内游客人数5240.64万人次，比上年增长33%；国内旅游收入609.93亿元，比上年增长43.8%。接待海外旅游人数9.78万人次，比上年增长60.3%；旅游外汇收入3726.76万美元，比上年增长49.9%。

同时，旅游产业规模不断扩大，相关要素逐步配套。截至12月，全市有旅行社137家，占全省的53.8%；星级饭店83家，其中四星级和五星级酒店占全省的50%，喜来登、世纪金源、希尔顿、凯宾斯基等大型酒店集团进驻贵阳；旅游客运公司19家，旅游定点车辆1000余辆，占全省的90%；国家4A级旅游景区9个，占全省的41%，国家3A级旅游景区5个，国家级风景名胜区1个，全国农业旅游示范点5个，国家级重点文物保护单位4 个，国家历史文化名镇1座，国家级森林公园1个。（李仁刚）

【旅游项目建设】 2011年，贵阳市大力推动贵州老龄休闲度假旅游示范基地、青岩古镇保护与贵州非物质文化遗产传承基地、花溪国家城市湿地公园、乌当区保利奶牛场生态体育公园等11个重点旅游项目建设，累计完成投资18.2亿元；加快推进景区建设，积极指导贵御温泉申报国家4A级旅游景区，并通过国家旅游局验收；大力支持天河潭、青岩古镇、桃源河、南江大峡谷创建5A级旅游景区，以及息烽集中营旧址创建4A级旅游景区；南江大峡谷景区、天河潭景区分别投入资金700余万元、3000余万元，景区游客服务中心等基础设施进一步完善。（李仁刚）

【旅游市场建设】 2011年，贵阳市在巩固传统旅游客源市场的基础上，不断开辟新

贵阳市第五届旅游产业发展大会会场

的旅游客源市场。先后邀请保定、秦皇岛、赤峰、张家口等11个华北地区百强旅行社主要负责人，以及北京、天津、河北、辽宁、吉林、黑龙江、山西、内蒙、山东、河南十省（市）环渤海旅游联合会旅行社总经理、中华旅业联盟等来筑考察，加大交流合作力度。组织旅游企业赴法国巴黎、香港、广州、西安、桂林、昆明、湛江等地参加各类旅游展览会、交易会；开通贵阳往返台东系列旅游包机，与台东旅行同业公会交流考察团签署“2011贵阳——台东旅游合作协议”；在北京、上海等地举行避暑旅游主题推介会；组织举办“2011中国·贵阳避暑季——民俗节庆与旅游采购博览会”、“贵阳国际温泉旅游论坛”、“追忆红色岁月，重走长征之路”暨首发团发车仪式（北京）、“阳明文化修学寻访游”、“首届西南大学生湿地旅游音乐节”等活动，大力开拓国内外旅游客源市场。（李仁刚）

【旅游文化宣传】 2011年，贵阳市加大旅游宣传力度通过设计制作“爽爽的贵阳”英文宣传折页、《第九届少数民族传统体育运动会贵阳旅游服务指南》等宣传资料，编辑出版《贵阳攻略》英文版、《低碳行走贵山之阳》旅游书籍，制作贵阳旅游扑克、贵阳旅游明信片及组织开展节假日旅游咨询宣传活动等，丰富旅游宣传形式和内容。同时，在中央电视台、贵州卫视黄金时段投放“爽爽的贵阳·中国避暑之都”城市形象宣传片；在北京、上海、大连等城市火车站投放贵阳旅游宣传电子屏幕广告；在北京市长安街沿线公交候车亭投放贵阳重点旅游景区形象广告；在省、市主流报刊适时发布旅游动态信息等，广泛宣传贵阳旅游。（李仁刚）

【乡村旅游发展】 2011年，贵阳市继续培育壮大乡村旅游集群，制定出台《贵阳市休闲观光农业旅游示范点认定标准》，确定醉美偏坡民俗村寨等11个休闲观光农业旅游示范创建点，在实施设备改造、农业产业基地建设、农产品品种改良及新品种引进、景观打造等方面给予扶持。进一步完善乡村旅游服务设施，投入补助资金20万元，对50户乡村旅游示范户（乡村客栈）进行改造提升。精心打造花溪区青岩堡民族文化旅游示范点，作为全国“2011中华文化游”启动仪式和全市第五届旅游产业发展大会主会场。全年共接待乡村旅游游客2498.38万人次，比上年增长30.5%；实现综合旅游收入36.97亿元，比上年增长22.1%。（李仁刚）

【旅游线路推荐】 2011年，贵阳市重点推荐避暑休闲之旅、城市生态之旅、登山之旅、阳明文化之旅、民俗风情之旅、农业之旅等10条旅游线路是：高坡苗乡——镇山布依寨，花溪十里河滩国家湿地公园——天河潭，阳明洞——玩易窝——阳明祠——阳明学博物馆，青岩古镇——黔陶桐木书院，香纸沟——南江大峡谷——布衣十里画廊，息烽集中营旧址——玄天洞，森林野生动物园——桃源河大峡谷——六广河大峡谷，苏格兰牧场——扎佐高尔夫度假中心，泉城五韵——盘龙山森林公园，花溪公园——情人谷——保利国际温泉。（李仁刚）

【旅游行业管理】 2011年，贵阳市旅游行业管理部门以“三创一办”为契机，加大行业管理力度，全面提升旅游服务质量。围绕创文、创卫攻坚工作，对全市宾馆饭店、旅行社、重点景区，从软硬件方面加强指导，并按照达标要求进行督促检查；围绕第九届民运会筹备工作，对指定接待宾馆和 80多家备选指定酒店的接待条件及能力进行摸底调查，制定旅行社保障工作方案和民运会指定宾馆清真厨房和餐厅改造方案；围绕2011生态文明贵阳会议、酒博会等大型活动的接待服务工作，对宾馆饭店、旅行社、重点旅游景区进行全面检查，从环境卫生、接待设施、服务规范、氛围营造等方面加大整改力度，全面提高了服务质量，创造了良好的旅游环境。（李仁刚）

【旅游市场秩序整治】 2011年，贵阳市旅游行业管理部门加大对旅游市场秩序的整治力度，重点对旅行社“零负团费”、挂靠承包、虚假广告、导游服务质量等进行检查。全年开展旅游市场专项检查8次，共检查旅游企业342家、景区（点）42家、导游70人次，取缔4家无经营资质的旅行社，下达责令改正通知书14份。建立高效的旅游投诉处理机制，及时受理和处理旅游投诉案件，全年共受理旅游投诉53件，结案53件，结案率达100%。贵阳旅游游客满意度在全国50个样本城市中综合排名第18位，西部城市排名第3位。（李仁刚）

【旅游教育培训】 2011年，贵阳市旅游行业管理部门认真制定年度培训计划，加强对旅游从业人员的教育培训，全年共举办星级饭店旅游英语、黔湘粤红色旅游区导游讲解师资格、新修订星级酒店设施与服务标准管理、旅发大会服务接待技巧、旅游安全管理、旅游统计和项目申报、微博平台宣传应用、乡村旅游从业人员、旅游质监执法人员等各类培训班18期，培训旅游从业人员4550人次，进一步提高了从业人员的整体素质。（李仁刚）

【“2011中华文化游”启动仪式】 2011年1月1日，由国家旅游局、国务院新闻办和贵州省人民政府共同主办的“2011中华文化游”启动仪式在贵阳市花溪区青岩堡隆重举行。按照国家旅游局的统一部署，此次活动在贵州贵阳青岩堡、山东曲阜、江苏寒山寺、河南嵩山少林寺、福建武夷山同时举行，青岩堡启动仪式为主会场。省委书记栗战书出席仪式；国家旅游局局长邵琪伟，省委副书记、省长赵克志，国务院新闻办公室副主任王仲伟分别讲话；省委副书记王富玉主持仪式；省委常委、市委书记李军致辞。出席活动的领导与三千余名游客和旅游企业代表一同欣赏了精彩的民族文化展演、游览了青岩古镇。中央电视台、中国旅游报、贵州电视台、贵州人民广播电台、贵州日报、贵阳日报等新闻媒体对启动仪式进行大幅报道，向全国乃至世界展示贵阳独具特色的民族文化风情，贵阳旅游在“游中华，品文化”的主旋律中拉开新年序幕。（李仁刚）

【“中国旅游日”活动】 2011年5月19日是首个“中国旅游日”，全市开展了形式多样的主题活动。各区（市、县）旅游局及旅游景区、宾馆酒店、旅行社、旅游客运等企业代表300余人，参加在贵阳国际会议中心举行的5·19“中国旅游日”贵州省宣传推广周启动仪式，32家旅游企业开展现场宣传促销活动，发放《“中国旅游日”宣传DM单》、《文明旅游倡议书》等资料。组织相关工作人员和志愿者在龙洞堡机场、黔灵山公园、华城酒店等设立旅游服务咨询点，开展“中国旅游日”宣传咨询活动，发放宣传资料1.2万余份，接受旅游咨询1万余人次。活动期间，各旅游景区、宾馆饭店、旅行社结合实际，积极开展公益惠民活动，28家旅游企业推出免费房、特价房、打折门票、特价旅游线路、特价餐服务等。（李仁刚）

【第五届旅游产业发展大会】 2011年6月18日，贵阳市第五届旅游产业发展大会在花溪区青岩堡隆重举行。省委常委、市委书记李军，中央电视台副台长高峰，市委副书记、市长李再勇，省委宣传部副部长、贵州日报社报业集团党委书记、社长姚远，省体育局党委书记、局长蔡国祥，省广播电影电视局局长、贵州电视台台长白芳芹，市人大主任李跃南，市政协主席陈石，省旅游局副局长杨俊等领导出席会议。本届大会全面回顾总结了“十一五”贵阳旅游工作，明确了“十二五”全市旅游业发展目标。同时，举行了“爽爽的贵阳网”和“爽爽手机网”开通仪式，以及“新起点、新机遇、新挑战——回顾十一五、展望十二五贵阳旅游图片展”。（李仁刚）

现代物流业

【概述】 2011年，贵阳市以建设全国流通领域物流示范城市为契机，大力改善物流业发展环境和条件，切实提高物流业服务水平。5月30日，西南地区最大铁路物流集散地贵阳铁路枢纽改貌货运中心正式投入运行。截至12月，全市从事运输服务业（含货运、物流、快递和仓储等）的企业有733家，其中具有仓储、信息等配套功能的物流企业有穗黔、商储、山水、鑫平等；营业收入超过4000万元的重点物流企业10家，超过亿元的4家。各种运输方式完成货物运输量13885.9万吨，比上年增长33.6%。全年物流业实现增加值113.92亿元，比上年增长14.3%，占GDP比重为8.2%，占第三产业增加值的15.5%。社会物流总收入252.2亿元，比上年增长14.6%；重点物流企业实现主营业务收入43.42亿元，比上年增长13.3%。成功引进华融集团、永盛和、九州通等3个投资过亿的物流项目，德邦物流等知名物流企业入驻贵阳。（李 斌）

【物流示范城市建设】 贵阳市商务局围绕全国流通领域物流示范城市建设，以及中心城区"畅通工程"的实施，制定出台《贵阳市城市专业配送车队试点工作方案》；积极组织物流企业申报各类扶持资金，全年共获资金支持1746万元，其中国家物流业调整与振兴专项资金600万元，国家服务业引导资金600万元，市级物流资金546万元；认真指导物流企业开展等级评估和信息化建设，加快提升企业服务功能，全年新增4A级物流企业1户，3A级物流企业3户，全国物流百强企业1户。（李 斌）

【物流项目建设】 2011年，贵阳市重点物流项目建设进一步加快。康兴医药物流中心、丰瑞瀑布冷链物流中心（一期）建成使用；清镇物流园区3号道路建设完成；扎佐物流园区农资农肥转运配送中心、贵阳邮政仓储中心、二戈寨物流配送基地完成主体工程建设；中国（贵阳）西南商贸物流城园区主干道、苏宁电器西部配送中心、美的物流中心全面动工；白云物流中心完成规划。（李 斌）

金融业

【概述】 2011年，贵阳市加大金融开放、加快金融改革，金融业取得新突破。截至年末，全市金融机构人民币各项存款余额3603.65亿元，比年初增长19.5%，占全省41.2%；人民币各项贷款余额3012.86亿元，比年初增长17.3%，占全省44%；新增存贷款额分别占全省新增存贷额的42.1%、39.8%；全市存贷比为83.6%，继续保持信贷资金净流入状态。全市年末有各类保险公司21家，其中财产险公司13家，寿险公司8家；实现保费收入50.12亿元，比上年增长7%，占全省保费收入的38%；保险赔付支出14.17亿元，比上年增长28.8%。有上市公司13家，其中上交所5家，深交所8家；上市公司总市值496亿元，比上年下降32.3%；证券公司1家，证券营业部27家，资金账户数36.97万户，比上年增长7%；成交金额1877.15亿元，比上年下降23.8%。（匡绍君）

【加强政银企合作】 2011年，贵阳市委、市政府进一步完善政银企合作机制，积极搭建合作平台，有力助推全市经济快速发展。举办贵阳市"十二五"水利交通重点项目推介会，引导金融机构、投资企业加大对贵阳水利交通领域重点项目的资金支持；与国家开发银行贵州省分行签订200亿贷款授信协议，实现充分融资，全面推进贵阳保障性住房、城市基础设施等建设；与浦发银行、重庆银行签订合作协议，为贵阳科技型中小企业发展提供10亿元授信支持，缓解中小企业融资难问题。（匡绍君）

【贵阳市农村商业银行成立】 2011年，

贵阳市政府有关部门创新工作思路，加强协调、强化服务，全力协助完成市农商行征集发起人、不良贷款置换申报银监部门等相关工作。12月23日，经中国银监会批准，贵阳市农村商业银行正式挂牌开业。市农商行是按照市场化原则，在原贵阳市南明区、小河区、白云区农村信用合作联社，以及贵阳云岩农村合作银行4家农村金融机构基础上，成立全省第一家农村商业银行。市农商行的成立，旨在提高全市农村金融机构整体实力和抵御风险能力，更好地服务“三农”，推动地方经济更好更快发展。（匡绍君）

【贵阳银行上市和跨区域经营取得进展】 为提升社会影响力和品牌形象，进一步拓展发展空间，为上市和跨区域发展创造有利条件，经中国银监会批准，贵阳市商业银行正式更名为贵阳银行。市直有关部门通力合作，加快推进贵阳银行上市工作；贵阳银行不断改善自身经营管理，上市步伐稳步迈进，相关资料全部报送中国证监会。同时，贵阳银行跨区域经营取得重大进展，成功设立第一家跨省分支机构成都分行。（匡绍君）

【贵阳国际金融中心建设】 贵阳国际金融中心位于金阳新区中心地段，项目总用地面积1122亩，计划总投资150亿元以上。2011年，贵阳市加大国际金融中心建设力度，积极吸引现有金融机构向金融中心聚集。切实为贵州证监局、贵州保监局、华创证券等10家首批签约入驻金融中心的机构做好服务；与中国平安保险（集团）股份有限公司基本达成在金融中心建立地区性总部大楼意向；引导贵州兴黔财富资本管理有限公司等新成立企业进驻金融中心。市金融办积极协助配合金融中心建设相关责任单位开展项目融资，着力做好项目建设资金保障工作。（匡绍君）

【拓宽融资渠道】 2011年，贵阳市着力构建多层次资本市场体系。2月24日，贵州股权托管交易中心有限公司挂牌成立，该中心是全国第七家同类交易中心，由贵州阳光产权交易所发起成立，主要为非上市企业提供股权托管、登记、交易、质押融资等服务，促进投资者和外部资本进入，吸引更多金融产品和服务；4月18日，贵阳大宗商品交易所正式开业，该交易所是国内第一家上市交易黄磷现货的电子交易所，由贵阳工业投资（集团）有限公司、北京京宁园国际投资管理有限公司共同出资设立，有利于提高贵阳市在要素市场定价的话语权，把资源优势转化为经济优势。同时，市金融办积极协助企业开展融资工作，推动城投集团成功发行20亿企业债券，推进LED产业投资基金和各类股权基金设立。（匡绍君）

【实施“引金入筑”工程】 2011年，贵阳市“引金入筑”工程取得突破性进展。成功引入包商银行作为发起行在贵阳成立息烽村镇银行；遵义市商业银行贵阳分行正式开业；安顺市商业银行贵阳分行获批筹建并开始试营业；光大银行、兴业银行成立贵阳分行筹备组开展前期工作，其中兴业银行取得筹建批复；与浙江民泰商业银行积极沟通，达成入驻意向。国元证券、国海证券、平安证券、长城证券、安信证券、国信证券贵阳分支机构正式开业；加强与中国民族证券等证券公司对接，积极推动在贵阳设立营业部。成功引进华泰财产保险有限公司和安诚财产保险股份有限公司入驻贵阳。（匡绍君）

会展业

【概述】 2011年，贵阳市从做优会议业、做特展览业、做精节庆业、做强赛事业四个方面，全力推进会展产业发展，会展业呈现加速发展态势，直接带动旅游、广告、餐饮、娱乐、交通、信息通讯等服务业的发展。据统计，全年共举办各类展会382个（场），观展参会人数197.48万人次，实现综合经济效益7.2亿元。其中展览25个，累计展览总面积42.15万平方米，参展企业8968家，参观人数82.43万人次，成交（含合同成交）金额478.36亿元；会议339场，参会人数7.5万人次；节庆活动4场，观众71.2万人次；大型赛事14场，参赛人数1.15万人，观赛人数35.2万人次。全年平均每天1场会议、每两周1次展览、每月1场节庆赛事。（杨　波）

【会展硬件建设】 2011年，贵阳市全面加强会展硬件建设，着力夯实产业发展基础。1月8日，位于金阳新区的贵阳国际会议展览中心正式启用，中心已建成展馆面积12万平方米，包括一个登录大厅和8个独立展馆，可设置6000个国际标准展位，使全市现代化办展场馆面积翻两番，对会展经济发展产生较大带动。同时，有5路公交车经停贵阳国际会议展览中心站；首批新增出租车600辆全部上路。占地5.15万平方米，拥有366间客房（套间）、5间餐厅的贵阳中天凯悦酒店投入试运行；贵阳希尔顿度假酒店、贵阳铂尔曼大酒店、贵阳万丽大酒店等多家国内外知名酒店陆续建成开业。（杨　波）

【会展管理服务】 为加强对会展活动的管理，促进会展业有序发展，贵阳市政府于2011年4月13日颁布实施《贵阳市会展业管理暂行办法》，就展会项目、运行机制、展会管理、展会扶持、展会服务等内容作出明确规定，对会展产业给予大力扶持，吸引大量展会纷至沓来。建立健全会展计划申报制度、会展活动登记备案制度、展会活动政府冠名制度等，有效规范会展业市场。同时，为各类大型会议展览活动提供提档升级平台，对不同规模和档次的展会实行分级服务和管理，着力提升展会节庆活动的服务档次和效率。（杨　波）

【2011首届贵阳国际汽车展览会】 2011年4月15日至19日，2011首届贵阳国际汽车展览会在贵阳国际会议展览中心举行。本届汽车展是贵阳地区首场大型国家级专业车展，

2011首届贵阳国际汽车展览会开幕典礼

【利用外资力度加大】 贵阳市大力开展重点区域、重点行业项目招商，利用外资实现质和量的飞跃。全年实际直接利用外资2.79亿美元，比上年增长106.9%，提高86.8个百分点，创历史新高；累计审批外资项目42个，其中新批项目30个，增资项目12个；1000万美元以上落地项目25个，比上年增加17个。组织企业参加“贵州·香港投资贸易活动周”，成功签订贸易合作项目37个、投资项目11个，签约金额80亿美元，投资总额27.2亿美元，投资项目数、投资总额、贸易项目数及进出口总额、单项投资额均列全省第一。全力抓好北控水务、北控城投、中渝置地等重点引资项目的跟踪服务，奥特莱斯（中国）投资有限公司在花溪区的投资计划，华润集团在小河区开设“华润万家”超市等项目取得实质性进展。（李 斌）

【投资环境】 2011年，贵阳市有关职能部门积极与商务部、省商务厅对接，大力简化完善外商审批程序，共完成外商投资企业新设、变更、撤销等各种行政审批100余件，其中新批企业20余件，属于外商投资企业审批权限下放企业15件，投资总额达19.28亿美元。对地利农产品物流园、人和新天地、统一企业等重点项目开设绿色通道，给予“保姆式”服务，确保项目顺利推进。协调组织省、市7个部门在市政务大厅集中开展2011年度外商投资企业联合年检工作，为全市231家外商投资企业提供一站式年检服务。（李 斌）

【对外贸易】 2011年，贵阳市积极整合资源，用活用足扶持政策，不断开拓新兴市场，对外贸易规模进一步扩大。全年实现外贸进出口总额37.69亿美元，比上年增长65.6%，创历史最高水平。其中出口27.8亿美元，比上年增长92.9%；进口9.89亿美元，比上年增长18.5%。综合利用中央外经贸区域协调发展资金、中小企业国际市场开拓资金、市外经贸发展促进资金1374.73万元，重点对贵州轮胎、贵州振华电子工业等龙头企业给予倾斜支持。支持中航力源液压股份有限公司、贵航汽车零部件股份有限公司等企业进行新产品研发、国际市场开拓以及贵州乐佳贸易等新成立外贸公司开展自营出口业务。积极组织全市外贸企业参加欧洲精细化工展、美国世界茶叶展、俄罗斯国际汽车零部件展览会、第八届中韩技术展示暨洽谈会，以及2011中国（上海）国际跨国采购大会、中国—东盟博览会等国内外重要贸易促进活动，多渠道为企业搭建贸易平台。全市外贸结构进一步优化，全年机电产品出口4.01亿美元，比上年增长33.6%；高新技术产品出口1.79亿美元，比上年增长37.1%；对东盟出口4.87亿美元，比上年增长81.1%；对印度出口6.3亿美元，比上年增长87.8% 。全市外贸企业进一步发展壮大，全年进出口额达1亿美元的企业6家，增加1家；32家重点外贸企业进出口总额34.5亿美元，占全部进出口总额的91.5%。（李 斌）

【促进贸易便利化】 2011年，贵阳市全面推行进口商品外汇核销制度改革，在通关、售（结）汇、退税、出入境检验检疫等方面为外贸企业提供更加方便快捷、及时高效的优质服务，全年办理外贸企业出口退税共840户（次），累计退税5.26亿元，比上年增长14.8%。同时，贵阳市商务局牵头海关、外管、国税、工商等部门，对进出口企业通过电子口岸进行联合审核，减少外贸企业来回往返以及重复报送资料等成本，极大地提高了工作效率，促进贸易便利化。（李 斌）

城镇生态建设

CHENG ZHEN SHENG TAI JIAN SHE

生态文明城市规划编制

【贵阳市城乡规划建设委员会工作概况】 2011年,贵阳市城乡规划建设委员会（以下简称“市规划委”）扎实推进城市规划管理工作。及时召开市规划委全会，审议了《贵阳职业教育集聚区控制性详细规划》、《筑城广场（老一中地块）规划设计》、《贵阳市金阳新区东景五星级酒店及办公楼综合单体项目概念设计方案》、《中国水电观府一号规划设计方案》、《贵阳市龙洞堡G（10）20、21、22地块规划设计方案》等16个规划方案。市规划委召开了18次专家评审会，对36个重点项目进行评审（咨询），为重点项目的实施提供了规划保障。市规划委续聘、增补了部分专家委员，即在市规划委下设建筑专家委员会、居住规划及住宅设计专家委员会、交通规划专家委员会、雕塑艺术专家委员会，新增专家31名，新增经济、法律、环境保护类专家6名，壮大了专家咨询队伍。（陈启平）

【“531”战略】 2011年，贵阳市以新城建设、旧城改造为突破口，不断扩大城市规模，增强中心城区集聚影响力，明确提出大力实施“531”战略，主要内容是：打造5个新城，百花生态新城、沙文高新技术新城、花溪生态新城、龙洞堡新城、天河潭新城；推进3个特色功能小区，孟关特色功能小区、金石特色功能小区、洛湾特色功能小区；加快主城区建设，老城区改造与拓展金阳新区功能完善与空间拓展。（陈启平）

【筑城广场规划建设】 “贵阳筑城广场”位于贵阳市南明区，在“人民广场”的基础上扩建，并更名为“贵阳筑城广场”。该广场呈半岛依偎在风景秀丽的南明河畔，总面积16.07万平方米，于2011年12月31日建成。该广场以竹文化为魂，并运用现代时尚的科技造景手法，体现了贵阳的地域特色和历史传承，集现代、科技、生态为一体的市民休闲娱乐场所；该广场的设计独具匠心，充分应用了生态节能技术，使其成为节能低碳的示范点。广场上的景观照明和车库照明主要通过太阳能系统供电，并在整个路灯和景观照明中补充风能供电，更大体现节能效果；该广场的雨水收集系统较为先进，利用透水地面收集雨水，通过系统净化循环利用，供应广场的景观用水，更大体现节水政策。（陈启平）

【贵阳市百花生态新城战略规划】 该规划总面积为305.5平方千米，旨在建成以生态大区为核心的最重要的生态风景综合性城区，成为贵阳生态文明城市建设跨越发展的新支点，成为全国重要的生态休闲度假旅游城。规划区总人口77万人，其中常住人口55万人，暂住人口22万人。（陈启平）

【贵阳市职业教育园区概念性规划】 该园区位于清镇市以北红枫湖畔、百花湖花桥两岸，分为东西两校区，西区占地405公顷，东区占地187公顷。该园区紧紧依托清镇城北新区良好的外部交通环境，以及公共基础设施和社会资源，实现城市功能的合理布局和城市区与职教园区的互动，从而拉动清镇市的快速发展。（陈启平）

【贵阳市变电站站址用地及线路走廊控制规划（2008-2020）】 该规划的范围为贵阳市行政区，含6区及1市3县，总面积8034平方千米。该规划以贵阳市城市总体规划、贵阳市电网规划为指导，根据城市空间和产业发展总体要求，结合城市控制性详细规划及其他规划，对规划范围内110千伏及以上高压输变电设施（包括变电站站址及线路走廊）进行规划控制，并纳入城市总体规划、控制性详细规划及相关专项规划，确保城市电网变电站用地和高压线路架设廊道需要。（陈启平）

筑城广场

【贵阳市中心城区慢行交通规划（2009-2020）】 该规划的范围为贵阳市中心城区，面积1230平方千米。慢行交通总体框架分为自行车交通、步行交通、过街体系慢行交通与轨道交通接驳规划、无障碍体系四部分。总体布局为："九街五区十组团，三河十园尽悠闲；四区两带绿出行，山水林城紧相连。""九街"——中华路、诚信路、景观大道、马王街、黄河路、白云中路、新天大道、新建路、国宾路；"五区"——中华路步行街区、诚信路步行街区、火车北站步行街区、龙洞堡步行街区、花溪迎宾路步行街区；"十组团"——老城区、金阳、高新-白云、三马、小河、花溪、新天、龙洞堡、二戈寨等十个步行组团。"三河十园尽悠闲"——打造南明河、鱼梁河、小湾河三条滨河慢行廊道，结合沿河绿化带，在3条滨河廊道沿河两侧进行良好的慢行环境设计和建设，通过规划设置的其它慢性系统把滨河廊道与花溪公园、河滨公园、观山公园等十个城市公园紧密串联起来，形成能够为市民提供休闲、游览、娱乐、运动的慢行网络体系。"四区两带绿出行"——规划在高新-白云、金阳、花溪、新天四个区域发展自行车交通，并形成"金苏大道—长岭路—泰金线—花溪大道"为纵带，"金朱—林城路—新天大道"为横带的自行车交通骨架结构。（陈启平）

【贵阳市迎接第九届全国少数民族传统运动会市容市貌综合整治规划方案】 规划范围为"一线、六片、十五路、六十八点"。"一线"——南明河老城区段的河流沿线区域。"六片"——金阳奥体中心、金阳健身中心、客车站周边区域、贵阳火车站—省体育馆周边区域、六广门体育场周边区域、黔灵公园入口周边区域、贵阳学院周边区域、贵州铝厂宾馆周边区域等六个重点区域。"十五路"——15条重点道路。"六十八点"——68个接待酒店及其周边区域。（陈启平）

【南明河景观环境综合整治规划（水口

于2011年7月24日完成正式用地手续审批，累计完成投资9.87亿元，完成征地拆迁投资1.87亿元。（刘玉林）

【城市轨道交通建设】2011年，市城市轨道交通建设进展顺利，建成城市轻轨1号线和2号线一期工程，总长56千米，车站37座，累计完成投资36亿元。其中，1号线（金阳下麦西—小河场坝村）长29.2千米，2号线一期工程（白云区七机路—油榨街），长26.8千米。2011年2月，由市规划局组织、轨道公司配合完成轨道交通线网优化，增加金阳—清镇5号线、小河—花溪大学城6号线、二戈寨—孟关7号线、金阳—百花新城方向1号线延长线，预留龙洞堡至龙里方向线位，线网规模达225.4千米，车站133座。（周昊）

【高速公路建设】2011年，贵阳市加大高速公路建设力度，具体完成情况是：清镇至黔西高速公路总长约76千米，总投资约需62亿元，清镇段正在进行初步设计，金阳段已基本完成前期工作；贵阳至瓮安高速公路全长97.88千米，总投资71亿元，水保、环评、地灾等专项报告正在编制中；贵阳至惠水高速公路全长约40.32千米，该项目前期工作支撑性文件已基本完成，土地勘界工作已完成；平坝至贵阳城市快速干道全长48.15千米，估算总投资53.99亿元，于2011年8月正式开工。沪昆、厦蓉高速公路为国家重点建设项目，沪昆高速贵阳至清镇段于2011年9月建成通车，厦蓉高速清镇至织金段公路已完成征地拆迁补偿安置方案的制定工作；贵阳市环城高速都拉营、东郊水厂及金竹互通立交工程，贵阳市主要负责三个立交工程项目征地拆迁工作，全年累计完成投资1.1亿元；G210沙文至云岩区三桥过境公路改造项目将G210沙文至云岩区三桥过境公路按城市道路改造并延伸至息烽，市区段已开工建设，沿线征地拆迁及土石方工程正在开展，已完成投资8000万元。（彭勇）

【市政道路建设】2011年，贵阳市加大市政道路建设力度，具体为：盐沙路全长约17千米，总投资概算约35.85亿元，累计完成投资20亿元，12月完成投资2.35亿元；富源南路全长13.36千米，总投资概算约26.37亿元，累计完成投资4.84亿元，12月完成投资约4000万元；东站路全长约12.1千米，总投资39.91亿元，累计完成投资8776万元；金清线全长15.4千米，总投资约19.7亿元，累计完成投资14.63亿元，12月完成投资5000万元。（董楠）

【市中心区停车场建设】2011年，贵阳市为缓解停车难的问题，强力推进城市停车场建设，具体为：人民广场、大十字广场、百花广场地下停车场改建工程于9月1日投入运行；大西门停车楼已于10月20日完工；富水路高架桥下停车场土建完成总工程量的85%。（董楠）

【贵阳国家公路枢纽站场建设】2011年，贵阳市在公路枢纽场站建设取得突破性进展，具体为：贵阳客运西站位于贵阳市金阳新区将军山，总占地面积约33.3公顷，总投资约7.91亿元；贵阳客运北站位于贵阳市乌当区，总占地面积约10公顷，总投资约3.83亿元；改貌集装箱综合货场位于贵阳市改貌铁路集装箱站场东侧，总占地面积约20公顷，总投资约2.66亿元；龙洞堡综合货运站位于贵阳市南明区龙洞堡，总占地面积约20公顷，总投资约3.13亿元；将军山货运站位于贵阳市金阳新区，总占地面积约33公顷，总投资约5.91亿元；都拉营综合物流中心位于贵阳市白云区，总占地面积约27公顷；三桥货运站位于贵阳市三桥马王庙片区，总占地面积约33公顷。沙文货运站位于贵阳市白云区，总占地面积约32公顷。（任杰）

【客运枢纽建设（客运东站和南站）】2011年，贵阳市启动客运枢纽建设并取得成效，主要包括客运东站和客运南站：贵阳客运东站位于贵阳市南明区小碧乡营盘村、水坝村境内，占地2.5万平方米，总投资5.6亿元，可容纳70余条客运班线、600余辆客车进站经营，临时周转客运站于6月建成，11月正式投入运营；贵阳客运南站位于花溪区桐木岭，主要承担包括贵阳市区至花溪、花溪区到该区各乡镇和贵阳至黔南、黔西南州、贵阳至惠水、贵阳至黔西以及贵阳至广西、云南等省的旅客运输，项目总占地面积约9.33公顷，总投资约3.1亿元，规划总图设计工作和征地工作正在进行。（彭 勇）

城市基础设施建设

【城市供气建设】2011年，全市城市燃气气化率达95%，城市燃气用户达68.5万户，用气总人口232.9万人，实现用气人口与城镇人口同步增长。截至12月底，全市拥有焦炉4座，煤气发生炉1座，煤气储配站4座，10万立方米气柜3座，5万立方米气柜3座，3万立方米气柜1座，总储气量48万立方米，加上400立方米液化石油气混气1座，200立方米液化天然气混气1座，日供煤气可达180万立方米；燃气经营单位15家，液化气储配站10座，总储气能力4320立方米，液化石油气供应站近300个；拥有1800立方米、200立方米液化天然气接收供应站各1座，日供液化天然气达20万立方米。目前已开通贵阳小河航天城居民用户8000余户，用气人口2.7万余人。已建成液化天然气汽车加气站2座，年加气量达517.50立方米。（董 楠）

小河LNG天然气接收站

【城市供水管网建设】2011年，贵阳市不断加强城市供水管网建设，优化了城市供水管网布局，具体为：启动城市配水管网完善工程，共计敷设DN300–DN600管线约30千米，累计完成投资9209.04万元。启动供水厂工艺改造工程及供水水质检验项目完善项目，2011年完成投资8891.82万元，并有5座水厂获得了“中国水协颁发的达标水厂”称号。启动花溪南部水厂建设项目，投资进行大口径输水主干管及花溪城区供水管道改造的建设工作，已开工建设管道长度为34.5千米，累计全年完成项目投资计划16031.93万元。启动金华水厂建设项目，计划铺设DN1400大口径输水管道4.35千米，现已累计完成项目投资计划7010.2万元。（李 宽）

【城市垃圾处理工程建设】贵阳市主城区只有乌当区高雁、白云区比例坝2座城市生活垃圾处理场，日均处理城市生活垃圾2000多吨，供需矛盾十分突出。为解决这一问题，2011年，启动了高雁垃圾填埋场沼气综合利用项目及贵阳市生活垃圾焚烧发电项目。贵阳市生活垃圾焚烧发电项目，定点设置在比例坝城市生活垃圾卫生填埋场，该项目拟采用国际先进的炉排炉焚烧发电工艺，建设垃圾焚烧发电厂1座，设计日处理规模为2000吨，计划建设3台处理能力为700吨／日的炉排炉。2011年完成了贵阳市生活垃圾焚烧发电BOT特许经营项目招标前期准备工作，招标完成后立即启动项目建设工作。（李 宽）

辆平均百车公里油耗19.58升，同比下降5.4个百分点。（彭 勇）

【打击非法营运】 2011年，贵阳市深入开展以中心城区“黑的”和长途客运“黑车”为重点的严厉打击非法营运、综合治理交通运输秩序工作，共出动执法人员38000人次，执法车辆4750台次，查处非法营运“黑车”1955辆，取缔为非法营运车辆组客的“黑票点”14处，进一步维护了城市客运秩序和行业稳定。（彭 勇）

【新增出租车运力】 2011年，贵阳市为增加出租车运力，共投入资金1.47亿元，新增出租汽车总量达1275辆。其中，中心城区投放1050辆，社会客运24辆，花溪区80辆，乌当区51辆，小河区50辆，清镇市20辆。（彭 勇）

【城市公共客运管理】 2011年，贵阳市为进一步加强城市公共客运管理，对城市公交线路、站点进行优化布局，即：新开辟公交线路10条，调整、延伸线路15条，新辟公交港湾3个，优化调整公交站点33个；投入资金1亿元，新增空调大型公共汽车200辆投入运营；投入资金908万元，新增迷你巴士58辆，开辟7条迷你巴士线路。（彭 勇）

【“畅通工程”交通组织实施】 2011年，贵阳市为“畅通工程”加大了交通组织实施力度，主要是：对老城区18条主干道和部分背街小巷交通基础设施、交通管理设施存在的问题进行排查，并形成专题报告；在中心城区与二环线连接道路上增设指路标志，引导社会车辆通过二环线到达目的地；一环及环线内城区新制作安装交通指路标志88块，制作安装交通标志662块；新增导入二环标志58块。在金阳新区安装交通标志423块；在机场路安装交通标志牌93块；全市共计安装龙门架90座、各类标志杆1268座。（张南谦）

【小客车专段号牌摇号】 2011年，贵阳市为缓解市中心交通压力，于7月11日正式实施《贵阳市小客车专段号牌管理暂行规定》及其实施细则，其核心内容是：在老城核心区实施专段号牌，对一环内新入户机动车实施专段号牌管理，未取得专段号牌的车辆禁止在老城核心区通行。8至12月全市核发的小客车专段号牌总量为9000台，具体为每月1800台。3个月共计核发专段号牌指标5400个，办理入户登记1005个，办理普通号牌入户车辆15000余辆。（张南谦）

【停车秩序管理】 2011年，贵阳市交通管理部门对现有临时占道停车泊位重新进行规范，加大违法占道停车查处力度，规范后的一环线内占道停车泊点30个，停车泊位数1928个；在多所学校、幼儿园周边联系社会停车场对学生接送车辆开放，解决停车难问题；新办理停车场（库）139个，年检停车场点789个。启动停车诱导系统建设，减少因驾车者四处寻找车位而带来的交通拥挤和污染；设置三级停车诱导屏21块、二级停车诱导屏20块。（张南谦）

【行车秩序管理】 2011年，贵阳市为规范行车秩序，在新建的城市快速路尝试使用各种智能交通工程技术，实现高清视频500米范围无缝衔接；建立“移动警务综合管理系统”，查处各类交通违法行为190万余起，查扣违法摩托车5万余台。全年依法公开销毁“黑车”360辆；与相关部门联合设立“贵阳市道路交通事故快速处理保险理赔服务中心”，减小轻微交通事故对市区交通造成的影响。（张南谦）

社会生态建设

SHE HUI SHENG TAI JIAN SHE

扶贫开发

【“十二五”扶贫规划编制】 2011年，贵阳市按照省“十二五”扶贫开发规划编制工作的安排部署，坚持“十二五”扶贫开发规划工作和巩固提高“两项制度”试点工作的有机结合，遵循自然规律、经济规律和社会规律，围绕中心，服务大局，着力构建“大扶贫”格局，精心组织实施规划编制工作，全市各区（市、县）根据现有农村贫困人口情况及项目规划情况，完成了5 个区（市、县）和61个乡（镇）“十二五”扶贫开发规划起草工作。（翟宇鸣）

【贫困户信息补录工作】 2011年，贵阳市全面完成农村最低生活保障制度和扶贫开发政策有效衔接扩大试点工作，于 12月3日前将贫困人口数据信息报省“两项制度”有效衔接扩大试点工作领导小组办公室，并按时限上报国家扶贫办。

全市各区（市、县）贫困人口相关数据识别认定为：全市贫困农户72579户171592人。其中：扶贫户42919户108045人，低保户21930户46289人，扶贫低保户5740户15047人，五保户1990户2211人。按国家农村扶贫标准，共登记贫困农户64706户151223人。其中：扶贫户37008户92173人，低保户20331户42661人，扶贫低保户5475户14282人，五保户1892户 2107人；按省级农村扶贫标准，共登记贫困农户7873户20369人。其中：扶贫户5911户15872人，低保户1599户3628人，扶贫低保户265户765人，五保户98户104人。

贵阳市补录贫困人口控制规模为：下限7.41万人，上限8.46万人。其中：花溪区贫困人口补录下限为1.35万人，上限为1.52万人；清镇市贫困人口补录下限为1.97万人，上限为2.23万人；修文县贫困人口补录下限为1.67万人，上限为1.88万人；开阳县贫困人口补录下限为2万人，上限为2.24万人；息烽县贫困人口补录下限为0.42万人，上限为0.6万人。全市在完成“两项制度”有效衔接贫困户信息管理系统贫困人口数据补录中，严格按照贫困户申报、民主评议、三榜审核公示、入户登记调查、信息采集、建档立卡等程序进行贫困户认定、信息采集工作。

全市“两项制度”有效衔接贫困户信息管理系统贫困人口补录（农民人均纯收入1196元—1500元）82044人。其中：花溪区贫困人口补录13802人，清镇市贫困人口补录22567人，修文县贫困人口补录18843人，开阳县贫困人口补录20835人，息烽县贫困人口补录5997人。（翟宇鸣）

【“减贫摘帽”工作】 2011年，全市减少现有年收入低于1196元的贫困人口33008人，其中：云岩区92人，南明区330人，花溪区4000人，乌当区 1312人，白云区390人，小河区106人，清镇市6000人，修文县7000人，息烽县6000人，开阳县7000人，金阳新区778人。

2011年度省扶贫开发领导小组下达贵阳市“减贫摘帽”任务5个，分别为开阳县禾丰乡、南江乡；息峰县养龙司乡；修文县六屯乡、洒坪乡五个贫困乡（镇）。为完成上述任务，市农委牵头组织成立了市贫困乡（镇）“减贫摘帽”验收领导小组，对申请的5个贫困乡（镇）资料进行初步审查，“减贫摘帽”指标基本符合省的要求，并以市政府名义向省扶贫开发领导小组上报“减贫摘帽”申请。（翟宇鸣）

【市级扶贫龙头企业认定】 2011年，经市农委考察审核，命名了“贵阳三联乳业有限公司”等113家企业为贵阳市首批市级扶贫龙头企业。并按照省级扶贫龙头企业的相关条件共申报第二批省级扶贫龙头企业38家，其中16家已被确认为第二批省级扶贫龙头企业。（翟宇鸣）

【完成扶贫产业化项目】 2011年，贵阳市共获省扶贫办立项批复产业化扶贫项目共23个，投入财政扶贫资金8621万元，其中：息烽县石硐乡“整乡推进、连片开发”果药套种产业化扶贫项目项目1个，修文县猕猴桃观音草和清镇市流长乡东风湖流域核桃桔梗果药产业化扶贫项目2个，花溪党武摆贡寨、开阳清龙十里画廊和乌当新堡布依文化乡村旅游产业化项目4个，息烽县养龙司乡蔬菜产业化扶贫项目1个，花溪、开阳、息烽、修文脱毒马铃薯产业化扶贫项目4个，开阳县和修文县生态畜牧业科技种草养羊产业化扶贫项目2个，开阳县米坪乡竹鼠和息烽县九庄山鸡特种养殖项目2个，花溪、清镇、开阳、息烽、修文核桃产业化扶贫项目共5个，花溪高坡黑毛猪养殖、白云牛场特色食用菌种植乡镇特色产业扶贫项目2个。（翟宇鸣）

就业

【城乡统筹就业】 2011年，贵阳市依托各级公共就业服务机构和人力资源市场，举办就业服务招聘会312场，达成意向性用工89.24万人，直接促进就业近5万人，搭建发达地区就业与劳务合作平台，促进高校毕业生就业和农村富余劳动力转移就业3629人；为12117家单位办理委托招聘和网上招聘，招聘人员岗位15.29万个；新增人才派遣合作单位17家、派遣员工1116人,派遣员工总量达5016人；建成189家高校毕业生就业见习基地和单位，1024名高校毕业生与见习单位签订见习协议；选聘215名高校毕业生到村任职，招募93名高校毕业生从事支农、支医、支教、扶贫工作；帮助400名城镇退伍军人和41名刑释人员实现就业；新创建达标充分就业社区33个，全市累计达标充分就业社区271个，3个充分就业社区被评为“贵州省星级充分就业社区”；新开发公益性岗位1523个，期末累计岗位开发23789个，在岗16276人；新增“零就业家庭”7户，全部实施就业援助，保持“零就业家庭”动态为零，全市累计实施“零就业家庭”就业援助2097户；推进就业信息网络向城乡基层延伸，提供求职咨询服务和就业指导4.48万人，成功推荐就业14044人；完善贵阳人力资源网和网上人才数据库，网上人才库突破41.55万人。

2011年，全市实现城乡统筹就业12.10万人，为全年目标任务的134.4%，同比增长36.9%；其中：城镇新增就业8.54万人，为目标任务的142.4%，同比增长45.6%（失业人员实现再就业4.01万人，为目标任务的178%；就业困难人员就业1.04万人，为目标任务的113%）；农村劳动力转移3.56万人,为目标任务的118.6%，同比增长19.7%。新增充分就业社区33个，全市累计达标充分就业社区271个，占全市456个社区的59.4%。累计实施“零就业家庭”就业援助2090户，保持“零就业家庭”动态为零。城镇登记失业率为3.3%。发放小额担保贷款2.75亿元，同比增长116.5%；扶持人数4557人，为目标任务的72.4%，带动就业6.59万人。（邹开勇）

【农村“零转移就业家庭”就业援助】 2011年8月，贵阳市在全省率先启动农村“零转移就业家庭”就业援助工程，截至12月末，全市共有农村“零转移就业家庭”1662户。

为抓好该项计划的实施，市政府办公厅下发了《关于开展农村“零转移就业家庭”就业援助的工作意见》，明确提出对农村“零转移就业家庭”实施援助帮扶：提供就业服务。为其提供免费的政策咨询、职业指导、岗位信息、职业介绍等服务，对已实施就业援助的农村“零转移就业家庭”，进行定期回访，做好后续跟踪服务。开展技能培训。对有培训需求并符合条件的农村“零转移就业家庭”成员，开展初级职业技能、农村实用技术和创业培训，帮助掌握职业技能；对农村“零转移就业家庭”成员中未继续升学的初、高中毕业生，鼓励、引导其参

贵阳市共建和谐就业基地授牌仪式

加6～12个月的劳动预备制培训；对申请参加职业技能鉴定的，提供鉴定服务，并发放相应的职业资格证书。扶持自主创业。对有创业意愿的农村“零转移就业家庭”，人社、农委、科技、工商、税务等为其免费提供创业培训、创业实训、政策咨询、项目推荐、开业指导等创业服务；符合自主创业条件的，落实自主创业奖励和创业经营场租补贴等创业扶持政策，创业孵化基地在引入项目时，在同等条件下，优先照顾自主创业的农村“零转移就业家庭”，提供创业孵化服务；从事个体经营的（除国家限制性行业外），减免行政事业收费，落实相关税收优惠政策。对自主创业资金不足且符合条件的，提供小额担保贷款政策扶持。

为确保援助计划的实施，成立了贵阳市“零转移就业家庭”就业援助工作领导小组，制定援助计划，健全工作机制。加强宣传引导，通过各种媒介和利用印制海报、制作横幅、设立橱窗等多种形式，宣传就业援助政策措施、先进经验、援助典型，营造良好氛围。开展摸底调查，掌握全市农村“零转移就业家庭”数量、人员结构、就业状态、技能水平和创业意愿等，实行“一户一档、一人一户”的台账管理模式。加强督促检查，将农村“零转移就业家庭”就业援助工作纳入年度目标考核。（邹开勇）

【高校毕业生就业】 2011年，贵阳市面向社会公开招募84家高校毕业生就业见习单位，180家培训见习基地（单位）。贵州芝林大药房被列为省级高校毕业生就业见习示范基地，举办2场高校毕业生到企事业单位见习专场招聘会。170家见习基地（单位）进场招聘，提供5000余个见习岗位，1024名高校毕业生与见习单位签订见习协议，核拨就业见习补助308.4万元。从662名高校毕业生中选聘215名到村任职，选聘188名高校毕业生到社区工作。完成服务项目期满人员续聘，其中“村官”续聘3人，“一村一大”续聘57人，“一社一大”续聘112人。加大基层项目类学生轮训工作，举办7期公务员考试、事业单位招聘、创业等专题讲座，培训在岗基层项目类学生518人。开展春节慰问基层项目高校毕业生活动，对全市901名服务在基层的高校毕业生进行慰问，发放慰问金18万余元。通过“春风行动”、“民营企业招聘周”、“高校毕业生就业服务月”、“全国高校毕业生就业服务周”等活动，全年举办高校毕业生专场招聘会28场，3524家企事业单位提供就业岗位8.48万个，入场应聘的各类高校毕业生18.67万人次，有12.26万余人达成就业意向；就业服务窗口接受咨询3200人次，免费为2430名高校毕业生提供就业指导服务。先后11次前往省内高校开展“人才市场主任校园行”活动，组织“万名企业HR经理进校园”活动4次，开展高校毕业生服务基层就业先进事迹报告会3场，开设择业指导、职业生涯设计、市场需求分析等讲座，参加人数达8600人以上。（邹开勇）

【推进创业型城市创建】 2011年，贵阳市深入推进创建国家级创业型城市工作。举办“贵阳市‘天翼杯’创业知识竞赛”，制作《贵阳市创建国家级创业型城市电子书》，促进创业政策宣传；加大创业政策落实力度，全年筹集创建资金5564.54万元，新增创业实体36254户，发放小额担保贷款27505万元，扶持创业4557人，贴息1700万元，为6168个创业项目发放创业奖励资金和经营性场租补贴1753.39万元，建成95人的创业培训师资队伍，培训创业人员4453人；建成创业孵化基地19个，入园孵化企业1673家；建成市级创业服务大厅，征集创业项目227个，组建成立195人的创业专家自愿服务团；市级财政落实专项奖励资金300万元，扶持农民工返乡创业1000人。（邹开勇）

【职业技能培训】 2011年，贵阳市出台《关于进一步加强职业技能培训工作的实施意见》、《关于进一步加强企业在岗职工职业技能培训工作的实施意见》、《关于进一步加强创业培训工作的实施意见》文件，明确职业技能培训的政策措施。根据培训需求适时增加培训定点机构，年末全市定点培训机构67家，涉及培训工种100余个，市级鉴定机构27家，全市完成职业技能培训26527人，为目标任务的121%。举办SYB、GYB创业培训140期、培训人员4526人，培训SIYB创业培训师58名。开展职业技能鉴定33571人，办理职业资格证书22758人。开展高技能人才培养，全市共培养高技能人才3838人。组织开展农村实用技术人才培养，共举办3期农村拔尖实用技术人才培训班。举办2011年贵阳市职业教育技能大赛、餐饮业职工职业技能大赛，授予胡庭彦等15位获奖选手“贵阳市技术能手”称号。（邹开勇）

【失业动态监测管理】 2011年，贵阳市加强城镇失业登记、再就业服务、失业动态监测工作，年末全市城镇登记失业人员30649人，城镇登记失业率为3.29%。为准确掌握经济波动期内重点行业、重点用人单位岗位的流失情况，全面开展失业动态重点监测工作，累计选择在本市具有代表性的、以及受经济结构调整或国内外经济形势变化等影响较大的行业和企业62家作为重点监测企业，涉及40702个岗位。同时，建立失业保险标准与物价上涨挂钩联动机制，发放1-8月份领取失保金人员临时性价格补贴。从监测情况看，调查企业用工相对稳定，岗位需求稳中有升，人员减少均属工程用工、季节性用工，没有出现不稳定现象。（邹开勇）

教育

【教育系统党建工作概述】 2011年，市教育局强力推进教育系统的党建工作。在局机关和各直属学校（单位）设立24个便民利民服务窗口和接待窗口，建立健全完善信访接待、首问责任及一次告知等工作制度，最大程度地方便基层群众和师生办事。推行党务公开。以贵阳教育网、贵阳教育报、党务政务公开宣传栏、党务政务公开电子显示屏等为平台，开展创建党务公开示范单位工作。在市委党务公开领导小组组织的3次检查中，市教育局党务公开工作受到好评。认真抓好党风廉政建设工作，不断完善各级领导班子民主集中制建设，落实“三重一大”管理制度，提高了民主议事、科学决策的自觉性。同时，狠抓教育行风工作，维护了教育系统的良好形象。大力评先评优树正气，市教育局党委表彰了先进基层党组织33个，优秀共产党员41名，优秀党务工作者36名；贵阳一中党委被省委命名为贵州省先进基层党组织，贵阳实验三中被省委党建工作领导小组评为贵州省“五好”基层党组织，贵阳市教育局机关党委、贵阳五中、贵阳盲校被市委命名为贵阳市先进基层党组织。9名同志被评为全市优秀党务工作者、优秀共产党员。切实搞好服务基层工作。市教育局系统各级干部扎扎实实为基层、为师生办实事、做好事，先后送去慰问金3万余元，协调解决资金10万元，帮助解决实际困难20余件，走访老党员、困难群众以及教师60余人。在全省教育系统学党史知识

37.30亿元，为目标任务的186.5%，同比增长28.9%。推广企业年金，规范基金管理，遵循“稳步、规范”发展原则，审核办理3家单位企业年金方案备案手续。核拨40户困难企业解困资金157.57万元，其中，177名离休干部生活补贴和年终一次性补贴141.91万，23名离休干部无工作遗孀医疗费2.92万，46名建国初期干部生活补贴12.74万，核拨4户事改企单位7名离休干部补贴24.53万元。

城镇居民社会养老保险制度改革方面：从2011年1月1日起，调整贵阳市城镇老年居民社会养老保险待遇标准，城镇老年居民基本养老金调整为每人每月350元。统一城乡居民社会养老保险制度，2011年9月，按照国家和省开展城镇居民养老保险试点意见，封闭运行城镇老年居民社会养老保险，合并实施城镇居民养老保险和新型农村社会养老保险两项制度，修文县、开阳县、息烽县、清镇市、花溪区、乌当区列入国家试点县，中央财政补助资金530.75万元，省级财政补助资金45.89万元。截至12月，全市城镇居民社会养老保险参保12509人，60岁以上人员参保率49.9%；征缴养老保险费1119.09万元。

农村社会保险制度改革方面：2011年，贵阳市继续推进新型农村社会养老保险制度改革，将原新型农村社会养老保险信息系统纳入全省统一系统，花溪区、乌当区、开阳县、修文县、息烽县、清镇市列入国家新型农村社会养老保险试点县，中央财政补助资金4126.18万元，省级财政补助资金517.92万元。截至12月，全市新型农村社会养老保险参保74.74万人，同比增长7.4%；征缴养老保险费2.90亿元，同比增长17.6%；同时，出台《关于做好被征地农民就业和社会保障工作的意见》、《关于贯彻被征地农民社会保障政策有关问题的处理意见》，推进被征地农民参加社会保险工作。截至12月，按被征地农民政策参加社会养老保险10364人，享受养老待遇2270人。（邹开勇）

【医疗保险制度改革】 2011年，办理困难企业退休人员参保9378人，其中贵阳市本级参保8837人、区属企业173人。提高城镇居民医疗保险政府补助标准，人均补助额由原每人每年160元提高到200元，其中：中央124元，省级15.20元，市级24.32元，县级36.48元。加强异地就医结算能力建设，开展省内异地就医即时结算，探索以异地安置的退休人员为重点的就地就医、就地即时结算，实现6000余名在沪定居参保人员医疗费用就地结算。推出人均统筹住院费用控制线结算、重症大病单独结算、精神分裂症按日包干结算、特门费用单独结算、单病种结算、大额医疗费用结算、生育保险费用定额和限额包干结算、居民门诊医疗费总额预付等结算模式，探索建立“医疗保险费用周转金预付”制度，有14家定点服务机构获得周转金6350万元。提高贵阳市城镇居民儿童先天性心脏病和白血病医疗保障水平，从12月1日起，住院医疗费个人负担降为3%至10%。加强医疗服务监管，全年共查处划卡销售日用品违规药店45家，其中暂停医保业务3个月整改的36家，暂停医保业务6个月整改的8家，取消定点资格1家。出台《关于拓宽贵阳市城镇居民门诊统筹范围的通知》，11月在小河区、乌当区启动试点，12月起两区参保居民可享受门诊统筹待遇，居民医保政策范围内住院费用支付比例达到71%。（邹开勇）

【工伤保险制度改革】 2011年，贵阳市进一步加强《工伤保险条例》的学习宣传贯彻，发放宣传资料8000余册；完善工伤保险制度，落实《贵阳市老工伤人员工伤待遇纳入统筹的意见》，出台《关于建立贵阳市企业老工伤人员纳入工伤保险统筹管理工作联席会议制度的通知》、《关于贵阳市企业老工伤人员纳入工伤保险统筹管理有关工作的通知》，促进了全市企业老工伤人员纳入工伤保险统筹管理。全年有126家国有企业老工伤人员纳入工伤保险统筹，总人数达到7438人，其中工伤职工6757、供养亲属681人；劳动能力鉴定2291人，发放相关待遇1131人，其中：享受医疗待遇863人，享受其他待遇268人。做好日常工伤认定工作，全年共受理工伤认定2500件，作出工伤认定结论2250件。（邹开勇）

【劳动保障维权工作】 开展农民工工资支付、人力资源市场清理整顿、整治非法用工等专项检查。全年共检查用人单位和职业介绍机构7300余户,责令支付30048人的工资及赔偿金1.63亿元，其中农民工工资1.18亿元。开展农民工劳动合同签订“春暖行动”和“劳动关系和谐企业”创建活动，进一步规范企业用工行为。开展“和谐诚信企业”评审和集体合同、工资集体协商审查，全市企业工资集体协商建制率达70.6%。做好劳动用工备案，为5736户企业办理了劳动用工备案登记，涉及职工182662人。完善农民工工资监控制度，扩大保证金覆盖面，全年共收取农民工工资支付保证金3.29亿元，涉及项目930个，已纳入保证金制度覆盖范围的行业基本未发生拖欠农民工工资问题。推进“网格化、网络化”改革试点，聘用200名专职劳动保障监察协管员，充实基层劳动保障监察队伍。全年共接待信访5863次，同比下降13.1%，涉及劳动者1.97万人；年审各类用人单位1.23万户，完成年度目标的143.76%，涉及劳动者32.86万人，劳动合同签订率达到100%。受理立案2436件，同比增长74.9%，涉及劳动者5789人，结案2429件，结案率达96.97%；妥善处理突发事件80起，同比下降22.3%；房地产从业人员人数增速19.2%，劳动报酬增长27.2%。完成市级劳动人事争议仲裁院组建，在10个区（市、县）成立劳动人事争议仲裁院，进一步加强了案件的管理和调解，全年共处理案件2325件，同比下降0.04%，其中：立案处理1989件，不予受理336件；审理结案1651件，时限内未结案249件，结案率96%。（邹开勇）

贵阳市非公企业和谐劳动关系协调联动工作动员会议

【城市最低生活保障工作】 2011年，贵阳市第6次提高城市低保标准。云岩区、南明区、小河区、乌当区、花溪区、白云区和金阳新区从每人每月300元提高到340元；清镇市、修文县、息烽县和开阳县从每人每月240元提高到270元。截至12月，全市城市低保对象35244户、74456人，全年累计发放低保金2.4亿元（含各类慰问金）。同时，完成低收入居民临时价格补贴发放工作。为城市低保对象、农村低保对象和农村五保对象按每人50元标准，发放1至3月的临时价格补贴；7月20日前将696.572万元发放到近14万名城乡困难群众手中；省级、市级临时价格补贴联动机制启动后，按每人每月30元的标准，为城乡低保对象、重点优抚对象、农村五保对象、市级福利机构供养“三无”人员发放了第二、三季度的临时价格补贴，发放资金达2760.66万元。（叶 芳）

【农村居民最低生活保障工作】 2011年，贵阳市第4次提高农村低保标准。云岩区、南明区实现了城乡低保标准一体化，从3600元/年·人提高到4560元/年·人；小河区为2280元/年·人；乌当区、花溪区、白云区、金阳新区为1920元/年·人；修文县、息烽县、开阳县和清镇市从1320元/年·人提高到1680元/年·人。全市共有农村低保对象28141户、60730人，全年发放低保金8224.36万元（含各类慰问金）。同时，建立了农村低保季节性缺粮救助制度。市政府于5月25日下发《关于下发农村低保积极性缺粮户粮食救助制度实施细则和工作方案的通知》，对救助范围、救助对象认定的条件、程序和救助粮的筹集发放等进行了明确；全市组织7075名工作人员对28388户、62148名农村低保对象进行了调查核实，共确定粮食救助对象4275户、8697人，全年发放救助粮601440斤。（叶 芳）

【建立城乡低保管理工作责任追究制】 为规范贵阳市城乡居民最低生活保障工作人员的行政行为，2011年7月25日，民政局、监察局联合下发《贵阳市城乡低保工作责任追究暂行规定》，明确低保管理工作人员“八不准”，确保城乡低保管理和审批切实做到“公开、公平、公正、便民、高效”。（叶 芳）

【城乡困难群众临时救助工作】 2011年，贵阳市深入开展城乡困难群众临时救助工作，积极帮助困难群众解决因灾、因病造成暂时的生活困难，救助对象包括低保对象和低收入群体，救助标准最高可达5000元。全年共投入城乡临时救助资金323万元（其中，上级投入123万元、市级投入200万元），救助困难群众4019人，支出临时救助金283.6万元，人均救助705.64元。（叶 芳）

2011低保温暖活动启动仪式

【建立城乡低保标准自然增长机制】 根据省政府关于“‘十二五’期间全省城乡低保标准年均增长10%以上”的要求，贵阳市结合实际，经过测算，提出年均低保标准要达到12%以上增幅，决定从2011年4月起提高城乡低保标准，2012年—2015年的每年1月起执行新的城乡低保标准。提标后，城市低保人均月补助水平为239元，比提标前增加37元；农村低保人均月补助水平为64元，比提标前增加15元。（叶 芳）

【低收入家庭认定工作】 2011年，贵阳市出台《贵阳市2011年申请公共租赁住房保障收入和住房困难标准》，规定了2011年申请保障性住房低收入家庭人均月收入低于1500元（含）、单身人员月收入低于2250元（含）为认定标准，扩大申请保障性住房低收入家庭认定范围，全市共认定低收入家庭8543户，解决了城市低收入家庭住房困难，健全了保障性住房准入和退出机制。（叶 芳）

【城乡医疗救助工作】 2011年，全市为完善城乡医疗救助制度，实现城市和农村医疗救助制度进行统一，将救助对象从过去的城乡低保对象、五保对象扩大到低收入家庭、家庭生活困难大学生、六十年代初精简退职老职工等群体，并且救助封顶线从1万元提高至3万元，救助比例提高到60%-70%。将小河区和息烽县作为城乡医疗救助“一站式”结算服务试点区县，如小河区自开展“一站式”结算服务工作以来，已有75人次低保对象享受到“一单清”即时结算的服务，支出医疗救助金7.13万元。积极筹集城乡医疗救助资金，农村医疗救助筹集资金总额达998万元，为66548名农村困难群众缴纳参加新型农村合作医疗保费199.617万元，救助农村困难群众6733人次，救助金支出1559.1353万元；城市医疗救助筹集资金总额达801万元，为61800名城市困难群众缴纳参加城镇居民基本医疗保险费60.78万元，直接救助城市困难群众2906人次，救助金支出602.53万元。（叶 芳）

【城乡社会救助信息化建设】 开展城乡低保信息化培训。2011年2月至3月，市民政局以完善贵阳市社会救助管理系统城市低保子系统为契机，在云岩区和南明区开展低保基础数据集中录入和培训工作，培训基层低保工作人员1000余人次，完成了38216户、42110人的城市低保对象低保业务基本情况数据库建设，实现市、区（市、县）、乡（镇、街道）和社区四级联网，以及低保申请、审核、审批自动化、网络化管理。开展居民家庭经济状况核对工作。2011年共进行居民家庭比对615户（其中：新申请城市低保565户、申请低收入家庭认定50户）。2011年，贵阳市被民政部确定为“全国首批居民家庭经济状况核对示范单位”之一。（叶 芳）

【优抚安置工作】 建立重点优抚对象定期补助自然增长机制。在乡老复员军人定期定补标准最高达844元/月，最低的达550元/月，全部高于省民政厅规定的361元/人最低标准；全市各类优待抚恤金按时足额发放；下拨全市特困企业老复员军人生活医疗补助金52万元；完成60周岁以上的农村籍退役士兵数据统计汇总工作；农村义务兵家属优待金以区（市、县）为单位，按当地上年农民人均纯收入的100%兑现；城镇义务兵家属优待按上年城镇可支配收入的100%优待（市区两级财政按4：6比例承担），全年共发放城镇义务兵家属优待金2665万元。搞好退役士兵安置接待工作。2011年共接收退役士兵1701人；开展各种技能培训，培训人数1465人，培训经费570万元。筹集劳动就业指标600人；接收军队转交地方安置退休干部50人；抓好军休干部房改工作，确保军休干部房改待遇的全面落实。（叶 芳）

【慈善事业救助工作】 开展慈善情暖万家活动，对全市220家困难家庭和4家养老机构进行了慰问，发放慈善慰问金56万余元。建立贵阳市慈善总会留守儿童援助中心和2个援助站。为更好地发挥慈善爱心超市的作用，市慈善总会募集善款50万元，对全市25家“慈善爱心超市”给予了每家2万元的一次性慈善援助，并统一挂牌为“贵阳市慈善总会慈善爱心超市”。积极开展慈善捐款工作，全年募集善款3699.08万元、各类慈善捐赠物资折款50余万元。（叶 芳）

【社会福利设施建设】 截至2011年11月，社会福利院和第二社会福利院共收（代）养老人405人，收（代）养精神病人101人，均无一例非正常死亡事故发生。全市共有社会散居孤儿303人、集中供养孤儿433人。社会散居孤儿供养生活费已按不低于600元的标准发放到位；孤儿集中供养生活费2011年已达到每人每月1500元的标准，已超过省厅每人每月不低于1000元的标准。全年新增社会办养老服务机构5家、床位数达2943张。（叶 芳）

住房

【保障性住房建设概述】 2011年2月，中共中央政治局常委、国务院副总理李克强视察了贵阳市公租房、廉租房建设和城市棚户区改造情况，殷切希望贵阳市在公租房和廉租房并轨、公租房管理以及保障性住房建设长效机制等方面探索经验。为贯彻落实李克强副总理的重要指示精神，贵阳市结合实效预防矛盾纠纷的激化演变。细化量化“创文”人民调解指标，以责任书的形式落实工作任务。搞好人民调解员业务培训。全年共举办人民调解员培训班9期，培训调解员5000余人，全市人民调解员参训率达95%，新任调解员岗前培训率达100%。开展“化解矛盾纠纷，争当人民调解能手”活动，促进了人民调解工作深入开展。据统计：全年共排查各类矛盾纠纷13436件，调解成功12899件，调解成功率96%；防止矛盾纠纷激化65件，制止群体性事件499起，防止因民间纠纷引起自杀4起，防止民间纠纷转化为刑事案件63起。（王　迅）

【法律援助体系建设】 截至2011年12月，全市共有法律援助机构11个，法律援助人员52人；全年办理法律援助案件3200件，提供无偿法律咨询14994件。在法律援助体系建设方面：在不断完善村居法律援助联络员的同时，积极延伸服务站点，在市民宗委、贵阳学院、贵州谦明律师事务所等多家单位建立法律援助工作部（站），使法律援助工作向基层推进，基本建立覆盖全市的法律援助服务网络。在法律援助宣传方面：组织开展“三·八维权周”、“春暖法律援助”、“3·15消费者权益保护日”、“三下乡”活动等各种形式的法律援助宣传活动；每星期二、三派出专职律师参与省广播电台的《丹宁说法》；在《贵阳日报》开辟“法律援助台”专栏；在公交车车身印制法律援助公益广告，提高法律援助知晓率。（王　迅）

文化生态建设

WEN HUA SHENG TAI JIAN SHE

生态文明意识教育

【公民道德建设】 2011年，贵阳市以实施“传统美德弘扬工程”为重点，广泛开展公民道德实践活动，不断提升市民文明素质。在春节、清明节、端午节、中秋节等重大传统节日期间，开展主题鲜明、丰富多彩的“我们的节日”系列活动，积极营造弘扬美德、崇尚文明的良好氛围。推荐14名候选人参加道德模范评选，经中央文明办评审，彭文军入选“第三届全国诚实守信道德模范提名奖”。开展“我推荐、我评议身边好人”活动，经过评审，共评出全市“助人为乐、见义勇为、诚实守信、敬业奉献、孝老爱亲”5类身边好人51名，推荐13名身边好人上报中央文明网，其中6名入选中国好人榜。全年举办5场“2011年贵阳市道德模范巡讲报告会”、11场“贵阳市第三届全国道德模范巡讲报告会”和10场道德模范与身边好人交流活动，在全市掀起学习道德模范热潮。通过报刊、电视、广播、出租车LED电子显示屏等媒体宣传道德模范先进事迹，营造全社会关注、支持、参与道德建设的浓厚氛围。充分利用各级党校、市民文明学校、中小学校、人口学校等平台，加强市民爱国守法、敬业诚信、家庭美德、个人品德等方面的教育培训，在全社会形成讲公德、讲奉献、知荣辱的良好风气。举办由道德模范、身边好人、市民代表等参加的“诚信贵阳人”市民茶座，对贵阳人的诚信亮点、诚信根源、如何坚守诚信等问题进行讨论交流，倡导形成诚实守信的道德风尚。（樊　兵）

【“贤惠美德耀筑城”系列活动】 2011年，贵阳市妇联以“做贤惠母亲，育优秀子女”为主题，深入各区（市、县）开展“弘扬传统美德”百场宣讲进社区（村寨）活动，专家们围绕如何成为贤惠母亲、如何成为合格家长等内容作了精彩演讲。3月，市妇联向市民发出“为爽爽贵阳添绿”义务植树活动倡议，动员广大家庭积极参与义务植树活动，近千人在花溪十里河滩湿地公园中种下爱心树、建造和谐林。5月至10月，市妇联继续开展地球一小时、节能宣传周等活动，积极推动“家庭低碳生活小档案记载和数据收集统计”工作，通过碳排放量情况的填写和统计，使广大市民树立低碳理念、崇尚低碳生活、争创低碳家庭。（樊　兵）

【未成年人思想道德建设】 2011年，贵阳市积极营造良好社会环境，不断加强和改进未成年人思想道德建设。围绕建党90周年主题，在全市中小学校开展“祖国好·家乡美”系列主题实践活动，通过歌咏比赛、经典诵读、童谣传唱等活动的开展，弘扬传播优秀传统文化，增强未成年人爱党、爱国、爱社会主义的情感。加强“乡村学校少年宫”建设，全市挂牌成立101所“乡村学校少年宫”，建立图书室、电子阅览室、心理咨询室，普遍开展音、体、美、经典诵读，以及富有民族特色和地域优势的活动。成立“贵阳市未成年人心理健康辅导站”，以贵阳学院专业师资力量为支撑，以志愿者为主要服务力量，为全市未成年人心理健康咨询辅导做

“红歌唱响校园·经典伴我同行”活动现场

好宣传、服务、培训、协调、评估等工作。组织开展未成年人关爱行动，建立“留守儿童之家”，成立留守儿童援助中心，举办以“美好童年、享受阅读、享受音乐”为主题的“2011世界读书日首届社区儿童图书音乐节”等。在全市中小学校开展“文明小公民、美德小少年、小道德模范”推荐命名活动，命名表彰5名事迹感人、表现突出的“小道德模范”，其中1名应邀参加全国道德模范表彰晚会，获得全国“美德少年”荣誉称号。加强对游戏机经营场所的管控，严厉打击网吧接纳未成年人上网，及时查处有损未成年人身心健康的不良出版物，积极倡导“文明上网、文明办网”，在学校普遍建立“班级博客”和“文明小博客”。（钟 嫄）

【群众性精神文明创建活动】 2011年，贵阳市以满足群众精神文化需求为出发点和落脚点，加强文化阵地建设，深化群众性精神文明创建活动。制定出台《关于进一步加强新形势下农村精神文明建设工作的实施意见》，推荐评选文明村镇、先进村镇、文明单位、先进单位和文明窗口5个类别的精神文明先进1162个；命名文明和谐示范社区70个，文明和谐社区129个。做好全国、全省精神文明先进的推荐申报工作，向省文明办推荐上报各类先进246个。组织开展生态文明企业创建，评选命名全市第一批生态文明企业32家。实施52个农民文化家园项目，及时下拨省级匹配资金156万元，全年共自筹资金504.87万元，确保项目建设顺利推进。实施“农村生活环境改善工程”，建立落实民生工程联席会议制度，分解任务、落实责任，全年共建成中温大中型沼气工程7个、养殖小区常温沼气池66个、乡村服务网点133个、农村清洁工程9个、一事一议财政奖补试点304个，累计投入资金2.26亿元。3月29日，市县两级49家单位在开阳县龙岗镇开展2011年文化、科技、卫生“三下乡”集中示范活动，赠送图书1.6万余册、办公电脑3台、移动座

“我们的节日·春节”系列活动场景

机60台、农村实用课件光碟200余张、果树苗2000余株，发放宣传资料3.4万余份，计生药品、用具4000份。同时，把500台电脑及时配送到基层学校和乡镇、社区文化站。（樊 兵）

【“绿丝带”志愿者服务活动】 2011年，贵阳市不断加强志愿者服务队伍建设，组织开展形式多样的“绿丝带”志愿者服务活动，传递生态文明理念，推动形成社会文明新风尚。加强“绿丝带”志愿者招募、管理和注册工作，加大对注册志愿者职业道德、环保知识、礼仪规范等方面的教育培训力度，不断扩大志愿者服务队伍规模，提高专业素质和服务水平，全市已招募注册志愿者40余万人。4月26日，协助省文明委召开全省“和谐贵州三关爱”绿丝带志愿者服务行动经验交流会，广泛交流志愿者服务工作的经验；5月20日，协助中央文明办举行“关爱农民工志愿服务活动”启动仪式，全市10余家爱心企事业单位向中国志愿服务基金会捐赠100万元，全部用于为农民工提供技能培训、素质提升培训、权益维护等；12月5日，召开2011年“绿丝带”志愿者表彰大会，表彰黄成德、颜昌峰等30名“五星”级志愿者和219名“四星”级志愿者。积极开展交通协

强与国内外著名会展机构合作，培育和引进大型会展企业，积极申办国际化品牌会展，策划和培育一批自办品牌展会；以贵阳国际会展中心为重点，加快建设龙洞堡会议中心、多彩贵州城会议中心等一批高品位会展场馆；重点抓好会展场馆、会展环境、会展认证等工程建设；着力把“生态文明贵阳会议”、“中国（贵阳）医药博览会”、“中国（贵州）酒类博览会”和“中国贵州国际绿茶博览会”打造成全国乃至国际知名会展品牌；围绕重点大型文化产业，培育多层次、不同体制的文化产业群，构成完整产业链，形成较好的产业业态。（孙 璇）

【动漫产业】 2011年，贵阳市开工建设金阳动漫及工业创意产业园区（小河、白云）。该园区以动漫产品生产、数字产品服务以及为工业企业提供创意设计等为主要内容，具体包括“亚太动漫交流中心”、“贵阳工业创意园”、“贵阳数字内容产业园”等机构。（孙 璇）

文化活动设施建设

【“爽爽的贵阳网”和“爽爽手机网”开通】 2011年6月18日，2011中国·贵阳避暑季开幕当天，“爽爽的贵阳网”和“爽爽手机网”（以下简称“爽网”）正式开通。“爽网”由市委、市政府主办，贵州日报报业集团控股组建的贵州爽爽网络传媒股份有限公司全面负责营运，是市委、市政府和贵州日报报业集团创新机制，通力合作打造的城市新媒体推广营销平台。“爽网”是集宣传推广、信息发布、电子商务为一体的贵阳城市营销门户网站，通过对政府部门网站的实用信息资源全面整合，致力于贵阳市区域旅游资源与生活服务的网络推广和产品开发，内容涵盖“吃、住、行、游、购、娱”等各类旅游信息。“爽网”已成为省、市政府主办大型展会活动的官方网站；成功执办“2011中国·贵州国际绿茶博览会”和“2011中国·贵阳温泉季”开幕式及系列活动；结合新媒体元素策划的“刷手机，泡温泉，流媒体，微直播”主题，获得市委主要领导肯定；与中国移动进行深度战略合作，打造“掌上房博会”、“掌上温泉季”、“掌上灯会”等“掌上展会”系列手机应用服务，助力贵阳会展经济，被业界誉为“开启了西南地区无线展会新时代”。截至年底，根据全球权威第三方评测机构Alexa的数据，“爽网”全球排名71817位，中国排名6858位，综合排名不断上升。（钟 娵）

【筑城广场建设】 2011年4月1日，作为2011贵阳市重大民生工程和公益性项目的筑城广场正式启动，12月31日投入使用。筑城广场是贵阳的城市客厅、是展示贵阳城市形象的亮丽窗口，兼具集会、休闲、文化、历史纪念和商业等5大功能。筑城广场项目及周边围合水域面积16.07万平方米，其中，广场总面积10.32万平方米，周边水域面积5.75万平方米，广场绿地率30%。广场内种植乔木30余种、800余株，中高灌木40余种、1000余株，地被灌木及各类草花70余种、竹类10余种，新建“筑韵”钢结构雕塑一座、跨南明河桥梁四座，设置城市原点、一中记忆浮雕墙、图腾柱、河道景观喷泉以及桂花大道、樱花大道、银杏大道、竹林通幽等特色绿化景观带，可容纳10余万人聚集。广场中心雕塑“筑韵”，长60米、宽48米、高28米，以“金竹报平安”和“竹笙”为主题，体现浓郁的地域特色；跨南明河与广场相接的四座钢桥在设计理念上，结合中心雕塑，以“彩带”和“芦笙音筒”为定位，改变传统钢结构桥梁厚重风格，体现轻盈、跳动、流畅的时尚气息。（董 楠）

【农村广播电视“村村通”工程】 2011年，贵阳市“村村通”工程建设取得阶段性成效。4月，“十一五”期间实施的广播电视“村村通”工程通过省级验收，得到省验收组的高度肯定。按照国家广电总局和省广电局要求，对“十二五”广播电视“村村通”工作进行周密安排，制定相应工作措施。截至12月，全市农村广播电视村村通工程累计投入资金9200余万元，建成农村广播站4129座，解决农村42万户农户看电视问题，农村广播电视户通率达90%以上，20户以上自然村全部建有广播站，农村广播电视“村村通”工程覆盖率达100%。（胡壹华）

【文化馆建设】 2011年11月，文化部下发了《关于命名一、二、三级文化馆的决定》，贵阳市群众艺术馆、息烽县文化馆被命名为一级文化馆，云岩区文化馆、南明区文化馆、花溪区文化馆、乌当区文化馆、白云区文化馆、小河区文化馆、开阳县文化馆被命名为二级文化馆，清镇市文化馆、修文县文化馆被命名为三级文化馆。贵阳市群众艺术馆成为全省唯一一个获得一级馆称号的地市级文化馆；贵阳市获得二级文化馆的数量在全省最多，占文化馆数量的比例最高。（胡壹华）

【农村公益电影放映工程】 2011年，全市共完成农村公益电影放映和城市社区、农民工、校园电影放映15159场,比目标任务超额完成1167场，观众人数达140余万人次。在全省率先为全市65套放映设备安装了GPS卫星定位监测系统，保证放映场次的真实性，把党和政府对农民群众的关怀落到实处。（胡壹华）

【文化信息资源共享工程基层服务点建设】 2011年，贵阳市积极争取中央、省支持，以创建全国文明城市为契机，狠抓基层公共文化服务设施建设，建成41个乡镇、47个街道文化信息资源共享工程基层服务点，基本实现全市乡（镇）、街道文化信息资源共享工程基层服务点全覆盖。（胡壹华）

重大文化活动

【观山湖公园元宵灯会】 2011年2月17日，观山湖公园元宵灯会正式开幕。灯会持续13天，参展彩灯共有211组，其中陆地彩灯169组，水面彩灯24组，门灯12座，彩幕6道，水面小型花灯60余组，各类工艺灯笼3000余个，氛围装饰LED灯串、点灯、灯树若干。灯会期间，吸引众多市民及省内外与数十个国家和地区的游客入园观灯，共计接待游客60余万人次。（吴 鹏）

【2011中国·贵阳避暑季】 2011年6月至10月，贵阳市围绕“避暑、生态、产业”主题和宣传推广“爽爽的贵阳·中国避暑之都·温泉之城”城市品牌形象，以“避暑季”为平台，策划举办了“避暑季”开幕式及缤纷五月、激情六月、红色七月、清凉八月、炫彩九月旅游主题月系列活动。6月18日，“避暑季”开幕式在天河潭风景区举行，国家旅游局党组成员、纪检组长刘金平，联合国世界旅游组织亚太部主任徐京，省委副书记王富玉，省委常委、省委宣传部部长谌贻琴，以及贵阳市四大班子主要领导出席开幕式。开幕式一改过去大型文艺演出方式，主要采取观众游园和名人访谈直播的形式，畅谈贵阳旅游，宣传爽爽的贵阳。（李仁刚）

【2011亚洲青年动漫大赛暨中国（贵阳）卡通艺术活动】 2011年8月26日至28日，由文化部文化产业司、工信部软件服务司、贵州省文化厅、贵州省经济和信息化委员会、贵阳市人民政府共同主办，市工信委、白云区政府、小河区政府和高新区管委会承办的2011亚洲青年动漫大赛暨“贵州华能”中国（贵阳）卡通艺术活动在贵阳举行。本次大赛以贵阳国际会展中心为主会场，举办开幕及颁奖仪式、动漫主题晚会、优秀作品展、动漫高峰论坛、复合型运营平台展示、

贵阳市文物普查工作顺利完成，并通过国家文物局、省文物局的检查验收。完成《贵阳市第三次全国文物普查重要新发现汇编》前期编辑出版工作；完成贵阳毛泽东主席塑像群、李端棻墓、花溪军事营盘遗址、花溪岩溶洞穴文化遗址、青岩建筑群、开阳宝王庙、开阳茶山关渡口等7处文保单位的申报工作，拟申报为第七批全国重点文物保护单位。全市共调查登记不可移动文物1123处，其中新发现615处，复查508处。（胡壹华）

【实施文物维修保护工程】 2011年，贵阳市文物保护部门以创建文明城市为契机，对新华日报贵阳分销处旧址、张学良幽禁处旧址等23处文保单位进行维修维护，全市文物完好率达95%以上。同时，积极实施以珍珠泉、圣泉为代表的21口古井修缮工作，这些古井在贵阳城市发展历史上产生过深远影响、具有重要文化底蕴和保护价值，被列为第六批市级文物保护单位，古井经过维修保护后，保存现状得到改善。启动实施“古八景”保护工程，经市民投票、专家论证评选出的贵阳箐秀、圣水流云、鳌矶浮玉、风台踏草、栖霞上月、鸦关使节、铜鼓遗爱、浪涌金鳌“古八景”被确定为修缮保护对象，制定了相应的保护方案、维修设计。完工后，“古八景”将成为贵阳对外开放和形象展示的窗口，成为贵阳旅游的新景观和城市新名片。（胡壹华）

【非物质文化遗产展示馆正式开馆】 2011年6月18日，坐落在青岩镇青岩堡度假村商业街中心的贵阳非物质文化遗产展示馆正式开馆迎客。该馆是全省首个“非遗”展示馆。建筑面积500平方米，馆内设有“非遗”的实物陈列区、“非遗”情景表演区、互动体验厅。（胡壹华）

规范文化市场秩序

【文化市场执法监管】 2011年，贵阳市采取分片包干、错时检查、领导定点督查等措施，不间断对全市娱乐场所、网吧、出版物经营单位等进行检查，全年共检查出版物经营单位8011个、印刷企业及复印打印单位3372家（次）、网吧23346家（次）、游艺娱乐场所4425家（次）、歌舞娱乐场所2918家（次）；取缔出版物市场非法经营摊点126个，收缴各类非法出版物492076件；实施责令整改处罚406家，罚款108万元，查办“扫黄打非”案件4起，逮捕4人、判决4人。（胡壹华）

【“扫黄打非”专项整治】 2011年，贵阳市按照全国、全省“扫黄打非”安排部署，精心制定“扫黄打非”工作方案，组织开展“两节”“两会”期间文化市场专项检查、打击盗版书专项行动、校园周边文化市场专项整治、中国（贵州）酒类博览会暨2011中国·贵阳投资贸易洽谈会文化市场专项检查、打击盗版教材教辅非法经营活动专项检查、开展打击淫秽色情出版物和有害信息专项行动等多次专项检查整治行动，保持打击违法经营行为的高压态势，确保文化市场健康有序发展。（胡壹华）

自然生态建设

ZI RAN SHENG TAI JIAN SHE

“两湖一库”管理

【综合成效】2011年，“两湖一库”的水质达到Ⅲ类标准，基本完成《贵阳市“依法治理‘两湖一库’，确保市民饮水安全”工作方案》规定的水质“两年得到遏制、三年根本好转、五年达到标准”的阶段性目标。（陈新龙　安　然　魏德平）

【工业污染治理】全市投入扶持资金415万元，完成金阳新区管委会石硐煤矿治理项目、花溪区久安乡雪厂片区废弃煤矿治理项目和平坝天峰化工厂磷石膏尾矿库治理项目，栗木寨废弃煤矿综合治理实验项目已进入试运行阶段。（陈新龙　安　然　魏德平）

【农业面源污染治理】市两湖一库管理局开工建设红枫湖黄土寨沟渠湿地和涵养林生态系统工程，工程建成后将解决沟渠周边6平方公里农业面源污染，每年按Ⅲ类水体标准为红枫湖净化补充300万立方米水源。启动红枫湖麦包河沟渠治理项目前期工作，完成可研编制，并通过发改部门审批。（陈新龙　安　然　魏德平）

【农村生活垃圾治理】2011年，市两湖一库管理局通过资金扶持方式与“两湖一库”所在辖区区（市）政府签订合同，共清理垃圾存量10000余立方米。通过政府采购确定清理公司形式，清理红枫湖平坝区域沿湖村寨垃圾存量2000余立方米。投入资金200万元，配置小型垃圾清运车和配套可分离防滴漏密闭式垃圾收集箱，解决红枫湖镇、站街镇、青龙办15个行政村104个自然村寨的生活垃圾污染问题。（陈新龙　安　然　魏德平）

【农村生活污水治理】2011年，市两湖一库管理局以红枫湖取水口为重点治理区域，结合清镇市后午片区污水提升泵站规划，以单户治理方式解决约300户1200人，以管网收集集中治理方式解决约800人的生活污水污染问题。相继完成红枫湖芦荻村新移民组生活污水治理项目的设计及审批手续，阿哈水库猪场坝、竹林村、丫河寨、麻窝寨等4个农村生活污水治理项目的立项工作，平坝污水处理厂建设工程。（陈新龙　安　然　魏德平）

【生物净化工程】2011年，市两湖一库管理局完成阿哈水库金山人工湿地管网配套建设项目、小河长滩人工湿地建设项

工业污染治理——覆膜后的天峰渣场

目、百花湖茶饭村和金钟村人工湿地改造工程。投资85万元向“两湖一库”投放鲢鳙鱼，全年共完成1000万尾鲢鳙鱼投放工作。（陈新龙 安 然 魏德平）

【生态修复工程】 市两湖一库管理局投资7000多万元，实施红枫湖区域A、B两个标段，种植杨树、柳树、水杉、竹子等44万余株；完成百花湖萝卜哨人工湿地项目、“两湖一库”生态浮床（岛）示范工程、红枫湖湖滨水淹区生态修复实验工程、百花湖湖滨水淹区生态修复实验工程、百花湖沿湖水土保持治理等一批建设项目。（陈新龙 安 然 魏德平）

【生态浮床（岛）示范工程】 市两湖一库管理局实施总投资额为800万元的“两湖一库”生态浮床（岛）示范工程项目一期工程红枫湖花鱼洞大桥2708.64平方米，二期工程红枫电校、百花湖麦西河入湖口、阿哈水库金钟河入湖口区域面积共计1.2公顷。（陈新龙 安 然 魏德平）

【开展五大执法战役】 2011年，市两湖一库管理局在打击非法排污方面，依法查处非法洗矿等案件7件、非法排污案件25件，限期整改企业3家，收缴罚款72.45万元；在打击非法捕捞方面，收缴抬网13张、木制渔船3艘和大量其他非法捕捞工具以及非法渔获物千余斤；在打击违章建筑方面，函告地方政府查办违法建筑案件12件，配合属地人民政府拆除违建农房约18650平方米，下达“停止违法行为通知书”1份，责令停工2起；在打击破坏森林资源方面，出动人员1786人次，共巡查480次，未发现破坏森林资源行为；在打击非法取水方面，未发现非法取水行为。（陈新龙 安 然 魏德平）

【“两湖一库”基金会管理】 2011年，“两湖一库”环境保护基金会共投入445.81万元，用于“两湖一库”环保教育、宣传和环境治理工程建设。（陈新龙 安 然 魏德平）

环保法庭正在审理环保刑事案件

【环保法庭执法工作】 清镇市人民法院环保法庭全年共受理各类环保案件111件，审结109件，结案率98.2%；受理行政非诉案件35件，被申请人主动履行或和解执行34件，强制执行1件。2011年11月，环保法庭被贵州省委党校授牌为现场教学基地。（陈新龙 安 然 魏德平）

【生态补偿资金发放】 贵阳市认真落实生态补偿机制有关规定，对红枫发电厂、清镇市朱家河污水处理厂人工湿地、云岩区蔡家关截污工程、金阳新区农村生活污水治理等一批企业、地方治污工程进行补助，经审核同意共发放生态补偿资金1000万元。（陈新龙 安 然 魏德平）

森林保护

【林业生态建设】 全市完成营造林8180公顷，完成率100%，实现了森林覆盖率每年增长1个百分点的目标。大力开展全民义务植树活动，社会各界捐资800多万元在花溪十里河滩国家湿地公园认植认养树木，全市共完成育苗877.8万株（袋），建立义务植树基地约11.33公顷。中德财政合作贵州省森林可持续经营项目顺利推进,规划4239.2公顷，施工1282.1公顷，组建森林经营委员会7个，新编制森林经营方案14个。投入资金100万元，完成8个村的社会主义新农村绿化建设。（麻树清）

【森林资源保护】 全市县级林地保护利用规划经各区（市、县）人民政府批准执行。市园林绿化局把好审核、审批林地征占用关，受理规划选址57起，审核上报征占用林地119起、面积 519.82公顷；严格林木采伐管理，共采伐林木5.1万立方米，无超限采伐现象；严格火源控制，实现不发生重特大森林火灾、不发生死亡事故、森林火灾受害率控制在0.6‰以下的“三个确保”目标；开展林业有害生物防治工作，全市林业有害生物成灾率0.1‰，实施防治面积87689.4公顷，预测发生面积8725.8公顷，实施种苗产地检疫面积1448.299公顷；依法行政，严格执法，查处各类破坏森林资源违法案件1034起。（麻树清）

【林权制度改革工作】 2011年，全市林改档案完成52个乡（镇、办），6178盒，61985件，其中花溪区、息烽县、修文县、南明区、清镇市、乌当区、云岩区林改档案整理工作已全部完成，并通过市级检查验收。全市共办理林地流转3起、面积73.33公顷，办理林权抵押贷款面积68.2公顷，抵押贷款金额300万元人民币。成立以市森林资源管理站为骨干成员的纠纷调解指导组，督促指导区（市、县）调查处理林权纠纷，调查处理14起林权纠纷来信来访件。为增强林业生产经营者抵御森林风险的能力，出台《贵阳市政策性森林保险试点方案》。（麻树清）

【城市绿化建设】 2011年，全市新增绿地194.63万平方米，建成区绿化覆盖率42.8%，绿地率41.5%，人均公共绿地达10.32平方米以上。投资6525万元，完成花溪十里河滩国家湿地公园景观绿化建设。完成甲秀北路、林城东路、甲秀中路、北京东路等新建道路的绿化建设。完成重大节假日、会议及第九届全国少数民族传统体育运动会的城市环境布置、绿化综合整治和南明河沿岸绿化景观提升工作，摆放鲜花1480万盆。完成第八届中国（重庆）国际园林博览会贵阳展园建设。完成黔灵山公园至开阳南江大峡谷国家级体育健身步道建设。（麻树清）

花溪国家湿地公园景观绿化

【公园建设管理】 2011年，市园林绿化局投入资金830多万元，对黔灵山公园、河滨公园、森林公园、东山公园和南郊公园等公园园区内部分道路、照明、厕所、标识、果皮箱等基础设施实施新增、改造和维修，对园区部分景观、办公楼和职工住宅小区环境进行综合整治，新增绿地2000平方米，修建300余平方米小广场1个。加强管理维护公园工作秩序，共整顿经营点40个，整改广告牌50余块，清除各类小摊点100余个，清退违章车辆40余台，

取缔高音量健身点5个，劝阻、纠正和制止游客不文明行为400余人次。（麻树清）

大气污染防治

【开展除尘降噪专项行动】 2011年，市环境保护局在除扬尘污染方面，检查建筑工地327个，下达停工通知书6份；依法暂扣9家施工企业《安全生产许可证》2个月；要求7家工业企业实施整改；查处金阳片区运输砂石、渣土车辆493余辆，制止及劝返违规运渣车522余起，依法暂扣严重违规渣土车辆3辆。在降噪声污染方面，共检查歌舞娱乐场所140家、网吧280家、工地2135个（次），下发书面整改记录单2000多份；批评教育使用高噪声音响设备从事商业和娱乐活动的各类人员238人次，暂扣高音喇叭、扩音器等器具30余件；查处社会生活噪声污染行为125起、噪声扰民投诉116起。（周大梅）

【机动车尾气污染防治工作】 全市机动车环保定期检测量达27万多辆，定期检测率达85.17%。完成修文风华正茂、贵州时发蛮坡尾气检测站分站的建站工作和全市10个机动车尾气检测站的联网及维护工作，实现对全市机动车环保定期检测过程和检测结果的实时监管。继续开展机动车环保标志核发工作，共发放机动车环保标志约24.7万套。组织全市10个机动车环保检测站的140余名从业人员参加业务培训。成立贵阳市机动车尾气环保检测行业协会。编制完成《贵阳市“十二五”空气质量持续改善方案》。（周大梅）

11年12月24日，贵阳市第三期环保检测业务培训

【重点工业企业污染治理】 市环境保护局扎实推进工业污染治理，开展限期治理工作，通过末端治理减少污染物排放，对限期治理项目的实施情况进行跟踪和调度，确保按时完成。实施技改和生产过程控制，减少污染物排放，完成贵阳中化开磷化肥有限公司硫酸二车间A、B套硫磺制酸低温余热回收、贵阳南明老干妈风味食品有限公司燃煤锅炉等项目。强化通过源头控制、生产工艺全过程预防等污染防治手段，实施清洁生产审核工作，完成24家清洁生产审核单位《清洁生产审核报告编制》和现场核实工作，并上报省环保厅组织评估。（周大梅）

土地保护利用

【保障建设用地】 2011年，贵州省国土资源厅下达贵阳市年度新增建设用地计划2530.5公顷，贵阳市上报建设用地4246.56公顷，已批2962.17公顷。全年受理并办结建设用地预审及规划审查项目35宗，总面积372.89公顷。全市共出让土地245宗，面积1379.59公顷，供应保障性安居工程建设用地349.82公顷。建立重大工程和重点项目用地跟踪服务台账、央企招商引资签约项目用地跟踪台账、产业园区用地服务台帐，实行各区（县、市）向市国土资源局每周一报的报告制度。（夏铮英）

【耕地和基本农田保护】 2011年，贵阳市积极实施耕地和基本农田保护。执行耕地占补平衡政策和基本农田占用补划政策，通过调剂安排本市新增耕地指标、异地购买

治理非法盗采矿石资源

新增耕地指标等措施，确保耕地占补平衡；各区（市、县）开展土地开发整理和补充耕地工作，并建立基本农田管理台账；加大土地整治力度，全年新实施土地整理开发项目21个，面积2972.59公顷，补充耕地201.05公顷。（夏铮英）

【盘活存量土地】 2011年，贵阳市在盘活存量土地上，推进闲置土地清理处置工作，全市共清理出未按期动工建设项目124宗，依法认定闲置土地6宗；对全市2007至2010年批而未用土地进行清查，共清理出可调剂使用土地面积1585.79公顷；推进城乡建设用地增减挂钩试点工作，全市6个试点区（市、县）《建设用地增减挂钩试点项目实施规划》已全部获贵州省国土资源厅批复，共获周转指标90公顷，使用33.33公顷。（夏铮英）

【土地矿产执法监察】 2011年，在土地市场动态监测监管方面，全市国土资源系统建立了土地市场定期分析报告制度、存量土地调查统计制度和定期通报制度；建立并执行房地产开发用地交地确认、开工申报、竣工核验和诚信管理制度；开展保障性住房建设用地、集体土地征地补偿案例等调研工作。在土地矿产执法监管方面，全年发现土地违法行为602宗，制止509宗；发现矿产违法行为481宗，制止446宗；共立案查处土地违法案件119宗，结案96宗；立案查处矿产违法案件41宗，已全部结案。（夏铮英）

【矿产资源管理和开发利用】 贵阳市全面启动矿产资源储量动态监督管理工作，全市矿山企业按照《贵州省矿山储量动态监测试点工作方案》要求开展储量动态监督管理，完成了《贵阳市矿产资源总体规划》（初稿）修编工作。执行矿业权有偿取得和矿产资源有偿使用制度，挂牌出让探矿权2宗，成交价款630万元。依法公告注销砂石矿山采矿许可证209个，征收矿产资源补偿费1419.51万元，协助贵州省国土资源厅追缴矿业权价款2916万元，缴存保证金1.41亿元。（夏铮英）

【地质灾害防治】 市国土资源管理局深入推进群测群防体系建设，落实《贵阳市地质灾害防灾工作责任制度》和地质灾害速报、值班、领导带班等各项工作制度，组织开展地质灾害巡查工作。完成“十有县”建设、“五到位”宣传培训。全年共组织实施市、县级应急调查37次，紧急避让8次，工程抢险3次。批准立项地质灾害治理工程项目2个，搬迁项目8个，下达市级地质灾害治理补助资金778万元，完成45户村民搬迁及3个治理项目。共报告发生地质灾害险情15起，灾情6起，成功预报1起，未发生因地质灾害引起的人员伤亡事故。（夏铮英）

【土地利用总体规划调整】 市国土资源管理局对《贵阳市土地利用总体规划（2006-2020年）》进行局部调整，并将成果上报国土资源部。调整后的总规，将贵阳市“十二五”城市规划发展战略中的“三区五城五带”以及十大工业园区、央企招商项目、香港广东等地签约项目、省市重点项目等，均重点列入统筹考虑，优先保障。（夏铮英）

政治生态建设

ZHENG ZHI SHENG TAI JIAN SHE

市县乡换届工作

【市县乡领导班子换届概述】 2011年中旬开始，贵阳市、县、乡三级领导班子换届自下而上进行。7–8月开始乡镇党委换届，10月进行区（市、县）党委换届，12月进行市委换届。三级换届选举产生全市10个区（市、县）及金阳新区的新一届市县党委、纪委、人大、政府、政协班子和77个乡镇党委、纪委、人大、政府班子，2011年全国组织工作民意调查结果显示，贵阳市换届纪律知晓率达97.99%，全年换届纪律知识知晓率为100%，贵阳市委、市人大、市政协换届风气满意度测评分值均为100分。（胡　波）

【县级党委换届】 2011年10月，全市10个区（市、县）相继召开党代表大会进行换届选举。参加各地代表大会的代表共计2367名，共选举产生区（市、县）党委委员408名、候补委员78名、纪委委员238名；党委和纪委一次全体会议共选举党委书记10名、纪委书记10名，党委副书记20名、纪委副书记20名，党委常委99名、纪委常委70名。（胡　波）

【乡镇换届】 2011年7–8月，全市77个乡镇相继召开党代表大会进行乡镇党委换届选举，选举产生乡镇党委委员675名，其中党委书记77名、副书记（政府正职提名人选）77名、专职副书记77名、纪委书记77名，11–12月，77个乡镇相继召开人民代表大会，选举产生新一届乡镇人大、政府领导班子。（胡　波）

贵阳市严肃换届纪律知识电视抢答赛

【严肃换届纪律】 在市、县、乡换届工作中，贵阳市提前谋划、周密部署，将换届纪律贯穿始终，全面推动换届工作有序开展。省委常委、市委书记李军同志通过《贵阳日报》、贵阳广播电视台等市级新闻媒体公开向全市广大党员干部致信，要求全市广大党员干部模范遵守中央提出的“五个严禁、十七个不准、五个一律”换届纪律，自觉抵制换届工作中的不正之风，坚决同违反换届纪律的思想和行为作斗争。各级党委（党组）严肃换届纪律工作责任制，通过层层召开会议、下发文件等方式，传达中央和省委、市委的有关精神，周密安排严肃换届纪律工作。坚持教育在先、警示在先、预防在先，把严肃换届纪律的要求作为必学内容，列入市、县两级党校主体班教学计划，实行专题培训，培训各级干部3000余人（次）。全市各级各部门共召开各类推进会、协调会500余次，通过举办各类培训班、专题讨论、以会代训等形式，组织集中学习15万余人（次）。组织开展严肃换届纪律文艺巡演、书画巡展、知识竞赛等活动，全年共20余万机关干部群众参与。按照分级管理的原则，层层开展谈心谈话，全年共开展各类谈心谈话7.3万余人（次）。全市27万余名干部群众逐级承诺，层层签订承诺书，层层落实督促指导责任。全市组建48个督导组，按照“十查十看”的督查工作要点，深入全市10个区（市、县）、金阳新区、77个乡镇、54个（街道办事处、社区）、83家市直单位、408家县直部门开展督促检查，开展督查160余次，抽查2.5万人（次），发出通报13个。（韩立钊）

机制创新

【“百姓——书记市长交流台”】 2011年，贵阳市“百姓——书记市长交流台”共收到网上信件、专线电话、网上留言、手机短信、邮政信件、人民网留言9525件，其中8598件纳入受理程序，办结8406件，办结率97%以上，初始回复率达100%。在所有来件中，来件类别以意见建议、请求求助和举报申诉类来件为主，占总数的75.8%；来件内容以反映城市管理、基础设施与城市建设、畅通工程和干部作风及软环境建设等问题为主，占总数的62.8%。全年共举办3次“面对面”交流活动，省委常委、市委书记李军和原常务副市长申振东等先后走进直播间与20余位市民共话筑城广场规划建设、城市文明和数字城管等问题。对“共话城市文明”网民留言进行梳理汇总和责任分解，共梳理出196条网民留言，并将办理回复情况分15期在《贵阳日报》、《贵阳晚报》、市交流台、贵阳新闻网、贵州都市网、贵社区等新闻媒体和网站进行同步刊发，得到广大网民的好评。

为切实提高工作效率，贵阳市组建以市交流台为重点工作平台的市委办公厅网络评论员队伍，对网络舆情进行监测、收集、分析和判断。6月，全市27家市级单位开通“百姓——局长交流台”，群众可直接写信到市纪委、市中院、市检察院等部门，由部门直接办理回复，减少办理环节，提高工作效率，切实发挥“倾听百姓意见、汇聚百姓良策、疏解百姓情绪、维护百姓利益”作用，成为新形势下市、区（市、县）两级党委、政府密切联系群众的有效方式。（何 格）

【2011年全国组织工作满意度民意调查】 2011年，贵阳市对全国组织工作满意度调查项目进行分析研究，针对影响组织工作满意度提升的突出问题，制定提升组织工作满意度工作方案，召开提升满意度工作会议和座谈会，通报结果，提出要求，形成抓满意度工作的合力。分片分类召开座谈会，听取非党人士、工人、专业技术人员和离退休人员对加强和改进组织工作的意见建议，并对意见建议进行梳理，分解责任，抓好整改落实。组织部分老同志实地参观考察金阳新区在建项目，让老同志切身感受贵阳市经济社会发展的巨大成果，增强对市委、市政府做好工作、引领发展的信心。深入开展走访慰问活动，建立对特殊困难老同志及离退休干部遗孀帮扶机制，让他们切身感受到组织的关怀和温暖，积极争取老同志对组织工作的关心和支持。进一步加大组织工作宣传力度，注意宣传组织工作改革创新经验和党员干部中的先进典型，进一步提高组织工作的知晓率和影响力。2011年，贵阳市选人用人公信度和组织工作满意度分别为85.35和87.82分，分别比全国高9.25和9.29分，比全省高11.58分和11.37分，比2010年提高12.19分和10.82分，在全省继续保持第一位。（周恒鹏）

【加大竞争性选拔干部】 在市、县、乡三级换届工作中，贵阳市认真贯彻落实《2010-2020年深化干部人事制度改革规划纲要》，坚持“民主、公开、竞争、择优”八字方针，加大竞争性选拔干部工作力度。在县、乡换届中积极推行干部“辛苦指数”测评，通过多维度、立体化、全方位的测评考察，把干部的实绩考准、考真、考实，为调整配备干部提供可靠依据。全市共提拔或重用“辛苦指数”高的干部384名，组织调整“辛苦指数”不高、群众不公认的干部39名。采取“竞岗陈述、差额票决”方式，由市委全委会差额票决4名区（县）党委书记、4名区（县）长拟任人选。采取公开遴选方式，选拔10名35岁以下区（市、县）政府领导班子副职。结合区（市、县）换届领导班子调整，采取差额推荐、差额考察、差额酝酿的“三差额”、“两推一述”和导任队长的36支服务工作队，对口服务69个工业重大项目和服务业重大项目，及时协调解决项目建设过程中存在的困难和问题。全市4000多名党员干部组成310多支服务队，对口服务工业和服务业项目，解决实际问题2000多个，办理实事4000余件，协调资金1000余万元。全市县级干部每月深入联系点开展帮促活动累计不少于5天，各单位每月确保有不少于10%的科级干部深入基层，每位科级干部每年深入基层开展大帮促活动累计不少于20天。"四帮四促"工作小组集中帮促。各级各部门共派出"四帮四促"工作小组1716个，深入项目、农村、社区、企业、园区开展帮促。各工作小组通过采取面上帮促和定点定人定时限帮企业、帮农户相结合的办法，通过实行"保姆式"、全程代理、"帮办式"服务，制定实施一企一策、一村一策、一居一策帮扶计划，帮助基层解决实际困难和问题，做到问题不解决帮促不脱钩、人员不撤退。领导干部大下访化解矛盾纠纷。全市领导干部以开展"大下访、大排查、大化解"活动为主要形式，帮助化解矛盾纠纷，促进社会和谐稳定。各级党员领导干部分别到挂帮联系点开展带案下访，到群众工作中心定期接访，按照"四包"责任制（包掌握情况、包思想教育、包解决化解、包息诉罢访），做到"四个一"（一个问题、一名领导、一套班子、一抓到底），切实做好调处化解矛盾纠纷工作。（陈尧年）

【干部下基层活动】 2011年，贵阳市积极推动各级党政机关和党员干部深入基层一线，为群众解难题办实事。开展"服务基层先锋行"活动。组织机关党团员到社区报到，认领政策"宣传员"、群众诉求"调查员"、为民办事"服务员"等岗位，与困难群众"结对子"，帮助解决同群众日常生活密切相关的"小事"。开展"千名干部下基层，扎扎实实帮群众"活动。以单位挂帮、干部挂职、职责挂钩"三挂"同步的方式，组织市、区（市、县）直部门定点挂帮全市所有乡（镇、街道）、村（社区），选派1780名干部到乡（镇、街道）、村（社区）挂职任副书记或助理，并建立挂帮单位、挂职干部与挂帮联系点职责共担机制。要求挂职干部在工作中，着力当好政策宣传员、致富信息员、和谐调解员、党建指导员，确保工作有实效，群众得实惠；制定进村工作"四个一"、走访工作"四访四问五落实"、纪律要求"五不准"，做到工作流程化，操作有规范；建立"四制度""两办法"，为挂职干部购买人身意外保险，实现工作有保障，管理制度化。（陈尧年）

【社区区域化党建】 2011年，贵阳市以城市基层管理体制改革扩大试点为主线，按照标准化、规范化的思路，进一步探索适合"中心城区、城市郊区、农村社区"的管理体制和运行机制，积极推进区域化党建工作。扩大试点范围。按照"精简管理层级，实行区域化管理，优化整合资源，建强党的基层组织"的工作思路，推进扩大试点工作。在扩大试点中撤销10个街道办事处，新成立31个社区，通过公推直选方式选举产生了社区党委书记和社区服务中心主任；平均每个社区到位工作人员21人、到位经费131.8万元、落实办公场所978.2平方米。培育亮点打造典型。从"人员配备高标准、经费投入高标准、阵地建设高标准，社区设置规模规范化、社区职责规范化、运行机制规范化、社区服务规范化，开创党建工作新格局、完善社区治理新模式、明确社区功能新定位、实现公共资源新分配、再造管理服务新流程、城市基层民主新形式"等方面作了安排部署。认真总结试点工作中探索的"三会一评"的做法，制定下发《关于在全市城市基层管理体制改革试点社区建立居民议事会实行"三会一评"扩大城市基层民主的通知》，在扩大试点社区全面开展"三会一评"工作。中组部《全国基层组织建设工作情况通报》第939期专门编发了贵阳市实行“三会一评”探索建立新型城市基层民主新机制的做法。加强社区党员干部培训。对200余名负责扩大试点工作干部和试点社区干部进行专题培训；对全市200名社区党支部书记、社区居委会主任进行执行力专项培训。以编发简报、发放宣传资料和协调联系新闻媒体采访报道等形式，切实抓好扩大试点宣传报道工作。据统计：《人民日报》、新华社、中央电视台、《贵州日报》、《当代贵州》等中央和省级主流媒体，对贵阳市城市基层管理体制改革扩大试点工作宣传报道50余条（次）。4月1日,《人民日报》1版刊载《贵阳精简层级服务升级》文章，对贵阳市城市基层管理体制改革试点工作进行专题报道。6月25日，中央电视台综合频道新闻栏目和新闻频道《朝闻天下》栏目同步专题播出贵阳市开展城市基层管理体制改革试点工作的情况。全年先后有10余个考察组赴贵阳学习考察贵阳市城市基层管理体制改革试点工作的做法和经验。（陈尧年）

【非公企业党建】 2011年8月，由市委组织部牵头，贵阳市对全市非公企业党组织组开展大普查和集中组建工作，全市4954个非公企业采取单独建、联合建、挂靠建等一系列强有力措施，全部建立党组织，实现非公企业党组织全覆盖。（胡 波）

【工业园区党建】 2011年，市委组织部组建工业园区党建工作调研组，对全市十大工业园区进行调研，研究出台《关于加强工业园区党的建设工作的指导意见》，在各区（市、县）组建园区党委，明确园区党建工作措施重在建组织、建机制、建平台，园区党建工作目标重在服务发展、服务稳定、服务群众。（胡 波）

【农村党建】 贵阳市围绕基层党组织和党员创先争优活动的要求，大力推动农村党建工作。加强基层党组织负责人队伍建设。组织开展村党组织书记换届选举，全市共选举产生村党组织书记1166名，其中45岁以下的617名，大学专科以上的208名，举办执行力专项培训，培训村干部近千人。组织125名农村党员干部赴江苏省华西村培训基地培训。加强农村后备干部队伍建设，培育一批年纪轻、文化程度高、致富能力强的后备干部队伍。2011年，全市共有3278名农村后备干部，为村干部队伍建设储备了后备力量。提高农村干部报酬待遇。从2011年1月起，将村党组织书记、村委会主任补贴标准从520元提高到每人每月950元，年收入达到11400元；将文书（远教管理员）月补贴标准从420元提高到850元，年收入达到10200元。建立健全村党组织书记、村委会主任绩效考核制度，把考核结果与报酬待遇挂钩，加强村干部绩效管理。全面实施“党员创业带富工程”。围绕推进农村基层党组织和党员创先进、争优秀，促进农村经济发展，以“带头创业、助民致富”为主题，实施“党员创业带富工程”。探索“支部引路、党员带路、产业铺路”党员创业带富的有效路子，提高农村党员带头致富、带领群众共同致富的能力。（陈尧年）

【远程教育】 贵阳市按照“作表率、走前列”的要求，着力创新终端站点服务方式，在全省率先实施远程教育“两个定期”服务制度；着力突出“示范带动”，紧紧围绕“双创双争”、“百千万示范带动工程”这两个重点，推进工作，在设备更新、维修维护等方面创造“硬件保障”品牌，全面提高远程教育运行管理水平。开展“双创双争”和“百千万示范带动工程”。把“双创双争”和“百千万示范带动工程”与贵阳市实施的“星级站点”创建和“双百双十”创建培育活动结合起来，大力开展创建培训工作。2011年，贵阳市已初步创培示范终端站点（学用转化示范村）106个，优秀站点管理员（成绩突出站点管理员）201名、学用标兵（党员创业带富能手）1620名。开展党史教育活动。贵阳市结合2011年建党90周年实际，引导基层党员干部全面回顾党的历史、系统学习党的知识，进一步增强党性观念、坚定理想信念。各区（市、县）组织各乡、街道、村、社区远程教育终端站点近50000余名党员干部群众，集中收看纪念中国共产党建党90周年庆祝大会实况直播，收听、收看胡锦涛总书记的重要讲话，并开展学习讨论。通过市级远程教育辅助教学网站和收看贵阳电视台远程教育频道相关专题课件的党员干部群众达15000余人次。实施“远程教育村民服务点”建设试点工作。在村民组长和有条件的村干部家中建立“远程教育村民服务点”，将远程教育服务网络延伸到村民组，为群众提供更加方便快捷的政策宣传、课件借阅和需求信息收集及反馈等服务，拓展远程教育站点服务内容，使“远程教育村民服务点”成为村民加强学习的“光盘借阅点”，村情民意的“信息反馈点”，密切联系党员干部群众的“沟通交流点”，党和政府的“政策宣传点”。实施远程教育站点设备改造。全年共投入236.4万元，对197个有线型远程教育站点设备进行更新，实现互联网浏览、视频点播、下载刻录、集中学习与分散学习等功能。（高雪梅）

机构调整

【继续做好市、县、乡机构改革相关工作】 根据中央编办和省编办关于开展地方政府机构改革评估的通知要求，2011年，贵阳市完成市政府机构改革后续收尾、检查评估和云岩区、花溪区、乌当区、小河区、修文县、开阳县、息烽县等七个区、县人民政府机构设置调整以及乡镇机构改革的各项工作任务。通过改革，市、区（市、县）两级政府机构实现有效整合，政府各部门（单位）之间的职责关系进一步明晰，各部门（单位）之间的职责交叉问题得到理顺，对确需多个部门管理的事项，明确牵头部门，分清主办和协办，全面清理和规范市政府议事协调机构，体现行政管理体制改革适应经济社会发展的需要。（吴伶俐）

【开展事业单位清理规范工作】 按照政事分开、事企分开、优化结构、精简效能的要求，2011年8月18日，贵阳市下发《关于印发〈贵阳市开展事业单位清理规范工作方案〉的通知》（筑编通[2011]38号），开展事业单位清理规范工作。通过清理规范，全面掌握事业单位机构编制执行情况，解决目前一些事业单位机构设置不规范、编制管理不严格等突出问题，进一步规范机构编制管理，为分类推进事业单位改革奠定了坚实基础。（吴伶俐）

【成立中共贵阳市委群众工作委员会】 为进一步加强和改进新形势下的群众工作，健全完善党委领导、政府负责、社会协同、公众参与的社会管理格局，2011年6月16日，贵阳市下发《关于印发〈中共贵阳市委群众工作委员会职能配置内设机构和人员编制方案〉的通知》（筑委厅字[2011]66号），成立中共贵阳市委群众工作委员会，作为市委负责统筹协调和推进全市群众工作的行政机构。（吴伶俐）

【组建贵阳市群众工作中心】 为构建群众工作服务管理平台，集中整合市直各相关部门直接调处化解群众矛盾的力量，2011年6月10日，贵阳市下发《关于在贵阳市信访局加挂贵阳市群众工作中心牌子的通知》（筑编通[2011]17号），在市信访局加挂“贵阳市群众工作中心”牌子。（吴伶俐）

【恢复贵阳市爱国卫生运动委员会办公室】 为进一步发挥爱国卫生运动机构组织协

调职能，推进创建国家卫生城市工作，2011年4月18日，贵阳市下发《关于明确贵阳市爱国卫生运动委员办公室机构编制等事项的通知》（筑编通[2011]13号），恢复贵阳市爱国卫生运动委员办公室，为市政府直属事业单位。（吴伶俐）

【设立贵阳市棚户区城中村改造办公室】 为强力推进棚户区城中村改革工作，提升城镇化整体水平，2011年5月9日，贵阳市下发《关于印发贵阳市棚户区城中村改造办公室机构编制方案的通知》（筑编通[2011]15号），设立贵阳市棚户区城中村改造办公室，为市政府直属事业单位。（吴伶俐）

【组建贵阳市投资促进局（贵阳市会展经济促进办公室）】 为做好招商引资、经济协作和对外开放工作，纵深推进生态文明城市建设，强化对会展产业的统筹协调和组织领导，建立良好的管理运行机制，2011年5月9日，贵阳市下发《关于印发贵阳市投资促进局（贵阳市会展经济促进办公室）机构编制方案的通知》（筑编通[2011]16号），在贵阳市招商引资服务中心的基础上组建贵阳市投资促进局（贵阳市会展经济促进办公室），为市政府直属事业单位。（吴伶俐）

【成立贵阳市土地矿产资源储备中心（贵阳市地产集团）】 为进一步加强土地矿产资源储备工作，强化土地调控，增强投融资功能，2011年5月9日，贵阳市下发《关于印发贵阳市土地矿产资源储备中心（贵阳市地产集团）机构编制方案的通知》（筑编通[2011]14号），将贵阳市土地储备中心更名为贵阳市土地矿产资源储备中心，并加挂“贵阳市地产集团”牌子，为市政府直属事业单位。（吴伶俐）

【组建贵阳市文化广播电影电视局（贵阳市新闻出版局、贵阳市版权局）】 为加快推进文化体制改革，对文化系统相关机构进行优化整合，2011年12月19日，贵阳市下发《市人民政府办公厅关于印发〈贵阳市文化广播电影电视局（贵阳市新闻出版局、贵阳市版权局）主要职责内设机构和人员编制规定的通知》（筑府办发[2011]206号），将贵阳市文化局（贵阳新闻出版局、贵阳市版权局）、贵阳市广播电影电视局进行合并，职责进行整合，组建贵阳市文化广播电影电视局（贵阳市新闻出版局、贵阳市版权局），为市政府工作部门。不再保留贵阳市文化局（贵阳新闻出版局、贵阳市版权局）、贵阳市广播电影电视局。（吴伶俐）

党风廉政建设

【概述】 中共贵阳市纪委、贵阳市监察局坚持围绕中心、服务大局，深入推进党风廉政建设和反腐败工作。在抓好常规工作的同时，重点保证中央、省、市决策部署的贯彻落实，按照省的统一部署，认真开展“环境建设年”和纪检监察系统领导干部“三访”活动，并取得较好成效，为建设生态文明贵阳提供了有力保证。（文颖莉）

【“环境建设年”活动】 贵阳市成立由市委、市政府领导任组长的贵阳市环境建设年工作领导小组，并结合实际拟定《贵阳市开展环境建设年活动实施方案》。成立1个督促检查组和5个督查暗访组，对全市各级各部门开展环境建设年活动的情况进行常态化督促检查共98次。1月，贵阳市组织30家具有行政执法权、群众关注度较高的政府职能部门主要负责人，分两批在贵阳日报作出“加强机关作风建设、优化发展环境”公开承诺。8月18日起，在全市开展为期3个月的“加强办事大厅和服务接待窗口建设、深化贵阳市环境建设年”专项工作，进一步压缩办事时限，进驻市政务服务大厅办理的行政审批及服务事项中，目前有90余项实现1个工作日办结。进一步深化行政审批制度改革，将市级行政审批事项由128项缩减到93项（许可事项由97项减少到76项，非行政许可事项由31项减少到17项），成为全国省会城市中行政审批事项较少的城市之一。推进行政审批电子监察系统建设，目前10个区(市、县)和高新区均建成电子监察系统，并实现与市级电子监察系统联网。认真开展环境建设年问题查找工作，共查找问题1419个，督促制定整改措施1473条，整改落实1292个，整改率达91%。制定“纪检监察机关与新投资企业联系制度”，与全市284家企业建立联系制度，全年共为企业解决问题104个。开展规范行政处罚自由裁量权工作，对市直35个涉及行政处罚权的行政机关实施的3640项行政处罚条目进行细化，行政执法工作更加规范、合理，贵阳市被确定为全省规范行政处罚自由裁量权试点地区。全年共查处损害我市发展环境的典型案（事）件19起，依照相关规定对64名责任人员进行责任追究。（文颖莉）

【“三访”活动】2011年8月至12月，全市纪检监察系统集中开展“三访”活动。通过健全机构、加强宣传、开门“接访”、实地“走访”、分类“回访”、加大“直办、督办、查办”力度、落实领导包案、有效整合和充分利用全市信访、群工资源等措施，使一批信访积案得到消除、部分社会矛盾得到化解，干部作风进一步改进、党群干群关系更加密切，有力地促进了社会和谐稳定。全年共接访1688批（次）3730人，办结1688件，办结率为100%。群众满意度及基本满意度为76%，解决群众实际问题914个，化解矛盾763个，立案调查10件。贵阳市荣获全省“三访”活动先进集体，一批先进个人受到表彰。全市“三访”工作经省、市主流媒体报道50余次，2011年第19期《中国监察》和11月18日《中国纪检监察报》第6版报道贵阳市开展“三访”活动为民解困的情况。（文颖莉）

【工程建设领域突出问题专项治理】2011年，贵阳市制定并下发《2011年贵阳市工程建设领域突出问题专项治理工作要点》，深入做好工程建设领域突出问题的自查自纠工作。对2008年至2010年的578个政府投资和使用国有资金的工程项目进行排查，对发现的568个问题提出整改意见。对市政工程、国土资源、交通运输、水利等重点工程领域的556个项目进行排查，发现问题96个，纠正96个。组成检查组，对10个区（市、县）、金阳新区、高新区、12个市直部门及5家市属企业开展专项治理排查整改工作的情况进行全面检查，绝大多数项目已全部整改完毕。建立贵阳市建设工程电子化招投标系统，实现招投标阳光运行。成立工程建设领域项目信息公开和诚信体系建设工作协调领导小组，并制定下发《贵阳市工程建设领域项目信息公开和诚信体系建设工作实施方案》及《关于做好工程建设领域项目信息公开和诚信体系专栏链接和信息录入工作的通知》，确定将市发改委、市住建局、市财政局、市水利局、市工商局等18家单位作为第一批试点单位，依托“中国·贵阳”政务门户网站及各部门门户网站，全面设立工程建设领域项目信息和信用信息公开共享专栏，逐步推进全市工程建设领域项目信息公开和诚信体系建设。（文颖莉）

【推进党务公开工作】贵阳市紧紧围绕扩大党内民主、密切党群关系、促进科学发展的目标，高起点、高标准、严要求，全面实施、稳步推进全市党务公开工作。年初，贵阳市被中央纪委确定为党的地方组织党务公开工作联系点。1月，市党务公开领导小组办公室组织5个示范点单位召开2011年党务公开示范点现场工作会。3月，以“规范拓展创新党务公开，积极推进党内基层民主建设”为主题，召开全市党务公开现场经验交流会。制定出台《依申请公开制度》、《党务公开监督员制度》、《党务公开检查考核制度》、《意见收集处理反馈制度》和《党务公开工作示范点制度》等五项工作制度，进一步规范党务公开工作。成立5个党务公开督促检查组开展检查指导工作，督促受检各级各部门及时查漏补缺，认真落实党务公开工作各项要求。把党务公开工作纳入各级各部门年度目标考核内容。在市、县、乡三级领导班子换届中，不断拓展党的地方组织党务公开的内容、形式和载体。息烽县县委权力公开透明运行试点工作稳步推进。截至12月底，全市5269个基层党组织中共有4882个实行了党务公开，基层党组织党务公开覆盖率已达92.66%。（文颖莉）

【纠正损害群众利益的不正之风】贵阳市纪检监察机关会同有关部门，对2011年春季学期教育收费进行专项检查，清退教育乱收费金额10.57万元。深入开展医务人员收受患者及家属“红包”治理工作，督促医疗部门严格执行有关财务管理和物价收费制度，推行药品及医疗费用价格公示制度。全市非营利性县级以上医疗机构全年共采购中标药品6.25亿元，药品让利患者2800多万元，“惠民医疗”为19000多名患者减免140余万元医疗费用。加强对涉农资金监管，建立“贵阳市涉农专项资金监管工作党政领导干部问责联席会议”制度，对清镇市石漠化综合治理中违规违纪单位和人员进行严肃查处。加大纠正损害农民利益等不正之风的力度。继续办好“政风行风热线”，与贵阳广播电视台合办《执行力—政风行风热线》栏目共计播出160余期，现场连线1500余条，记者暗访和视频采访200余次，通过回音壁和新闻解决观众问题1700多个。加强对住房公积金、扶贫资金、救灾资金等监管，继续抓好企业减负工作。规范行业协会、市场中介组织服务和收费行为，认真治理公共服务行业侵害群众权益等问题。（文颖莉）

【营造反腐倡廉良好氛围】深入开展廉政准则学习宣传教育活动，组织全市10个区（市、县）、近百个单位的5万多名党员干部参加《廉政准则》知识测试活动。充分利用本市现有的廉政教育示范基地，开展各类主题教育、廉政文化创建活动。与市检察院等

廉政文化戏剧巡演贵阳站演出

单位联合举办“4.21”案（樊中黔案）警示教育展，共有200余家省市单位10000余干部职工观展，利用不同媒体搭建和拓宽全市反腐倡廉宣传教育平台。组织党员领导干部到沙子哨监狱、大洞口监狱等警示教育基地，开展警示教育。在廉政文化“六进六增”工作中，将团市委、市教育局、市妇联等作为廉政文化“六进”的主要工作单位，以点带面、层层推进、树立典型，打造新的廉政文化示范点。加强反腐倡廉文化宣传。市工信委动漫作品《救赎》参加“中国优秀廉政视频短片展播”活动获得银奖。制作反映贵阳市纪检监察工作的电视纪录片《激浊扬清五载情》。组织编排“七月的红莲”——贵阳市纪检监察机关纪念中国共产党成立90周年诗文音乐朗诵会。充分发挥《贵阳风纪》内刊和“林城清风”网站的平台作用，加大反腐倡廉宣传报道力度。（文颖莉）

各区（市、县）生态文明建设

GE QU SHI XIAN SHENG TAI WEN MING JIAN SHE

云岩区

【主要指标】 2011年，全区地区生产总值预计完成374.72亿元，同比增长17%；财政总收入完成36.01亿元，同比增长28.7%；地方财政收入完成20.5亿元，同比增长37.41%；全社会固定资产投资完成220.03亿元，同比增长52.81%。城镇居民人均可支配收入达到19086元，同比增长15%；农民人均纯收入达到9110元，同比增长20%；多项指标增速创历史新高，实现超常规跨越式发展。（杨　庆）

【项目建设】 云岩区牢固树立抓项目就是抓发展的理念，千方百计谋划、培育、引进、建设一批重大项目和优势项目，通过项目带动，推动产业发展，促进片区开发，实现存量资源利用最大化。全区积极组织项目小分队、专业队外出招商，先后引进香港阳晨、广东利海等企业落户发展，成功举办“2011年城市建设项目推介会”和“云岩区城市建设重点项目签约仪式”等，推出12个中心城区旧城改造开发项目，用地面积约6186亩，总投资488.8亿元。认真落实领导联系企业、包保项目等制度和“保姆式”服务，从区情实际出发，适时调整和完善扶持政策，加速推进重大项目早落地、早投产、早见效。全年完成签约项目413个，到位资金68.13亿元，同比增长52.53%。（杨　庆）

【产业调整】 全区以四大商圈为载体，大力发展楼宇经济，实施“总部战略”，提升传统商贸业发展水平，着力拓宽服务业投融资渠道，促进商贸流通业规模化、品牌化和信息化建设，中介、物流、金融、信息等现代服务业发展进一步加快，第三产业进一步优化。同时，按照“工业强省”战略部署，切实加大对生态企业的扶持力度和资金贴息，进一步壮大企业生产经营规模，提升生产效益和市场竞争能力。积极推进益佰医药工业园和立爽药业二期工程项目建设，做大做强新兴特色工业。2011年，全区规模以上工业总产值完成312.17亿元，同比增长25.97%。（杨　庆）

大营坡棚户区改造

【民生保障】 深入实施“十大民生工程”，广泛开展均衡教育、劳动就业、医疗卫生、社会养老等便民利民服务，社会保障面不断扩大，真正践行发展为民的根本宗旨。继续加大教育工作经费保障力度，累计投入上千万元资金，扎实开展学区化建设，有效解决农民工子女入学难问题。认真做好城镇居民最低生活保障工作，进一步完善“低保、就业、社保”联动机制，加强充分就业社区建设，动态消除“零就业”家庭。全年累计发放低保金8351.3万元，覆盖35.54万人（次）。深入推进社区卫生服务机构体制改革，进一步减轻新型农村合作医疗参保农民的医疗负担，参合率99.29%。积极创新探索养老新模式，进一步完善以社区养老、居家养老为重点的养老服务机制，努力做到老有所养、老有所乐。（杨　庆）

【城市建设】 坚持把“三创一办”工作作为城市形象提升和社会进步的重大机遇，举全区之力、超常规推进辖区环境综合治理，着力提高市民文明素质，打好“创文”、“创卫”迎检攻坚战。拆除违法建筑118万平方米，新建山体公园3座，新增绿化面积26万平方米，创建国家、省、市级绿色社区21个，绿色学校28所。大力开展“七小行业”卫生整顿，投入资金2600余万元，全面完成17个农贸市场的升级改造及创卫达标工作。广泛动员全区广大干部群众，积极开展各类志愿者服务活动，通过开展丰富多彩的宣传教育活动，激发广大群众的参与热情，自觉提升文明素质。完成“创卫”、“创文”目标任务，荣获市委、市政府颁发的特别贡献奖。（杨　庆）

【党的建设】 以加强党的执政能力和先进性建设为重点，全面推进党的思想、组织、作风、制度建设。加强领导班子和干部队伍建设。胜利召开区第八次党代会，认真贯彻落实中央和省、市有关换届工作指示精神，做好选举、换届工作。大力开展思想解放活动，营造敢于探索、鼓励尝试、支持创新的干事发展氛围。多层次、多形式地开展干部教育培训，较好的完成政治理论、业务技能和干部调训等各项培训任务，为建设生态文明城区提供人才保证和智力支持。加强基层组织建设。深入开展“创先争优”、“三个建设年”、“四帮四促”等实践活动，以“党（团）员社区（村）服务先锋行”活动为总抓手，先后搭建区、街道（镇、社区服务中心）、社区（村、居）三级便民利民综合服务网络平台，组织3万余名党（团）员志愿者，深入基层、深入企业、深入群众，到矛盾困难多、群众意见大的地方听声音、做工作，真正在思想上融入群众，在感情上贴近群众，在工作上服务群众。加快拓展基层组织覆盖面，全年共新建非公企业和社会组织党组织331个，累计建立非公有制经济组织和社会组织党组织664个，覆盖非公企业1238家，组建率和覆盖率均位居全市首位。加强党风廉政建设。坚决贯彻落实中央和省、市委的重要决策部署，严格执行民主集中制和重大事项议事制度，促进班子成员的团结协作，推动科学决策、民主决策和依法决策。紧紧围绕教育、制度、监督等项工作整体推进党风廉政建设，建立实施绩效问责、“双优”考核以及纪检进社区、进项目、进工地等工作机制，反腐倡廉建设体系不断完善。（杨　庆）

南明区

【主要指标】 2011年，南明区在市委、市政府的正确领导下，深入贯彻落实科学发展观，牢牢把握“两加一推”主基调、“三化同步”主战略，遵循“走科学发展路、建生态文明市”的总路径，大力实施跨越发展战略，奋力赶超、聚力跨越、率先发展，全面推进经济、社会和党的建设各项工作。全非公党组织554家，实现非公党建工作全覆盖；扎实推进街道社区区域化党建工作，在全市率先建立街道“大工委”。开展公推直选基层党组织领导班子成员，直接选举产生党组织书记、副书记92名，委员133名。“党员社区服务先锋行”活动得到中组部充分肯定；《人民日报》对“社区服务365”工作进行专题报道。加强干部队伍建设。积极做好“推行差额选拔干部制度”试点工作，通过公开选拔、公开遴选、“两推一述”等方式选拔领导干部35名，以竞争性选拔方式产生的科级干部超过60%。从村（社区）党组织书记、主任中选拔4名副科级领导干部，面向社会公开选拔15名科级领导干部。注重在“三创一办”、“一抗三保”等重点工作、重大项目中培养锻炼、考察识别和激励干部，广泛开展辛苦指数测评，组织全区副科级领导干部进行素质测试，改进干部考核评价机制。强化党风廉政建设。严格执行党风廉政建设责任制，着力构建具有南明特色的教育、制度、监督并重的惩治和预防腐败体系，把反腐倡廉建设贯穿于全区各项建设之中，实现反腐倡廉建设与中心工作的良性互动和协同推进。在全区各单位开展廉政风险防范工作，实行黄、橙、红三色预警机制，特别是在重大项目建设中设立预防违纪违法职务犯罪工作室，将预防和监督关口前置。2011年，共立案查办违法违纪案件15件15人，包括对小碧乡涉嫌滥用职权、放任违法“种房”的相关人员进行严肃查处。（何　涛）

小河区

【项目建设】2011年，小河区坚持把投资作为加快发展的战略重点，大力实施项目带动战略，以项目建设为载体，促投入、带产出、扩总量、增后劲，项目投资拉动成效显著，全年实施重点项目398个，省市重点项目27个，完成投资达136亿元。相继建成开发大道三期、中广线小河段道路改造工程、小孟园区供水加压泵房，启动小孟园区一、三、五号路、王宽变电站、开发大道至王武监狱道路及王武大沟排水主干线等一批基础设施项目。积极推进项目落地和建设，完成小孟园区土地征收346余公顷，房屋征拆700户，房屋征收16.5万平方米，完成土石方开挖1100万立方米，讯发烟胶、同城物流、创新铝业等一批配套项目正加速落地，小孟园区标准厂房、翁岩城中村改造、中航军民结合高新技术产业化基地土地一级开发及险峰、普天等项目的土地一级开发建设全面推进。同时，加强资金协调和调度，强力推进固定资产投资及重大工程和重点项目建设，重点做好云凯熙园、碧园花城、龙湾国际等城市综合体的整体开发建设，积极推进万科金域华府、龙湾国际、腾龙湾、宽城国际、兴隆沐风园等项目建设进度。全社会固定资产投资完成136亿元，同比增长44.14%。（刘　松）

【工业发展】2011年，全区围绕优势产业加强骨干企业培育。061、011、海信、詹阳、同济堂等企业提速增效、不断壮大，枫叶管材、凯沃重工、刘老四食品等项目建成投产，全区工业企业累计达到582家，其中新增规模以上企业7家，累计达到75家，产值

贵阳航空电机有限公司开工奠基仪式

100亿元以上企业1家、10亿元以上企业3家、亿元以上企业24家，形成航空航天、特种车辆、工程机械及汽车零部件、电子信息、烟草医药五大产业集群。加大技改投入，积极扶持引导骨干企业进行技术创新，不断提高产品技术含量和附加值。完成华烽汽零“汽车天窗调节机构总成产业化”、电线厂“耐火绝缘电线电缆产业化”、主力电器“LED灯泡、LED灯具”等3个工业技术创新重点项目，2011年再次获得“全国县（市）科技进步考核先进县（市）区”称号。（刘　松）

【园区建设】 2011年，小河区把小孟工业园区建设作为经济建设的中心任务强力推进，共实施建设项目42个，其中工业项目31个，基础设施项目11个。工业项目占地面积346公顷，已拆迁房屋16.5万立方米，已平整土地挖填土石方1100多万立方米，总投资170亿元以上，达产后将新增工业产值400亿元以上，实现税收30亿元以上，提供就业岗位近2万个。建成一批以道路为主的基础设施，引进一批优势产业项目。奇瑞客车项目落户园区并启动建设，中航产业园、中煤盘江、普天新能源、险峰机床等重大项目快速推进，园区建设呈现出蓬勃发展的态势，已成为全省新型工业化最典型的园区之一。（刘　松）

【城镇建设】 路网设施不断完善。开发大道三期、南二环、金戈路一期等一批城市道路建成通车；南二环延伸段、金竹立交接地互通等项目建设步伐加快；开发大道四期、园区5号路等正加紧建设，百姓出行难得到有效缓解。抓好旧城改造、城市管理等重点工作。完成区土地利用和产业发展等专项规划编制；加快老生活区、棚户区成片改造，开展中心城区企业“退二进三”工作，建成大兴星城、南山高地、珠江湾畔等一批优质住宅小区，大坡村、龙王村、中院村等“城中村”改造快速推进；实施金竹片区违章建筑的整治工作，净化城市环境，保障城乡建设的实施。加快城市基础设施建设。完成清水路、旺民路等城市次干道改造，解决螺栓厂、动力厂等小区和背街小巷长期存在的“脏乱差”问题；开展黄河路、长江路、黔江路、花溪大道、开发大道沿线的景观整治。加快商贸服务业建设。坚持以市场为龙头，发展大商贸，建设大市场，全区商贸流通业活力和潜力日益显现，消费增速加快，经济繁荣活跃。海纳广场、珠江商贸广场顺利建成，沃尔玛超市、菲翔购物等连锁店先后入驻。（刘　松）

【加强和创新社会管理】 组建群众工作平台。2011年7月7日挂牌组建区委群众工作委员会、区群众工作中心，与区信访局合署办公，实行“一套人马、三块牌子”，通过职能部门进中心、信访业务进中心、领导干部进中心的“三进”机制，综合运用法律、政策、经济、行政等手段和教育、协商、疏导等办法开展群众工作，增进群众与党委、政府的联系，作为信访“终点站”，确保解决问题到位、思想教育到位、帮扶救助到位、了解民意到位、依法处理到位。健全群众工作网络。各社区设立群众工作部，各村（居）设立群众工作站，区直各部门明确负责群众工作的分管领导和工作人员，实现100%覆盖。构建社会矛盾调解体系。在全市第一、二轮矛盾纠纷排查中，区四大班子领导干部及区属有关部门主要负责人落实“五包”工作要求，每人至少负责包保一个矛盾纠纷，对每个案件区群工中心都明确联络员进行跟踪落实，并实行“一案一档”。同时，充分发挥社会力量在群众工作中的协同、自治、自律、他律作用，促进社会矛盾从“一元调处”向“多元调处”、从刚性到柔性转变，实现多方参与、共同治理。深化城市基层管理体制改革。按照“服务群众、凝聚人心、优化管理、维护稳定”的功能要求，撤销辖区街道办事处，组建12个新型社区服务中心，变“市—区—街道—居委会”

四级管理为“市—区—社区”三级管理，实现“区直管社”，夯实基层社区党组织的领导核心地位，实现“精简管理层级、实行区域化管理、优化整合资源、建强党的基层组织”改革目标。推行“网格化管理”，按500户为一个网格，每格配备2个社区工作者，一主一辅，实施A、B角工作制，对网格内的党建、民政、计生、劳动、流动人口、城管卫生、民意收集等全部负责，真正做到一人多岗，一岗多能。（刘 松）

【社会事业协调发展】 2011年，小河区积极落实就业扶持政策，大力拓宽就业渠道，城镇新增就业人数9203人；农村富余劳动力转移606人。社会保障水平进一步提高，城镇居民医保新增1915人，发放低保金14614人次、306.2263万元，实现应保尽保。全面推进“双高普九”工程，继续加大对义务教育学校投入力度，完成2所公办幼儿园、区第六小学等薄弱学校改造工程，成功将二十五中创建为省级二类示范性高中，不断改善学校办学条件，校园环境进一步提高。新型农村合作医疗参保率达98.23%。计生工作扎实推进，全区符合政策生育率98.23%；流动人口符合政策生育率86.1%；综合措施落实率92.2%。继续加大保障性住房建设力度，贵州华烽电器有限公司廉租房项目、贵阳市乐街小区廉租住房项目主体竣工验收，完成廉租住房租赁补贴702户，实物配租100户，公租房房源筹集438套完成。深入开展“严打‘两抢一盗’，保卫百姓平安”和“打黑除恶”专项行动，人民群众的安全感明显提升。认真开展“大接访”活动，积极办理“百姓—书记区长交流台”群众反映的各类问题。安全生产工作和应急处置工作进一步加强。（刘 松）

小河城区新貌

【招商引资融资】 2011年，小河区围绕小孟园区产业布局、产业集群发展和完整产业链的要求，积极参与央企招商、香港招商、酒博会、全国工商联执委会等各种大型招商推介活动，开展“补链招商、产业招商、项目招商、以商招商”，不断延长和完善产业链，成功引进奇瑞客车、西安电子商务及服务外包企业香港上市（贵阳）孵化基地、汽车零部件定点配套生产等10个亿元以上项目。共完成到位资金84亿元，新增动态项目50个，总计投资金额约340亿元。制定实施《贵阳经济技术开发区（小河区）投资项目BT投融资建设管理暂行办法》等配套政策，组建贵合投资公司和科工投公司，国资公司不断发展壮大，进一步拓宽融资渠道，银行到位贷款20亿元，采取BT形式实现融资8亿元，启动国资公司9亿元债券发行工作，开创多元化融资的新局面，有效破解制约开发建设的资金瓶颈。（刘 松）

【开展“三个建设年”活动】 2011年，小河区以“作风建设年”活动为抓手，收集各方面的意见共68条，针对这些问题拟定整改措施，建立工作台账，如实记录整改情况。开展“两公开一评议”活动，对区教育局、城管局、黔江社区等9家单位的领导班子和领导干部作风建设情况进行民主评议。在各部门合理设立“首问责任”和“接待服务”窗口109个，建立服务大厅15个。认真抓好“四帮四促”、“千名干部下基层，扎扎实实帮群众”工作，全区共有500余名干部开展下基层工作，深入走访群众12949人（次），帮助解决困难或问题1179件，帮助办理实事1095件，化解矛盾纠纷602起。以开展“环境建设年”活动为契机，大力整治和优化发展环境。通过公布环境监督投诉举报电话和公开承诺书，切实转变工作作风，增强服务意识，提高办事效率。共清查收费单位57个，清查规范收费项目85项，将收费相关内容进行全面公示，接受群众和价格管理部门的监督检查。进一步完善企业监测点制度和“软环境”监督员制度，对大项目、大企业开设“绿色通道”。以小孟工业园区为载体，强力推进“项目建设年”活动。按照区委、区政府“一个项目、一名领导、一套方案、一个班子、一抓到底”的要求，对入住园区标准厂房的项目在基础设施配套、建设手续办理、税收、融资担保服务、项目招商引资等方面给予扶持。帮助重大项目解决用地、环保、原料供应等难点问题，及时办理项目备案、审批、核准、用地、环评等手续，引进人才为工业发展提供多层次人才保障。同时，在“小孟工业园区”建设中，成立47个重点项目服务队，广大党员干部“5加2”、“白加黑”，主动上门联系，变“直线串联”审批为“平行并联”推进，变“直线”的被动审批为“交叉”的主动服务，所有承诺时限比法定时限缩短30%以上，极大缩短项目落地时限，加快园区建设进程。（刘　松）

花溪区

【“工业强区”战略】 2011年，花溪区大力实施“工业强区”战略，大项目和产业园区建设快速推进，共引进内资新建项目49个，新建、续建、技改项目实际到位资金27.13亿元。振兴行动计划深入推进，花溪现有机械、化工、建材、食品和制药五大传统产业提速增效，黔峰生物制药、久联集团、红阳密封件、三五三七厂、高原矿山、星天电缆、万达客车等一批成长性较好的骨干企业做强做大，成为花溪经济加速发展的支柱。“六大”工业园区建设如火如荼。大学城开建1年实现1家高校成功入驻，入驻学生5000余人；完成贵阳石板农产品物流园、贵阳国际汽车贸易城建设，贵阳金石产业园自开工建设以来，已入驻各类企业和经营户2000余家，建成厂房近70万平方米，年上缴税收700余万元，提供就业岗位3000余个；羊艾农副产品产业园区主次干道、通讯线路等基础设施基本完成，新引进15家企业入驻。（刘　鑫）

【“三创一办”工作】 2011年，花溪区全面完成各项迎检工作任务。创建国家卫生城市66项指标全部完成，顺利通过国家爱卫专家创卫技术评估；创建全国文明城市369项基本指标全部完成，顺利通过中央文明委测评组的检查验收；创建国家环境保护模范城市26项指标完成21项指标，达标率80.8%，另5项攻坚指标正在领题攻坚；协助贵阳市成功举办第九届少数民族运动会。同时，继续推进“整脏治乱”专项行动和“满意在贵州”主题活动。实施旧城改造工程，完成城市中心区污水管网、供水改造和无障碍设施建设，完成花溪大道立面整治；实施“母亲河清淤治理”、“卫生秩序网格化”和“志愿者服务活动”等工程，花溪河道治理工程列为全省第二批全国重点中小河流治理项目，青岩镇获评首个“省级卫生镇”；大力绿化、美化、净化、亮化环境，充分展示城市风采，形成“人人为花溪、人人爱花溪、人人护花溪”的文明风尚；开展城区环境综合整治，市容市貌明显改观，花溪的知名度、美誉度大幅提升。（刘　鑫）

【文化旅游产业】 2011年，花溪区大力实施“旅游活区”的发展战略，促进文化旅游产业的发展。实现旅游总收入93.92亿元，同比增长55.32%；接待旅游人数1541.82万人

小孟关工业园

次，同比增长40.52%。成立贵阳花溪旅游文化投资开发有限公司，负责青岩古镇旅游的开发、建设及管理等，编制完成《花溪区特色旅游产业示范区总体规划编制工作》，并列入《贵州省贵阳市旅游产业发展总体规划》。实施天河潭景区升级改造一期工程，完成连通青岩及青岩堡的北古驿道恢复工程，青岩堡商业街投入运营，大兴国寺、古镇南入口非物质文化遗产传承展示等项目加快建设，高坡红岩峡谷项目启动建设，重点景区景点基础设施加快建设。全省唯一的国家级城市湿地公园建成开园，旅游业发展取得质的飞跃。四是全力推介“高原明珠”、“浪漫花溪”和“花溪之夏”三大品牌，成功举办“花溪之夏”艺术节、“中华文化游”首游式、布依歌会、“高原台地·中国苗乡”花溪“四月八”苗族风情节、贵阳市第五届旅游产业发展大会、振兴以旅游为龙头的现代服务业招商推介会等大型宣传推介活动，推出贵阳—天河潭、贵阳—青岩古镇、贵阳—花溪乡村旅（摆贡、小西冲、镇山）等旅游线路，花溪区旅游品牌得到进一步的提升。（刘　鑫）

【民生和社会事业】2011年，花溪区始终把改善民生作为根本出发点和落脚点，大力实施“六有民生”行动计划和“十大民生”工程，千方百计增进人民福祉。深入推进全省城乡统筹综合配套改革试点工作，在全省率先开展农村产权确权试点。全力保障公共财政的民生投入，切实解决一批群众关心关注的热点、难点问题。教育基础设施建设进一步完善，完成5所幼儿园的改造建设工程，年度教育经费及专款全部依法足额用于教育。区域内循环公交车、出租车投放营运，市民的交通出行环境全面改善。建成5个乡（镇、街道）和社区服务中心的文化信息资源共享工程基础服务点。完成1783户住房保障任务，花溪区电杆厂廉租住房项目竣工验收。初步建成2个农村社区、2个社区卫生服务中心，区人口和计划生育工作连续9年获贵阳市目标考核一等奖，不断开创人口工作新局面。城市管理水平进一步提升，完成老城区2个人员密集路段的改造工作，建成公厕、垃圾中转站4个，10辆社区密闭式垃圾收运车投入使用。城乡就业与社会保障、养老工作进一步提高，创建国家级创业型城市工作验收达标，完成创业项目11个；实现“零就业家庭”动态为零，城镇新增就业3194

人，城乡统筹培训2103人，保险扩面3.1万人，新农保参保率达82.5%，老年公寓新增60张床位。认真开展好军地共建、双拥工作，实现连续28年35次无责任退兵，荣获全省双拥模范城（县）荣誉称号。科协工作全面进步，荣获全国和全省“2011—2015年度科普示范县”荣誉称号。2011年，全区城镇居民人均可支配收入达19320元，增长18%；农民人均纯收入达7695元，增长29%。（刘　鑫）

【城市基层管理体制改革试点工作】 2011年，花溪区按照市委关于开展城市基层管理体制改革试点工作的要求，制定下发《花溪区城市基层管理体制改革试点工作实施方案》，成立由区委书记、区长任组长的花溪区城市基层管理体制改革领导小组，抽调相关部门人员为成员，强化对城市基层管理体制改革工作的领导，明确目标、理清思路。6月30日，清溪社区服务中心顺利挂牌，并按照“服务群众、凝聚人心、优化管理、维护稳定”的总体要求，以强化社区的服务能力建设为核心、以居委会的规范化、标准化建设、强化自治功能为重点，试点社区的机构设置、编制、职能、服务方式等方面已实现重大转变，初步实现“精简层级、区域管理、整合资源、建强基层”的目标。（刘　鑫）

【打造“阳光花溪”】 2011年，花溪区以深化干部人事制度改革、进一步提高选人用人公信度为抓手，着力打造“阳光花溪”。完善《花溪区规范乡科级领导干部初始提名暂行办法》，健全票决制和“四差额”选拔任用干部机制；认真贯彻落实中央、省、市人才工作会议精神，制定出台《花溪区人才队伍建设中长期规划纲要（2010-2020年）》。2011年3月全市的组织工作满意度调查结果显示，花溪区“干部选拔任用工作满意度”为83.85%，排名全市第二；“防止和纠正用人上不正之风工作满意度”为85.33%，排名全市第一。积极推行党务公开“4+1+1”新模式，试点成为示范。开展“模范村官”评选活动，选派优秀机关干部到村居委会任职。扎实抓好作风建设年和“四帮四促”活动，全区副县级以上领导干部明确重点企业、重点园区、重点项目、党建扶贫和困难党员群众联系点，区直各部门明确帮扶社区（村）和帮扶对象，全区165个村（社区）做到帮扶全覆盖。深入开展“环境建设年”专项工作，切实解决发展环境中存在的问题，为经济发展创造了良好环境。（刘　鑫）

乌当区

【打造“黔中新型工业化先行区”】 2011年，乌当区始终坚持以生态文明理念为引导，以省级新型工业化综合配套改革试点建设为契机，以提高支柱产业工业增加值为先行目标，从高起点做好新型工业化顶层设计入手，强力实施七大战略（结构优化战略、增容扩区战略、项目推动战略、创新驱动战略、开放带动战略、环境支撑战略、三化同步战略），科学统筹六个配套（土地、融资、政策、服务、人才、体制机制），走上一条科学发展的新型工业化道路。2011年，乐湾国际、保利生态体育公园、西南工业总部基地等省、市、区20个重大工程和重点投资项目建设进展顺利；乌当特色食品工业园（火石坡）基础设施建设，以及高新惠诚、吉品风味标准厂房建设快速推进。全区全年共完成工业投资30.67亿元，全社会固定资产投资同比增长61.3%，拉动经济增长9.9个百分点。（张　倩）

【软环境建设】 2011年，乌当区按照省委关于“软环境提高年”的安排部署，采取各项措施，不断加大软环境治理力度，努力查找和解决影响发展软环境的突出问题，机关作风、办事效率、服务质量等明显提升，人民群众的满意度不断提高。软环境建设综合满意度达94.79%，较2010年上升2.16个百分点。加大宣传，提高群众参与率。充分利用各种载体，加强软环境建设动态宣传，在区政府门户网站上公布全区各单位部门软环境建设的举报投诉电话，各单位设置了软环境建设举报投诉箱。突出重点，强化对垂管部门的监管。将27家垂管部门满意度测评结果回复至其上级部门，以便上级部门进一步了解社会各界对区垂管部门软环境建设工作开展情况。强化意见收集，切实解决群众疑难。通过问卷和网上测评，收集软环境建设意见下发至相关职能部门，明确整改内容及时限，并将各职能部门的整改落实情况在区政府门户网站进行公示，确保整改落实不走过场。此外，为了更好地推进全区廉政文化建设，提高软环境整治水平，区纪委、监察局还建立贵阳市首个“廉韵·清风书屋”，搭建廉政图书音像服务平台，面向全区各级党组织、广大党员干部，基本实现网络化查询借阅。（张　倩）

【创新基层社会管理体制】 乌当区坚持“积极探索、三级调处、稳妥推进、注重实效”的原则，在全区建立以群工委为龙头，以群工中心为平台，以群众工作站为基础的群众工作网络。加强群工中心建设。乌当区群工中心于2011年7月5日挂牌成立。乌当区政府专门腾出近600多平方米的区域作为中心办公室，拨付70万元专款保证及时配置正常办公所需要各类办公设备，落实15名事业人员编制，分别设置综合办、来访接待办、联席办、网络群众办、督查办、复查复核办机构。各项制度、职责、工作流程制定上墙，并汇编成册。同时，设置专业的计算机接访软件——乌当区群众工作系统，有效地提高接待和处理信访件的效率。加强群众服务站点建设。在全区12个乡镇、街道、社区挂牌成立群众工作站，并要求所有村（社区）建立群众说事室（调解室），村民组（居民小区）设定群众工作联络员，建立纵到底、横到边、覆盖全区的三级群众工作网络。加强群众工作队伍建设。为确保群工队伍的高素质，乌当区成立选调工作领导小组，制定选调方案，在全区有志于群众工作的干部中采用公开报名、择优选调的方式进行人员调配。充分发挥“两代表、一委员”和“五老”作用，成立群众工作志愿者队伍。充分发挥他们工作经验丰富、联系广泛、熟悉区情等优势，利用其政治影响力、号召力，不断壮大群众工作队伍。2011年，共接待群众来访101起600人次，市、区和谐促进会利用社会力量资金化解矛盾纠纷16起，落实帮扶资金104.1万元。（管洪荣）

【设立全省首家流动人口综合服务大厅】 2011年11月，乌当区投资70余万元的全省首家流动人口综合服务大厅和流动人口爱心超市投入使用。服务大厅占地300多平方米，设有人力资源和社会保障、民政、教育、工商、公安、计生综合等7个服务窗口提供“一站式”公共服务，办理《居住证》、《流动人口婚育证明》、《生殖保健服务证》，为流动人口免费提供计生和劳动就业、房屋租赁、法律援助等方面的信息服务，发放宣传资料及计生用品，流动人口持《居住证》后，在这里将享受到与常住人口一样的基本公共服务均等化待遇。在流动人口爱心超市，凡持IC卡《居住证》、《流动人口婚育证明》到爱心超市购物的流动人口，一律享受平价优惠，对流动人口中的独生子女户、贫困户除享受平价优惠外，还将从生产、生活、就业等方面给予优先扶持。（张　倩）

【百宜乡五彩生态农业发展】 2011年，乌当区百宜乡紧紧围绕“让特色产品强起来，让优势产业大起来，让农民腰包鼓起来”，因地制宜抓特色，加快农业结构战略性调整。全乡以辣椒、折耳根、黄金梨、中药材及黑羽鸡养殖为主攻产业，出台激励政策，种植辣椒、折耳根5亩以上的农户奖300元，种植10亩以上的奖800元。通过扶持农民

花卉产业

把特色产业做成规模，把五大新兴产业做大做强做优。迄今，百宜辣椒种植发展到333.33公顷，年产鲜辣椒5000吨；折耳根发展到366.67公顷，年产量达1.1万吨；黄金梨发展到333.33公顷，产量达100万公斤；中药材发展到213.33公顷，黑羽鸡等土鸡养殖发展到1.6万羽。五大产业不仅成为市场走俏特色产品，而且产值达1亿多元。百宜乡崛起的“五彩生态农业”，即红色的辣椒、黄色的黄金梨等优质水果、白色的折耳等绿色蔬菜、紫色的石蒜等中药材、黑色的黑羽鸡百宜土鸡养殖，不仅演绎着现代生态农业的传奇，而且成为百宜强乡富民的支柱产业，鼓起农民的钱袋子。（管洪荣）

【偏坡乡成功创建全国文明乡】 2011年，乌当区偏坡乡按照“生态立乡、科技兴乡、文化活乡、开放带乡、旅游强乡”的发展思路，以创建全国文明村镇为抓手，以建设社会主义新农村为载体，以改善广大群众的幸福指数为目标，依托自身生态、环境、地域上的比较优势资源，不断加快发展，提升文明水平，于10月成功通过中央文明委检查组检查，成为全国文明村镇。不断加强农业生产、乡村旅游、生产环境等基础设施建设，先后投入资金1500余万元，完成乡属地域水、电、路、气、房、电视电话等基础设施建设，极大地改善农村基础设施建设。以布依民族“六月六”、民族文化“进机关、进学校、进村组、进家庭”四进活动；以发掘、弘扬和传承布依民族传统文化，恢复民间文体节目、民风民俗，修建民族学校；以送温暖、送文化下乡等为平台和载体，把活动作为增强民族自信心，激发广大群众参与民间文体节目的桥梁和纽带。始终把群众整体素质提升作为一项重点工作来抓。在党员干部中通过开展党员突击队、共青团突击队上门服务机制，党政领导帮扶机制；在广大群众中建立村规民约，开展村民党员示范户创评、种养殖示范户评比、科技培训等；在村组之间开展星级文明户、计生户、民间艺人评选、种养殖致富能手评比、植绿护绿、小手牵大手等活动，乡民的安全感、幸福指数明显提升。把村民形象评议作为创建工作的亮点来抓，把遵纪守法、尊老爱幼、勤劳致富、家庭和睦、邻里团结、乐于助人、环境卫生、奉献精神等作为评议内容，通过在乡民、村组中进行村民形象评议，建立奖惩帮扶机制，形成良好氛围。通过努力，偏坡乡实现大环境综合治理和布依文化的大弘扬、大发展，广大少数民族群众通过制定村规民约，开展村民党员示范户创评，实现自我管理，群众整体素质得到提升，安全感、幸福指数明显提升。（管洪荣）

【“泉城五韵”成功获选进入30个“贵州最具魅力民族村寨”】 2011年9月7日，在“贵州最具魅力民族村寨”颁奖典礼上，乌当区“泉城五韵”以优异的成绩，顺利当选全省30个“贵州最具魅力民族村寨”。“泉城五韵”是乌当区投入1826.8万元，撬动社会资金2000万元，选择基础条件好、民族文化浓厚、旅游资源丰富、发展潜力较大的偏坡乡偏坡村上下街、新堡乡渡寨、王岗、陇脚及高新办阿栗杨梅园等五个点进行规划、开发、建设，着力打造的乡村民俗生态旅游精品示范点。包含五个村，即：“醉韵”—醉美偏坡、“情韵”—甜蜜阿栗、“福韵”—

庖汤第一村王岗、“美韵”—诗画渡寨、“古韵”—神秘陇脚。据统计，开村1年来，“泉城五韵”的游客接待量、旅游收入分别占乌当区旅游两大指标的33.7%、37%,已经成为乌当旅游业发展的亮丽名片。（管洪荣）

【乡村少年宫建设】 2011年，乌当区为满足家庭经济基础差、地处偏远的农村孩子参加课外活动的愿望，按照统筹兼顾、资源共享、突出特色、方便群众的原则和“一所一品牌、所所有特色”的思路，积极探索农村未成年人校内外活动场所建设工作，先后在部分乡镇（街道）建起“乡村少年宫”。目前，已投入35万元资金用于新天办顺海村、新堡乡“贤德居”、羊昌镇“豫章书院”、水田镇中心小学4所“乡村少年宫”建设。同时，在省、市文明办的大力支持下，文明办积极争取中央公益彩票资金支持，将水田小学“乡村学校少年宫”列为全国重点帮扶建设点，投入资金重点打造为全国示范点；按照建设“乡村少年宫”有关工作要求，结合实际，新建10所“乡村学校少年宫”，每个点投入2000元资金。“乡村少年宫”的建立，为农村孩子课外教育提供有力的保障，为农村孩子开辟幸福的乐园，为乌当农村未成年人教育开创美好的前景。（张 倩）

白云区

【发展概况】 2011年，白云区按照“1235”的发展思路和建立“12351”工作体系的要求，大力弘扬“海纳百川、激情跨越”白云城市精神，以“作风建设年”、“环境建设年”、“项目建设年”和“四帮四促”活动为契机，扎实开展“效能提升年”活动；着力“一推双保”，加速发展，加快转型，推动跨越；着力打造“产业高地、黄金商圈、双宜城市、绿色家园、首善之区”；着力打造国家可持续发展实验示范区，纵深推进现代化生态都市新城和现代化生态科技新城建设。（赵小平）

【现代农业发展】 2011年，白云区初步建成贵州省现代农业展示区核心区，成功举办“现代农业观摩会暨蓬莱仙界乡村游活动”。建成4个万亩基地、7个蔬菜产地批发市场、25个蔬菜农残快速检测站（点）。全区蔬菜播种面积4077.33公顷次，产值1.75亿元，被农业部列为国家级蔬菜标准化生产示范县。食用菌产业实现规模化生产，产量1102万袋，成为省级中部食用菌产业示范园区。苗木花卉产业稳步发展，产值达1.9亿元。投入新农村建设资金8160万元，建成一批社会主义新农村示范点。（赵小平）

【城市化建设】 白云区全面推进新一轮控制性详细规划和云峰大道、同心路、白云大道街景整治规划以及粑粑坳片区、大山洞村和南湖片区城市设计工作。相继建成残疾人服务中心、行政拘留所、戒毒所、消防队营房、图书馆、城市公共消火栓、老年门

城区一角

球场等一批公共基础设施；新建、改造、扩建云环西路、云环东路、白云北路、白云南路等11条城区主次干道；扎实抓好道路交通专项整治，依法暂扣违法“两的”、“黑车”3989辆，中巴改大巴46辆，被授予国家“平安畅通县区”称号；深入整治城乡面貌，新建和改建垃圾转运站9座、免费公厕37座，实施村（寨）及高速公路和绕城公路（白云段）沿线房屋立面整治3260户，拆除违法建筑1139户、32万平方米；强力推进“三创一办”，大力开展“五小”行业、“门前三包”、农贸市场等14项专项整治，实施背街小巷、便民利民设施项目400余个，圆满完成“创卫”、“创文”和民运会协办工作。（赵小平）

【民生和社会事业】2011年，白云区大力发展民生和社会事业。实现城乡统筹就业2.9万人、培训1.4万人，城镇失业人员就业1.6万人；组织农村富余劳动力转移就业0.8万人，完成19个充分就业社区创建工作，“零就业家庭”动态保持为零；建成政府廉租房1.5万平方米、300套，将662户城镇低收入家庭纳入廉租房、廉租补贴保障范围，新开工建设乡镇、企业廉租房12.54万平方米，公租房10万平方米；实施医药卫生体制改革，卫生基础设施建设不断加强，改扩建4家乡（镇）卫生院、4家社区卫生服务中心，创建2家市级示范性乡（镇）卫生院。低生育水平继续保持稳定，获“全国计划生育优质服务先进县”称号；教育“两基”迎国检工作顺利完成，“双高普九”有序实施，创建2所省级示范幼儿园，解决了义务教育阶段14406名流动人口子女入学问题，被评为“全国‘推进义务教育均衡发展先进地区’、全国‘两基’工作先进县”；大力实施《全民科学素质行动计划纲要》，被授予“全国科普示范区”称号；加强文化建设，继续保持“全国文化先进县”称号。大力开展劳动和谐关系创建，景宏工业园获得“全国和谐劳动关系工业园区”称号；深入开展“平安包保”、“百千万工程”、“5689计划”专项行动，加强对禁毒、刑释解教人员、失足劣迹青年管理，对校园周边治安环境深入开展专项整治，财政补贴290万元安装682个单元防盗门、21720户“平安E家”和移动报警电话，社会治安防控体系更加完善。（赵小平）

【基层管理体制改革】2011年，白云区深入推进基层管理体制改革。撤销龚家寨街道办事处，成立白沙关、铝兴2个社区服务中心；大力推进农村社区建设，在全省率先通过民政部“全国农村社区建设实验全覆盖示范区”评估，全区基本实现公共服务重心下移和服务对象、内容全覆盖。加大社会事务公开办理力度，开通“区长信箱、区长热线”直面群众释疑解难，共计250余件（次），满意率达95%以上。加强流动人口管理，成立流动人口服务和管理工作中心，在乡（镇、街道）和村（社区）建立流动人口管理工作站（室），形成流动人口三级服务网络。积极构建区、乡（镇、街道）、村（社区）三级联动便民利民管理网络，全面改扩建区级政务服务中心，建立乡（镇、街道）便民利民服务中心8个，村（社区）便民利民服务站（点）83个，将140余项便民利民服务项目集中到各级服务中心（站、点）进行办理或代理，为群众办理事项37765件，解决实际问题1245个。（赵小平）

【机构改革和国企改革】白云区成立群众工作中心（矛盾化解中心），增强对越级上访、非正常上访的防范和处置力度，将区卫生局等11个部门精简合并为5个机构，新组建2个机构。积极稳妥推进事业单位绩效改革，全区108个单位全部实行了部门预算，69家有执收权力的单位全部纳入政府非税收入管理。深化国有企业改革，辖区内有7家国有企业完成了公司制改造和重组工作。相继组建了工业投资公司、城市建设投资公司

2家区级投融资平台，白云中小企业贷款担保公司、贵州众能小额贷款公司等一批民间融资企业快速发展。深入开展“整治发展软环境，建设服务型机关”活动，整治挡工堵路、强包强揽、强买强卖、服务态度差、推诿扯皮、办事拖拉等8类28个重点问题，投资软环境进一步优化，开发区投资环境综合考核位列全省第一，荣获全省“投资环境优秀单位”、“招商引资全省一等奖”、“全省先进开发区”等称号。（赵小平）

清镇市

【重大项目建设】 2011年，清镇市采取一系列强有力措施，实施一批重大产业项目、基础设施项目、民生项目。工业项目方面，海螺盘江一期、联和能源一期、东方红升等项目建成投产，贵州广铝一期160万吨氧化铝项目主体完工并进行单体试车，塘寨电厂一期、海螺盘江二期、三联乳品工业园、科伦二期等项目即将建成投产，圣济堂医药工业园、联塑二期、山东枣矿配煤基地、中铝、贵阳昊华、贵阳一晶相LED、联和能源水煤浆二期等一批重大项目即将全面开工建设；农业项目方面，形成“烟、菜、果、茶、药、苗、鸡、猪、牛”九大龙头产业，其中肉鸡、蔬菜、生猪三个产业产值超亿元，成为全省肉鸡养殖第一县（市）、绿色蔬菜种植第一县（市）、奶牛养殖第一县（市）。引进、培育温氏、大发、三联、一代、特驱等40多个规模大、辐射广、成长好的龙头企业，达到全省最多。服务业项目方面，成功实施和引进济辉汽车城、瀚羿汽车城、东太物流城、华丰国际物流城等物流项目，以及省旅游学校、贵州工商职业学院、贵阳幼师、省工业职业技术学院、省机械工业学校、省建设学校、省交通职业学院、贵州电力职业学院、清镇职业教育培训中心等9所院校，建成虎山彝寨等一批旅游项目。基础设施项目方面，开通沪昆高速清镇至金阳段，建成百花大道、东门桥至旱基市政干道，完成红枫街、云岭街、红旗路“白改黑”和塔峰路、星坡路等城市道路改造，清金线、清织铁路、工业园区11号路等全面推进，清镇至黔西高速公路、厦蓉高速公路等即将开工建设。完成红枫湖至工业园区供水工程、东郊水厂、朱家河污水处理厂（二期）、城市污水收集管网、城市生活垃圾填埋场建设，完成东门河治理一二三期工程，启动席关水库建设。民生项目方面，实施通村公路改造641千米、串户道路改造170千米、饮水安全工程326处、“三小”水利工程4700口、抗旱应急工程313处、沼气池建设近5万口。城乡养老、失业、医疗、工伤、生育保险范围不断扩大。全年共完成工业项目投资82亿元、农业项目投资11亿元、服务业项目投资20亿元、民生项目投资13.5亿元、产业投资及基础设施项目投资139亿元。（黄　河　张　俊）

海螺盘江水泥首条生产线点火投产仪式

【诚信农民体系建设】 2011年，清镇市不断深化诚信农民体系建设，有力地促进了农村经济发展、农民增收和农村社会和谐稳定。当年全市涉农贷款余额达12亿元，是2006年的近6倍。农村不良贷款率从2006年8.74%下降到1.96%，下降6.78个百分点。共评定诚信农户103035户，诚信村民组1518

个，诚信村247个，创建诚信乡（镇）7个，创建省级信用乡（镇）7个。中央、省、贵阳市领导对全市诚信农民体系建设高度重视、充分肯定，习近平副主席专门在王富玉副书记撰写上报的《贵州省清镇市“诚信农民建设”的实践与思考》上批示：“建议中央创先争优活动领导小组办公室在活动简报上反映贵州诚信农民建设的经验，摘要刊发此材料，供各地创先争优活动中借鉴”；在贵州省党政领导干部座谈会上指出：“清镇市开展‘诚信农民建设’活动，抓住了教育引导群众的一个关键问题，取得好的效果，应当进一步总结和深化”。中央创先争优活动领导小组办公室专门刊发了清镇市诚信农民建设情况（《深入开展创先争优活动简报》第1082期）。《人民日报》、《求是》等知名媒体专门报道。省委、省政府在清镇市召开全省诚信农民建设推进大会，将本市的经验向全省、全国推广。目前，清镇市在诚信农民体系建设的基础上，正全面开展“诚信清镇”建设。（黄　河　张　俊）

【生态环境建设】 2011年，清镇市不断加强生态环境建设。始终像保护自家的“水缸”一样保护“两湖”。落实铁腕治污、依法治湖的各项措施，“两湖”水质始终稳定在Ⅲ类，部分水域达到Ⅱ类。加强矿山整治。严厉打击非法开采、滥挖滥采和破坏性、掠夺性开采行为，全力使境内矿山企业100%依法规范开采，矿产资源及初加工产品在全市100%就地转化，矿山按要求100%恢复植被。强力推进天然林保护、退耕还林以及石漠化综合治理工程建设，完成退耕还林造林2.13万亩、巩固6.3万亩，石漠化综合治理182.6平方公里，建设建成区绿地面积26.4万平方米，全市森林覆盖率提高到39.1%。加快结构调整，绝不承接落后生产力转移，发展循环经济、低碳经济。狠抓节能减排，单位GDP能耗和主要污染物排放总量均控制在贵阳市下达指标范围内。（黄　河　张　俊）

【全力提高人民群众幸福指数】 2011年，清镇市认真落实各项惠民、利民政策，始终把保障和改善民生作为各项工作的根本出发点和落脚点，全心全意为人民谋幸福，解决好人民群众最关心、最直接、最现实的利益问题，人民群众幸福指数不断提高。全市初等教育阶段适龄儿童入学率达99.86%，初级中等教育阶段入学率达106%，高考一、二本综合上线率达41.43%，安排6167名农民工子女就近就读；“两免一补”政策惠及65521名中小学生，4793名寄宿生享受到生活补助237.05万元。新增就业5297人，养老、失业、医疗、工伤、生育保险扩面分别完成3113人、2556人、3296人、14533人、3249人，完成城镇居民医疗保险扩面1924人，完成新农保累计扩面154190人。城市、农村低保对象实现应保尽保，年保障标准分别提高到3240元和1500元。全年累计培训农村劳动力1984人，农村实用技术培训160人，劳动力转移市外务工达到6203人，实现劳务收入8340万元，为670多名农民工追讨工资231.27万元。建成廉租住房8.5万平方米、农村危房改造19428户，村级卫生室、文化室实现全覆盖，农村电视“户户通”入户率达到95.2%。新型农村医疗参合率达97.01%，惠民医疗政策、医疗救助制度100%覆盖城乡困难群众。人口计生工作实现了“两降一升”，连续保持贵阳市目标考核一等奖，获得全国人口计生优质服务先进市称号；大力开展“诚信计生”建设，开创了人口计生工作新局面，得到了国家计生委的高度重视，并向全国推广。（黄　河　张　俊）

【“三创一办”工作】 2011年，清镇市采取有力措施，强力整治城区占道经营、城区道路交通秩序和城区及乡（镇）集镇、“两湖”周边、城郊结合部、公路沿线卫生，“三创一办”扎实推进。市容市貌明显改观，“整脏治乱改差”工作在全省排名第10位，在贵阳市排名第3位并获得一等奖；“创文”工作顺利通过省级文明城市复评。举全市之力，成功协办第九届民运会三个竞赛项目和两个表演项目，得到省和贵阳市领导、各参赛代表团的一致好评，为第九届民运会的圆满成功作出了重要的贡献，被贵阳市委、市政府授予协办民运会突出贡献奖。（黄　河　张　俊）

【维护社会和谐稳定】 2011年，清镇市紧紧抓住影响社会和谐稳定的源头性、根本性、基础性问题，采取强有力措施，切实维护社会和谐稳定。率先成立市群众工作委员会和市群众工作中心，建立从市到村（居）的群众工作体系，组建和谐清镇促进会和诚信清镇促进会，开展城市基层管理体制改革，形成“三结合三联动”、“一个平台”、“六项权力”、“三级调处”、“六大流程”、“三五群众工作法”、一线工作法、一线用人法、矛盾调处限时法、直接联系法、民情“三步工作法”等社会管理和群众工作的一整套行之有效的机制、措施和方法。全市干部共走访群众29020人次，排查矛盾纠纷503起，调处化解447起，调处成功率达88.9%。继续以“七重七出”为抓手，重拳打击“两抢一盗”犯罪活动，深化“打黑除恶”专项斗争，深入开展“清网行动”、“百日会战”、“夏季严打”、“命案侦破”等专项行动。深入推进“无毒市”创建，全市共巩固“无毒学校”190所，巩固“无毒单位”77个，无毒村277个，占全市86%。创办“阳光家园”，建立禁毒、司法、残联“三位一体”的管理模式，吸纳60余名特殊群体人员就业，真正实现社区戒毒（康复）实体化，得到中央、省、贵阳市领导的高度评价。认真落实安全生产责任制，未发生较大事故。（黄　河　张　俊）

【实施“堡垒工程”】 2011年，清镇市大力实施“堡垒工程”，切实把党的基层组织建设成为贯彻落实科学发展观的坚强战斗堡垒。实行党建项目负责制、考核扣分制、亮点加分制，重奖重罚，创新基层党建工作，获得“全省基层组织建设先进县”称号。圆满完成市、乡（镇）两级换届，市级党委、人大、政府、政协、法院、检察院和乡（镇）党委、人大、政府领导班子均全票或高票当选，实现市、乡（镇）两级换届风清气正、风平浪静。采取的“两票建议任职制”等措施得到省委组织部和贵阳市委的充分肯定。扎实开展作风教育整顿、整治发展软环境、“三个建设年”、“四帮四促”等活动，狠抓执行力建设，干部队伍作风明显转变，党群关系、干群关系进一步密切。通过“公推竞岗”等方式竞争性选拔市管干部的比重在贵阳市各区（市、县）中排名第一；组织工作满意度测评综合排名第一；“一报告两评议”在全省和贵阳市排名均为第一。（黄　河　张　俊）

修文县

【工业园区建设】 2011年，修文县工业园区建设取得重大进展。首钢贵阳特殊钢有限责任公司“新特材料循环经济工业基地”、贵州轮胎股份有限公司异地技术改造项目、贵州诺亚精工铸造有限公司年产20万吨精密铸造件项目、贵州贵酒有限责任公司年产一万吨麸曲酱香型白酒生产线异地技术改造项目等一大批重大项目建设扎实推进，南方汇通贵州申发钢结构有限公司、贵州泽西矿业有限公司、北京立高企业集团等一批企业入户建设。截至目前，园区规划50平方公里，项目布局区域达17平方公里，入园企业85户，总投资328.56亿元。（暨　甜）

【贵州轮胎股份有限公司1280万条子午胎异地技术改造项目开工】 2011年2月28日，贵州轮胎股份有限公司1280万条子午胎异地技术改造项目在修文县扎佐镇正式开工建设。项目计划总投资71亿元，占地面积约153公顷，分三期建设。一期工程建设年产

250万条全钢载重子午胎，预计2012年底建成投产；二期工程建设15万条全钢工程子午胎和15万条农业子午胎；三期工程建设1000万条半钢子午胎，整个项目建设按规划在2年内完成。建成后，将年产高性能子午线轮胎1280万条，年新增产值105亿元，实现销售收入90.56亿元，形成利润14.34亿元，产生税金5.73亿元。（暨 甜）

【成立重大项目建设指挥部】 2011年12月，修文县成立以县委常委和县级班子牵头的10个重点项目指挥部，抽调200余干部职工到各指挥部工作，全力推进重点项目建设。10个重点项目指挥部分别是贵钢及黔轮胎项目指挥部、重大基础设施及城市建设项目指挥部、贵酒及猕猴桃产业项目指挥部、阳明文化园项目指挥部、210国道改造及久长永兴工业小区项目指挥部、桃源河二期开发项目指挥部、重大物流项目指挥部、苏格兰及沙溪温泉项目指挥部、诺亚及华飞二期项目指挥部、六广河及大石石林开发项目指挥部。（暨 甜）

【城市建设】 2011年，修文县强力推进城镇建设，并取得明显成效：高标准、高起点完成《修文县城市总体规划修编》、《久长镇控制性详细规划》等17个规划；建成利尔上河城、文城逸都等一批房地产开发项目，县城规划面积由6平方千米扩大到22平方千米，城区建设面积达8平方千米，城镇化率达38.5%；投入6000万元完成县城北环线、虎山路延伸段等新建市政工程，启动县城阳明洞至东门桥河道改造、龙扎线、龙久线等项目前期准备工作；城市垃圾清运及时率、卫生保洁率、环卫设施完好率均达100%，县城生活污水集中处理率达100%；投入2800余万元完成贵毕公路沿线1418户农房立面整治，完成32个村庄规划编制和79个村庄地形图测绘工作。（暨 甜）

【第三产业】 编制完成《修文县旅游产业发展总体规划》。中国阳明文化园项目达成投资合作协议，启动六广河二期改扩建、苏格兰民族体育公园建设等旅游项目，完善桃源河、阳明洞等景点的配套设施。2011年，累计接待旅游者458.5万人（次），实现旅游收入27.5亿元。完成《修文物流园区总体规划》，年吞吐量500万吨的铁路战略装车点投入使用，开工建设久永铁路久长货运站和永盛和物流项目，引进东方钢材市场等企业入驻，兴达公司农资农肥转运交易中心基本建成。引进苏宁电器、合力超市等知名企业入驻。（暨 甜）

【平安建设】 2011年，修文县深入推进“平安修文”和“无毒县”创建工作，加强治安防控体系建设和群防群治工作，突出抓好重点时期、重点部位的集中整治，群众安全感达93.70%，位列全市第一。全年无重大安全生产事故发生，安全事故起数、死亡人数均在市控制指标范围内。（暨 甜）

【作风建设】 2011年，修文县按照“转变作风、服务基层、服务群众”的要求，深入开展作风建设和“四帮四促”、干部下基层等活动。组建党员突击队、应急分队、志愿服务队等各种抗灾救灾队伍140余支投入到“一抗三保” 和抗旱救灾工作中，帮助群众解决了

修文中学

一批最关心最直接最现实的问题。全年，全县各级干部共深入走访群众3.9万人次，化解矛盾纠纷323起，为基层办实事496件，协调帮扶资金1396万元。（暨 甜）

【召开县第十一次党代会】 2011年10月31日—11月2日，中国共产党修文县第十一次代表大会成功召开。会议审议通过中共修文县第十届委员会工作报告和县纪委工作报告，选举产生第十一届中共修文县委员会和中共修文县纪律检查委员会，提出今后五年的指导思想和奋斗目标，确立“立足新起点，推动新跨越，为实现修文经济社会又好又快发展努力奋斗”的主题。会议选举新一届的领导班子。会议的召开振奋人心，提振士气，进一步坚定全县干部群众“加速发展、加快转型、强县进位”的信心和决心。（暨 甜）

开阳县

【主要经济指标】 2011年，开阳县实现生产总值81.9亿元，财政总收入14.44亿元，地方财政收入7.11亿元，固定资产投资完成117.9亿元，社会消费品零售总额达19.84亿元，城镇居民人均可支配收入19314元，农民人均收入6898元。生产总值增长21.5%，增速居全市第一；固定资产投资增长60%以上；工业增加值增长34.7%，旅游总收入增长41%以上，财税收入两项指标增长近40%。（梁红建 高 静）

【工业】 2011年，开阳县规模以上工业总产值完成143.76亿元，增长38.6%；规模以上工业增加值31.27亿元，增长50%。有序推进一批精细磷化工循环经济项目，新增规模以上企业5家。开工建设开磷集团绿色矿山技改、化工公司40万吨乙二醇及煤矿山技改、路发公司磷化工系列项目等12个重大工业项目，完成路发公司60万吨磷石膏建材、安达公司5000吨磷酸铁等7个工业项目。完善磷资源“一票通”管理体制机制，成立工业和信息化局，全力抓好煤电油运等生产要素协调调度，磷资源就地转化率达81.3%。投入资金15亿元，不断完善园区基础设施配套工程。遵循循环经济理念，淘汰5家落后产能企业，万元工业总产值能耗1.7吨标煤，下降30.1%，固体废物综合利用量80万吨，增长90%。民营经济加快发展，直接拉动经济增长2.7个百分点。（梁红建 高 静）

【农业】 2011年，开阳县大力实施粮增工程，粮食总产量10.13万吨；完成烤烟收购14.23万担，被列为全国烟叶生产大县；新增果树138.7公顷、茶叶350.7公顷、中药材基地200公顷。加快6万头生猪养殖园区、肉羊标准化良种扩繁场、10万羽蛋鸡养殖园区、龙岗奶牛场、竹鼠驯养繁育基地建设；完成基本农田建设503公顷，建成机耕道20.7千米，硬化串寨串户路165千米；完成老堡河、云湾水库建设，快速推进白安河、那卡河等5个中小型水库建设；完成4.53万人农村安全饮水工程建设；产业化扶贫步伐加快，贫困人口减少9800人；全面落实各项惠农政策，兑现涉农补贴1557万元；完成“一事一议”财政奖补项目67个，惠及群众10.8万人。（梁红建 高 静）

【第三产业】 成功举办2011中国·十里画廊（开阳）乡村旅游文化节、南江大峡谷自然水域激流越野邀请赛、南江乡枇杷文化节、南江大峡谷人与自然和谐摄影大赛、首个“5·19”中国旅游日等系列旅游节事活动，实现旅游收入27.5亿元，接待游客277.8万人次，分别增长37.41%和34.49%。完成南江大峡谷景区入口公路及南江大峡谷景区游客服务中心建设，启动十里画廊乡村旅游区开发建设；重新打造开放白马峪温泉，建成投用十里画廊游客服务中心，新增2家星级酒店；启动建设滕阳物流有限公司物流服务中心项目，竣工交付使用开洲大厦项目，整顿恢复羽翔苑房开项目建设，续建中山商城、磷都雅居等房开项目，联诚蓝山郡、金碧苑等新开工大型楼盘有序推进。完成“万村千乡”市场工程项目建设，兑现家电下乡补贴1028.3万元。（梁红建　高　静）

【城乡建设】 编制完成县城总体规划、县城规划区和环湖新区控制性详细规划，新增顶方新区规划面积10平方千米；完成4000米县城污水收集管网和4200米供水管网改造，完工投用一批市政道路，开工建设县城供水扩建工程；完成贵开路等公路沿线1512户房屋立面整治；启动环湖新区土地一级整理开发，组建城市建设发展投资公司；成立城市管理综合执法局，查处各类违法建筑252起，拆除违法建筑面积2.6万平方米。（梁红建　高　静）

【改革开放】 2011年，开阳县以深入开展“三个建设年”、“创先争优”、“四帮四促”等活动为契机，围绕民生事业、产业发展、项目建设，管理和服务并举，全面履行政府职能。完成双流茶场改制和县属国有企业“小金库”治理工作，稳妥推进开阳县医疗器械厂改革改制，协调配合抓好医疗卫生体制五项重点改革工作；制定出台《开阳县招商引资优惠政策》、《开阳县工业园区招商引资引资优惠政策》，成功引进双赢、博赛、川东化工、中化涪陵、武汉凯迪、益佰制药等14个5亿元以上重大项目，100亿以上项目4个，世界500强企业2家，国内500强企业2家，国内民营500强企业1家，中国化工500强企业2家，一大批投资4亿元以上的重大招商项目相继落户开阳。当年，完成招商项目（市口径）83个，总投资474.71亿元，实际到位资金36亿元。（梁红建　高　静）

【生态环境建设】 2011年，开阳县在实施石漠化综合治理、巩固退耕还林成果、德援项目等林业生态重点工程等取得明显实效。完成小流域综合治理30平方千米、石漠化治理25平方千米；完成人工造林29783.05亩，封山育林1328.12公顷，义务植树基地造林8公顷、55万株，森林覆盖率52.92%；《突发性地质灾害应急预案》和《地质灾害防治方案》；完成花梨乡新街中学和永温乡安达村马场坝村民组烂沟2个滑坡治理工程以及龙岗镇大荆村庄巴组下坝崩塌、毛云乡簸箕村上寨组崩塌搬迁项目；加大上洋水河磷矿区治理，督促全县矿山企业累计缴存矿山恢复治理保证金21893.65万元；对57个矿山企业审批使用及退还保证金7093.5万元，现保证金余额为14800.15万元，投入整治资金2637万元。（梁红建　高　静）

【十大民生工程】 就业增收：城镇新增就业3124人，城乡统筹就业10046人，登记失业率控制在2.05%以内，农村富余劳动力转移6922人，城乡统筹培训2340人，公开招聘169名事业单位工作人员，继续保持零就业家庭动态为零。扶贫济困：南江乡、宅吉乡“集团帮扶、整乡推进”产业化扶贫和13个贫困村财政扶贫工作有序推进，保障城镇居民低保户20834人次，保障农村低保户45095人次，城乡低保实现应保尽保。普教优教:继

环湖新区

续巩固“两基”成果，建成10所农村寄宿制学校，完成3所中学教育设施建设，启动2所中学教学楼建设，动工建设5所幼儿园。医疗卫生：县人民医院成功创建二级甲等医院，建成投用县中西医院业务综合楼，完成19个村卫生室建设。新型农村合作医疗参合率达97.5%，各类惠民医疗政策、医疗救助制度100%覆盖城乡困难群众。养老敬老：完成城镇养老保险扩面975人，失业保险扩面787人，新型农村社会养老保险参保率91.37%。城乡社会养老保险60周岁以上应保尽保，启动80岁以上高龄老人长寿补贴。城乡安居：新增保障性住房8万平方米，建成经济适用房6.8万平方米。对人均住房面积不足15平方米的1546户家庭实行住房补贴，实物安置120户。平安建设：深入开展“春、夏季严打攻势”、“民运”社会治安整治、“九运”禁毒战役，社会治安综合治理成效显著，无毒县创建通过市级验收，群众安全感满意率达到90.44%。文体共享：完成16个乡镇有线电视整转平移工作，完成创建国家二级文化馆、国家三级图书馆各项工作。建立全省第一个专职的村寨文物保护机构——马头寨文物保护管理所。举办各类群众文艺活动17场，“送文化下乡”活动60余场。村村通工作通过省级验收。整脏治乱：继续深入开展“整脏治乱改差促发展”和“绿丝带”志愿服务活动，巩固“三创一办”成果，开展“排队日”、“让座日”志愿服务活动。美德弘扬：继续开展“感动开阳·真情人物”评选和“道德模范进校园”巡讲报告活动，深入开展“文明市民、诚信开阳”、“健康教育”培训会，组织开展“喜迎第九届民族运动会、讲文明、树新风”市民文明礼仪大讲堂活动。（梁红建　高　静）

【社会管理】 2011年，开阳县挂牌成立县委群工委、县群工中心、紫兴社区服务中心和乡（镇）、村便民利民服务站（点），县、乡、村三级群众服务网络基本完成；组建县、乡、村群众工作机构；畅通诉求渠道，排查信访突出问题和矛盾纠纷94起，“百姓——书记县长交流台”办理来件420件，办结率91%；不断提高应急管理水平和处置能力，妥善处理各类突发事件和群体性事件；安全生产继续保持平稳态势；加强依法行政，行政审批事项集中办理率和按时办结率均达100%。（梁红建　高　静）

【党的建设】 2011年，开阳县扎实开展理想信念、宗旨意识和党史教育，真正做到学以立德、学以增智、学以创业，着力构建学习型党组织。创建省级“五好”基层党组织4个，市级“五好”基层党组织18个，县级“五好”基层党组织20个；全面完成县、乡、村三级换届选举工作；深化干部人事制度改革，提拔科级干部46人，交流干部49人；采取公开遴选、常委会差额票决的方式选拔禾丰乡党委书记，差额选拔干部4名；查办各类违纪违法案件22件，给予党纪政纪处分23人，挽回经济损失108余万元；全县领导干部主动上缴礼品礼金折合12500元；开展领导干部任前廉政谈话103人，诫勉谈话3人，通报批评1人。（梁红建　高　静）

息烽县

【五年发展目标】 2011年10月，中共息烽县第十二次代表大会召开，会议进一步明确今后五年经济社会发展目标：到2015年，确保实现生产总值、规模以上工业总产值、全社会固定资产投资、财政总收入、地方财政收入“五个翻番”，力争2016年生产总产值、规模以上工业总产值、财政总收入、地方财政收入分别达到140亿元、430亿元、22亿元、12亿元，全社会固定资产投资累计突破700亿元，招商引资到位市外资金累计300亿元。城乡协调发展取得新突破，城镇化率达到50%以上，城镇居民人均可支配收入和农民人均纯收入实现较快增长，初步形成城乡统筹协调发展的新格局。生态环境建设取得新成效，生态文明观念在全社会牢固树立。社会各项事业取得新成就，社会建设和管理得到加强，人民幸福指数进一步提升。民主法治建设取得新进展，基层民主制度更加完善，争创全国平安建设先进县。提前四年实现全面建设小康社会“四步走”的目标。（袁　晔）

【三化联动发展战略】　2011年，息烽县强力实施工业化、城镇化和农业现代化“三化联动”战略，全面提升县域经济综合竞争力。大力实施工业强县战略。以园区建设为重点，项目建设力度进一步加大。开磷集团5万吨二氧化碳建成投产，开工建设九寨物流中心建设项目，西南管道200万米/年玻璃钢管道等6个工业项目建成投产。同时，以汉方药业、太和制药为主的制药业，以味美食品、叶老大辣子鸡、苗姑娘食品为主的食品加工业，以宏盛、华信编织和仁都水泥、开磷建材为主的材料加工业不断发展，企业竞争力进一步提高，质量效益同步提升，企业规模不断壮大。全年规模以上工业总产值（现价）完成165.1亿元，同比增长43.2%。加快农村经济发展。重点完成西山乡万亩无公害供港澳蔬菜、养龙司乡幸福堡子农业产业化、小寨坝镇红岩葡萄生态示范等5个县级生态农业示范基地及60个乡级示范点建设工作。积极扶持壮大龙头企业5家，完成农产品技术创新1个，加工技改项目1个。加快农村基础工程建设，进一步巩固完善77个新农村示范村寨建设工作，圆满完成新农村“整乡推进”项目。不断提高城镇化水平。进一步完善城镇规划，启动《息烽县城控制性详细规划》、《温泉镇控制性详细规划》等规划修编。县城“南移西扩”战略取得突破，总投资24亿元的“开磷城”项目进展顺利。小城镇建设步伐加快，集中实施永靖镇立碑、温泉景区及西山乡西山村等一批村镇建设项目。城镇基础设施建设进一步加快，启动火车站排洪渠二期工程及站区环境整治工程，实施南大街检察院至汉方药厂管网工程等，城镇道路、供排水、环卫、绿化等功能得到进一步完善，城市承载能力进一步提升。（袁　晔）

【“项目建设年”活动】　2011年，息烽县已开展“项目大推进年”活动为契机，不断创新工作机制，拓展项目建设领域和项目融资渠道，加快谋划、储备和实施一批带动力强、示范作用显著的大项目。引进市外境内资金26.26亿元,引进境外到位资金537万美元；新入驻项目24个，其中投资4亿元以上的项目7个；省、市重大招商活动签约项目9个，涉及总投资30.5亿元，开工率为100%。全县拟建、新建和续建重大工程和重点项目134个，总投资157.14亿元。重大工程和重点项目建设有力地推动全社会固定资产投资快速增长，全县固定资产投资累计完成86.61亿元，同比增长72.9%。（袁　晔）

【十大幸福工程】　2011年，息烽县坚持以改善民生为出发点和落脚点，着力实施十大幸福工程，进一步提升人民群众幸福指数。一是“三良”惠民工程。继续实施良种、良肥、良法“三良”配套工程，运送“三良”肥料3186.9吨，完成“三良”工程示范点40个，面积3428.5亩。二是扶贫济困工程。全力推进新一轮扶贫开发，加大扶贫力度，共计投入扶贫资金1200万元，摘帽贫困乡（镇）1个，减少农村贫困人口6000人。三是素质提升工程。均衡推进教育事业，全面落实“两免一补”政策，切实抓好息烽一中“申示”工作，实施乌江复旦学校小学部教学楼及综合楼、息烽第一中学改造、特殊教育学校综合楼建设、9所公办幼儿园改扩建等一批教育基础设施项目，办学条件进一步改善。四是就业创业工程。启动农村劳动力调查工作，建立农村“零转移就业”家庭台账。加强农村劳动力技能培训，全力推进城乡统筹就业，实现城乡统筹就业10772

人。五是养老敬老工程。加快推进养老服务体系建设，基本养老保险扩面1213人，新型农村社会养老保险参保91415人，参保率达92.92%。六是医疗健康工程。扎实推进医疗卫生体制改革，大力发展医疗卫生事业，县医院扩建工程项目主体完工，完成37个村卫生室建设，加强疾病预防控制和卫生监督。惠民医疗政策、农村贫困医疗救助政策有效实施，因病返贫、因病致贫问题得到缓解。七是安居乐业工程。加大廉租房、公租房建设力度，建成2.9万平方米廉租房,启动10万平方米公租房建设。八是平安和谐工程。加强集打击、防范、控制于一体的治安防控体系建设，建立健全快速有效处置群体性事件和公共突发事件的工作机制，深入开展“严打‘两抢一盗’，保卫百姓平安”等专项行动，群众安全感进一步提升。九是出行便捷工程。城乡路网建设速度加快，启动城西迎宾大道贵遵高速公路息烽匝道至县城段整体改造项目建设。关田坝至凤凰池公路全面完工，息烽至鹿窝旅游公路基本完成。十是文明创建工程。扎实推进“整脏治乱”专项行动，文明创建深入开展。9月，“创文”工作顺利通过了“省检”、“国检”，并被评为创建省级文明县城工作先进县。（袁　晔）

【县委权力公开透明运行试点工作】 2011年，息烽县委按照“建立健全决策权、执行权、监督权既相互制约又相互协调的权力结构和运行机制”的要求，积极开展试点工作，努力探索县委决策权、执行权、监督权既相互制约又相互协调的运行机制。理清县党代表大会职权4项，县委全委会职权6项，县委常委会职权7项，包括县委书记在内的县委常委职权100余项；明确县党代会、全委会、常委会等行使职权流程70余个；建立权力公开透明运行试点工作考核办法、责任追究、重大决策听证咨询、重大项目建设工作、县委干部任免无记名票决、大额资金使用监督、党代表参与县委决策等20余项制度；结合创新社会管理工作，建立九庄镇“民意会客厅”、永靖镇“群众心声之家”、小寨坝镇网络服务管理平台、县政务服务中心“三网一站六平台”等，初步形成“道群众心声、论息烽政事、评干部业绩、促经济发展、构社会和谐”的“互动式”权力运行模式。（袁　晔）

息烽县委权力公开透明运行试点工作动员大会

【“创先争优”活动】 2011年，息烽县以“强化宗旨教育，强化形象提升，强化基础夯实”为主题，创新办法和措施，找准载体，丰富内容，深入推进创先争优活动。一是创新开展以“进百家门、听百家言、知百家情、交百家友”为主要内容的“四百”活动，5月，中央创先办刊发了息烽县开展“四百”活动的做法。二是深入开展创先争优领导大点评、群众大评议活动。4月22日，贵州电视台播报息烽县开展“创先争优”大点评大评议活动情况。三是在全县174个村（居）建立“妇女之家”，开展“城乡妇女岗位建功”、“妇女标兵”等评比活动，营造比、学、赶、超的良好氛围。7月6日，息烽县“妇女之家”建设经验，被推荐到全国妇联专题会议上交流，息烽县委书记黄秋斌作为唯一的县级党代表在全国妇联参与社会管理及其创新工作会议上作交流发言。通过开展“四帮四促”、“干部下基层，作风大转变”和党员志愿服务活动等，共结成帮扶对子

5000余对，已有5060户农村党员家庭户和540户党员经营户悬挂党员标识牌，开展党员志愿服务2000余次。在创先争优活动中，涌现出以小寨坝镇南桥村大学生村委会主任张孟碧为代表的一群"主心骨、顶梁柱"，3月张孟碧同志荣获贵阳市"抗凝冻、保民生"先进个人，其事迹先后被《人民日报》头版、贵州电视台新闻联播、百姓关注等栏目也相继报道，并评为省市优秀共产党员。（袁　晔）

【加强和创新社会管理】 2011年，息烽县加强和创新社会管理工作取得重大进展。7月，在全县174个村（居）群众工作站的基础上，成立县委群工委和县群众工作中心，并在县直部门建立群众工作分中心，在各乡（镇）进一步规范群众工作中心工作机制，同时试行县内各大中型企业建立群众工作机构；8月5日，贵州开磷(集团)有限责任公司党委率先挂牌成立息烽磷煤化工基地党委农村工作部（县处级）；10月，又相继在西洋肥业有限责任公司、贵州息烽信科环化有限公司等大中型民营企业组建成立企业群众工作部，12月在贵州太和制药有限公司息烽制药厂、贵阳息烽仁都水泥厂等17家规模以上企业成立群众工作站，目前已有20家企业成立群众工作机构，在全县初步形成一个横向到边、纵向到底的群众工作网络，实现群众工作机构全覆盖。在县群工委和群工中心建立后，为积极搭建群众工作新平台，息烽县又全面推行信访事项代理制度，在各乡（镇）、县直各部门设立信访事项代理员。同时，为从源头上预防社会矛盾的产生，构建和谐地企关系，实现地企双赢，息烽县建立由企业、企业所在乡（镇）政府、当地群众共同参与的地企联席会议制度，就企业发展、群众利益的维护、构建地方与企业和谐关系等方面定期进行面对面交流，有效维护驻县企业与当地群众的合法利益，搭建一个解决企业与地方各种矛盾的平台。

通过加强和创新社会管理工作，有力促进社会和谐，2011年，息烽县群众安全感和群众治安满意度在市的测评中分别为93.16%和94.17%，全市排名第一。2011年8月，息烽县以最高票荣获"和谐贵州建设·个十百千万工程""十佳县市"荣誉称号。（袁　晔）

高新开发区

【概述】 贵阳国家高新技术产业开发区（简称高新开发区）是1992年经国务院批准设立的国家级高新技术产业开发区，也是贵州省唯一的国家级高新区。目前，已形成"一区三园"的发展格局，其中，金阳科技产业园规划面积1.66平方千米，新天高新技术工业园规划面积1.31平方千米，起步规划建设的沙文生态科技产业园先期规划面积17平方千米、远期拓展到92平方千米。全区共有企业1200余家，其中，国家认定的高新技术企业51家，占全省的42%。2011年，全区实现技工贸总收入530亿元，工业总产值490亿元。

高新开发区围绕建设生态科技新城的发展定位，大力构筑核心动力圈、产业聚集圈、商务服务圈"功能三圈"，在金阳科技产业园着力打造技术研发、创新孵化、信息软件、资本运营、科技商务"五大中心"；在沙文生态科技产业园加快建设新材料新能源产业、高端装备制造产业、生物医药产业、电子信息产业"四大基地"。全区规模以上工业总产值完成171亿元。其中，金阳园区完成48.24亿元，同比增长63.7%；固定资产投资完成60.18亿元，同比增长188.9%；招商引资市外境内实际到位资金完成22.28亿元，同比增长93.7%；招商引资境外实际到位资金完成3312万美元，同比增长82.3%；财政总收入完成59671万元，同比增长75.8%；地方财政收入完成30321万元，同比增长100.5%，首次突破3亿元，增速均名列全市第一，创历史新高。（陈明选）

【园区及项目建设】 2011年，高新区以全省项目建设年和建设生态文明城市为契机，全力以赴打好园区及项目建设攻坚战。成立“贵阳国家高新区和谐园区促进会”和征地拆迁突击队，攻坚3个月完成沙文园区核心区闭合路网建设，7天打通“连心路”，使沙文园区和铝及铝加工基地连为一体；金苏大道1-5标段已建成通车，麦沙大道三、四标段路基基本贯通，“核心圈”环线路网路基全线形成；大力实施“腾笼换鸟”、加强政银合作、利用土储贷款、采取BT模式等方式，加快建设资金的筹集。全年，共筹集建设资金39亿元，创造融资新纪录。

高新开发区坚持“一切围绕项目转、一切围绕项目干”，全面梳理出重点实施的“四个十大项目”（即：十大招商引资项目、十大技改提升项目、十大创新孵化项目、十大基础设施项目），强力推进，重点突破，项目建设屡次刷新“贵阳速度”。其中，皓天光电LED蓝宝石衬底材料项目仅用6个半月时间完成厂房建设及设备安装调试，并成功试生产出亚洲最大重量单颗LED蓝宝石晶锭；沙文园区第一个竣工投用项目中航凯阳航空发动机102试车台提前6个月点火投产，相关技术指标超过俄罗斯和欧盟水平；振华年产2万吨锂离子正极材料项目仅用4个月建成投产。

2011年，沙文园区四大产业聚集总投资200亿元的36个重大产业及配套项目快速推进，建成达产后预计可实现产值500余亿元以上，创造利税40亿元，奠定了经济腾飞的基础。（陈明选）

金苏大道一段

【招商引资工作】 2011年，高新开发区采取专业招商、产业链招商、平台招商、绿色招商等方式，将“招”与“安”有机结合，成立招商合作局、投资促进局(园区服务局)，组建4个专业招商组，设立项目包保党员示范岗，全力负责招商安商。全年共外出招商30余次，相继引进顺络电子、群升集团、北科生物等一批重大项目，其中4亿元以上项目4个、3000万以上投资项目10个。（陈明选）

【产业基地建设】 2011年，贵阳火炬软件园被科技部认定为“国家火炬计划软件产业基地”，进入国家软件产业布局，其中，贵阳朗玛信息技术股份有限公司被认定为“国家规划布局内重点软件企业”，成为全省首家创业板上市企业；高新开发区新材料产业基地预计在2012年年初获批第三批国家新型工业化产业示范基地，将成为贵州省首家以新材料为方向示范基地，国家将在产业规划布局、技术改造、重大专项、公共服务平台建设及有关资金安排方面，予以重点指导和支持；贵州轻金属工业装备工程技术研究中心成功通过科技部专家评审，成为全省第三个国家级工程中心。（陈明选）

【“五大特区”建设】 2011年，高新开发区为进一步加快打造人才、政策、科技、产业、金融“五大特区”步伐，以重大项目带动重点产业发展，加速项目集聚，不断提升产业层次和质量。坚持科技引领、强化创新驱动、助推成果转化、积极构筑贵阳高新区金融超市、贵州省技术转化与产业发展研究院、贵阳高新区科技型中小企业创新孵化中心、贵阳高新科技金融创新服务有限公司“四位一体”的实体服务平台。2011年，高新区5家企业获全省高新技术企业中心认定，占全市认定数8家的62.5%；14家企业被认定为“贵州省创新型企业”，占全省认定数27家的51.85%；14家企业被认定为“贵州省创新型企业”，占全省认定数一半以上。建成了8个院士工作站，聚集张泽、孔祥复等近10名院士；引进以中组部“千人计划”留美博士高潮为核心的共聚焦高分辨率显微镜研发团队、以留美博士于庆凯为核心的石墨烯项目研发团队等20余个创新团队。高新区全年专利申请量达415件，授权量149件，同比分别增长126.78%和88.61%，增幅均居全市第一。（陈明选）

【软环境建设】 2011年，高新开发区扎实开展“三个建设年”、“四帮四促”、“创先争优”等活动，切实转变工作作风，改善投资环境，服务经济发展。成立了园区服务局，组建了征地拆迁、基础设施建设、招商项目服务、后勤保障“四大突击队”，加快园区及项目建设；对全区重点企业、重点项目实行领导干部包保制，“一周一下访”，“一企一帮扶”，深入一线开展大帮扶，帮助企业解决具体问题500余个。通过抽查区内50余家企业显示，企业对高新区各部门的服务满意率为100%，其中98%为非常满意。经省人大批准，《贵阳高新技术产业开发区条例》正式实施，为高新区建设和发展提供了法律保障。挂牌成立高新区规划分局和“三站一办”（建设工程质量监督管理站、安全监督管理站、建设队伍管理站、招投标办公室）。同时，贵阳国家高新区还设立政务服务大厅，对窗口业务部门资源进行整合，为企业提供“一站式服务”，行政效率显著提高；建立治安派出所、巡回法庭，为企业发展创造了良好环境；通过高效率策划、高质量服务、高层次创新，精心谋划、精心组织、精诚合作，筹办2011贵阳生态文明会议高新产业金融论坛、贵州省高新技术产业开发区交流对接会等活动，与中关村科技园区、香港科技园、招商银行等建立了长期合作关系，提升高新区的对外形象。（陈明选）

金阳新区

【概述】 金阳新区位于贵阳市西北部，从2001年10月正式开发建设。目前，全区总面积达到307平方千米，总人口突破25万，下辖金阳街道办事处、金华镇、朱昌镇和百花湖乡，碧海、世纪城、金华园、新世界和逸景等五个社区服务中心。新区属亚热带湿润温和型气候，平均海拔1200米，年平均温度15℃，年平均降雨量1200毫米，天气环境质量保持国家二级标准，声环境质量达一类标准。境内有贵遵、贵黄高等级公路及321、210国道，通过贵阳环城高速公路与六城区和清镇市相连，从中新环北线、黔灵山路、北京西路、甲秀北路进入老城区正常车程不超过10分钟，已经动工建设的贵广、沪昆、成贵、长昆、渝黔快速铁路在此汇集，贵阳城市快速铁路、城市轻轨等从金阳始发，贵阳客运站整体搬迁金阳，交通枢纽的优势正在凸显。（吴　鹏）

【主要经济指标】 2011年，完成固定资产投资251亿元，同比增长50.66%；完成财政总收入31.713亿元，同比增长27.96%；地方财政收入完成24.4675亿元，同比增长22.08%；工业总产值完成14亿元，同比增长31.43%；招商引资市外到位资金91.46亿元，同比增长76%。（吴　鹏）

【现代服务业发展】 金阳新区始终坚持“三产立区”的理念，把招商引资作为新区经济发展的生命线，促进现代服务业的健康发展。

总部经济发展壮大。中国移动指挥调度中心、大唐贵州发电有限公司总部、永贵能源有限公司总部、贵州盘江煤电集团总部等12家总部经济项目已取得土地并陆续实施，成功引进中烟集团贵州烟草公司研发中心、联通贵州公司、大西南矿业集团等总部项目。

商贸物流产业加速建设。贵州红华物流

商贸城于2011年9月1日动工，全年完成投资1.62亿元；贵州煤炭资源开发利用工程研究项目完成一期初步设计工作，全年完成投资1.7亿元；西南国际商贸物流城项目，浙江浙商环球投资有限公司已在金阳新区注册成立贵阳西南国际商贸城有限公司，项目规划、征地拆迁、园区基础配套设施、农民安置房建设等工作全面开展，美的物流配送基地项目已办理备案手续，场地平整已完成，基础工程完成40%，苏宁西部物流基地项目已完成项目备案手续，正在进行基础施工。贵阳国际金融中心项目开工建设。12月23日，贵阳国际金融中心项目开工仪式在金阳新区举行。该项目规划占地53.7公顷，总建筑面积224万平方米，总投资106亿元，预计3年时间建成并投入使用，可入驻金融企业和类金融服务机构100家以上，能提供3200套金融机构干部职工住房。通过招商引资，与中天城投集团达成合作意向，省证监局、省保监局、华创证券、中国农业银行贵州分行、贵阳银行等10余家金融机构和企业已签订入驻意向协议，交通银行、华能贵诚信托投资有限公司、银河证券、华泰联合证券等10多家企业洽谈入驻事宜逐步进行。

现代商贸发展逐步走向成熟。居然之家、国贸广场、新天地歌城、华泰联合证券、银河证券等一批金现代服务型企业正式营业，这是继北京华联超市、永辉超市、苏宁电器、国美电器、美的家电、沃美电影城入驻金阳之后又一批重要现代服务企业入驻金阳，进一步提升了新区商气、人气、财气。

会展服务业带动效应表现突出。2011年初，国际会议展览中心正式建成投入运营以来，全年举办了首届贵阳国际车展、生态文明贵阳会议、2011年中国(贵州)国际酒类博览会暨中国·贵阳投资贸易洽谈会等各类展览、活动、会议共51场，参加人员约120万人次。会展业拉动效应明显，其中，4月15日至4月19日，贵阳国际车展销售收入达13.6亿元；7月中旬，为期两天的2011生态文明贵阳会议上，贵阳市签约了15个低碳、绿色、循环的产业项目，总金额59.78亿人民币；8月18日至8月22日，酒博会共签订酒类贸易项目1670个，合同金额达439亿元。（吴　鹏）

【城市规划】 2011年，金阳新区为进一步完善城市规划，启动《金阳新区省级办公区概念规划》、《金阳新区排水工程规划》和《金阳新区7号地块城市设计（局部）》规划编制工作，同时，配合启动《百花生态新城战略规划》编制及贵阳金融中心规划编制；完成《贵阳市金阳新区中央商务区规划（优化）》、《贵阳市金阳新区198平方公里城乡一体化规划》及《金阳新区商业网点规划》编制；配合做好六家省级医疗机构金阳分院和澳大利亚玛利亚医院以及贵阳市普通高中办学实验区、贵阳市残疾人康复托养中心、省教育厅综合楼等项目选址及服务工作。从而使新区城市功能布局进一步完善，城市承载能力和可持续发展能力不断提高。

6月，贵阳市委、市政府经过通盘谋划，决定将清镇市百花湖乡按现状成建制整体移交金阳新区管理委员会托管。当年11月，清镇市和金阳新区管理委员会交接工作全面完成。（吴　鹏）

【基础设施建设】 交通基础设施建设方面：紧紧抓住第九届全国少数民族传统体育运动会、2011生态文明贵阳会议等一系列大型会议和活动在新区举办的契机，以实现城市品位提升为目的，投入6亿余元资金完成金阳大道、观山路、云潭路、长岭北路等八条主干道共80余万平方米“白改黑”工程、奥体中心及会展中心周边7座人行地下通道建设、观山湖公园景观改造、北京西路等道路绿化提升等为主要内容的城市环境综合整治工作，完成近50座公交站台的改造与迁移；完成贵黄高等级公路、沪昆高速公路金阳段、贵阳绕城高等级公路金阳段及观山路、黔灵山大道金阳段、金阳大道等城市主干道沿线景观整治工作，居民生产生活环境极大改善。完成G210金阳段路面修复整治工程，启动宾阳大道（南段）、兴筑西路二期等一批新建和续建道路工程；积极做好北二环（金阳段）、甲秀北路（金阳段）、沪昆高速（金阳段）等重点项目的建设服务工作，新区基础设施和公建配套逐步完善。

农村基础设施建设方面：加大金阳街道办事处、朱昌镇及金华镇农村基础设施建设力度，投入资金300万元，完成串户路建设100千米（其中：金华镇60千米，朱昌镇40千米），超额完成建设50千米串户路目标；完成机耕道建设60千米、农灌沟渠建设60千米；开工建设水利工程20个，完成投资182.4万元；完成人畜饮水安全工程建设4处，投资258.31万元，解决农村饮水困难4502人，新打水井2处，新建提灌站1处。解决金华镇翁贡、上铺、翁井、何关及朱昌镇赵官5村6212人农村饮水安全。

城市基础设施建设方面：以扎实开展“三创一办”为总抓手，创新城市管理机制，加大城市市容环境管理力度。投资4000余万元全面完成了“三网合一”数字城管（一期）建设任务，安装前端摄像头453个，监控范围覆盖金阳40平方千米内的客车站、奥体中心及大部分主干道等重点区域，全面提升了新区城市现代化管理水平。对区域内现有城市主干道标识标牌重新规划，安装完成龙门架64座，F型标志杆53座，标牌439块，安装LED屏7块，新安装中分带护栏4000米，施画道路标线12万平方米。结合新区拆违控违工作实际，在区域内实施“三级联动、会签双报、四级预案”三维立体管理机制，严厉打击违法乱建行为，依法拆除违法建筑400余户，总面积23万平方米，完成全年拆违总目标187.5%。随着各项工作的深入开展，新区市容环境得到极大改善，顺利通过“创卫”、“创文”验收。（吴　鹏）

【社会民生事业】学有所教方面：完成金阳第一幼儿园、金阳三小、第一实验中学建设及朱昌幼儿园改扩建工作，顺利推进二甫小学、新世界二小、新世界初中、金阳第二实验学校建设工作，积极引进北京师范大学先进的教育理念和优质的教育资源，联合组建北师大贵阳附属中学，圆满完成新区第一所公办高中——金阳高中组建工作，于9月正式开学，金阳新区现有学习68所，在校学生超过32000人。

劳有所得方面：全年累计采集就业岗位5036个，完成城乡统筹就业培训1757人，职业技能培训1104人，兑现创业扶持资金43.8万元，发放小额担保贷款69万元，“零就业家庭”动态为零。

病有所医方面：全年符合政策生育率97.01%，流动人口符合政策生育率70.5%，全区常住人口为192437人，与去年同期相比增加14306人，累计出生人口1988人，出生率11.42‰，人口自然增长率6.88‰，出生人口性别比为110，较去年有所下降。

老有所养方面：全年城镇居民医疗保险累计参保12964人，新型农村社会养老保险累计参保42059人，参保率达97.4%，新农合参保完成67889人，参合率达98.37%；临时困难救助336人，城市医疗救助824人，农村医疗救助1611人，优抚医疗救助4人，新增10张养老床位，完成787户1677人城镇最低生活保障、500户1136人农村最低生活保障入户摸底调查工作。

住有所居方面：全年完成公租房筹集691套，建成3.5万平方米的廉租房，新增公共住房保障560户；协助市公共住房投资有限公司完成30万平方米公租房项目选址，土地征收工作基本完成；顺利推进上寨村“城中村”项目建设，启动阳关、大关、上麦、金华安置房建设工作。

居有所安方面：2011年6月27日金阳新区群众工作中心正式挂牌，全年群众工作中心接待来访事件312件、1250人次，化解244件，有效改变了过去信访部门“中转站”、

“收发室”的工作格局，搭建了社会管理、群众工作的新平台。建立矛盾纠纷排查化解机制和台账，排查台账随矛盾纠纷的化解和出现实行动态管理，全年排查矛盾纠纷122起，已化解75起；建立信访隐患排查调处机制，按照“属地管理、分级负责，谁主管、谁负责”的原则，主动深入基层进行矛盾排查；对历史遗留问题和疑难信访问题，实行领导包案制度，有效化解各类矛盾纠纷；认真落实维稳工作责任制，切实解决群众反映的热点、难点问题，及时化解矛盾和问题，使非正常集体上访等群体性事件得到有效控制，保证了社会政治稳定。认真办理“百姓-书记主任交流台”交办件、人大代表建议和政协委员提案，新区“百姓-书记主任交流台”受理来件86件，均已纳入受理流程，目前已办结60件，剩余26件正在办理中，答复率100%；优质、高效地办理人大代表建议、意见和政协委员提案47件，办结47件，答复率100%，办结率100%；通过信访渠道共受理信访案件514件（“市长专线电话”交办件131件、登记分流室转办件140件、办信处转办件92件），办结425件（“市长专线电话”交办件办结105件、登记分流室转办件办结118件、办信处转办件办结83件），剩余89件均已纳入受理流程，答复率100%。（吴 鹏）

【城市基层管理体制改革扩大试点工作】 2011年，金阳新区按照市委的统一安排部署，结合新区实际，在适当扩大碧海、世纪城社区服务中心服务范围的基础上，新组建了金华园、新世界、逸景3个社区服务中心，顺利完成完成社区党委书记及社区服务中心主任公推直选，确保服务居民工作全覆盖。

打造“15分钟便民服务圈”。始终把服务好社区居民作为一切工作的出发点和落脚点，下沉公共资源、聚集社会资源、激活群众资源，构建了“公共服务、社会服务、自我服务”相结合的新型城市社区服务体系，打造“15分钟便民服务圈”，提升社区居民的幸福指数，促进社区和谐稳定。社区服务中心便民利民服务大厅直接向社区居民提供社会保障、户籍办理、计生、卫生等23类179项方便快捷服务，引导供水、电信及社会中介机构进驻中心设置服务窗口，向社区居民开展各类缴费、咨询、旅游等118项服务。同时，在服务中心设置10个功能室，向社区居民提供棋类、书画、计算机培训等16方面的服务，引进三甲医院，设立服务站，开设专家门诊，提供基本医疗卫生服务。引进贵阳银行，24小时提供存取款、缴费等业务。让社区居民真正受益、得到实惠。全年社区服务中心接待来访咨询人数30217人次，受理各类居民服务23346件，办结23336件，办结率99.9 %。2011年初，金阳新区“15分钟便民服务圈”的做法被列入中组部基层党委书记培训教材。

坚持居民议事会“三会一评”四步工作法。居民议事会通过“三会一评”四步工作法，即：召开群众意见收集会、召开议题讨论会、召开议事决策会、试行“三述一评”，通过居民议事会的作用，搭建了党群共建共议的平台，凝聚了越来越多的居民自愿加入到社区建设队伍。目前，居民议事会成员共召开各类意见收集会150次，参与座谈400人（次），走访290人（次），收集到群众意见建议190条。居民议事会已召开了10次会议，讨论议题24条，解决了居民小区垃圾“日产日清”、广场停车场等24个问题。居民议事制度的建立，为社区居民群众提供了自我管理的行为规范。2011年9月，该做法已被市委组织部在全市城市基层管理体制改革试点社区全面推广。

2011年6月29日，在省残联、省残疾人康复中心和市残联等多部门的大力支持和帮助下，碧海社区挂牌成立了贵州省第一家社区“残疾人康复之家”。2011年7月，碧海社区被评为“全国优秀基层党组织”。（吴 鹏）

文献选编

WEN XIAN XUAN BIAN

贵阳市人民政府
关于大力发展学前教育的实施意见
筑府发〔2011〕29号
（2011年4月19日）

各区、市、县人民政府，市政府各工作部门：

为全面提高学前教育普及程度和教育质量，更好地满足人民群众对优质学前教育的需求，根据《国务院关于当前发展学前教育的若干意见》（国发〔2010〕41号）、《省人民政府关于加快发展学前教育的实施意见》（黔府发〔2011〕5号）要求，结合我市实际，就大力发展我市学前教育提出如下实施意见。

一、增强责任意识，明确发展目标任务

（一）充分认识发展学前教育的重要性和紧迫性

学前教育是国民终身教育的起始阶段,是重要的社会公益事业。发展学前教育是各级政府保障和改善民生的重要基础性工程，对于提升人口素质，落实科教兴市战略具有重要作用。目前,我市学前教育发展水平仍不能满足人民群众对学前教育，特别是不能满足公办优质学前教育资源的需求。各级人民政府要增强责任意识和紧迫感，全面贯彻市委八届十次全会精神，按照公益性和普惠性的原则,努力构建政府主导、多元并举、覆盖城乡、布局合理的学前教育公共服务体系。切实解决学前教育所面临的困难和问题，并通过学前教育三年行动计划的实施，极大缓解“入园难”的问题，促进我市学前教育又好又快发展，为全面提升人民群众幸福指数做出贡献。

（二）发展目标

——至2013年,建设或改扩建公办幼儿园至少90所，所有乡镇建成公办中心幼儿园，学前一年毛入园（班）率达到85%，学前三年毛入园（班）率达到60%，极大缓解幼儿“入园难”的问题。

——至2015年，新建或改扩建公办幼儿园20所，学前一年毛入园（班）率达到90%以上，学前三年毛入园（班）率达到70%以上，公办幼儿园在园人数占全市的60%以上。教师和保育员全部实现持证上岗，在城市大型社区试点建设一批早期教育资源中心，指导和帮助家长对幼儿开展科学的早期教育。

——至2020年，再新建或改扩建公办幼儿园30所，学前三年毛入园（班）率达到85%以上。基本构建起政府主导、布局合理、公民办并举、质量达标的学前教育公共服务体系，保障幼儿健康快乐成长。

（三）发展原则

要按照“积极进取、公益普惠、重点突破、全面发展”的原则，推进学前教育的发展。对工作积极、突破难点、效果明显的区（市、县）给予政策及资金方面的倾斜，鼓励优先发展。

（四）实施三年行动计划

各区（市、县）要以高度责任感，科学预测入园需求和供需缺口，切实制定本地区“学前教育三年行动计划”，落实新建和改扩建项目，将行动计划列为政府工作目标，全面完成省、市下达的工作任务。

二、改革管理体制，健全完善工作机制

（五）理顺管理体制

实行“政府负责、分级管理、教育部门主管、其他部门按职责分工负责”的学前教育管理体制。

——市负责本行政区域学前教育工作，统筹制定学前教育发展规划等相关政策并组

织实施，积极扶持农村学前教育发展工作，促进学前教育事业健康发展。

——区（市、县）负责制定本地区学前教育布点规划，调整布局，落实公办幼儿园人员编制，制定扶持发展民办幼儿园和农村幼儿园建设的具体政策。建设好、管理好公办幼儿园、示范幼儿园、乡镇中心幼儿园和早教中心，扶持村办、民办幼儿园发展。

——健全政府统筹、教育部门主管、有关部门按职责分工负责的工作机制，形成合力，推进全市学前教育的健康发展。教育部门按照有关法规，落实有关政策，科学制定办园标准及管理办法。负责对幼儿园的审批管理，统筹使用学前教育经费，并加强对幼儿园管理的督导评估；编制部门要合理确定幼儿园教职工编制；财政部门要加大投入，落实公办幼儿园建设经费，逐步对农村家庭经济困难和城镇低保家庭经济困难子女接受学前教育予以资助；建设、规划和国土资源部门要落实乡镇中心园、城镇小区和新农村配套幼儿园的规划、用地和建设；人力资源和社会保障部门要落实幼儿园教职工的工资待遇、社会保障和职称评聘等政策；物价、卫生、公安、食品药品监管部门要加强对幼儿园收费、食品卫生、疾病防控、安全消防等工作的指导和管理；妇联、残联等单位要积极开展对家庭教育、残疾儿童早期教育的宣传指导。

三、科学合理布局，形成多种办园格局

（六）加快发展公办幼儿园

各区、市、县人民政府要按照“适用、实用、够用”的原则，结合本辖区人口出生及流动趋势，科学预测，合理布局，在乡镇新建和改扩建一批公办幼儿园，乡村建设村级幼儿园、流动幼儿园及季节班或小学附属幼儿园。积极支持街道、农村集体和有条件的机关、事业单位、部队及国有企业采取多种形式兴办幼儿园。

在推进城镇化建设和社会主义新农村建设过程中，要将幼儿园用地统一纳入本区（市、县）规划，优先保障和满足幼儿园合理用地需求。对符合土地利用总体规划和城市规划范围内非营利性的幼儿园用地可按划拨方式获取，未经依法批准不得擅自抵押、转让，不得改变功能或挪作他用。

（七）鼓励举办民办幼儿园

采取优惠政策，积极鼓励有资质、有信誉的社会团体、企业、公民等举办面向大众、收费合理的普惠性幼儿园。制定学前教育机构设置标准，完善学前教育机构准入制度。对民办学前教育机构进行分类管理，实行收费备案、管理公示制度。民办幼儿园等级认定、教育科研、表彰奖励等方面与公办幼儿园享有同等待遇。社会力量举办的幼儿园收取的保育教育费，按照有关规定免征营业税，其用水、用电、用气按照居民用水、用电、用气价格执行。探索由政府购买服务、保证合理用地、减免租金、以奖代补等方式，引导和支持社会力量举办普惠性幼儿园，为家长提供多样化选择。

对优质民办学前教育机构，通过以奖代补等方式给予鼓励和扶持。对未达到基本办园标准的民办学前教育机构，要加强指导，限期整改，逐步规范。对卫生条件差、存在严重安全隐患等问题的无证园所，由区、市、县人民政府组织当地教育、卫生、工商、公安、综合治理等有关部门，通过联合执法予以关停取缔。

（八）配套建设住宅小区幼儿园

研究制定加强住宅小区配套幼儿园建设管理办法，将住宅小区配套建设幼儿园纳入学前教育公共服务体系。在旧城区改造、新城区建设中，住宅小区配套建设幼儿园，要做到同步设计、同步建设、同步验收、同步交付使用。区、市、县人民政府对现已闲置、挪作他用的住宅小区配套幼儿园要限期收回，交由教育行政部门举办公办幼儿园或按照有关规定办成普惠性民办幼儿园。任何单位和个人不得改变配套建设幼儿园的用途。已建成的城镇小区没有配套幼儿园的，

应根据居住区规划和居住人口规模，补充建设幼儿园。2005年以来城市住宅小区配套幼儿园未按规定移交当地教育行政部门用于举办公办幼儿园或普惠性民办幼儿园的，应无偿移交给政府或改办成普惠性民办幼儿园。

四、加大经费投入，促进学前教育发展

（九）落实财政性学前教育事业经费

市、县两级人民政府要将学前教育经费列入本级财政预算，新增教育经费要向学前教育倾斜，市、县两级财政每年要在财政性教育经费预算中安排学前教育经费，政府对学前教育经费投入逐年提高，建立学前教育资助制度，合理制定幼儿园生均公用经费标准，资助家庭经济困难儿童、孤儿和残疾儿童接受普惠性学前教育。

按照《省人民政府关于加快发展学前教育的实施意见》（黔府发〔2011〕5号）文件精神，市、县人民政府要划出一定比例的国有土地出让金用于发展学前教育，各区（市、县）可将农村税费改革转移支付资金部分用于学前教育。市级财政根据实际建设情况，投入一定资金，支持各区（市、县）新建或改扩建公办幼儿园。

（十）严格执行收费管理制度

通过筹资、吸引企业捐资、社会资金投入及捐赠等多种渠道筹措学前教育资金。市教育行政部门要会同财政、物价部门研究制定规范学前教育收费管理办法，完善政府、举办者、家长等合理分担学前教育成本的机制。按优质优价原则，明确收费项目，确定等级收费指导标准。幼儿园和其他学前教育机构不得以开办实验班、特色班、兴趣班等为由额外收取费用，不得收取与入园挂钩的赞助费、支教费等。

五、深化幼教改革，提高保育教育质量

（十一）积极推进幼教课程改革

确立“以儿童发展为本”的理念，探索适合儿童的教育，加强幼儿园保育教育的实践研究，突出素质启蒙教育，注重儿童的潜能开发和个性发展。开展各种有益儿童身心发展的活动，培养儿童形成健康活泼、好奇探究、文明乐群、勇敢自信、有初步责任感的良好基本素质。坚决杜绝幼儿教育的小学化倾向。

（十二）充分发挥示范幼儿园作用

全面提升示范性幼儿园在办学思想、教育管理、队伍建设等方面的示范引领作用，发挥其对薄弱园所的指导作用和在区域学前教育中的辐射作用，使其成为全市幼儿教育改革、研究、师资培养的基地。运用现代信息技术手段，逐步构建起覆盖全市的学前教育信息网络服务体系，为学前教育工作者和家长提供信息化的学前教育服务平台。

（十三）切实加强与外地交流与沟通

搭建与省内外学前教育交流的平台，通过举办学前教育论坛、学前教育年会、专题研讨会等方式，加强学前教育在政策、理论、实践等多方面的交流沟通，促进学前教育的改革与创新。

（十四）高度重视幼儿园安全工作

制定和落实幼儿园安全预警机制。幼儿园要配备保安人员，加强安全设施建设，做到“人防、技防、物防”多措并举，严格防范。要强化校车安全检测和驾驶人员的资质审核与管理，落实幼儿园卫生防疫、食品安全、消防安全和安保制度，严防事故发生。幼儿园所在的街道、社区和村民委员会要共同做好幼儿园安全管理工作。

六、注重师资建设，全面提升人员素质

（十五）多渠道配备幼儿园教师

各级编制部门要按照有关编制标准合理核定公办幼儿园教职工编制。并根据幼儿园发展需要，适时对幼儿园人员编制进行调整。在民办幼儿园探索实施“特岗教师”扶持办法，全面加强民办幼儿园的师资力量。

要根据我市学前教育发展需要，通过定向培养、委托培养、合作办学培养、招聘高校应届毕业生进行幼儿园师资专业培训、义教富余教师转岗培训等多种方式，有效解决幼儿园师资紧缺的问题。

城镇幼儿园应当选拔骨干教师到农村支教，对在支教工作中成绩突出者，给予职称评定、推优等方面的优先权。鼓励学前教育专业本、专科毕业生到农村幼儿园在岗实习一年，实习期满，报考本市幼儿园教师的，在招考中给予一定政策优惠。

（十六）建立健全师资准入、聘任及管理制度

县级教育行政部门对具有学前教育岗位培训合格证的幼儿园园长和执教资格的教师实行注册登记，建立县级幼儿教师资源库，积极探索促进城乡均衡教师联动机制。保障各类学前教育教职工在进修培训、评优评先、专业技术职务评聘、申请课题、工资待遇、社会保险等方面按有关政策得到落实。取得教师资格证书的民办幼儿园教师在业务培训、专业发展、专业技术资格评审、评优评先等方面享有与公办幼儿教师的同等待遇。落实和完善非公办幼儿园教师的医疗、养老等社会保障政策。对未取得教师资格证（或预备教师资格）的教师和园长，要限期取得任职资格，对达不到任职资格的予以解聘。

（十七）强化师德师风建设

坚持把师德建设摆在首位，加强职业理想教育，落实职业道德规范，完善师德监督机制和评优评先、表彰奖励制度。把爱心和责任心作为幼儿教师师德考核的重要内容，引导幼儿教师尊重儿童、理解儿童、关爱儿童，不断提高师德水平、人文素养和教育教学能力。

（十八）推进师资培训基地建设

建立市、县两级的幼儿教师培训基地，对幼儿园园长、骨干教师、保育人员、转岗的中小学富余教师、新任幼儿教师等实施培训，要在三年内对所有新进和在岗教师进行一次轮训，全面提升幼儿园教育保育人员的工作能力，打造一支优秀的幼教管理队伍和骨干教师队伍。积极探索初中毕业起点五年制学前教育专科学历教师培养模式，加快幼儿师范高等专科学校的建设工作。

七、加强统筹协调，确保目标全面落实

（十九）落实分级管理责任制

实行市级统筹、区（市、县）负责、分级管理、有关部门分工合作的学前教育管理体制。建立由政府牵头、有关部门参与的学前教育联席会议制度，联席会议由政府分管领导任组长，每年召开1至2次联席会议，通报学前教育工作情况，研究学前教育发展政策，协调解决学前教育事业发展中的热点、难点问题。

（二十）加强学前教育督导检查

各级政府教育督导部门要把学前教育事业发展规划、教育质量、财政投入、教师工资和社会保障等纳入督导工作范围，列入各级政府年度工作目标责任考核的内容，定期开展专项教育督政和督学工作，督促各区（市、县）全面完成“学前教育三年行动计划”明确的工作任务。

（二十一）营造良好社会氛围

向全社会宣传发展学前教育的重要意义，让全社会了解学前教育政策法规、基本要求和科学规律，宣传和推广先进经验，对发展学前教育成绩突出的集体、个人予以表彰奖励，营造全社会关心支持学前教育的良好氛围。

中共贵阳市委　贵阳市人民政府

关于加强和创新社会管理工作的实施意见

筑党发〔2011〕17号

（2011年6月21日）

加强和创新社会管理，是推进党和国家事业，构建社会主义和谐社会，维护最广大人民根本利益，提高党的执政能力和巩固党的执政地位的必然要求。贵阳市是中央明确、全省唯一的全国社会管理创新综合试点城市，为确保我市社会管理创新工作取得实效，现根据中央和省关于加强和创新社会管理工作的总体要求和工作部署，结合我市实际，提出如下实施意见。

一、总体要求

（一）指导思想。以科学发展观为指导，把握"加速发展、加快转型、推动跨越"的主基调，坚持"走科学发展路，建生态文明市"的基本路径，秉持为人民谋幸福的理念，按照最大限度激发社会活力、最大限度增加和谐因素、最大限度减少不和谐因素的总要求，坚持以人为本、服务为先，寓管理于服务之中，坚持重心下移、资源下沉，以解决影响社会和谐稳定的突出问题为突破口，健全和完善党委领导、政府负责、社会协同、公众参与的社会管理格局，全面提升我市社会管理的科学化、系统化、制度化水平。

（二）目标任务。从人民群众最迫切的愿望出发，从社会管理最薄弱的环节入手，着力在创新体制机制、搭建服务管理平台、夯实基层基础、加强信息化建设等方面取得新突破，力争用两年左右的时间，探索出适应时代发展、顺应人民期待，具有贵阳特色的社会管理新模式。

二、创新群众工作领导体制

成立中共贵阳市委群众工作委员会（以下简称市委群工委），作为负责统筹协调和推进全市群众工作的市委工作部门，属正县级单位。市委群工委书记由市委副书记兼任。

市委群工委在市委领导下，贯彻落实党的群众路线，执行中央、省委和市委关于群众工作的方针政策以及部署决定；研究提出全市群众工作的总体规划和重要政策；宏观指导、统筹协调、整体推动全市群众（信访）工作；推动、督促、指导相关部门对可能引发或诱发群众上访和群体性事件的问题进行研究；组织开展涉及群众利益的重大决策和重大建设项目的社会风险评估；调查社情民意，征集群众建言献策，分析群众工作形势，及时向市委提出完善政策和改进工作的建议；牵头拟订全市社会组织建设规划、政策和改革方案；协调指导市总工会、团市委、市妇联等群团组织开展群众工作；受市委委托，协同市委组织部做好市群众工作中心以及市总工会、团市委、市妇联、市科协、市残联的干部管理工作；协调指导全市社会工作人才队伍建设工作；监督检查涉及群众利益政策的贯彻落实；指导和督促检查各区（市、县）、相关部门群众工作。

各区（市、县）相应成立群众工作委员会，属正科级单位，区（市、县）委群众工作委员会书记由区（市、县）委副书记兼任。

三、构建群众工作服务管理平台

（一）组建贵阳市群众工作中心。集中整合市直各部门直接调处化解群众矛盾的力量，组建贵阳市群众工作中心（以下简称市群工中心），与贵阳市信访局一个机构、两块牌子，隶属于市委、市政府，接受市委群工委的具体领导，为来信来访群众提供热忧、优质、高效、便捷的一条龙服务。纪委（监察）、法院、检察院、工业和信息化、教育、公安、民政、司法、人力资源社会保障、国土、住房城乡建设、交通运输、水利、农业、林业绿化、商务、文化、卫生、人口计生、环保、规划、城管、物价、国资、移民、两湖一库管理、工商等有关部门派员入驻市群工中心。

市群工中心要贯彻落实中央及省、市有关群众（信访）工作的政策和要求；负责整合工作力量，协调运转机制，集中市级职能部门直接调处化解群众（信访）事项；研究提出领导定期与群众交流计划；受理群众来信、来访、来电、电子邮件中的投诉和求决事项；负责群众（信访）事项的转送、交办，审理和督办办理情况，回访群众；为群众提供心理疏导、法律援助、帮扶救助等服务；听取和汇集群众意见、建议。

市群工中心享有对中心工作人员的管理权和调解事项的协调调度、分流指定、督促检查、责任追究建议权；实行窗口调处、联合调处、重点调处的三级调处工作流程。综合运用法律、政策、经济、行政等手段和教育、协商、疏导等办法开展群众工作，构建人民调解、行政调解、司法调解相互衔接、联动配合的工作机制，推动形成群众工作的强大合力，切实维护群众合法权益。

各区（市、县）相应成立群众工作中心（矛盾纠纷调解中心），于2011年6月底前完成群众工作中心建设。2011年全面完成乡（镇、街道）群众工作中心（综治服务中心）规范化建设，所有村（社区）建立群众工作站（综治服务站），村民组（居民小区）设立群众说事室（调解室）。市级党政领导干部，一般每月至少安排1天时间接待群众来访；各区（市、县）党政领导干部一般每半个月至少安排1天时间接待群众来访，其余时间保证每个工作日都有1名县级领导现场接待群众；乡（镇、街道）、社区服务中心领导干部要随时接待群众来访。

（二）建立社会力量参与化解社会矛盾的平台和机制。鼓励和支持民营企业家、民主党派人士、社会团体负责人等社会各界人士成立“和谐贵阳促进会”等民间组织，广泛参与化解社会矛盾。支持各区（市、县）社会各界人士成立促进和谐民间组织，推动社会力量参与化解社会矛盾工作向基层延伸拓展。加强信访、维稳等部门与社会各界人士的联系，建立社会力量化解社会矛盾沟通协调机制。指导制定社会力量参与化解社会矛盾的行动方案，发挥社会各界人士联系广泛、资源丰富及思想引导、资金投入等方面的优势，通过协调关系、主动沟通，疏导思想、理顺情绪，帮办实事、解决困难等方式化解社会矛盾。充分发挥社区自治组织、行业协会以及工会、共青团、妇联等人民团体的作用，强化行业自律、社区自治、单位自建，广泛动员各种社会力量参与社会管理和服务。

（三）建立社会稳定评估平台及通报机制。制定完善社会稳定风险评估实施办法和考核办法，在重点领域、重点行业推广建立社会稳定风险评估机制，将社会稳定风险评估作为重大决策、项目、事项出台实施的前置程序和必要条件。通过听证、论证、公示等方式，充分听取广大群众和社会各方面意见，对重大决策、项目、事项的合法性、合理性、可行性以及对社会稳定带来的负面影响作出评估，并研究制定相应的预案和对策。探索建立市、区两级社会稳定指数评价体系，逐步实行地区、部门预警制度。制定涉稳重大事项通报制度，建立健全协调机制。

（四）健全完善突发性事件预防处置机制。健全完善应对自然灾害、重大疫情、群体性事件、公共安全事件、生产安全事件、防恐反恐等突发事件的监测预警机制、风险评估和事故调查机制、区域合作机制，实现对各类风险隐患治理的制度化、规范化、常态化。编制落实《贵阳市维稳处突应急总体预案》，细化各级各部门职责。加强突发性事件应急处置装备和队伍建设，全面提升快速反应能力。将各级党委、政府主要负责人以及政法、维稳部门负责人预防和处置突发事件的专题培训纳入党校（行政学院）培训规划和必训课程，每年开展培训工作。

四、加强流动人口和特殊群体服务管理

（一）强化对流动人口的服务和管理。赋予市人口计生部门人口服务管理工作综合协调职能，加强对流动人口服务管理工作的统筹协调。建立流动人口服务和管理联席会议制度。制定出台流动人口服务管理和房屋租赁管理的地方性法规或政府规章，实施流动人口和出租屋分层分类管理。加强流动人口信息化管理，建立健全流动人口数据库和出租房屋数据库，提高流动人口服务管理的科技水平。积极稳妥推进户籍管理制度改革，修订《贵阳市居住证暂行办法》，推行居住证“一证通”。完善流动人口公共服务网络体系，着力解决流动人口就业、居住、就医、子女就学等困难，推进流动人口基本公共服务均等化。

（二）加强对未成年人的关爱帮扶。加强对未成年人的教育管理和权益保护。对不在学、无职业、流浪乞讨、服刑在教人员未成年子女、农村留守儿童等青少年群体建立管理台账。加强失范失足青少年的教育挽救，推行未成年人违法和轻罪记录消除制度。规范完善工读学校建设，建立轻微违法犯罪青少年免费职业教育和就业帮教基地，实现和全日制学校学生同质教育、同等待遇。

（三）加强对特殊群体的服务和管理。推进刑释解教人员信息系统建设和运用，建立有社会力量参与、多种形式的安置帮教基地，落实刑释解教人员分类衔接和管控工作责任。开展社区矫正工作，建立社区矫正工作信息平台。试行《非监禁刑审前评估实施办法》，促进社区矫正工作与审判工作有效衔接。摸清吸毒人员等重点人群的底数，建立健全吸毒人员人性化戒毒康复机制。改扩建市强制戒毒中心，逐步整合戒毒场所和资源。建设戒毒康复中心。加强重性精神疾患人员监管机制建设，新建市精神病医院和门诊大楼。建成农民工救助中心及流浪未成年人救助保护中心，加强服务救助。

五、进一步健全和完善社会治安防控体系

（一）加强对城中村、城郊结合部的综合治理。大力探索政府主导与市场运作相结合的模式，加快城中村、棚户区改造步伐，力争到2013年，基本完成全市95个城市和国有工矿棚户区1500万平方米，中心城区44个“城中村”3000万平方米改造任务。全面掌握城中村、城郊结合部流动人口和出租屋基本情况。深入推进城中村、城郊结合部治安整治，加强群防群治工作，加大技防建设力度，提高城中村、城郊结合部小区物业管理覆盖率，提升安全防范能力。按照减少既有、杜绝新建的目标要求，坚持预防为主、疏堵结合，依法从严打击违法建设行为，全面清理、拆除违章建筑。

（二）建立完善社会治安动态管控机制。巩固和完善治安卡点建设，将治安卡点向社区、背街小巷、重点要害部位和公共复杂场所延伸。构建辅警守“点”、民警巡“线”、巡（特）警支援、卡口民警锁“边”的巡逻防控格局，实现岗点巡查阵地化、街巷巡逻动态化、社区巡控专业化、外围堵截屏障化、指挥调度扁平化、考核奖惩日常化。建立完善以110指挥中心为龙头的警务指挥系统和快速反应机制。建立以落实法人责任为核心的契约式行业场所管控机制。

（三）推进“技防入户”工程建设。把技防设施建设纳入城市建设总体规划，同步设计、同步建设、同步验收。推进“防盗门工程”，2011年全市城镇楼群院落防盗门安装覆盖率达到40%以上。采取政府补贴与市场化运作相结合的方式，推动“平安E家”报警电话入户工程试点工作，2011年云岩区、南明区、小河区安装户数达到总户数的10%以上。

（四）深化基层平安创建。深入开展平安区（市、县）、平安街道（乡、镇）、平安单位（机关、团体、企业）等基层平安创建活动，将平安建设延伸到社会各个领域、各个方面。着力推进“平安建设示范工程”。健全完善街道（乡、镇）平安建设工作分类动态考评、平安建设先进集体申报考核复核管理等考核评价体系。2011年底，全市平安区（市、县）、平安街道（乡、镇）所占比例保持在90%以上，系统考核命名的平安单位（机关、团体、企业）所占比例达到85%以上。

（五）强化基层政法综治保障。全面落实中央和省、市关于县、乡两级政法委、综治办、维稳办、禁毒办、流管办、“两所一庭”等机构设置和力量配备的要求，充实基层政法力量。云岩区、南明区、小河区和金阳新区，每10万人口的巡逻防控力量要达到200人以上，其他区（市、县）党委、政府所在城镇每10万人口的巡防力量要达到150人以上，农村根据实际情况配备一定数量的巡防人员。由综治、公安、财政、人力资源社会保障等部门牵头制定强化基层综治工作队伍建设等保障方案。

六、加强非公有制经济组织、社会组织和虚拟社会服务管理

（一）加强对非公有制经济组织的服务和管理。落实非公有制等新经济组织内部安全稳定法人责任制及社会责任，加大对法律法规贯彻落实情况的督导检查力度。建立由人力资源社会保障部门、工会组织、工商联组织共同参与的非公有制经济组织和谐劳动关系协调联动机制，促进劳动关系和谐。健全非公有制经济组织中的党团组织、工会组织，加强对劳动者的人文关怀，深入开展“平安和谐企业”创建和“廉政文化进民企”、“综治进民企”等活动。根据非公有制经济组织特点引入社会治安综合治理的网络和机制，提高非公有制经济组织综合治理工作水平。

（二）强化社会组织培育和管理。按照数量适宜、结构合理的原则，编制我市社会组织设立导向目录。坚持“宽审批、严监管”的指导方针，降低登记门槛，重点培育经济类、公益慈善类、民办非企业单位和城乡社区社会组织，探索实行民政部门直接登记。发挥政府资金导向作用，通过公益创投、项目招投标和资助补贴等方式，加大政府购买社会组织公益服务和社会资源配置的力度。建立社会组织等级管理体系，完善信息披露和公开承诺制度，加强对社会组织的日常监管，促进良性发展。

（三）加强社会工作者队伍建设。大力培育发展职业化、社会化、专业化社会管理人力资源，充分发挥社会工作者在社会管理工作中的积极作用。在市管高校增设专业、培养教师、开发教材、扩大招生，培养社会组织管理人才。开发社会救助、矛盾调处、权益维护、心理辅导、行为矫治、社区矫正、残障康复、社会福利、青少年教育、婚姻家庭等社工服务岗位。制定完善社会工作者培养、使用、评价、奖励等工作办法，建立“政府推动、民间运作”的社会工作者培养使用管理体系。

（四）建立完善网络管理和舆论引导机制。调整充实市网络信息安全工作领导小组，建立协同配合机制，依法规范管理网络，有效应对网络突发事件。建立完善互联网信息内容监测分析系统，强化网络信息收集平台之间的信息交流，加强网络舆情研判，提高监测效能。加强网警队伍建设，强化网络侦防工作，网上网下联动管控，依法严厉打击网络违法犯罪。加强市属新闻网站建设，调整充实网络评论员队伍，充分发挥新闻发言人作用，加大正面宣传力度，维护网上舆论平稳有序。加强对手机短信、微博、论坛、社交网站等新兴媒体的引导与管理。推进网吧上网、手机入网实名制登记管理工作。

七、着力推动社会管理信息化建设

（一）构建城市新型公共服务平台。加强政务服务中心、党员服务中心、法律援助中心等公共服务平台建设，进一步完善和发挥“网上办事大厅”以及110、122、119报警求助电话的作用，构建覆盖城乡、及时有效、群众满意的新型公共服务平台。

（二）加强社会管理综合信息系统建设。由政法、工业和信息化、发展改革等部门牵头，财政、公安、民政、人力资源社会保障、人口计生等部门配合，以对人、地、物、事、组织等基础信息采集为重点，加快建设集社会矛盾排查化解、社会治安重点地区排查整治、重点社会人群管理、非公有制经济组织和社会组织管理、社会治安辅助力量管理等为一体的社会管理综合信息系统，实现资源整合、信息共享。2011年8月，先期实现全市政法系统信息化网络互通和信息资源共享。

（三）推进“天网”工程建设。加快城市报警与视频监控系统建设，2011年报警监控探头达到15000个、监控前端报警点达到1500个。加强公交车、出租车及汽车租赁行业视频监控信息无线传输系统建设。推广建设“校园报警与监控系统”。推动社会治安视频监控与数字化城管系统、公交出租车监控系统的对接互补。逐步整合宾馆、住宅小区等社会各类视频监控探头资源，实现资源共享。

（四）加强安全监管信息化建设。加快安全生产管理信息平台建设，建立完善基层安全生产监管网络，探索政府、社会、企业多方参与的企业安全监管方式和安全生产重点及难点监管模式。创新高层建筑消防管理模式，建立专用数据档案和电子信息库，提高接处警效能。

八、深化城市基层管理体制改革

（一）扩大改革试点范围。完善基层社会管理和服务体系，把人力、财力、物力更多投到基层，强化城乡社区自治和服务功能，健全新型社区管理和服务体制。在2010年成功开展城市基层管理体制改革试点的基础上，2011年在小河区、金阳新区所有街道，云岩区、南明区、花溪区、乌当区、白云区、清镇市各选择1个街道，修文县、息烽县、开阳县县城城区范围开展城市基层管理体制改革试点，探索建立完善新型城市基层管理体制和运行机制。

（二）精简层级，区域管理。在试点范围内，撤销街道党工委和办事处，设立社区党委、社区服务中心，推行“市——区（市、县）——社区”三级管理，社区直接面向群众提供公共管理服务。开展公推直选，配强社区领导班子。实行“大党委”制，推进区域化党建工作，建强城市基层党组织。实行“一社多居”，以地域面积和服务半径为主要依据，合理划分社区管理服务范围，社区内根据居民户数和有利于自治的原则，成立相应数量的居委会。推行“居政分离”，居委会按照有关法律法规履行自治功能，不再承担行政管理性事务。

（三）资源下沉，服务群众。在试点范围内，整合现有街道办事处和社区的人力、物力以及服务资源向社区聚集，在较高层次上实现“有人理事、有钱办事、有场所议事”。将原来由街道办事处承担的各类事务性社会管理职能，下放（委托）到社区服务中心，直接面向居民开展服务，寓管理于服务之中；行政审批及其他行政执法管理职能由政府（管委会）相关职能部门以直接管理或派员进驻社区服务中心的方式开展工作。社区服务中心要强化服务、凝聚、管理和维稳功能，做好便民利民、扶贫帮困、社会保障、就业创业等工作。推行“一站式”服务，创新服务方式和手段，提高服务质量。

九、强化思想道德建设和法制建设

（一）大力弘扬社会主义核心价值观和传统美德。坚持社会主义核心价值体系，完善与新型社会管理体制相适应的道德秩序、诚信体系和行为规范。建设弘扬传统文化的“孔圣堂”教育基地，大力弘扬自强不息、忠孝仁爱、敬老慈幼、尚礼崇义、重诺守信等中华民族传统美德。把弘扬传统美德与未成年人思想道德建设相融合，与以“三创一办”为重点的系列创建活动相融合。开展传统美德进机关、进学校、进企业、进社区、进家庭等多种形式的主题实践活动，提升公民道德文化素质。

（二）大力弘扬“绿丝带”志愿精神。在全社会大力宣传和弘扬“尽己所能、不计报酬、帮助他人、服务社会”的志愿精神，围绕交通协勤、“讲文明、除陋习、树新风”、植树造林、“清明文明祭祀·预防森林火灾”、关爱空巢老人、绿色江河全民保护行动等“绿丝带”志愿服务载体，组织动员全社会以志愿服务形式广泛参与社会管理、社会服务，参与生态文明城市建设。壮大志愿服务队伍，拓宽志愿服务领域。建立健全各项规章制度，完善志愿者服务长效和奖励机制。

（三）增强公民法制意识。深入开展法制宣传教育，大力弘扬法治精神，增强全体市民知法、守法、用法的自觉性，引导公民理性合法表达诉求，依法维护权益。成立法制宣讲团，建立法制宣讲专家库。加强中小学校法制教育，发挥法制副校长、法制辅导员的作用，开展形式多样的青少年学生学法用法宣传教育，增强青少年法制观念。推进基层民主法治建设，提高基层法治化管理水平。

十、加强组织领导

（一）统筹协调，合力推进。加强和创新社会管理是一项长期的任务和艰巨的工作，必须立足当前、着眼长远、统筹安排、分步实施。近期要按照中央和省的要求，全力推进社会管理创新综合试点工作，按期完成各项试点项目，确保“整体工作有进展，重点项目有亮点，体制机制有创新，阶段性工作有成效”。

成立贵阳市社会管理创新综合试点工作领导小组，由市委、市政府主要领导任组长，市委、市人大常委会、市政府、市政协分管或联系的领导任副组长，市直有关部门为成员单位。领导小组办公室设在市委群工委。各区（市、县）也要相应建立领导小组，成立专门工作班子，明确专人负责。

（二）明确责任，项目带动。把加强和创新社会管理的各项工作责任分解到有关领导、部门和个人。对社会管理的重点工作实行项目化管理，明确项目牵头领导、牵头部门、责任单位、具体措施和时间进度。全市各级各部门要认真对照目标任务，周密制定方案，精心组织实施。

（三）加强督查，落实保障。进一步加强对社会管理工作的督促检查机制、考核奖惩机制，把加强和创新社会管理工作的成效作为党政领导班子年度工作目标和目标绩效管理考核的重要内容，加大检查考核力度，考核结果在一定范围内公布。市、区（市、县）要将加强和创新社会管理工作经费纳入同级财政保障。

（四）强化宣传，营造氛围。充分发挥各新闻媒体的作用，多渠道、多层次大力宣传加强和创新社会管理的重大意义和党委、政府推进此项工作的决心，大力宣传各级各部门推进社会管理创新的成效及经验，努力营造有利于推进社会管理创新的良好氛围。根据《贵阳市表彰奖励暂行办法》的规定，市委、市政府每3年表彰一次社会管理与创新工作先进单位、先进个人和优秀社会工作者。

各区（市、县）、市直相关部门要根据本《实施意见》制定相应的实施方案和具体措施。

贵阳市人民政府关于加强法治政府建设的实施意见

筑府发〔2011〕52号

各区、市、县人民政府，高新区管委会，金阳新区管委会，市政府各工作部门：

《贵阳市人民政府关于加强法治政府建设的实施方案》已经2011年8月9日市人民政府常务会议审议通过，现印发给你们，请认真贯彻执行。

二〇一一年八月十八日

加强法治政府建设的实施方案

为深入贯彻落实《国务院关于印发全面推进依法行政实施纲要的通知》（国发〔2004〕10号，以下简称《纲要》）、《国务院关于加强法治政府建设的意见》（国发〔2010〕33号）和《贵州省人民政府关于加强法治政府建设的意见》（黔府发〔2011〕8号），全面推进依法行政，加快法治政府建设步伐，现结合本市实际，提出如下实施方案：

一、指导思想和基本要求

1.指导思想。坚持以邓小平理论和“三个代表”重要思想为指导，深入学习实践科学发展观，以贯彻落实《纲要》、《国务院关于加强法治政府建设的意见》、《贵州省人民政府关于加强法治政府建设的意见》和建设法治贵阳为主线，围绕全面推进依法行政、建设法治政府的奋斗目标，提高领导干部依法行政的意识和能力，推进行政决策科学化、民主化、规范化，进一步加强和改进制度建设，规范行政权力运行，提高行政服务效能，深化行政审批制度改革，加强行政监督和问责，为加快建设生态文明城市创造更加良好的法治环境。

2. 基本要求。坚持执政为民的理念，把维护最广大人民群众的根本利益作为依法行政工作的出发点；维护法律权威，确保法制统一和政令畅通；把依法行政与深化行政管理体制改革、创新有机结合起来，围绕“加速发展、加快转型、推动跨越”的主基调和重点实施工业强市战略和城镇化带动战略，适应新的经济社会形势；做到依法行政、合理行政和程序正当，规范行政权力运行；做到高效便民、诚实守信，提高行政服务效能，维护行政机关的良好形象；加强对行政权力的监督，做到有权必有责、用权受监督、违法受追究、侵权须赔偿，实现权力和责任的统一。

经过努力，法治政府建设取得重大进展，有力促进经济社会又好又快、更好更快发展。

二、主要目标和任务

（一）进一步提高行政机关工作人员特别是领导干部依法行政的意识和能力

1.全面实行领导干部学法制度，提高领导干部依法行政的能力和水平。各级各部门要健全和完善领导干部集体学法制度，领导干部要带头学法。领导干部年度学法计划由政府法制机构负责拟订并组织实施。通过政府常务会议或者部门领导班子会议会前学法、举办法制讲座或依法行政专题研讨班等形式，组织学习通用法律、专门法律和新颁布法律知识。

2.建立推行依法行政情况考察和法律知识测试制度。拟任各级各部门领导职务的干部，要考察其掌握相关法律知识情况和依法行政情况。对行政机关工作人员每两年要进行一次法律知识测试和依法行政情况考察，并将测试和考察情况作为年度目标管理考核的内容之一。公务员录用考试要注重对法律知识的测试。

3.实行行政执法人员和政府法制工作人员法律知识考试制度。拟从事行政执法工作的人员，要参加由市政府法制机构统一组织的通用法律知识培训和本系统组织的专门法律知识培训，并经考试合格取得行政执法证件，才能上岗执法。拟从事政府法制工作的人员，要参加由市政府法制机构组织的法律知识培训，并经考试合格，才能上岗。

4.健全和完善行政机关工作人员学法制度。各级各部门要有计划地组织行政机关工作人员学习有关法律知识。行政机关工作人员每年要接受不少于20个学时的依法行政知识培训。结合行政执法证件审验工作，市政府法制机构每两年组织一次行政执法人员通用法律、专门法律和新颁布法律知识培训。有关单位要把行政执法人员培训情况、学习成绩作为考核和任职晋升的依据之一。

（二）加强制度建设，提高政府立法质量

1.突出立法重点。围绕“加速发展、加快转型、推动跨越”的主基调和重点实施工业强市、城镇化带动战略，加强基础设施建设、重点产业发展、改善民生和加强自身建设等方面的政府立法和制度建设，拟定一批符合本市实际、经济社会发展急需的法规、规章，为又好又快、更好更快发展提供制度保障。

2.提高立法质量。建立政府立法项目公开征集和评估论证机制，科学合理编制立法计划；深入基层开展立法调研；完善公众参与政府立法的制度和机制，探索建立立法建议不采纳反馈意见机制；建立健全专家咨询论证制度；加强政府法制机构在政府立法中的主导和协调作用；坚决克服政府立法过程中的部门利益和地方保护倾向。

3.加强规章改、废和解释工作。坚持“立、改、废”并重，及时修改废止有碍改善投资环境、不适应经济社会发展的规章；定期开展政府规章清理工作，及时对规章执行中的问题进行解释。

（三）完善决策机制，提高依法决策水平

1.健全行政决策机制。科学、合理地界定各级政府、政府各部门的行政决策权，完善政府行政决策规则，对行政机关的行政决策权限、程序、时限、决定及公布形式作出规定并对外公布，推进行政决策的科学化、民主化、法治化，把公众参与、专家论证、风险评估、合法性审查和集体讨论决定作为重大决策的必经程序。

2.完善重大行政决策听取意见和听证制度。在作出重大决策前，除依法保密或情况紧急外，要通过多种形式广泛听取、充分吸收各方面意见，意见采纳情况及其理由要以适当形式反馈或者公布。法律、法规、规章规定应当听证和涉及重大公共利益和群众切身利益的决策事项，应当按照要求举行听证。听证参加人要有广泛的代表性，听证意见要作为决策的重要参考。除涉及国家秘密、商业秘密和个人隐私的外，听证应当公开举行，确保听证参加人对有关事实和法律问题进行平等、充分的质证和辩论。

3.建立完善行政决策风险评估机制。建立完善部门论证、专家咨询、公众参与、专业机构测评相结合的风险评估工作机制，对事关经济社会发展和人民群众切身利益的重大政策、重大项目等决策事项，都要进行合法性、合理性、可行性和可控性评估，重点是进行社会稳定、环境、经济等方面的风险评估，其中，各级各部门应当将每个重大事项的社会稳定风险评估及实施纳入年度目标并实行动态管理。通过舆情跟踪、抽样调查、重点走访、会商分析等方式，对决策可能引发的各种风险进行科学预测、综合研判，确定风险等级并制定相应的化解处置预案。要把风险评估结果作为决策的重要依据，未经风险评估的，一律不得作出决策。

4.坚持重大行政决策的合法性审查制度和重大行政决策集体决定制度。作出重大行政决策前，应当由政府（部门）法制机构进行合法性审查，未经合法性审查或者经审查不合法的，不得提交会议讨论，作出决策。重大行政决策应当经政府常务会议或者部门领导班子会议集体讨论决定。

5.建立重大行政决策实施情况后评估制度。行政机关应当确定机构和人员，定期对决策的执行情况进行跟踪与反馈，通过多种途径了解利益相关方和社会公众对决策实施的意见和建议，全面评估决策执行效果，并根据评估结果适时调整或停止执行决策。

6.建立行政决策监督和责任追究制度。完善行政决策的监督制度和机制，明确监督主体、监督内容、监督对象、监督程序和监督方式，加强对决策活动的监督。按照“谁决策、谁负责”的原则，建立健全决策责任追究制度，实现决策权和决策责任相统一。对违反决策规定、出现重大决策失误、造成重大损失的，要严格追究责任。

（四）创新规范性文件监督机制，切实维护政令畅通

1.完善规范性文件制定程序制度。制定规范性文件要严格遵守法定权限和程序，完善规范性文件的起草、审查、决定、公布等程序。规范性文件不得设定行政许可、行政处罚、行政强制、行政收费等行政权力，不得违法增加公民、法人或者其他组织的义务；制定对公民、法人或者其他组织的权利义务产生直接影响的规范性文件，要公开征求意见，并须经本级本部门法制机构进行合法性审查，同时征求法律顾问的意见，经政府常务会议或者部门领导班子会议集体讨论决定；区（市、县）人民政府、市政府部门、机构提请市政府审定的规范性文件，应当同时提交本级本部门法制机构的审查意见和法律顾问的法律意见；规范性文件未经合法性审查、听取意见、集体讨论决定的，不得发布施行；规范性文件必须通过政府公报、政府网站、新闻媒体等向社会公布，未经公布的规范性文件不得作为行政管理的依据。县级以上政府对本级政府及其部门的规范性文件，要逐步实行统一登记、统一编号、统一发布。

2.加强规范性文件备案审查。严格执行《贵州省行政规范性文件备案审查规定》（省政府令第71号）、《贵阳市行政规范性文件备案审查规定》（2010年市政府令第5号），区（市、县）政府和市政府部门发布的规范性文件，应当自发公布之日起15日内将文件文本附制定依据和征求意见情况报市政府备案审查；备案机关对报备的规范性文件要严格审查，发现与法律、法规、规章和国家方针政策相抵触或超越法定权限、违反法定程序的，要坚决予以纠正，做到有件必备、有备必审、有错必纠；积极探索创新电子报备、现场抽查、定期通报等机制，进一步提高规范性文件报备率和及时率。

3.完善规范性文件提请审查机制。公民、法人或其他组织提出的规范性文件审查建议，应当及时核查，作出处理意见，书面回复建议人；合法建议要认真采纳，对不予采纳的建议要说明理由，自觉接受社会监督。

4.定期清理规范性文件。每隔2年进行一次规范性文件清理，对不符合法律、法规、规章规定，或者相互抵触、依据缺失以及不适应经济社会发展要求的规范性文件，特别是对含有地方保护、行业保护内容的规范性文件，要坚决修改或废止。清理后要向社会公布继续有效、废止和失效的规范性文件目录；未列入继续有效的文件目录的规范性文件，不得作为行政管理的依据。

（五）严格规范执法行为，强化行政执法监督

1.严格依法履行职责。各级各部门要严格依照法定权限和程序行使权力、履行职责，善于用法律手段解决经济和社会发展中遇到的问题。要更加重视社会管理和公共服务，着力保障和改善民生，切实解决就业、教育、医疗、社会保障、保障性住房等方面人民群众最关心的问题。要加大行政执法力度，依法查处危害安全生产、食品药品安全、自然资源和环境保护、社会治安等方面的违法案件，维护公共利益和经济社会秩序，切实保障人民群众的根本利益和合法权益，适应法治政府和服务型政府建设的要求，树立行政机关公正、文明执法形象，着力提高政府公信力。

2.规范行政执法行为。各级各部门要强化程序意识，从建立行政执法登记制度入手，加强程序制度建设。要细化执法流程，明确执法环节和步骤，健全行政执法调查规则，规范取证活动，保障程序公正。要完善行政执法案卷评查制度，充分利用信息化手段开展执法案卷评查、质量考核、满意度测评等工作。要完善行政裁量权基准制度，科学合理细化、量化行政裁量权，完善适用规则，严格规范裁量权行使，避免执法的随意性，平等对待行政相对人，同样情形同等处理。处理行政违法行为的手段和措施要适当适度，尽力避免或者减少对当事人权益的损害。严格落实行政执法责任制，根据法律法规规章立、改、废情况及时调整、梳理行政执法依据，明确执法职权、机构、岗位、人员和责任，并及时向社会公布。加强执法评议考核，评议考核结果要作为执法人员奖励惩处的重要依据。严格执法人员持证上岗和资格管理制度，狠抓执法纪律和职业道德教育，全面提高执法人员素质。坚持文明执法，不得粗暴对待当事人，不得侵害执法对象的人格尊严。

3.完善、创新行政执法体制和机制。继续推进行政执法体制改革，加快建立权责明确、行为规范、监督有效、保障有力的行政执法体制。合理划分市、区（市、县）两级的行政执法权限，明确执法责任，推进综合执法，减少执法层级，提高基层执法能力，解决多头执法、重复执法、执法缺位和不作为、乱作为等问题。改进和创新执法方式，坚持管理与服务并重、处置与疏导结合，充分发挥行政指导、行政协调的作用，实现法律效果与社会效果的统一。加强行政执法制度建设，建立行政执法的告知、听证、回避、时效、救济等制度。加强行政执法信息化建设，推行执法流程网上管理，促进行政执法部门信息交流和资源共享，提高执法效率和规范化水平。严格落实罚缴分离制度，完善执法经费由财政保障的机制，切实解决执法经费与罚没收入挂钩问题。

4.建立健全行政执法监督体制和机制。加强行政执法投诉网络建设，完善群众举报投诉制度。建立健全行政执法监督程序和文书，完善行政执法监督的立案、调查、决定、处理等制度，加强对行政程序和行政行为合理性的监督，使行政执法监督制度化、规范化。建立行政执法监督员制度，充分发挥人民群众的监督作用。完善行政机关内部层级监督机制，充分发挥上级行政机关对下级行政机关的监督作用，及时纠正违法或不当的行政行为。建立重大行政处罚案卷备案审查制度，将重大行政处罚案卷备案工作纳入年度依法行政考核中。严格落实行政执法责任，对有违法或者不当行政执法行为的行政执法部门，根据造成后果的严重程度或者影响的恶劣程度，给予限期整改、通报批评、取消评为先进单位资格等处理；对有关行政执法人员，根据过错形式、行为性质、情节轻重，给予批评教育、离岗培训、调离执法岗位、取消执法资格等处理。

（六）依法化解社会矛盾纠纷

1.健全社会矛盾纠纷调解机制。充分发挥行政机关在化解行政争议和民事纠纷中的作用，建立由各级政府负总责、政府法制机构牵头、各职能部门为主体的行政调解工作体制。完善行政调解制度,科学界定调解的主体、范围、程序和权责。建立完善行政调解与人民调解、司法调解相衔接的三调联动机制。创新社会矛盾纠纷解决机制，各级各部门应当建立法律顾问聘任机制，积极发挥他们在排解社会矛盾纠纷中所涉及法律等专业知识的专业作用。

2.积极开展行政复议委员会试点工作。按照省行政审批复议委员会试点工作领导小组的要求，筹备设立贵阳市行政复议委员会；配备人员编制和专职副主任，为试点工作提供人员、场所、设备设施、经费等方面的保障，优化行政复议资源配置，充分发挥专家学者等社会力量的作用，提高办理行政复议案件质量和效力，提升行政复议制度的社会公信力，努力实现将行政争议主要化解在基层，化解在初发阶段，化解在行政机关内部的目标。

3.畅通行政复议受理渠道。依法积极受理行政复议申请，简化复议申请手续，积极探索邮寄申请、网上申请等方便当事人的程序。加强对复议案件受理活动的监督，及时纠正无正当理由不受理复议申请的行为。

4.依法公正办理行政复议案件。审理复议案件要重事实、重证据，深入调查，创造条件，对重大复杂案件要听证审理，违法或者不当的行政行为，该撤销的撤销，该变更的变更，该确认违法的确认违法。不断加大行政复议调解、和解的力度，有效化解行政争议和社会矛盾。

5.加强行政复议的指导和监督。严格执行行政复议案件统计分析制度，认真落实行政复议决定备案审查制度。行政机关要严格履行行政复议决定和行政复议意见书、行政复议建议书。对拒不履行或者无正当理由拖延履行复议决定和行政复议意见书、行政复议建议书的单位和个人，要依法严肃追究有关单位和人员的责任。建立完善行政复议激励机制和责任追究制度。

6.做好行政应诉工作。各级各部门要按照法定程序履行行政诉讼义务，对人民法院受理的行政案件，行政机关要依法积极应诉，按规定向人民法院提交作出具体行政行为的依据、证据和其他相关材料。对涉及群众普遍关心的社会热点、难点和有重大影响的案件，被诉行政机关的行政首长要主动出庭应诉。行政机关要自觉履行人民法院做出的判决和裁定，对人民法院提出的司法建议要认真研究，及时作出回复。

（七）全面推进政务公开，健全政府信息公开制度

1.加大政府信息公开力度。认真贯彻实施政府信息公开条例，坚持以公开为原则、不公开为例外，凡是不涉及国家秘密、商业秘密和个人隐私的政府信息，都要向社会公开。加大主动公开力度，包括行政机关的机构设置、主要职责，行政机关制定的规章、规范性文件，经济社会发展规划、计划，城乡总体规划、其他各类城市规划以及土地利用总体规划，财政预决算，公共支出、基本建设支出、行政经费支出的预算和执行，重大项目审批和实施，涉及社会生产生活、与企业和群众利益密切相关的重大决策，税费征收和减免政策的执行，突发公共事件的预报、发生和处置等情况要公开透明。对人民群众申请公开政府信息的，要依法在规定时限内予以答复，并做好相应服务工作。

2.健全政府信息公开制度。进一步建立健全主动公开、依申请公开、信息发布保密审查、信息发布协调、信息公开考核评价和责任追究等工作制度，完善政府信息公开的监督和保障机制，定期对政府信息公开工作进行评议考核，在公开内容、形式、程序、时间、监督方式、考核奖惩等方面实现规范化和制度化，保证及时、准确地公开信息，推动阳光政务，促进行政权力运行公开化、透明化。

3.加强行政服务中心体系建设。深化行政审批制度改革，整合、归并部门内部行政审批职能，按照“应进必进、进必授权”的要求，行政审批项目必须进驻行政服务中心，部门对窗口人员的授权必须落实到位。拓展行政服务中心职能，对与企业和人民群众密切相关的便民服务事项，要纳入行政服务中心办理。创新政务公开方式，推行网上电子审批、“一个窗口对外”和“一站式”服务，推进联网办公、联网审批、联网监管，降低行政成本。

（八）强化行政监督和问责

1.自觉接受人大监督和政协的民主监督。各级各部门要自觉接受人大及其常委会的监督、政协的民主监督。对事关改革发展稳定大局、人民群众切身利益和社会普遍关心的热点问题，各级政府要主动向同级人大常委会专题报告。

2.接受人民法院的司法监督。对人民法院受理的行政案件，行政机关要积极出庭应诉、答辩。对人民法院依法作出的生效的行政判决和裁定，行政机关必须自觉履行。

3.加强专门监督。保障和支持审计、监察等部门依法独立行使监督权。审计部门要着力加强财政专项资金和预算执行审计、重大投资项目审计、金融审计、国有企业领导人员经济责任审计等工作，加强社会保障基金、住房公积金、扶贫救灾资金等公共资金的专项审计。监察部门要全面履行法定职责，积极推进行政问责和政府绩效管理监察，严肃追究违法违纪人员的责任，促进行政机关廉政勤政建设。

4.强化社会监督。各级各部门要依法保护公民、法人和其他组织对行政行为实施监督的权利，拓宽监督渠道，完善监督机制。支持新闻媒体对违法或者不当的行政行为进行曝光。对群众举报投诉、新闻媒体反映的问题，有关行政机关要认真调查核实，及时依法作出处理，并将处理结果向社会公布。

5.严格行政问责。严格执行行政监察法、公务员法、行政机关公务员处分条例和关于实行党政领导干部问责的暂行规定，坚持有错必纠、有责必问。对因有令不行、有禁不止、行政不作为、失职渎职、违法行政等行为，导致一个地区、一个部门发生重大责任事故、事件或者严重违法行政案件的，要依法依纪严肃追究有关领导直至行政首长的责任。

三、保障措施：

（一）健全推进依法行政的组织领导体制和机制。各级各部门必须提高认识，统一思想，把全面推进依法行政、加强法治政府建设摆在更加突出的位置，采取有效措施，加强领导、狠抓落实，确保把依法行政的各项要求落实到政府工作的各个方面、各个环节，认真扎实地加以推进。市、区（市、县）人民政府常务会议每年至少听取2次依法行政工作汇报，及时解决本地区依法行政工作中存在的突出问题，研究部署全面推进依法行政、加强法治政府建设的具体任务和措施。

各级各部门都要建立由主要负责人担任组长的依法行政工作领导小组，完善工作协调机制，统一领导本地区、本部门推进依法行政工作。实行依法行政工作行政首长负责制。行政首长要切实担负起依法行政第一责任人的责任，切实承担起领导责任，对本地区、本部门依法行政工作负总责，将依法行政任务与改革发展稳定任务一起部署、一起落实、一起考核。

（二）加大对依法行政工作的考核力度，建立依法行政考评指标体系。按照建设法治政府的目标和要求，完善考核机制，科学设定考核指标，细化考核标准，把依法行政纳入各级政府目标管理考核体系。加大依法行政工作考核在本级政府目标管理考核体系总分值中的比重，将考核结果作为对政府领导班子和领导干部综合考核评价的重要内容。要把依法行政考核结果与奖励惩处、晋职晋级、提拔任用挂钩，增强各级行政机关工作人员推进依法行政的责任心和自觉性。

（三）加强政府法制机构和队伍建设。各级各部门要充分发挥法制机构在推进依法行政、建设法治政府方面的组织协调和督促指导作用。进一步加强法制机构建设，区（市、县）政府法制机构的规格、编制应当达到《贵州省人民政府关于加强法治政府建设的意见》“区（市、县）政府法制机构规格为正科级，编制按区（市、县）50万人口以下的不少于5人、50万至70万人口的不少于6人、70万至90万人口的不少于7人、90万人口以上的不少于10人配置”的要求，工作经费纳入本级财政预算，使法制机构的规格、编制和工作经费与其承担的职责和任务相适应，配备必要的工作设施，为其开展工作提供良好的条件。要按照中办、国办有关文件的要求，加大对法制干部的培养、教育、使用和交流力度，重视选拔政治素质高、法律素养好、工作能力强的法制干部进入各级领

中共贵阳市委办公厅　贵阳市人民政府办公厅

关于加强和创新流动人口服务管理工作的实施意见

筑党办发〔2011〕22号

（2011年8月25日）

为贯彻落实市委八届十一次全会精神，加强和创新社会管理，切实做好流动人口服务管理工作，进一步提高社会管理、服务群众的科学化水平，提升人民群众幸福指数，加快推进城镇化和生态文明城市建设，促进社会和谐稳定，现就加强和创新流动人口服务管理工作提出如下意见：

一、加强和创新流动人口服务管理工作基本思路和目标

（一）基本思路：深入贯彻落实科学发展观，更新思想观念，创新工作举措，按照属地化管理、市民化服务的原则，以实现流动人口安居乐业为目标，以创新流动人口服务管理工作体制机制为突破口，以推进流动人口基本公共服务均等化为重点，把以证管人、以房管人、以业管人有机结合起来，着力推动以治安防范为主的“防范型”管理向综合服务管理为主的“统筹型”服务管理转变，不断完善惠及流入人口的城市基本均等化服务体系，逐步实现基本服务由户籍人口向常住人口全覆盖，在服务中体现管理，在管理中体现服务，靠服务赢得群众的理解和支持，让群众自觉接受管理、主动配合管理、积极参与管理，以此全面提升我市流动人口社会管理的科学化、系统化、制度化水平，推动全市经济社会又好又快、更好更快发展。

（二）“十二五”时期主要目标：进一步完善流动人口服务管理工作的组织网络、工作制度、保障体系；全面提高流动人口管理的法制化、规范化、信息化、社会化水平；进一步推进流动人口基本公共服务均等化，切实保障流动人口就业、居住、医疗、计划生育、教育等合法权益。力争到2012年、2015年，我市流入人口办理IC卡《居住证》率分别达80%、90%以上；出租屋和用工单位登记管理率分别达80%、98%以上；流动人口符合政策生育率分别达85%、90%以上；流动人口子女义务教育阶段入学率分别达95 %、98%以上；流动人口违法犯罪逐年有所下降。

二、创新流动人口服务管理体制

（三）建立健全统一、高效、专责的流动人口服务管理机构。各级党委、政府要把流动人口服务管理工作作为社会建设和公共服务的重要任务，纳入本地经济社会发展总体规划，同时要加快服务管理体制改革，将以治安防范为主的“防范型”管理体制转变为以综合服务管理为主的“统筹型”服务管理体制。调整市流动人口服务管理工作领导小组，领导小组组长和副组长分别由市委、市政府分管领导担任，成员由相关部门负责人组成（见附件1）。领导小组下设办公室（以下简称“市流管办”），办公室设在市

导班子，充分调动政府法制干部的积极性、主动性和创造性。

各级各部门要根据国务院、省政府有关依法行政、加强法治政府建设文件精神和本方案的要求，对推进依法行政工作情况进行深入调研，认真分析总结我市依法行政规划实施以来取得的成效和存在的突出问题，科学制定推进依法行政的年度计划、方案和措施，明确工作重点、工作任务、具体措施、完成时限和责任主体，扎实推进依法行政工作，努力使我市法治政府建设工作取得突破性进展。

人口和计划生育委员会（以下简称“市人口计生委”），由市人口计生委主任兼任办公室主任，并设常务副主任（正县级）1名和专职副主任（副县级）2名，市综治、公安、督办督查、住建等市直部门分管负责人兼任办公室副主任。

（四）拓宽市人口计生委工作职能。市人口计生委要在继续做好人口和计划生育工作的同时，履行全市流动人口统筹协调、综合信息管理、规划和政策研究等职能，协调各级各部门制订完善流动人口服务管理公共政策和规章制度；指导、督促各级各部门把流动人口服务管理工作纳入经常性工作范围；梳理细化和分解下达目标任务，并督促检查各级各部门履行职责情况；定期或不定期召开成员单位联席会议。市人口计生委要充分发挥综合协调作用，各成员单位要结合部门职责认真履行流动人口服务管理职能，部门之间要加强流动人口政策、措施的衔接和相关工作的协调配合，形成齐抓共管、综合服务的良好格局。在市人口计生委增设3个处室（流动人口综合统筹处、服务维权处和政策研究室），增加15名人员编制（公务员或参照公务员管理编制）。

（五）强化县级流动人口工作协调指导职能。各区（市、县）和金阳新区（以下统称各区〈市、县〉）要相应调整流动人口服务管理工作领导小组，区（市、县）流动人口服务管理办公室设在人口计生局。按照新的职责要求，各区（市、县）要重新核定人口计生局的内设机构和编制，切实加强工作力量。所需人员编制由各区（市、县）在本级机关核定编制总数内自行调剂解决。各区(市、县)人口计生局在继续加强人口和计划生育工作的同时，要做好属地范围内流动人口服务管理工作的协调指导，督促指导基层开展流动人口服务管理工作，收集和传送流动人口信息，受理流动人口投诉，推进我市流动人口服务管理工作决策的具体落实。各区（市、县）政府在本级政务服务中心要增设流动人口综合服务窗口，受理流动人口各种诉求，帮助提供劳动就业、社会保障、民政、教育、卫生、计划生育、房屋租赁等事项“一站式”服务。

（六）创新社区流动人口综合服务平台。在社区服务中心增设流动人口综合服务管理窗口，采集、录入社区内流入人口相关信息，提供办理IC卡《居住证》、劳动就业、社会保障、民政、教育、卫生、计划生育、综治、房屋租赁备案等事项“一站式”综合服务。在社区服务中心设置流动人口服务站，原则上每500—1000名流动人口配备1名协管员（不足500名的配备协管员1名）。为确保准确、全面、及时采集流动人口信息，原有的流动人口协管员队伍统一划归市流管办管理，并根据实际工作需要予以逐步充实增强。

未开展城市基层管理体制改革的乡（镇、街道）设立流动人口服务管理中心，负责组织各村（居委会）做好流动人口服务管理工作，以及流动人口基础信息的采集、录入工作。在村（居委会）设立流动人口便民服务站，为群众提供与社区服务中心相同的综合服务。协管员的配备与社区服务中心相同。

三、创新和全面推行流动人口“一证三报告三承诺”管理新制度

（七）全面推行IC卡居住证“一证通”制度。实行“以证管人”，修订完善出台《贵阳市居住证暂行办法》，对所有非本地户籍外来人口加强登记和服务管理。将现行的非本地户籍外来人口《居住证》升级为IC卡《居住证》。IC卡《居住证》主要功能是收集储存非本地户籍外来人口户籍、年龄、居住、就业、就医、婚育、教育、参加社会保险等基本信息，是我市非本地户籍外来人口身份识别和享受租房、就业、就医、子女入学、社会保障等基本公共服务的基本依据和必备条件。非本地户籍外来人口根据规定，凭身份证和相关证明，即可在村（居委

会）服务中心免费申领居住证，凭IC卡《居住证》享受与户籍人口基本同等的公共服务，相关部门和社区通过 IC卡读卡器识别流入人口信息，有针对性地开展管理和提供相关服务。

（八）实行“三报告、三承诺”新制度。整合、优化现有的流动人口服务管理手段和流程，落实房屋出租人、用工单位、物业服务企业的社会责任。实行“三报告”（即房东、用工单位、物业服务企业向居委会报告流动人口居住和从业情况）、“三承诺”（即签订《房屋租赁社会责任书》、《劳动用工社会责任书》和《公民文明守法承诺书》）制度。居委会配合公安部门办理流动人口居住证，登记申请人相关信息，签订《公民文明守法承诺书》；配合住建部门做好房屋租赁合同登记备案工作，督促房屋出租人履行社会责任，签订《房屋租赁社会责任承诺书》；配合人力资源和社会保障部门做好辖区企业劳动用工合同登记备案工作，督促用工单位履行社会责任，签订《劳动用工社会责任承诺书》。

四、推进流动人口基本公共服务均等化

（九）完善流动人口劳动就业服务。实行城乡劳动者平等享受公共就业服务制度，加快建立城乡统一、功能完备、服务优良的人力资源服务网络。建立劳动力用工信息发布平台，引导流动人口有序流动。建立健全“政府主导、个人自愿、市场运作、各方参与”的流动人口技能培训机制，充分发挥贵阳职业技术学院及各类政策性培训定点培训机构的主渠道作用，扩大培训的覆盖面，增强培训的针对性和有效性。流动人口平等享有参与本企业民主管理、技术职称评定、职务晋升和劳动模范及先进工作者评选等各项民主权利。鼓励流动人口参与技术创新、成果申报等科技活动。加大劳动维权力度，依法规范企业用工行为，严厉查处侵犯流动人口合法权益的违法行为。

（十）逐步改善流动人口居住条件。把解决长期在我市就业与生活的流动人口居住问题，纳入全市住宅建设发展规划，多渠道改善流动人口居住条件。加强出租屋管理，向流动人口提供符合卫生和安全条件的居住场所。建筑施工企业要为在建项目的流动人口提供符合基本卫生和安全条件的居住场所。符合条件的流动就业人员可申请公共租赁住房或贷款购买住房。城镇单位长期聘用的流动就业人员，用人单位和个人可缴存住房公积金，允许符合条件的流动就业人员申请住房公积金贷款购买自住房。

（十一）推进流动人口社会保障工作。社会保险坚持广覆盖、保基本、多层次、可持续的原则，坚持公平与效率相结合，权利和义务相适应，将符合条件的流动人口纳入城镇职工基本社会保险制度实施范围。单位就业的流动人员，必须按照国家规定参加职工基本养老保险、职工基本医疗保险、工伤保险、生育保险、失业保险。灵活就业的流动人员，可以按照灵活就业人员方式参加职工基本养老保险，符合条件的可以参加职工基本医疗保险。同时，社会保险行政部门应加强行政监督，督促用人单位与个人遵守社会保险法律、法规。加大社会保险法律法规及相关政策宣传力度，切实增强流动人员参保、维权意识。

（十二）改善流动人口子女义务教育。各级政府和教育行政部门要将流动人口子女学前教育、义务教育纳入本市教育发展规划，把解决流动人口子女就学问题与新建、扩建学校和学校布局调整结合起来。充分挖掘公办学校的潜力，尽量多地接受流动人口子女入学，并在收费、管理等方面与本地学生同等对待，不得违反规定向流动人口子女加收各种费用，并对家庭困难的学生实施救助。对民办流动人口子女学校加大投入力度，改善办学条件，使其设施基本达到办学规范要求。民办流动人口子女学校教师的资格认定、职称评定、业务培训、教学科研活动、评先评优等方面与公办学校教师一视同

仁。建立民办流动人口子女学校督导制度，定期或不定期地开展检查、指导、评估。

（十三）优化流动人口医疗卫生服务。按照属地化管理、市民化服务的原则，将流动人口医疗卫生服务和管理纳入经常性工作范围，在传染病防治、儿童预防接种、妇幼保健等方面提供与本市户籍人口同等的服务。不断提升社区卫生服务中心（站）的硬件设施和服务水平，扩大社区卫生服务机构的覆盖面，将社区卫生服务机构的服务对象扩大到辖区内流动人口。各类医疗机构对流动人口就医要与本地居民一视同仁，做到简化就医流程，合理检查、合理治疗、合理用药。持有贵阳市民政部门颁发的特殊困难证明的流动人口，按相关政策规定享受惠民医疗服务。

（十四）加强流动人口计划生育服务。为育龄流动人口提供与常住人口同等的避孕节育、生殖保健、优生优育、计划生育技术服务。落实奖励优待政策，对自觉落实长效绝育措施的流动人口育龄夫妻，一次性发放300元慰问金，属政策内生育的再奖励500元。对居住1年以上并办理《独生子女父母光荣证》的流动人口独生子女家庭，由现居住地县级人口计生部门按年兑现不少于60元的独生子女保健费。流动人口孕产妇享受与常住人口同等的服务。

（十五）其他服务。积极推进法律服务和法律援助进社区活动，不断拓宽对流动人口的法律服务渠道。加强救助管理机构建设，对生活无着落的流动人口流浪乞讨人员实施临时救助，做好流浪未成年人的保护工作。积极开展社区社会救助服务，把生活困难的流动人口纳入社区帮扶对象范围，尽可能帮助他们解决生产生活中的实际困难。积极引导和吸纳流动人口参加社区自治组织和各类社区民间组织，在提供服务、化解矛盾、规范行为、促进融合等方面发挥积极作用，使流动人口更好地融入社区生活和社区管理，促进社会和谐稳定。

五、加强流动人口信息化管理

（十六）建立流动人口综合信息网络平台。创新人口信息管理机制，全面推进人口服务管理工作信息化建设，建立人口综合信息社区化集中采集、数字化统一管理和按权限分类传送使用的贵阳市人口综合信息管理网络。以市人口计生委现有的全员人口信息网络和基础数据库为基础，整合各级各部门流动人口信息资源，建立具有采集、交换、查询、统计、分析、监管等功能，纵向连接区（市、县）、乡（镇、街道、社区)和村（居委会），横向连接综治、公安、住建、统计、卫生、民政、人力资源和社会保障、教育等相关部门的流动人口综合信息网络、共享平台和数据库。开发具有人口综合信息社区化采集、分类传送查询、统计、分析等功能的管理系统和对各相关部门具有人口信息读取、比对、交换等功能的信息对接系统，建立完善的系统安全保障和数据备份体系，实现对流动人口综合信息的全面掌握、有效管理、资源共享、信息互通、有机统一和综合利用。建立流动人口信息采集传送新流程，各居委会流动人口服务站要按照综合体现各职能部门信息需求、统一设计的内容清单要求，采集各类人口综合信息，同时上传市人口综合信息管理系统和各相关职能部门。市各相关部门要及时采集专门信息，并确保与市人口综合信息管理系统的联通对接。市人口计生委负责流动人口综合信息系统和数据库的技术指导、管理运行，确保网络和信息安全，做好流动人口综合信息的实时监控、综合分析和政策研究等工作。

（十七）加强出租屋管理。实行“以房管人”，将现有流动人口服务管理与出租屋管理相结合，建立出租屋数据库，根据各类出租屋的不同情况和特点实施不同的管理模式，对“城中村”出租屋实施“旅业式”管理，对住宅小区分散出租屋实施“物业式”管理，对单位集体宿舍暂住人员实施“单位自管式”管理，对建筑工地、城市边缘部位暂住人员实施“散居包片式”管理。修订出台《贵阳市关于加强出租房屋管理的暂行规定》，全面推行出租屋租赁登记备案制度和房东报告制度，强化出租屋暂住人口登记和管理。按照“谁出租谁负责，谁留宿谁负责”的原则，凡出租房屋的单位和个人，都必须在承租人来去3日内向村（居委会）报告承租人的信息并登记备案。流动人口协管员要随时对流动人口信息进行上门采集，每半个月必须对所包片的出租屋走访登记一遍，做到“来时登记变更，走时注销核减”。

六、加速流动人口融入社会

（十八）营造和谐舆论氛围。各级各部门要从构建和谐社会的高度，从实际出发，做好流动人口融入当地社会的各项工作。通过宣传流动人口服务与管理的法律法规和政策措施，宣传党委、政府为广大流动人口办实事、解难题的各项举措，使广大流动人口切实受到平等尊重、亲情化服务和人性化管理。通过宣传社区、村（居委会）、企业及其他社会组织在流动人口服务与管理工作中涌现出的先进集体、先进个人，以及对流动人口真心关爱的各类典型，动员社会各界广泛参与流动人口服务与管理工作。宣传流动人口对我市经济社会发展所作的贡献，宣传流动人口中涌现出来的优秀人物和先进事迹，增强流动人口对贵阳的认同感、亲近感和归属感。

（十九）扎实做好村（居委会）服务管理工作。村（居委会）要将租住在辖区内的流动人口纳入服务管理工作之中，做到与户籍人口同服务、同管理。充分利用社区图书室、老年活动室、青少年活动室等公共设施，为流动人口提供免费优质服务。在居民中广泛开展“讲文明树新风、共建美好家园”等活动，促进户籍人口、流动人口“互帮、互助、互爱、互敬”。热忱关心流动人口的生活，积极为他们排忧解难，促进广大流动人口尽快适应城市生活，融入当地社会。

（二十）充分发挥优秀流动人口的示范作用。重视培养、积极发展优秀流动人口加入党、团组织，在村（居委会）组织建设中，把特别优秀的流动人口纳入培养、使用范围。按条件逐步吸纳优秀流动人口在职代会、妇代会和基层居委会、综合治理、文明创建、群众文体等组织中担任骨干。提高流动人口在各级劳动模范、优秀党员和先进工作者等评比中的比例。各级各部门、群团组织及社会组织举行的各类评选活动，要把优秀流动人口纳入表彰激励范围。充分依靠、积极发挥优秀流动人口特别是其中的优秀党团员在联系群众、理顺情绪、引领风尚、示范带动等方面的重要作用。

七、加强流动人口服务管理工作保障

（二十一）强化目标管理。将流动人口服务管理工作作为党政领导班子年度工作目标和目标绩效管理考核的重要内容，各项工作任务要分解落实到有关地区、部门、单位和个人，明确项目牵头领导、牵头部门、责任单位、具体措施和时间进度。建立健全工作目标考评机制和相关工作责任制度，改进完善考核办法，加大检查考核力度，确保流动人口服务管理工作落到实处、取得实效。

（二十二）保障经费投入和解决办公用房。按照事权和财权相统一的原则，人口管理经费实行分级管理、分级负担。各级政府要科学测算，确保流动人口服务管理工作所需经费纳入财政预算，确保按每年流入人口实际数量划拨经费。增加人员编制工资及办公经费等由各级财政安排。加快公共财政向社区基层覆盖，确保社区工作经费，对经有关方面审查批准由上级各党政部门转入村（居委会）办理的事务，必须按照“费随事转”的原则，以“购买服务”的形式确保相应的配套工作经费，具体由区（市、县）组织实施。市和各区（市、县）要相应解决流管办和人口计生委（局）增设处室的办公用房。

各区（市、县）、市直有关部门要依据本《实施意见》，制定切实可行的实施办法，主动承担责任，积极协同配合，努力推动我市流动人口服务管理工作上新台阶。

贵阳市关于进一步加快推进棚户区城中村改造工作的实施意见

筑府发〔2011〕73号

（2011年11月24日）

为认真贯彻党的十七届五中、六中全会精神，落实李克强副总理在贵阳视察期间的重要指示，进一步加快推进我市棚户区城中村改造工作，实现"十二五"期间贵阳市在全省率先全面建设小康社会，实现经济社会又好又快、更好更快发展，当好全省经济社会发展的"火车头"和黔中经济区崛起的"发动机"，促进全市生态文明城市建设，制定本实施意见。

一、指导思想

坚持以邓小平理论和"三个代表"重要思想为指导，认真贯彻落实科学发展观，牢牢把握"加速发展、加快转型、推动跨越"的主基调，始终遵循"走科学发展路、建生态文明市"的总路径，把着力推进棚户区城中村改造作为我市当前和今后一段时期重要的"民心工程"，按照"一年大建设、二年大变样、三年大提升"的要求，通过棚户区城中村改造，使改造范围内的群众居住条件和环境有明显改善。城市形象全面提升，综合竞争力不断增强。

二、基本原则

（一）坚持城乡统筹，立足市情；

（二）坚持以人为本，让利于民；

（三）坚持政府主导，市场运作；

（四）坚持科学规划、成片改造。

三、工作目标

"十二五"期末，全面完成棚户区城中村改造面积4500万平方米的目标任务。具体工作目标为：

（一）2011年启动改造面积1620万平方米；

（二）2012年启动改造面积1560万平方米；

（三）2013年启动改造面积1320万平方米。

四、改造范围、改造主体及运作方式

（一）改造范围

以中心城区1230平方公里范围内棚户区城中村成片改造为主。一市三县要按照国家相关政策和贵阳市的统一规划，积极推进棚户区城中村改造工作。

（二）改造主体

改造项目分为市管项目和区管项目。市管项目是指重点地区、重点地段、重要交通走廊、重点景观区域及对城市社会经济具有重大影响的棚户区城中村改造项目；市管项目以外的其他项目为区管项目。

市管项目由市人民政府确定并统一组织实施，项目用地纳入市土地矿产资源储备中心储备，以公开方式确定具体实施单位。区管项目由区人民政府和市棚户区城中村改造办公室（以下简称"市棚户区城改办"）申报，经市人民政府批准后自行筹资和组织实施。

有改造任务的国有工矿企业、林场（农场）要成立相应的工作机构，具体负责本企业、本林场（农场）的工矿棚户区改造工作。

（三）运作方式

1.棚户区改造运作方式

棚户区改造采取以政府主导、市场化运作为主的改造方式，吸引和鼓励有实力、信誉好的房地产开发企业参与棚户区改造。

对有开发价值、具备市场化运作条件的棚户区改造项目，以市、区人民政府为主体，通过招商或招标等市场运作，并以公开方式确定具体实施单位实施土地一级开发，并按规定实施“招、拍、挂”出让。

对低收入住房困难家庭较多、不具备市场运作条件，且有资金配套能力的国有大中型工矿企业所在棚户区改造项目，在符合城市总体规划、土地利用总体规划的前提下，经市人民政府批准，可由该企业利用自用土地（可行政划拨补充部分国有土地），通过集资合作（或政企共建）建保障性住房方式，组织实施改造。

对没有商业开发价值、不具备市场运作条件的棚户区改造项目，由区人民政府负责组织建设安置住房和保障性住房，改善棚户区群众住房条件，经市人民政府批准，市级财政给予适当补助；或经市人民政府批准，与中心城区范围内其他开发价值较好的地块捆绑统一实施。

2.城中村改造运作方式

城中村改造以市场化运作为主，鼓励有实力、信誉好的房地产开发企业通过市场化运作方式实施城中村改造。城中村所在地有实力的村集体经济组织可以作为实施主体独立实施城中村改造。

五、组织领导及责任分工

（一）组织领导

成立贵阳市棚户区城中村改造推进工作领导小组（以下简称“领导小组”），由市人民政府市长任组长，市人民政府分管副市长任副组长，市直相关部门、各区、县（市）及金融机构等部门（单位）负责人为成员。领导小组下设办公室，设在市棚户区城改办，具体负责棚户区城中村改造工作的协调推进。

各区要成立相应机构开展相关工作。各成员单位要明确分管负责人，指定或派驻专管员，具体对接棚户区城中村改造相关工作。

（二）职责分工

1.领导小组职责

协调部署全市棚户区城中村改造工作；审议决定棚户区城中村改造的重大方针政策措施；解决棚户区城中村改造中遇到的重大问题；研究审批棚户区城中村改造工作计划及方案；批准棚户区城中村改造专项资金收支计划；督促检查各区、市、县人民政府及领导小组各成员单位的工作；研究决定棚户区城中村改造其他的重大事项。

2.市棚户区城改办职责

负责领导小组的日常工作；组织起草编制全市棚户区城中村改造规划、年度计划；研究制定棚户区城中村改造政策措施、法规制度；负责棚户区城中村改造宣传教育、调查研究工作；依法受委托负责棚户区城中村改造项目的审核、报批；会同发改部门申报棚户区具体改造项目和申请中央、省财政补助资金；会同财政部门安排和调度棚户区城中村改造专项资金；受领导小组委托，组织召开棚户区城中村改造建设项目集中联合审批会议；协调配合市级相关职能部门做好棚户区城中村改造相关工作；指导各区棚户区城中村改造工作。

3.各区棚户区城中村改造工作领导小组及工作机构职责

组织编制本区域棚户区城中村改造计划和组织制定棚户区城中村改造方案；组织实施本区域内的棚户区城中村改造建设工作，管理区域内棚户区和城中村居（村）民自建房屋事宜，配合综合执法部门依法查处违法违规建设和改造行为。

市、区棚户区城中村改造工作机构主要负责棚户区城中村改造的组织实施和监督管理工作，并不取代市、区各部门对棚户区和城中村的管理职能，市、区各部门及成员单位应按照各自的职责加强棚户区和城中村的日常管理工作。

六、优惠政策

（一）在符合相关规划和不影响强制性规范，保证区域内公共服务设施及基础设施建设的前提下，按照“高容积率、低密度”

原则，放宽规划指标限制，棚户区改造项目拆建比可达1：4.0以上，城中村改造项目拆建比可达1：3.5以上。

（二）棚户区改造范围内配建的保障性住房用地、其他非营利性基础设施和公益事业设施用地，采用行政划拨或协议方式供地。

按照市场化运作方式的城中村改造项目，涉及村民居住安置用地可按行政划拨或协议方式供应，以划拨方式供应的村民居住安置用地，补交土地出让金后其房屋可上市交易；涉及村民生产、生活保障项目用地和公共设施配套项目用地可按协议方式供应。

由城中村所在地有实力的村集体经济组织为实施主体单位独立实施城中村改造的项目，在符合城市规划、土地利用总体规划和成片改造的前提下，可以直接在集体建设用地上进行城中村改造。发改、规划、国土、住建、环保等部门应积极配合办理手续。

（三）棚户区和城中村改造项目土地出让金可以在1年内2次分期支付，但须在申请预售之前全部交清。棚户区改造项目土地出让金按国家规定扣除计提部分外，安排市、区级财政的部分作为棚户区改造专项资金；城中村改造项目土地出让金安排市级财政的80%用于城中村改造市政基础设施等项目建设，20%作为城中村改造补助奖励资金，由市、区财政统筹预算安排。

（四）对棚户区改造项目，免征城市基础设施配套费等各种行政事业性收费和政府性基金。城中村改造项目安置住房涉及的人防工程易地建设费参照保障性住房政策执行，免征城市基础设施配套费等各种行政事业性收费和政府性基金。棚户区城中村改造项目中配套商品房涉及的人防工程易地建设费参照保障性住房政策执行，城市基础设施配套费、房屋初次交易费、房屋土地权属初次登记费等其他各类行政事业性收费按标准的30%缴纳，新型墙体材料专项基金、散装水泥专项基金等各类政府性基金按规定缴纳。以上税费实行收支两条线，先征后返。

电力、通讯、市政公用事业等企业要对棚户区改造项目给予支持，新建安置小区有线电视和供水、供电、供气、公交、排水、通讯、道路等市政公用设施，由相关单位出资配套建设，并适当减免入网、管网增容等经营性收费。

（五）棚户区改造安置住房建设和通过收购筹集安置房源的，执行经济适用住房的税收优惠政策。

（六）棚户区被征收居民取得的征收补偿款，免征个人所得税。因征收重新购置住房的，对与原征收补偿额等值的购房款部分免征契税。

（七）棚户区改造中配建的保障性住房项目，可享受《财政部国家税务总局关于廉租住房经济适用住房和住房租赁有关税收政策的通知》（财税〔2008〕24号）规定的优惠政策。

（八）对土地附加值低、商业开发价值不大，且单独改造困难的棚户区城中村改造项目，经市人民政府批准，与中心城区范围内其他开发价值较好的地块捆绑统一实施。

以上优惠政策由市政府按“一事一议”原则确定。

七、组织实施工作流程

（一）市管项目

1.经市人民政府批准启动后，由市棚户区城改办组织编制改造规划，同时立项并纳入市土地矿产资源储备中心储备；

2.召开联席会议，确定规划方案；

3.以公开方式确定具体实施单位实施土地一级开发；

4.由区政府负责征收补偿安置；

5.征收补偿安置工作完成后组织实施工程建设；

6.工程竣工后，由相关职能部门会同市棚户区城改办按规定组织对安置小区进行验收。

（二）区管项目

1.根据签订的年度棚户区城中村改造目标责任书，对分解下达的改造项目以区政府为主体，由区人民政府按照《贵阳市土地一级开发管理实施意见》实施土地一级开发；

2.筹集现有房源或新建房源进行征收补偿安置；

3.征收补偿安置工作完成后组织实施工程建设；

4.工程竣工后，由相关职能部门会同市棚改办按规定组织对安置小区进行验收。

八、工作要求

（一）加快规划编审进度。市棚户区城改办会同市规划局等部门和各区，确保列入2011年实施计划的棚户区城中村改造项目，在2011年11月底前完成控规的编审工作；列入2012年实施计划的项目，要在2011年12月底前完成控规编审工作。以后每年的棚户区城中村改造项目，都要提前一年完成控规的编审工作，以便招商引资工作和制定具体实施方案。

市规划部门要配合市棚户区城改办按照项目的缓急程度，加快审批，同时根据编制规划项目的数量提出费用预算，所需资金由各区或市土地矿产资源储备中心先行垫付，列入项目前期开发费用。

（二）加大土地供应力度。市国土资源管理部门、市土地储备机构要超前谋划，对经市人民政府批准实施的棚户区城中村改造项目，用地纳入年度用地计划和土地供应计划优先安排。优先办理农用地转用和土地征收手续。

工矿棚户区原属于国有划拨的生产用地，市规划部门应依据批准的控规，依法及时调整为棚户区住宅建设用地性质。市国土资源管理部门要根据规划部门的土地用途调整，直接为原土地使用者办理土地用途变更登记手续。对于配建基础设施和公共服务设施涉及使用的新增建设用地，比照保障性住房用地报批办理手续。

（三）筹集改造资金。为顺利推进改造项目的实施，市、区政府要采取财政补助、银行贷款、土地储备资金、企业支持、群众自筹、市场开发等方式多渠道筹集资金。

1.市财政、国土、住建、国资管理、金融机构等相关单位要对改造融资给予大力支持，将改造地块范围内的土地纳入市土地矿产资源储备中心的土地储备，依照改造具体地块实际情况，采取向银行贷款、招商等方式，多渠道筹措资金。

2.市、区财政部门可从城市维护建设税、城镇公用事业附加、城市基础设施配套费以及土地出让收入中安排专项资金支持棚户区改造。改造中配套的保障性住房项目，可使用中央、省、市、区各级安排的保障性住房建设（补助）资金。

3.积极争取上级资金、政策支持资金和金融机构信贷资金支持。中央、省下达的棚户区改造“以奖代补”等政策性支持资金，要及时足额用于棚户区改造建设，专款专用，不得截留、挪用。按照“多干多补、少干少补”的原则补助资金给实施单位。

4.鼓励社会资金投资参与棚户区城中村改造项目,以弥补政府资金紧缺状况。投入的资金首先要确保村（居）民征收补偿安置。

（四）建立申办事项绿色通道。一是建立联合审批会议制度。市棚户区城改办受领导小组委托，根据改造项目需要，不定期组织召开联合审批会议，集中议定行政审批事项；二是建立专管、专办员办事制度，对改造项目的相关行政审批手续由相关职能部门指定的专管员专门负责，市棚户区城改办专办员协助各职能部门的专管员进行办理。

（五）各区要切实加大对违法建设活动的处置力度，杜绝新的违法建设活动。对拟实施的棚户区城中村改造项目，要立即对涉及区域进行现状控制，并明确责任、严格奖惩，依法从严查处，控制违法建设行为。因违法建设严重影响项目建设的，要按规定启动问责程序。各区要根据控违、拆违的总体安排部署和相关工作要求，拟定辖区内涉及棚户区城中村改造项目的控违、拆违具体工作方案报市政府。

（六）保障征收安置过渡。一是棚户区城中村改造应首先建设安置房；二是将中心城区已建成尚未分配的公租房用于棚户区城中村改造被征收人过渡。

（七）简化棚户区城中村改造项目土地出让金使用程序：

1.棚户区改造项目：项目所在区提出土地出让金使用申请并按要求提供完备材料后，市棚户区城改办在2个工作日内审查提出意见报市财政局，市财政局在5个工作日内审查提出使用意见。

2.城中村改造项目：市财政局收到项目实施单位缴纳的土地出让金后，根据市棚户区城改办对该项目的批复文件，即安排项目所在区所缴金额的50%作为使用资金；项目所在区提出剩余的50%使用申请，并按要求提供完备的材料后，市棚户区城改办在2个工作日内审查提出使用意见报市财政局，市财政局在5个工作日内审查提出使用意见。

（八）由市国土资源局牵头负责，会同市法制局、市棚户区城改办等相关部门和各区人民政府，拟定《贵阳市集体土地上房屋征收与补偿指导意见》按程序报批。

（九）各区要尽快成立征收部门，具体负责辖区内棚户区城中村改造项目房屋征收补偿工作。

（十）市棚户区城改办要抓紧与市发展改革委、市规划局、市国土资源局等相关部门及各区人民政府对接，尽快启动全市棚户区城中村改造项目储备工作，并报市政府审定。

（十一）由市棚户区城改办牵头，会同相关部门拟定棚户区城中村改造工作实施细则及工作程序。

九、保障措施

（一）严格监督考核。将棚户区城中村改造工作列入对各区、市直相关单位的考核范围，签订年度目标责任书。由市督办督查局牵头负责，市监察局、市棚户区城改办积极配合，制定棚户区城中村改造工作考核奖惩办法。同时，加强督促检查、指导与协调，对推诿扯皮、工作不落实或落实不力、措施不到位的反面典型，要通报批评，限期整改。

（二） 建立激励机制。每年对棚户区城中村改造工作中成绩突出的相关单位和工作部门，给予表彰奖励。同时，要在棚户区城中村改造工作中发现挖掘一批政治素质高、业务能力强、懂政策、善于做群众思想工作，表现突出的干部。

（三）加强宣传引导。由宣传部门牵头负责，对棚户区城中村改造宣传工作进行系统策划，统一口径、统一步调，制定详细的宣传工作方案，采取多种形式，对棚户区城中村改造工作进展情况，定期在新闻媒体上公布，大力宣传弘扬积极参与、支持配合棚户区城中村改造工作的先进典型事例，形成全社会理解支持棚户区城中村改造的良好氛围。

贵阳市红枫湖百花湖游泳垂钓管理规定

贵阳市人民政府令
第8号

《贵阳市红枫湖百花湖游泳垂钓管理规定》已经2011年12月19日市人民政府常务会议通过。现予公布，自2012年2月1日起施行。

市 长 李再勇
二〇一一年十二月二十二日

贵阳市红枫湖百花湖游泳垂钓管理规定

第一条 为加强对红枫湖、百花湖（以下简称“两湖”）水资源环境和渔业资源的保护，保持水体生态平衡，规范游泳和垂钓行为，根据《中华人民共和国环境保护法》、《中华人民共和国渔业法》、《中华人民共和国水污染防治法》、《风景名胜区条例》等有关法律、法规的规定，结合本市实际，制定本规定。

第二条 本规定适用于贵阳市行政区域内由市人民政府两湖一库管理机构管理的“两湖”水域和湖岸。

第三条 市人民政府两湖一库管理机构负责实施本规定。

第四条 “两湖”饮用水水源一级保护区禁止游泳和垂钓。

第五条 “两湖”饮用水水源二级保护区及准保护区的以下区域禁止游泳和垂钓：

（一）红枫湖：北起太阳岛，向东至贵州电力职业技术学院、工行培训中心、滴澄关码头，向南至花鱼洞大桥沿红枫湖饮用水水源一级保护区边界线，西至上寨、仡佬寨一线；

（二）百花湖：北起百花湖西岸1257.5高程小山制高点，向东沿百花湖饮用水水源一级保护区边界线直至朱昌镇，东至铺子头、松林坡码头一线，南至观音山庄，西至河坝岛、老旧土岛一线。

前款规定禁止游泳和垂钓的区域图，由市人民政府两湖一库管理机构组织绘制，并向社会公布。

第六条 市人民政府两湖一库管理机构应当在第五条第一款确定的禁止游泳和垂钓区设置界碑、示意图、安全警示牌等标示标牌。

第七条 在非禁止游泳和垂钓区域，进行垂钓的人员，应当遵守以下规定：

（一）禁止向水体投放饵料，采用“喂塘子”的方式诱钓；

（二）禁止搭建钓鱼棚等临时构筑物。

第八条 在市人民政府两湖一库管理机构管理的“两湖”范围内活动的人员，应当遵守以下规定：

（一）禁止乱扔垃圾；

（二）禁止擅自改变和毁坏界碑、示意图、安全警示牌等公共安全设施。

第九条 市人民政府两湖一库管理机构应当依法加强对“两湖”水域游泳和垂钓行为的监督管理，开展经常性的巡查和检查，对违规游泳和垂钓的要依法劝阻和查处。

第十条 违反本规定第四条的规定，在饮用水源一级保护区域内游泳、垂钓的，依照《中华人民共和国水污染防治法》第八十一条的规定，责令停止违法行为，并予以处罚。

第十一条 违反本规定第五条第一款规定的，责令停止违法行为，给予警告，并处以

贵阳市筑城广场管理暂行办法

贵阳市人民政府令
第9号

《贵阳市筑城广场管理暂行办法》已经2011年12月19日市人民政府常务会议通过。现予公布，自公布之日起施行。

市长 李再勇

二〇一一年十二月二十二日

贵阳市筑城广场管理暂行办法

第一条 为充分展示筑城广场的良好形象，加强筑城广场的管理，维护筑城广场的社会秩序，规范市民在筑城广场健身、休闲、娱乐的行为和活动，创造整洁、优美、文明的广场环境，根据有关法律法规的规定，结合本市实际，制定本办法。

第二条 本办法所称筑城广场是具有集会、休闲、文化、历史纪念等功能的公益性广场，范围东邻民族文化宫，南邻瑞金南路，西邻河滨公园，北接南明河。

筑城广场的管理适用本办法。

第三条 筑城广场周边建设控制地带依照有关法律法规的规定确定，建设控制地带内建造的建筑物、构筑物，其形式、高度、体量、外观、色彩应与筑城广场整体景观相协调。

建设控制地带范围内已建成的建筑物、构筑物，应当采取措施进行美化、亮化。

第四条 市林业绿化局是筑城广场的行政主管部门，其下设的管理机构负责卫生保洁、绿地维护、设施维护、环境美化等日常管理工作。

市城管、公安、民政、环保、安监等行政部门按照各自职责协同做好筑城广场的管理工作。

南明区人民政府按属地管理职责，应当配合做好筑城广场治安、应急等方面的管理工作。

第五条 进入筑城广场的单位和个人应当遵守本办法的规定，自觉遵守社会公德，爱护广场的公共设施，保护广场的环境绿化，维护广场的公共秩序，文明游览、休憩。

筑城广场内依法设置的固定服务网点应当诚实守信、文明礼貌、规范服务，负责其责任范围内的环境卫生、绿化和市容环境秩序的维护与管理，及时劝阻、制止损害环境卫生、绿化和市容环境秩序的行为。

第六条 筑城广场举行国旗升旗、降旗仪式时，在国旗升降旗的过程中，广场内的人员应当面向国旗肃立致敬。解放军、武警官

100元以上300元以下罚款。

第十二条 违反本规定第七条第（一）项规定的，责令停止违法行为，给予警告，并处以200元罚款；违反第（二）项规定的，责令限期拆除，并处以1000元以上10000元以下罚款。

第十三条 违反本规定第八条第（一）项规定的，处以50元罚款；违反第（二）项规定的，责令停止违法行为，处以100元以上300元以下罚款，造成损失的，依法赔偿损失。

第十四条 本规定自2012年2月1日起施行。

兵按规定礼仪执行。

第七条 任何单位、机关、团体和其他组织在筑城广场内开展公益性活动，应当提前10天提交书面申请和活动方案，报筑城广场行政主管部门同意，经统一协调安排后，在指定的时间、地点范围内进行。

第八条 筑城广场内禁止机动车辆（工作车辆除外）、非机动车辆（残疾人用车、儿童车、保洁车除外）进入或停放。

第九条 筑城广场内禁止进行遥控航空模型飞行。

第十条 在筑城广场内用音乐进行健身、娱乐活动的，统一由广场管理机构提供背景音乐在指定区域进行，时间为早晨6:00至9:00，晚上19:30至21:30，其音量白天不得高于60分贝，夜间不得高于50分贝。

第十一条 筑城广场内禁止下列损毁绿化的行为：

（一）占用绿地；

（二）攀折、刻划树木，采摘花卉和果实；

（三）损坏花坛、绿篱和草坪；

（四）围圈树木，吊挂、晾晒物品；

（五）在绿地内堆放物料或倾倒垃圾、化学物品；

（六）其他损毁绿化的行为。

第十二条 筑城广场内禁止下列损毁公共设施的行为：

（一）擅自占用、挖掘广场场地；

（二）盗窃、损毁供水、排水、电力、音响及照明设施；

（三）污染地面和水体；

（四）其他损毁公共设施的行为。

第十三条 筑城广场内禁止下列违反市容和环境卫生管理的行为：

（一）在建筑物、构筑物、雕塑及其他公共设施上涂写、刻划、张贴；

（二）随地吐痰、便溺，乱扔垃圾和废弃物，焚烧可燃物，堆放杂物；

（三）其他违反市容和环境卫生管理的行为。

第十四条 筑城广场内禁止的其他行为：

（一）随地躺卧、露宿；

（二）开展商业性宣传活动，摆摊设点或者进行其他经营活动；

（三）燃放烟花爆竹，施放孔明灯；

（四）杂耍卖艺，赌博，乞讨；

（五）进行迷信活动；

（六）携带猫、狗等宠物；

（七）其他违反法律法规规定的行为。

第十五条 违反本办法规定的行为，法律、法规、规章已作出处罚规定的，依照相关规定进行处罚；造成损失的，依法赔偿损失。

其他违反本办法规定的行为，法律、法规、规章未作出处罚规定的，由市林业绿化行政主管部门或有关行政管理部门处以20元以上200元以下罚款。

第十六条 筑城广场管理机构对不属于管辖范围的违法行为应当予以制止，并及时报告和协助有关执法部门依法处理。

第十七条 本办法自公布之日起施行。

2011年贵阳市国民经济和社会发展统计公报

贵阳市统计局　国家统计局贵阳调查队

2012年3月14日

2011年，在市委、市政府的正确领导下，全市认真贯彻落实科学发展观，牢牢把握“加速发展、加快转型、推动跨越”的主基调，大力实施工业化、城镇化带动战略，强化措施，狠抓落实，奋力争先，全力当好全省经济社会发展的“火车头”和黔中经济区崛起的“发动机”，全市经济呈现稳定快速的发展势头，各项社会事业取得新的进步，实现了“十二五”规划的良好开局。

一、综　合

初步核算，全年实现生产总值1383.07亿元，比上年增长17.1%。分产业看，第一产业增加值62.55亿元，增长2.8%；第二产业增加值586.84亿元，增长21.3%；第三产业增加值733.68亿元，增长15.2%。三次产业结构为4.6:42.4:53.0。

图1：2006-2011年GDP总量及增长速度

居民消费价格比上年上涨5.5%，其中食品类价格上涨13.2%。新建商品住房销售价格上涨2.9%。

表1：2011年居民消费价格比上年涨跌幅度

指　标	涨跌幅度（%）
居民消费价格	5.5
食 品	13.2
烟酒及用品	3.0
衣 着	1.5
家庭设备用品及维修服务	0.9
医疗保健和个人用品	3.7
交通和通迅	-0.6
娱乐教育文化用品及服务	0.1
居 住	5.8

图2：2011年月度居民消费价格指数

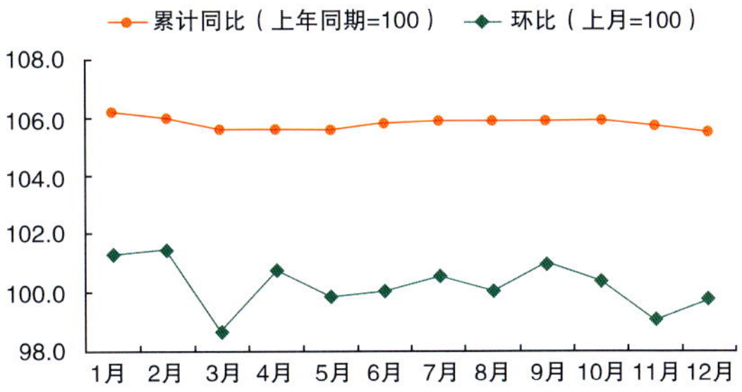

图3：2011年月度新建住宅价格指数

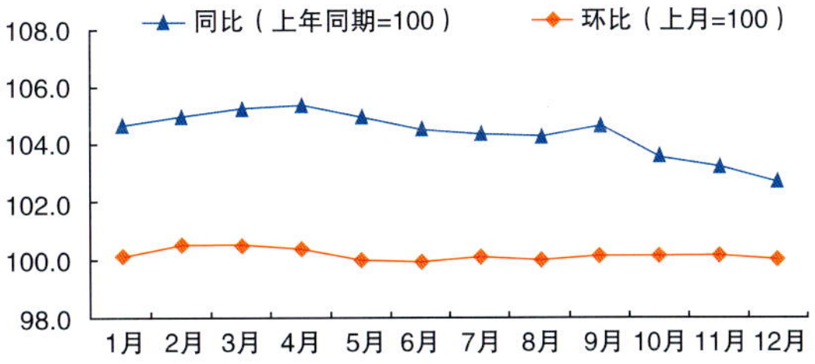

二、农　业

全年农作物总播种面积为26.83万公顷，比上年增长1.2%，其中粮食播种面积11.69万公顷，比上年下降1.7%；油料播种面积3.80万公顷，比上年增长3.2%；蔬菜播种面积9.17万公顷，比上年增长5.7%；烤烟播种面积1.13万公顷，比上年下降0.6%。

全年粮食产量40.24万吨，受干旱影响，减产25.5%。其中夏粮产量8.14万吨，增产0.1%；秋粮产量32.10万吨，减产30.0%。

表2：2011年主要农产品产量

单位：万吨

指　标	绝对数	比上年增长（%）
粮 食	40.24	－25.5
# 稻谷	17.10	－33.2
玉米	13.68	－26.7
小麦	1.17	－12.1
马铃薯	6.97	2.4
蔬 菜	178.24	3 .6
油 料	5.63	23.2
# 油菜籽	5.47	26.2
烤 烟	1.82	–22.9
园林水果	11.06	5.4
茶 叶	0.25	6.8

全年完成造林面积8671公顷，比上年增长77.0%。幼林抚育作业面积4017公顷，比上年下降9.2%。油茶籽产量142吨，比上年减产13.9%；核桃产量128吨，比上年减产17.9%。

全年肉类总产量13.94万吨，比上年增长0.3%；牛奶产量3.78万吨，比上年增长2.3%。

表3：2011年主要畜产品产量

指　标	单 位	绝对数	比上年增长（%）
肉类总产量	万吨	13.94	0.3
# 猪 肉	万吨	10.51	持平
牛 奶	万吨	3.78	2.3
禽 蛋	万吨	2.24	2.0
大牲畜年末存栏数	万头	26.24	–14.5
大牲畜当年出栏数	万头	4.99	1.3
猪年末存栏数	万头	90.47	1.7
猪当年出栏数	万头	123.71	持平
羊年末存栏数	万只	3.25	–33.4
羊当年出栏数	万只	1.94	–17.7
家禽年末存栏数	万只	1306.86	8.0
家禽当年出栏数	万只	1666.72	–7.4

全市年末拥有农业机械总动力131.29万千瓦,比上年增长6.7%；全年实现机耕面积6.21万公顷，比上年增长3.8%；机播面积2054公顷，比上年增长9.5%；机收面积2595公顷，比上年增长126.0%。年末农田有效灌溉面积2.96万公顷；农用化肥施用量（折纯）6.55万吨，比上年增长3.1%。

三、工业和建筑业

全年全部工业增加值454.90亿元，比上年增长22.3%。其中，规模以上工业增加值365.23亿元，比上年增长23.4%。十大工业行业规模以上工业增加值277.69亿元，比上年增长20.3%。六大特色支柱产业实现工业增加值270.88亿元，比上年增长24.8%。

图4：2006–2011年全部工业增加值及增长速度

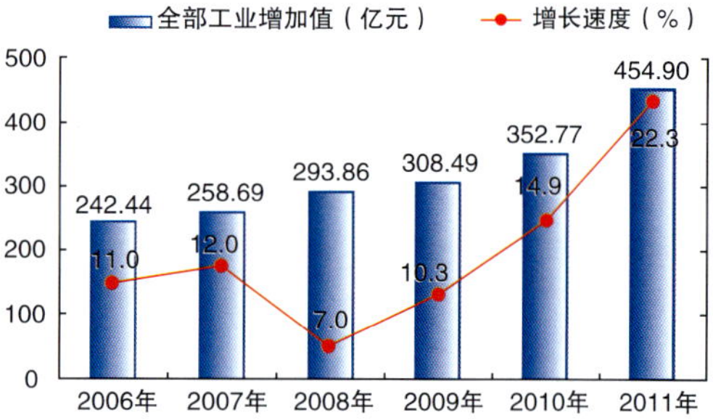

表4：2011年规模以上工业企业主要工业产品产量

指　标	单 位	绝对数	比上年增长（%）
原煤（全社会口径）	万吨	323.90	–15.9
焦 炭	万吨	114.06	–1.5
发电量	亿千瓦时	75.97	–23.3
铝	万吨	43.92	1.6
成品钢材	万吨	52.08	17.2
轮胎外胎	万条	536.77	–3.9
磷矿石（全社会口径）	万吨	1004.77	16.0
化肥（农用氮磷钾肥折纯）	万吨	235.55	26.6
彩色电视机	万台	77.87	12.9
移动电话机	万部	200.46	69.4
水 泥	万吨	956.56	48.5
卷 烟	亿只	563.83	12.7
中成药	万吨	2.37	9.8

轻工业规模以上工业企业增加值比上年增长20.5%，重工业规模以上工业企业增加值

比上年增长26.1%；国有企业规模以上工业增加值比上年增长20.9%；国有控股规模以上工业企业增加值比上年增长18.3%；非公有制规模以上工业企业增加值比上年增长32.5%；外商及港澳台投资规模以上工业企业增加值比上年增长23.2%；高新技术规模以上工业企业增加值比上年增长26.5%。

规模以上工业主营业务收入1417.47亿元，比上年增长23.1%。实现利税总额265.38亿元，比上年增长26.7%；实现利润67.78亿元，比上年增长19.2%。工业综合经济效益指数226.01，比上年提高30.6个百分点。

全市建筑业实现增加值131.94亿元，比上年增长17.8%。房屋建筑施工面积4394.40万平方米，比上年增长26.6%；房屋建筑竣工面积698.07万平方米，比上年增长10.5%。

图5：2006-2011年建筑业增加值及增长速度

四、固定资产投资

全年全社会固定资产投资完成1600.59亿元，比上年增长57.1%，其中城镇固定资产投资完成1537.36亿元，比上年增长59.9%。工业投资完成560.97亿元，比上年增长109.3%。

图6：2006-2011年全社会固定资产投资及增长速度

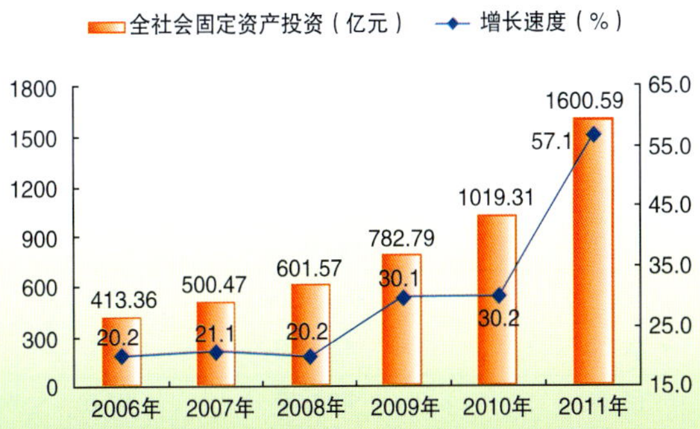

表5：2011年全社会固定资产投资完成情况

单位：亿元

指　标	绝对数	比上年增长（%）
全社会固定资产投资	1600.59	57.1
# 工业投资	560.97	109.3
按计划管理渠道分		
# 基本建设	727.10	71.7
更新改造	343.39	59.3
房地产开发	467.36	50.5
按产业分		
第一产业	39.34	90.3
第二产业	529.10	92.5
第三产业	1032.14	42.7
按城乡分		
城 镇	1537.36	59.9
农 村	63.23	9.5

全市房地产开发投资467.36亿元，比上年增长50.5%。按工程用途分，住宅投资283.43亿元，增长71.8%，其中经济适用房投资21.41亿元，办公楼投资14.16亿元，商业营业用房投资53.82亿元，其他投资115.94亿元。

表6：2011年房地产开发投资资金来源和销售情况

指　标	单 位	绝对数	比上年增长(%)
投资完成额	亿元	467.36	50.5
本年资金来源	亿元	710.57	26.1
# 国内贷款	亿元	104.36	8.3
自筹资金	亿元	280.25	93.7
利用外资	亿元	4.41	5.3 倍
其他资金	亿元	321.55	持平
房屋施工面积	万平方米	4943.33	24.0
房屋新开工面积	万平方米	1192.66	-11.7
房屋竣工面积	万平方米	628.02	13.8
商品房销售面积	万平方米	828.29	3.3
本年购置土地面积	万平方米	331.54	-44.4

五、国内贸易

全年实现社会消费品零售总额584.33亿元，比上年增长20.5%。分地域看，城市消费

表11：2011年保险业情况

单位：亿元

指　　标	绝对数	比上年增长（%）
保费收入	50.12	7.0
人身险	27.93	－4.3
寿险	24.60	–7.4
健康险	1.99	25.3
意外伤害险	1.34	31.2
财产险	22.19	25.6
#机动车辆保险	15.93	19.2
赔付额	14.17	28.8
人身险	5.23	26.8
寿险	4.15	32.8
健康险	0.67	6.0
意外伤害险	0.41	11.5
财产险	8.94	30.1
#机动车辆保险	7.56	28.2

全市年末共有上市公司13家，其中上交所5家，深交所8家。上市公司总市值496亿元，比上年下降32.3%。证券公司1家，证券营业部27家，资金帐户数36.97万户，比上年增长7.0%。成交金额达到1877.15亿元，比上年下降23.8%。

九、科学技术和教育

全年安排市级应用技术研究与开发资金1.38亿元，实施科技计划项目440多项，其中重大科技专项8项。成立全省第一支有限合伙制创投基金，规模为1亿元的“贵阳市科富创业投资中心”；建成贵阳市大型科学仪器协作共用平台和贵阳市科技文献共享服务平台。

全年专利申请受理量为3549件，比上年增长20.1%。专利授权量2039件，比上年下降3.2%，其中发明专利438件，实用新型专利1223件，外观设计专利378件。

全年研究生教育招生3947人，在校生11102人，毕业生3028人；高等教育招生8.28万人，在校生26.58万人，毕业生7.02万人；中等职业教育招生5.02万人，在校生14.44万人，毕业生3.59万人；普通高中招生2.77万人，在校生7.44万人，毕业生2.02万人；普通初中招生6.17万人，在校生18.46万人，毕业生5.86万人；普通小学招生5.49万人，在校生33.43万人，毕业生6.26万人；特殊教育招生237人，在校生1382人，毕业生152人；幼儿园在园幼儿9.44万人。

图11：2006-2011年高中、初中和小学招生人数

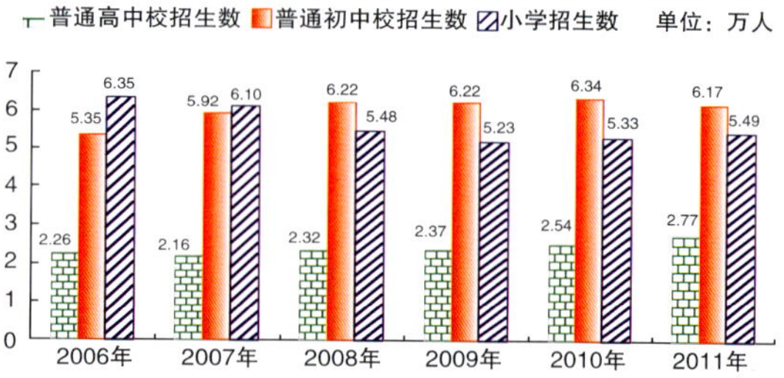

十、文化、卫生和体育

全市共有艺术表演团体10个、群众艺术馆1个、文化馆11个、公共图书馆10个，图书馆藏书量212.66万册。全市有广播电台2座，调频转播发射台6座，广播综合人口覆盖率100%，农村广播人口覆盖率100%，无线广播综合人口覆盖率98.19%。电视台2座，电视发射及转播台6座，电视人口覆盖率99.69%，农村电视人口覆盖率99.41%。全年出版图书1450种，总印数9100.58万册；印刷出版杂志88种，总印数1301.23万册；印刷出版报纸33种，总印数35632.68万册。

全市年末拥有卫生机构2919个，其中医院、卫生院222个，诊所、卫生所、医务室1099个；卫生机构床位24347张；卫生技术人员28638人，执业医师10491人，注册护士12284人，药师1336人。

完成第九届全国少数民族传统体育运动会协办工作，成功举办中朝国际足球赛。参加第九届全国少数民族运动会获7个一等奖、16个二等奖、8个三等奖；参加全国第七届城市运动会，取得金牌1枚、银牌2枚、1个团体第四名、5个第五名、3个第八名。积极开展全民健身活动，贵阳奥体中心对外开放，全年共开展大中型全民健身活动50多次，开展体育指导服务进社区、进农家等活动20多场次。

十一、城市建设、环境保护和生态建设

年末市区道路总长度达到872公里，道路面积1348万平方米，桥梁188座，其中立交桥17座。公交运营车辆2303辆，折合标准运营车辆2677标台，运营线路总长度550公里，公交客运总量56487万人次。城市出租汽车4823辆。

全市自来水综合生产能力117.5万立方米/日，供水管道长度达到3072公里。全年供水

总量22542.17万立方米，售水总量16963.90万立方米，其中公共服务用水2713.44万立方米，居民家庭用水10489.82万立方米。

年末有煤气用户49.91万户，其中家庭用户49.64万户。全年煤气供气量25237万立方米，家庭用气10302万立方米；液化气用户20.5万户，液化气供气量3.6万吨。

市区污水处理厂7座，城市污水集中处理率95.3%。全市空气污染指数年平均值为64，年降水PH值为5.45，全年空气质量为优或良的天数占全年天数的95.62%，市区大气可吸入颗粒物年平均值为0.079毫克/立方米，达到国家环境空气质量二级标准；二氧化硫年平均值为0.049毫克/立方米，达到国家环境空气质量二级标准；二氧化氮年平均值为0.030毫克/立方米，保持在国家环境空气质量一级标准内；地面水环境质量保持良好状况，城市地表水水质达标率为95.83%，饮用水源水质达标率为100%。

全年平均气温14.0℃。全年相对湿度78%。

年末建成区园林绿地面积6850公顷，建成区绿化覆盖面积7047公顷，建成区公共绿地面积1341公顷，建成区绿地率42.1%，建成区绿化覆盖率42.8%，人均公共绿地面积10.32平方米。

十二、人民生活和劳动就业

全年城市居民人均可支配收入19420元，比上年增长17.0%，扣除价格因素，实际增长10.9%。城市居民人均消费性支出14300元，比上年增长10.5%，其中居住、家庭设备用品及服务和食品类的增长分别为50.2%、37.0%和12.7%，医疗保健和教育文化类的支出分别增长3.3%和1.2%，其它商品和服务、衣着、交通和通信的支出呈下降趋势，分别比上年减少11.2%、3.3%、2.4%。城市居民每百户拥有的家用汽车和移动电话机数量分别为12.7辆和211.11部。

图12：2006-2011年城乡居民收入

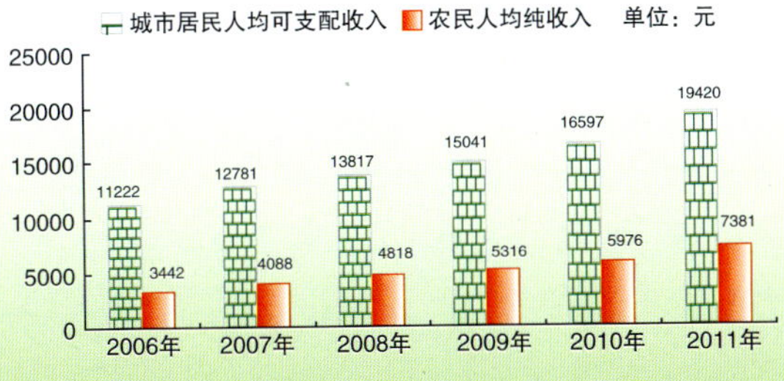

表12：2011年末每百户城市居民家庭耐用消费品拥有量

指　标	单位	绝对数	比上年增长（%）
洗衣机	台	101.27	－0.4
电冰箱	台	99.05	－0.3
热水器	台	75.24	1.1
固定电话	部	68.57	－2.3
移动电话	部	211.11	1.9
摄像机	部	10.79	21.9
空调机	台	19.05	－6.3
彩色电视机	台	120	－3.2
电脑	台	77.14	2.7
家用汽车	辆	12.70	17.4

农民人均纯收入7381元，比上年增长23.5%，扣除价格因素，实际增长17.8%。

农民人均生活消费支出5494元，比上增长25.3%，其中其他商品和服务、居住、衣着类消费支出增长较快，分别为52.7%、44.0%、43.0%；食品支出增长29.1%，家庭设备用品类增长26.4%；医疗保健支出增长19.1%；交通和通讯支出增长4.0%； 仅文化教育娱乐消费支出呈下降趋势，比上年减少16.6%。农村居民每百户居民拥有的空调、家用汽车、热水器和移动电话分别比上年增长59.8%、56.6%、34.0%和30.3%。

表13：2011年末每百户农村居民家庭耐用消费品拥有量

指　标	单位	绝对数	比上年增长(%)
洗衣机	台	93.05	3.6
电冰箱	台	67.80	26.4
摩托车	辆	58.81	17.6
热水器	台	35.08	34.0
电话机	部	23.73	-45.9
移动电话	部	203.22	30.3
空调机	台	2.03	59.8
彩色电视机	台	105.76	-1.7
家用汽车	量	5.42	56.6

全年施工住宅面积3637万平方米，比上年增长22.5%，其中经济适用房施工面积426.31万平方米。全年新开工住宅面积890.38万平方米，比上年下降19.5%，其中经济适用房新开工面积64.31万平方米。全年保障性住房完成投资额40.72亿元，其中用于廉租房9.95亿元；保障性住房施工面积622.15万平方米，其中廉租房107.47万平方米；保障性住

房竣工面积37.23万平方米，其中廉租房竣工15.20万平方米。

全年城乡统筹就业人数达121001人，比上年增长36.9%，就业困难对象实现再就业10351人。农村富余劳动力转移人数35587人。新增就业岗位85414人，比上年增长45.6%。年末城镇登记失业率为3.29%，比上年上升0.08个百分点。

图13：2006-2011年城镇新增就业岗位

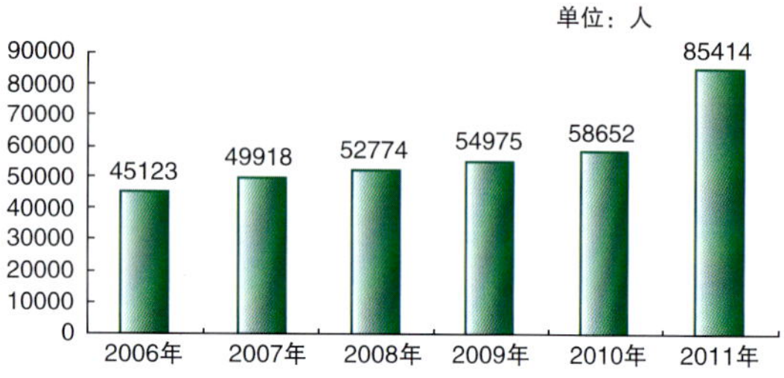

十三、人口、社会保障和福利事业

全市年末常住人口439.33万人，年平均人口436.13万人。年出生率10.29‰，死亡率4.58‰，自然增长率5.71‰。城镇化率69.20%。

表14：2011年末人口数及其构成

单位：万人

指　标	绝对数	比上年增长（%）
年末常住人口	439.33	1.48
按城乡分		
城镇	304.02	3.08
乡村	135.31	-1.93
按性别分		
男性	225.82	1.37
女性	213.51	1.60

全市年末参加基本养老保险人数104.05万人，比上年增长15.9%，其中在岗职工基本养老保险85.67万人，比上年增长17.8%，离退休职工基本养老保险18.38万人，比上年增长7.8%；失业保险参保人数48.08万人，比上年增长12.3%；基本医疗保险参保人数105.57万人，比上年增长3.4%；参加生育保险人数89.24万人，比上年增长10.6%；农村合作医疗参合率达到97.57%。

全市城乡各级收养性社会福利单位共105个，有床位5067张，年末收养人员2384人；城镇综合性社区服务中心38个，城镇各种社区服务设施1184个；城乡居民享受最低生活保障的人数达13.52万人，其中城镇最低生活保障人数为7.45万人，农村最低生活保障人数为6.07万人；国家抚恤、补助优抚对象总人数达到13476人；全年民政部门直接接受社会捐赠款4381万元，受益人数达5.6万人次。

十四、安全生产

全年各类生产安全事故共死亡299人，比上年下降9.4%。全市工矿商贸企业发生生产安全事故33起，死亡56人，同比分别下降28.3%和3.4%。

注释：

1.公报中所列数据为初步统计数。

2.生产总值和各产业增加值绝对数均为当年价格，增长速度按可比价格计算。

3.资料来源：本公报中电信数据来自省通信管理局；民航运输数据来自贵州省机场集团；铁路运输数据来自成都铁路局；上市公司数据来自证监委贵州监管局；保险业数据来自贵州保监局；报纸、期刊、图书数据来自省新闻出版局；教育数据来自省教育厅、市教育局；艺术表演团体、公共图书馆、文化馆数据来自省文化厅、市文化局；广播、电视数据来自省、市广电局；体育数据来自省、市体育局，城镇新增就业、登记失业率、社会保障数据来自市人力资源和社会保障局；财政数据来自市财政局；农业机械总动力和机耕面积数据来自市农委；公路运输数据来自市交通局；水运数据来自市航务管理处；燃气供应数据来自市住建局；建成区绿化数据来自市林业绿化局；外商投资、外贸进出口数据来自市商务局；民用车辆数据来自市公安局；邮政业务数据来自市邮政局；旅游数据来自市旅发委；金融数据来自市人民银行中心支行；科技项目数据来自市科技局；专利数据来自市知识产权局；平均气温及湿度数据来自市气象局；卫生、新农合数据来自市卫生局；社会福利、低保、社会捐赠数据来自市民政局；环境监测数据来自市环保局；城市建设数据来自市城管局；公交运营数据来自市公交公司、市城市公共交通管理局；安全生产数据来自市安全监管局；物价和城市居民收支数据来自国家统计局贵阳调查队；其他数据均来自市统计局。

2011贵阳市环境状况公报

根据《中华人民共和国环境保护法》和《贵州省环境保护条例》的规定，现发布2011年《贵阳市环境状况公报》。

贵阳市环境保护局
二〇一二年 五 月

综 述

2011年，在中共贵阳市委、市人民政府的领导下，我市继续深入贯彻落实科学发展观，紧扣“加速发展、加快转型、推动跨越”主基调，把环境保护与推动发展方式转变、污染减排和改善民生有机地结合起来，切实解决人民群众关心的突出环境问题。通过深入开展城市环境综合整治、大力加强环境污染防治和生态保护与建设，我市主要污染物排放得到有效控制，城市环境质量明显提升，全社会环境保护意识普遍增强。

2011年，我市空气质量优良率为95.62%，达到国家环境空气质量二级标准；饮用水源地水质达标率为100%，地表水水质达标率为95.83%；区域环境噪声和道路交通噪声平均值分别为55.9分贝、67.6分贝，达到国家相关标准。

大 气 环 境

大气环境质量状况

2011年贵阳市大气环境中二氧化硫年均值为0.049毫克/立方米，达到国家环境空气质量二级标准；二氧化氮年均值为0.030毫克/立方米，继续保持在国家环境空气质量一级标准；可吸入颗粒物年均值为0.079毫克/立方米，达到国家环境空气质量二级标准。

2011年我市环境空气质量优良天数达349天，优良率为95.62%，其中，空气质量为Ⅰ级（优）的天数为79天，Ⅱ级（良）的天数为270天，Ⅲ级轻微污染的天数为15天、轻度污染的天数为1天。空气质量API指数平均值为64。

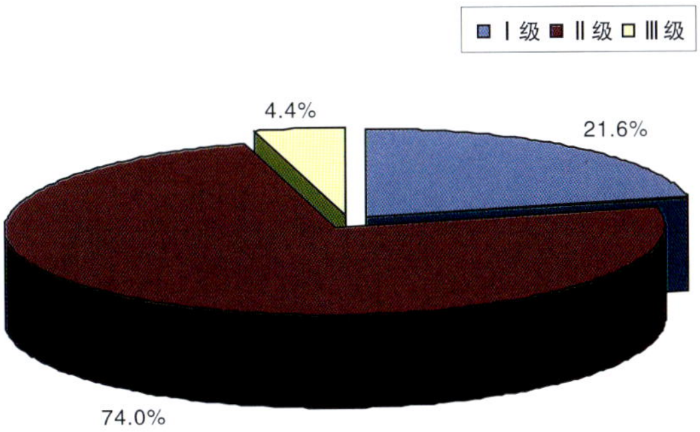

图1 2011年贵阳市环境空气质量等级比例图

2011年贵阳市中心城区降尘年平均值为8.53吨/km²·月，比上年有所下降。

废气中主要污染物排放情况

2011年贵阳市主要污染物二氧化硫排放量为11.51万吨，氮氧化物排放量为5.41万吨，烟（粉）尘排放量为3.6 万吨。

措施与行动

■ 大力发展城市清洁能源

2011年，我市城市燃气用户达68.5万户，用气总人口239.8万人，实现用气人口与城镇人口同步增长。全市城市燃气气化率达95%，中心城区气化率达98.5%。

2011年，我市完成了金华镇、朱昌镇、永乐乡和小碧乡等4个乡（镇）的6.5蒸吨及以下燃煤锅炉的取缔、改造工作，其中：取缔22台燃煤锅炉、改造2台燃煤锅炉。同时，全市取缔经营性燃煤炉灶行为720余起，劝退使用经营性燃煤炉灶行为124起，现场销毁经营性燃煤炉灶1180眼。

■ 实施重点工业企业清洁生产审核

按照环保部《关于深入推进重点企业清洁生产的通知》（环发〔2010〕54号文件要求，我市制定了重点工业企业强制性清洁生产审核年度计划，并对需实施强制性清洁生产审核的企业进行了培训，贵州开磷息烽合成氨有限公司等24家单位按期完成了强制性清洁生产审核报告的编制，并通过了省环保厅评估。

■ 加大淘汰落后产能工作力度

2011年，我市加大实施淘汰落后产能工作力度，按期完成了省政府下达的2011年淘汰落后产能任务，关停了23户企业的落后产能，涉及炼铁、水泥、黄磷、磨料、造纸等行业，其中：贵溪水泥厂、开阳安达磷化工有限公司和开阳紫江水泥有限公司等13户企业已完成了落后产能主体设备、生产线拆除。

■ 对污染源进行限期治理

为确保工业企业主要污染物能够稳定达标排放，我市加强污染源管理，对省、市、区（县）下达的限期治理项目进行了跟踪和调度。贵州轮胎股份有限公司、贵州省科学技术工程职业学院、贵州华润雪花啤酒有限公司、贵阳润丰中药厂、贵阳中医学院三源药业有限责任公司等单位完成了治理任务；贵阳中化开磷化肥有限公司限期治理项目正在实施中。

■ 实施排污许可证管理制度

2011年，为进一步强化对污染源的监督管理，规范排污单位污染物排放行为，对排污单位的稳定达标实行长效管理。我市依据国家相关排放标准和污染物总量计划指标、企业提供的核定后的排污申报登记材料、近期生产经营发展规划资料、污染防治规划和近期治理计划，对企业申报的污染物总类、浓度、数量进行了逐项审核，对通过审核的企业依法发放了排污许可证。

■ 强力推进机动车尾气污染防治

2011年，我市通过提高车辆入户门槛、开展环保限行、完善站点建设和开展专项检查、举办业务培训等形式，加大了机动车尾气污染防治工作的力度，截止2011年底，全市共建成10个机动车环保检测站点，48条工况法检测线，环保定期检测量达27万多台次，检测率为85.17%。全年发放机动车环保标志24.7万套。同时，我市还完成了“贵阳市机动车环检分标管理系统”项目的建设，通过该项目的实施，建立了覆盖全市机动车环保检测站的信息化管理系统和信息综合平台；实现了对机动车尾气检测情况的实时监控，保障了机动车尾气检测工作程序规范、结果正确。

■ 深入开展城市饮食油烟、扬尘污染防治

2011年，我市继续开展饮食油烟污染整治工作，及时查处饮食油烟污染投诉，拓宽餐饮油烟治理面，要求餐饮业经营户安装油烟净化设施，并进行抽样监测，城区油烟污染扰民问题得到有效遏制。

2011年，我市继续加强扬尘污染的整治工作，加大对城区建筑工地的监管力度，共检查建筑施工工地398次，整改不文明施工121起，处罚3万余元；签订“文明施工承诺书”60份，督促设置硬化设施及出厂清洗设施20余起，查封工地14起，责令清扫、冲洗被污染路面912次、近19万平方米；同时，严查不规范运输渣土导致的扬尘污染行为。全年共计检查渣土运输车16125辆，查处违规车辆9363辆，劝返违规运输车11260辆，督促入城车辆清洗2万余台。另外，对不符合规范的工业堆场要求采取措施进行整改，减少扬尘对周边环境的污染。

水环境

水环境质量状况

饮用水源地

贵阳市城区集中式饮用水源地主要为：阿哈水库（向南郊水厂供水）、南明河麦达河段（向中曹水厂供水）、南门河汪家大井段（向东郊水厂供水）、红枫湖（向西郊水厂供水）、沙老河水库（向北郊水厂供水）、百花湖（向白云水厂供水）、花溪水库（向花溪水厂供水）、大龙井（向乌当区云锦水厂供水）。饮用水源地水质达标率为100%，水质总体良好。

主要河流

2011年，贵阳市地表水水质达标率为95.83%，城市主要河流受到不同程度污染，污染特征主要以生化需氧量为主的有机污染。

六广河：六广河水质达到国家《地表水环境质量标准》的Ⅱ类标准。

南明河：南明河花溪断面和普渡桥断面水质达到国家规定的水功能区要求；新庄断面生化需氧量超标率为16.67%，未达到国家规定的水功能区要求。

主要湖泊与水库

红枫湖：红枫湖水体水质总体良好，水质以《地表水环境质量标准》Ⅲ类为主。西郊水厂取水口水质达到国家饮用水源地水质考核要求。

百花湖：百花湖水体水质总体良好，水质以《地表水环境质量标准》Ⅲ类为主。

阿哈水库：水质达到国家《地表水环境质量标准》Ⅲ类标准，符合国家饮用水源地水质考核要求。

乌江水库：除总磷外，其它指标符合国家《地表水环境质量标准》Ⅱ类标准。

废水中主要污染物排放情况

2011年，贵阳市主要污染物化学需氧量排放量为4.43万吨，氨氮排放量为0.52万吨。

措施与行动

■ 开展了集中式饮用水水源地综合整治

2011年，我市按照《全国环境保护重点城市地表水饮用水水源环境状况评估工作方案（暂行）》，对全市地表水饮用水水源环境状况进行了评估，制定了《集中式饮用水水源地综合整治工作方案》，组织开展了集中式饮用水水源地综合整治工作。

强力推进饮用水水源地排污口取缔和污染源整治。完成了14个集中式饮用水源地界碑、界桩、警示牌和一级保护区围栏的设置工作，关停了饮用水源保护区内30家污染源，对息烽县红马水库一级保护区内19户村民实施了异地搬迁。

加大集中式饮用水源地面源污染整治力度。完成了花溪水库保护区内7000余米村寨截污管网工程；建成了阿哈水库周边长滩、大寨、平寨和金家山等人工湿地、金阳新区朱昌镇农村生活污水湿地复合生态处理工程以及清镇市后午片区污水收集输送系统一期工程。

■ 排查环境隐患，确保饮用水源安全

为确保我市“两湖一库”饮用水源的安全，我市环保部门及“两湖一库”管理局对两湖一库保护区及支流周边有可能影响水源质量和安全的工业污染源、农业污染源、生活污染源、流动污染源开展了清理排查专项行动，分5个组对两湖一库保护区及其支流周边2公里范围内的47个村寨、134家工业企业及三产业进行了详细的清理排查。

■ 实施南明河清淤工程

2011年，我市开展了南明河新一轮清淤工程，采取人工、机械相结合的方式对南明河和市西河城区段实施清淤，累计出动挖掘机、转载机、吊车、运输车辆等机械设备2.4万台次、清淤人员4.8万人次，共清淤河道44公里、116万方。

■ 推进中心城区雨污分流

2011年，我市完成了市西河、贯城河、改茶大沟、虹桥大沟、团坡大沟、麻堤河大沟、春雷大沟、麻冲大沟和茶店大沟等9条雨污分流干线的建设改造，主城区排水主管道“雨污分流”工作初见成效，提高了中心城区污水收集量和处理率。

■ 实施三峡库区及其上游水污染防治规划项目

按照《三峡库区及其上游水污染防治规划》的要求，我市完成了息烽县污水处理厂、息烽县垃圾填埋场、修文县污水处理厂、清镇市朱家河污水处理厂二期建设项目、贵州美丰化工有限公司废水治理项目、贵州水晶有机化工（集团）有限公司废水治理项目、电石渣资源综合利用/乙炔废水环保治理工程、开阳县污水处理厂8个项目的建设，并通过了国家考核组的考核。

声环境

声环境质量状况

2011年贵阳市中心城区区域环境噪声为55.9分贝，道路交通噪声为67.6分贝，声环境质量达到国家考核标准。

措施与行动

■ 交通噪声污染综合治理

为切实解决噪声敏感建筑集中区域的高架路噪声污染问题，结合我市协办第九届全国少数民族传统体育运动会工作的安排部署，我市对部分高架路实施了声屏障安装工作，共计完成声屏障安装1066米，同时，新建成的南二环、西二环、北二环等道路路面采用沥青材质铺设，金阳新区六条道路、花溪区上水至桐木岭主干道、清镇市城区四条主干道等道路均实施了“白改黑”工程，有效吸收了车辆行驶的部分噪声。

为消除大货入城带来的高污染、强噪声、添堵造堵的状况，采取“远端分流、中端劝返、近端处罚”的办法，在主城区周边设置28个卡点，全面开展“禁货”工作，严格将大货控制在中心城区外，同时加强违法鸣号整治工作，2011年查处违法鸣号8万多起，有效地减少了交通噪声。

加强对城区公交禁鸣工作。强制拆除一环内公交车辆所有喇叭1200台以及市区公交车辆高音喇叭。同时，以中心城区公交车辆、出租汽车为重点，大力开展从业人员宣传教育工作，提高环保意识，促使其养成在城区“禁鸣”的良好习惯。

■ 区域噪声污染综合治理

为切实解决噪声扰民问题，我市加大对工业企业噪声扰民行为的查处和敏感区内工业噪声污染源治理力度，城管、环保、公安、住建等多部门不定期开展噪声扰民专项整治工作， 2011年共查处生产、生活噪声1957起、夜间施工噪声974起、行政拘留37人，教放107人（次）。

加强施工噪声排放申报管理工作。2011年，办理城区施工申报24家，夜间施工申报37家，依法收缴排污费146.46万元，同时，督促施工单位严格执行建筑施工环保公告制度，合理安排工期，做好防噪措施，避免噪音扰民。

加大对娱乐噪声扰民的整治工作。对噪声超标的娱乐场所，作出停业整顿等处罚，停业整顿后仍不能达到环保要求的，吊销《娱乐经营许可证》；同时，加强对歌舞娱乐场所营业时间的管理，开展了多次夜间行动，对歌舞娱乐场所进行了拉网式排查，依法查处违法行为，夜间扰民现象得到了有效遏制。

开展中高考期间“绿色护考” 行动，为考生创造良好的考试环境。组织安排执法人员在各考场定点值守，对考场周围100米范围内的敏感噪声污染源进行巡查，实行强制性监控保护，查处音像制品销售店10余家、施爆工地20余处，下限时停止施工通知书5份，保证了中、高考的顺利进行。

固体废物污染防治

工业固体废物处理情况

2011年，全市工业固体废物产生量为1141.4万吨，综合利用量为 646.35万吨，处置量为 471.35万吨，贮存量为 26.47万吨，排放量为 0.042万吨，处置利用率为97.68%。

生活垃圾处理情况

2011年，市区生活垃圾产生总量为75.75万吨，无害化处理总量为 70.99万吨，无害化处理率为93.71%。

措施与行动

■ 加强对固体废物的监督管理

2011年，我市继续加强工业固体废物污染防治，积极推进脱硫石膏、磷石膏、煤矸石、粉煤灰等工业固体废物的综合利用项目建设。建成了贵州省危险废弃物暨贵阳市医疗废弃物处置中心，进一步提高了危险废物收集处理能力。开展了涉重金属行业调查、废铅酸电池行业调查、含多氯联苯电力设备及其废物调查、感光材料废物调查，建立了全市危险废物信息统计数据库。对医药制造业及“两危”企业进行了专项督查，对违法行为进行了严厉查处。

根据《中华人民共和国固体废物污染环境防治法》和《大中城市固体废物污染环境防治信息发布导则》，我市在《贵阳日报》和贵阳环境保护网等公众媒体发布了《2010年贵阳市固体废物污染环境信息公告》，提高社会公众对固体废物污染防治工作的认识，扩大公众参与的途径，增强公众参与的能力。

■ 积极推进垃圾分类收集试点工作

按照《贵阳市关于强力推进城市生活垃圾分类收集处理工作的实施方案》，我市积极推进垃圾分类收集试点工作。截止2011年底，配置勾臂式小型清运车230辆，分类垃圾桶2900个，可回收垃圾桶5000个，可降解分类垃圾袋140余万个用于垃圾分类试点工作，选择了46个社区和6所中、小学作为生活垃圾分类收集试点，并在具备设置条件的试点社区和学校建立了17个绿色回收站（亭）。

全面完成20座垃圾中转站的新改扩建工作，其中；新建罗汉营路垃圾中转站等13座，改建次南门垃圾中转站等7座。

辐射环境管理

2011年，我市加大对辐射安全管理的监管力度，加强辐射环境监管能力建设，切实落实辐射安全管理的各项管理制度。规范审批电磁辐射项目，建立健全辐射安全档案，对全市所有使用放射源和射线装置并达到办理辐射安全许可证要求的单位，开展辐射监测，对废旧闲置放射源进行强制收储。同时，强化移动源和移动射线装置的监管力度，完善了辐射设备的验收手续，2011年，我市举办了市、区两级辐射监管人员培训班，促进了全市辐射安全监管能力的提升。

2011年，全市共计办理辐射项目555个。其中省级审批移动基站500个、输变电项目5个、辐射安全许可证9个，市级审批辐射安全许可证7个、输变电项目审批34个，废旧放射源强制收储77枚，规范报废医院射线装置3台。处理居民电磁辐射投诉6起。

2011年，贵阳市辐射环境质量总体良好。

生态环境保护与建设

自然生态环境

2011年，贵阳市森林覆盖率为42.3%，新增城区绿地40万平方米，人均公共绿地面积达10.32平方米，较上一年提高0.46平方米。

自然保护区　花溪区青岩油杉自然保护区，面积3733公顷。

风景名胜区　贵阳市现有风景名胜区9个，其中国家级1个，省级 8 个：红枫湖风景名胜区（国家级）、百花湖风景名胜区（省级）、花溪风景名胜区（省级）、开阳风景名胜区（省级）、息烽风景名胜区（省级）、修文阳明风景名胜区（省级）、清镇暗流风景名胜区（省级）、香纸沟风景名胜区（省级）、贵阳相思河风景名胜区（省级）。

森林公园　贵阳市现有森林公园5个，其中国家级1个，省级4个：长坡岭森林公园（国家级）、息烽温泉森林公园（省级）、景阳森林公园（省级）、贵阳鹿冲关森林体育公园（省级）、贵阳云关山森林公园（省级）。

措施与行动

■ 生态恢复与建设

2011年，我市继续巩固退耕还林成果，推进石漠化综合治理、植被恢复、天然林资源保护等林业生态工程建设。完成营造林12.27万亩，退耕还林成果补植补造7.84万亩，义务植树405万株；完成石漠化综合治理面积50.36平方公里，治理小流域河流14条。同时，大力加强森林保护，森林火灾受害率、林业有害生物成灾率分别控制在0.6%、3%以内。

加强城区绿化建设，科学优化黔灵山、东山等城市山体林种结构，建成区园林绿地面积6849.6公顷，绿化覆盖面积达7055.88公顷。同时，实施环城高速公路、二环路等城市主干道沿线景观改造工程，大量栽种香樟、竹等具有贵阳特色的优质林木，打造一批高品位生态路、景观路，形成环、带、线、点四位一体的城市绿化体系。

建成了贵阳市花溪国家城市湿地公园。按照原生态理念，建成集生态保护、科普教育、自然野趣和消闲游览为主要内容的高品质的湿地公园。

■ 水土流失综合治理

2011年，我市投入资金4500万元，完成了松柏山水库（旧盘——曹家庄）小流域治理、阿哈水库（拐尔——久安）小流域治理、偏坡小流域治理、尹家岩小流域治理、马岔河小流域治理、元丰小流域治理、岩鹰山小流域治理、谷堡烂沟—古龙小流域治理、金龙水库小流域治理、上沟小流域治理、小桥河小流域治理、下马河小流域治理、红枫湖白岩小流域治理、百花湖三岔河小流域治理等小流域治理试点工程，综合治理水土流失面积150平方公里，通过一系列水土流失综合治理，有效的遏制了我市水土流失现象。

■ 生态环境监督管理

2011年，我市进一步加大了对自然保护区、风景名胜区、森林公园生态环境的监管力度，开展了环境执法专项检查，依法处置破坏生态环境的违法行为，切实保护了我市的生态环境和自然资源。

■ 农村环境保护

2011年，我市以生态文明新农村建设为载体，以“农村环境综合整治目标责任制考核试点工作”为依托，加大了农村环境保护工作力度，积极推进农村面源污染的治理，大力改善农村人居环境。

2011年，我市花溪区被环境保护部命名为生态示范区；清镇市红枫湖镇获得国家环境优美乡镇称号；白云区牛场乡、修文县六广镇、开阳县禾丰乡3个乡镇被省环境保护厅命名为省级生态乡镇，乌当区等五个区的27个村被命名为省级生态村；通过生态乡镇（村）的创建，带动和促进了周边乡镇（村）的经济发展和环境保护。

2011年，我市花溪区麦坪乡康寨村、修文大石乡大石村、息烽县永靖镇下红马村农村环境综合整治项目建成并顺利通过了验收，环境保护部组织专家组对我市“农村环境综合整治目标责任制考核试点”工作进行了考核，我市农村环境保护工作得到了环境保护部领导及专家的肯定。

■ 生态文明贵阳会议

由全国政协人口资源环境委员会、科学

技术部、环境保护部、住房和城乡建设部、北京大学、贵州省人民政府主办的2011生态文明贵阳会议于2011年7月16日在贵阳召开，中共中央政治局常委、全国政协主席贾庆林作出重要批示，高度评价生态文明贵阳会议的战略定位、办会宗旨、研讨内容及为生态文明建设做出的积极贡献，联合国秘书长潘基文发来贺信，对生态文明贵阳会议寄予厚望，全国政协副主席郑万通致辞。英国前首相托尼·布莱尔作视频讲话，爱尔兰前总理、爱中合作理事会终身名誉主席伯蒂·埃亨，全国政协副主席、香港特别行政区首任行政长官董建华，十届全国政协副主席、中国工程院主席团名誉主席、中国工程院院士徐匡迪等作了精彩演讲。国家有关部委领导，著名大学校长、科学家和专家学者，部分城市负责人，知名企业家、媒体负责人及联合国有关机构官员等近千名海内外嘉宾出席会议。

会议围绕低碳经济、绿色发展和生态文明，深入探讨绿色就业、绿色产业、绿色消费、绿色运输、绿色贸易等战略性、前瞻性问题。会议举办了科学论坛、技术论坛、教育论坛、企业家论坛、高新产业金融论坛、跨国公司论坛、城市规划典型案例和最佳实践论坛、绿色文明与媒体传播论坛、森林碳汇论坛、共建低碳生态城市论坛、生态修复论坛、青年先锋圆桌会、电视高峰论坛等专题论坛，

会议期间，举办了全国生态文明建设成果展暨中国·贵阳节能环保产品和技术展，环保部、贵州省以及杭州、贵阳等46个城市和中节能、远大集团、中铝等140多家企业集中展示生态文明建设的最新成果；同时，还举办了全国低碳发展现场交流会、第一届全国生态文明建设试点经验交流会；举行了名人生态环保公益活动，与会嘉宾还参与了“留住绿色·我们在行动”培育生态公益林活动。会议最终形成了《2011贵阳共识》。

污染减排

2011年是“十二五”污染减排工作的开局之年，为实现年度主要污染物总量减排目标任务，我市继续贯彻强化结构减排、细化工程减排、实化监管减排、创新政策减排的方针，通过促进产业转型升级，加快推进污水处理设施和配套管网建设，全面开展水环境综合整治，大力推进大气污染联防联控，逐步启动重点行业除氮脱硝工程，加快推进机动车尾气减排，实施农村规模化畜禽养殖污染防治等一系列污染减排措施，我市污染物排放总量得到了有效削减。

2011年，我市完成减排项目30个，其中工业废气减排项目10个，工业废水减排项目9个，生活污水减排项目11个，农业减排项目3个。

经环保部、省环保厅核定，我市2011年四项主要污染物实现了“三降一升”，即二氧化硫排放量为11.51万吨，较上年削减13.31%；氮氧化物排放量为 5.41万吨，较上年增加1.84%；化学需氧量排放量为 4.43万吨，较上年削减3.48%；氨氮排放量为0.52万吨，较上年削减3.37%；按照环保部氮氧化物、氨氮只进行核算不纳入考核的规定，我市顺利完成2011年减排目标任务。

环境规划

2011年，我市对环境保护“十一五”规划及相关专项规划执行情况进行了评估，编制完成了《贵阳市“十二五”生态建设和环境保护专项规划》；《贵阳市农村环境综合整治规划（2010——2015）》、《贵阳市生态文明建设试点城市规划大纲》通过专家评审。

“十二五”时期是我市创建国家环境保护模范城市，建设生态文明城市的关键时

设研究中心合作，在两湖一库周边共同推出“乐耕园”项目，通过专业团队帮助当地农民建立30亩生态示范园，采用有机方式进行耕种，并协助村民组建生态农业合作社，建立一户农家对一户社区居民的供应关系，减少流通环节，既使农民获得稳定收益，又为城市居民提供了有机品质的健康农产品，推动了两湖一库周边农业农村生态的转型。基金会还出资3.5万余元，向红枫湖镇芦荻村竹山组捐赠了一批频振式太阳能杀虫灯，覆盖整个竹山生态农业示范区，有效杜绝了农业生产中使用农药的不良方式。同时，为清镇市东门河河道整治人工湿地公园工程项目投资240万元，帮助其建设人工湿地。据统计，四年多来基金会共投入2000多万元用于两湖一库环保教育、宣传和工程建设。

建设生态文明城市大事记

JIAN SHE SHENG TAI WEN MING CHENG SHI DA SHI JI

2011年

1月

1日

◎由国家旅游局、国务院新闻办、贵州省政府主办，省旅游局、省政府新闻办和贵阳市政府承办的“2011中华文化游”在青岩堡启动。

8日

◎贵阳国际会议展览中心承接投入运营以来的首场会议。贵阳国际会展中心是集展览、会议、酒店、餐饮、文化娱乐与休闲度假、商务办公、居住及综合服务为一体的特大型现代化会展展览综合体。其中，展馆面积12万平方米，包括1个登录大厅和8个独立展馆，可设置国际标准展位6000个。

◎7日至8日，环保部第十七核查组对贵阳市进行2010年度及“十一五”主要污染物总量减排核查。

11日

◎《贵阳市开展国家低碳城市试点工作实施方案》通过国家发改委气候司组织的专家评审。

12日

◎贵阳北控水务有限责任公司、贵州北控城投投资有限公司举行揭牌、授牌仪式。

18日

◎贵阳市“创模”宣传进社区启动仪式举行。自2月起，“创模”宣传将以宣传栏的形式进驻全市96个“绿色社区”。

22日

◎贵阳市5个社区被授予省级“绿色社区”称号。

24日

◎贵阳西部化工物流中心（基地）项目正式启动。

25日

◎乌当特色食品工业园一期工程10家企业集中开工。规划用地69.94公顷。

27日

◎贵阳市启动“创建全国文明城市邮政明信片金点子征集”活动。

2月

11日

◎花溪高校集聚区全面开工。规划总用地面积近4万亩，由高校集聚区、科技产业集聚区、公建配套服务综合区、居住生活综合区四大功能板块构成。

12日

◎贵阳市文化市场综合执法支队被国家知识产权局、公安部、海关总署、工商总局、国家版权局等八部门评为“2010年世博会知识产权保护专项行动先进集体”。

18日

◎花溪羊艾产业园暨农产品加工基地开工建设。建成后年产值将超过60亿元。

◎中小企业知识产权战略推进工程启动。计划到2013年底培育250家具有自主知识产权优势的中小企业。

20日

◎乌当区顺海村被命名为省“布依族现代文明模范村”。

21日

◎贵阳朗玛信息技术有限公司被国家发改委认定为“国家规划布局内重点软件企业”。

23日

◎《贵阳市轨道交通1号线工程可行性研究报告》通过专家组评估。

24日

◎贵阳市被交通运输部确定为全国10个低碳交通运输体系试点城市之一。

◎贵阳市白云区在2010年度“整脏治乱”全省综合评比中获得第二名。

28日

◎由贵阳公交（集团）有限公司和贵州华能焦化（制气）股份公司共同合作的利用焦炉尾气生产液化天然气（LNG）项目在清镇奠基。

3月

1日

◎《贵阳市城乡规划条例》施行，标志着贵阳市告别规划工作城乡二元分治模式，建立起城乡一体化的规划管理体系。

3日

◎文昌路、富水路、公园路、都司路“白改黑”工程启动。改造道路总长5千米，摊铺沥青10万余平方米。

◎市城市综合执法支队燃气大队正式成立。这是贵阳市首支城市综合执法专业队伍。

5日

◎贵阳市开展主题为“凝聚民族精神 再创贵阳辉煌——我参与·我快乐”的“绿丝带”志愿者大型公益活动。

11日

◎贵阳三联乳业有限公司乳业废水处理工程通过验收并投入使用。该工程可日处理乳业废水800立方米，预计每年可减少COD（化学需氧量）排放量262.8吨。

12日

◎贵阳市被授予“中国温泉之城”特别奖。

14日

◎南明河大规模清淤工程启动。全长约32.5千米，预计清淤64.4万立方米。

◎省委常委、市委书记李军，市委副书记、市政府党组书记李再勇，市人大常委会主任李跃南，市政协主席陈石等市四大班子领导开展“绿丝带”志愿植树活动。

◎“两湖一库”水质基本完成“三年明显好转”的工作目标。

17日

◎17日至20日，“爽爽的贵阳”主题展在法国巴黎凡尔赛门国际会展中心举行。

19日

◎举行“认种一棵树、认养一片林，共建十里河滩湿地公园”大型公益活动。

22日

◎3月22日至6月5日，“我眼中的两湖一库——乡村环保摄影活动”启动，百名村民拿起相机拍家园。

◎贵阳日报传媒集团发起“贵阳市绿色江河全民保护行动”，动员全市机关、团体、学校、家庭和企事业单位通过“认领”的方式，保护98条河流。

23日

◎贵阳市水利交通发展投资（集团）有限公司挂牌成立。

26日

◎通过市场运作引入社会资本参与保障性住房建设的渔安新城公共租赁住房项目开工。总投资25亿元、建设1.6万套住房。

◎建设总规模达95万平方米的大营坡片区棚户区改造项目启动。

◎贵阳2011年“地球一小时”和“地球一小时低碳生活周”公益环保活动启动。

31日

◎贵阳奥体中心主体育场工程竣工验收。项目总用地面积为116.27公顷，总建筑面积为28.939万平方米，观众座位数为51636个。

◎贵阳市实验小学、贵阳幼儿师范学校被国际环境教育基金会（FEE）授予首批国际生态学校绿旗。

4月

1日

◎贵阳市筑城广场建设启动。广场总面积8.7万平方米，呈半岛状，12月底前完工。

◎开阳县磷矿资源“一票通”管理系统正式运行。这项投资800万元、历时13个月建成的管理系统将有助于开阳县对磷矿资源进行有效合理开采，防止矿山私挖乱采，提高磷矿资源的就地转化率。

7日

◎贵阳市工业园区及项目建设观摩与经验交流会召开。

9日

◎南明河沿岸景观整治工作展开，7月底完成。

◎国务院食品安全整顿评估考核组对贵阳市食品安全整顿工作进行现场评估考核。

11日

◎全市召开迎接创建全国文明城市检查暨创建国家卫生城市技术评估动员大会，对“创文”、“创卫”迎检工作进行再动员、再部署。

13日

◎贵阳市第一次全国污染源普查工作完成，共获得286万个各类污染源基本数据。

◎全市开展中心城区建筑工地、建筑物料运输、建筑垃圾消纳场专项整治行动。

◎2011年贵阳避暑度假酒店申报活动启动。

15日

◎首届贵阳国际汽车展览会在贵阳国际会议展览中心开展。这是贵阳国际会议展览中心建成投用以来举行的第一个大型展览。展出总面积约6万平方米，200种车型、400多台车参展。

18日

◎全市开展城区车容车貌专项整治行动。

20日

◎全市就业工作联席会暨创建国家级创业型城市工作推进会召开。全市将培育5000名微型企业和小企业老板，力争到2012年末通过国家考评验收，获得国家级创业型城市称号。

21日

◎在北京举行的第七届杰出华商大会暨第十届“外交官之春”活动上，贵阳市被授予“2011中国魅力城市”荣誉称号。

23日

◎《贵阳经济技术开发区国家生态工业示范园区建设规划》通过专家评审。标志着贵州省首个国家生态工业示范园区将落户小河区。

26日

◎贵阳高新兰亭高科有限公司年产29万吨改性、乳化、再生沥青系列产品项目投产。项目总投资1.28亿元，投产后可实现年产值5亿元，占地2.8公顷。

◎“贵阳市社会救助保障管理信息系统”投入使用。

27日

◎贵阳市与美国GT太阳能公司合作建设年产3000万片LED蓝宝石衬底材料项目正式签约。

◎“中青院线”落户贵阳，这是全省首个儿童公益剧场。

5月

4日

◎市委群众工作委员会和市群众工作中心成立。

◎在“贵州·香港投资贸易活动周”开幕式暨项目签约仪式上，贵阳市签约11个投资项目、投资总额27.2亿美元；签约5个贸易项目、涉及进出口总额32.3亿美元。

5日

◎由市文明办、贵阳学院、市教育局联合组建的贵阳市未成年人心理健康辅导站成立，主要开展未成年人心理健康辅导工作，免费提供心理测试、危机干预等服务。

◎贵阳市被列入全国首批工业固体废物综合利用基地建设试点。到“十二五”期末，全市工业固体废物综合利用率将达到60%以上。

6日

◎贵州开磷集团与贵阳公交总公司共同组建的贵州惠磷新能源有限责任公司挂牌成

立，主要为全市公交车生产甲醇绿色燃料。

◎花溪区青岩镇通过省爱卫会验收审查，成为全省第一个省级卫生镇。

8日

◎小孟工业园9个项目集中开工。总投资15.08亿元，包括7个工业项目和2个基础设施项目。

10日

◎贵阳国家高新区规划展览室落成。工程造价730万元，建筑面积约1000平方米。

12日

◎《贵阳市公共租赁住房管理暂行办法》公布。新就业的无房职工、新毕业的大学生和非本市户籍的外来务工群体符合保障条件的均可申请公租房。

◎总投资3.8亿元的新天花卉市场重建项目开工。项目建成后，将填补全市流通领域花卉专业批发市场的空白。

13日

◎贵阳市爱心助残志愿者服务队被评为全国志愿助残示范基地。

15日

◎贵阳市节水宣传周活动开幕，在全省率先启动“中学生社会实践节水体验日活动”。

19日

◎全省首家少数民族法律援助机构——贵阳市法律援助民族工作部成立。

20日

◎花溪区青岩镇南北街被省食品药品监督管理局授予“贵州省餐饮服务食品安全示范街”称号。

◎全市对临时占道摊区实行档案管理和记分管理制度。扣分累计达到一定分值者，将给予停业整顿、吊销《临时占道经营许可证》、取消经营资格等相应处罚。

◎关爱农民工“绿丝带”志愿服务活动启动。部分爱心企事业单位向中国志愿服务基金会捐赠100万元。这笔捐款将全部用于为农民工提供技能培训、素质提升培训、权益维护等服务。

23日

◎贵州詹阳动力重工有限公司、贵阳永青仪电科技有限公司被国家人力资源和社会保障部授予“国家级就业见习示范基地”称号。

25日

◎贵阳国家高新技术开发区、清镇市工业园、息烽县工业园成为首批“省级新型工业化产业示范基地”。

30日

◎贵阳高新创业投资有限公司成立。公司由高新区与省科技风险投资公司共同出资组建，注册资本金为5000万元，其中，高新区出资70%，省科技风投公司出资30%。同时设立贵阳高新创业投资基金。

◎云岩区中华社区党委、社区服务中心成立，这是老城区成立的第一家新型社区服务中心，标志着贵阳市城市基层管理体制改革向纵深推进。

6月

1日

◎贵阳市妇女儿童活动中心启用。中心总占地面积2.93公顷，建筑总面积12300平方米，总投资5537.44万元，包括儿童活动中心、妇女教育及健身中心等。

2日

◎第九届全国少数民族传统体育运动会开幕倒计时100天万人誓师大会举行。

◎贵阳市顺利通过国家园林城市复查。

5日

◎2010年《贵阳市环境状况公报》发布。2010年，全市空气质量优良率为93.97%，达到国家环境空气质量二级标准；饮用水源地水质达标率为100%，地表水水质达标率为95.83%；区域环境噪声和道路交通噪声平均值分别为55.6分贝、67.8分贝，达到国家考核标准。

◎省、市多部门联合开展主题为“共建生态文明，共享绿色未来”的第40届“六·五世界环境日”宣传活动。

10日

◎在北京举行的“2011（首届）百城论坛”上，贵阳市被授予“城市科学发展奖”。论坛由中国人民对外友好协会、中国国际友好城市联合会主办。

◎中央电视台与贵阳市共同录制的《欢乐中国行·魅力贵阳》节目在央视综艺频道（CCTV3）首播。节目突出“贵阳作为贵州旅游集散地”的理念，为即将揭幕的“2011中国·贵阳避暑季”预热。

11日

◎贵阳市群众工作中心启用。中心在市信访局的基础上成立，总面积近4000平方米。中心采取窗口调处、联合调处、重点调处“三级调处”方式化解各类矛盾，并利用心理疏导室、法律服务室、群众工作志愿者服务室、便民巡回法庭等做好群众思想疏导工作。

◎贵州省暨贵阳市2011年全国节能宣传周启动仪式举行，本次活动主题为“节能我行动，低碳新生活”。

◎全市开展“步行日”万人绿色出行活动，市民们以徒步行走的方式，倡导绿色出行、低碳生活的理念。

16日

◎红湖老年公寓项目在筑启动。项目总投资约38亿元，总规划面积1000公顷，建设周期6年。其中，项目一期规划总面积206.1公顷，投资12.5亿元，预计2014年完工，可容纳3万名老年人入住。

18日

◎“2011中国·贵阳避暑季”开幕。本届避暑季以“避暑、生态、产业”为主题，推出缤纷五月、激情六月、红色七月、清凉八月、炫彩九月等5个“旅游主题月”，并穿插市直部门及各区（市、县）推出的文化活动、体育活动、会展活动等。

◎贵阳市第五届旅游产业发展大会举行。会议提出，贵阳旅游业要按照加速发展、加快转型、推动跨越的总体要求，确保三年实现大突破、五年实现大提高。

◎“爽爽的贵阳网”和“爽爽手机网”开通上线。

19日

◎息烽集中营革命历史纪念馆被授予“全国红色旅游工作先进集体”称号，馆长杜兰江获“全国红色旅游工作先进个人”称号。

21日

◎“两湖一库”区域开始采用生态浮床（浮岛）方法对污染水体进行水质改善及生态修复。全年共完成2.6万平方米生态浮床建设。

◎贵阳市政府代表团赴重庆开展经贸洽谈暨“爽爽贵阳·避暑天堂”旅游推介会。共签约项目20个，其中，投资合作项目13个，旅游合作项目7个，涉及金额7.3亿元。

23日

◎市委副书记、市长李再勇应邀在应对气候变化与绿色低碳发展高级别国际研讨会作《推动绿色低碳发展 建设生态文明城市》的主题演讲，介绍贵阳生态文明建设的做法、成效。

25日

◎贵阳市以“土地与转变发展方式——促节约守红线惠民生”为主题开展第21个全国土地日宣传活动，号召大家节约、集约用地。

29日

◎全省首个社区残疾人康复中心——金阳碧海社区“残疾人康复之家”投入使用。

7月

1日

◎贵阳市集中开工建设公共租赁住房5.7万套、315.8万平方米。

◎贵阳市启动失业保险标准与物价上涨挂钩联动机制，惠及全市低收入困难群体15.34万人。

2日

◎贵阳市机动车尾气环保检测行业协会成立。

4日

◎由17个国家34名司局级官员组成的非洲国家减贫与可持续发展官员研修班到金阳新区参观考察。

7日

◎“大美西部 和谐生态”——“淡水河谷”中国西部生态保护创新公众参与项目颁奖仪式在京举行，省环保厅宣教中心针对贵阳市“两湖一库”周边农村环境保护设计的“湖库守护者”项目荣获优秀项目奖。

11日

◎《贵阳市小客车专段号牌核发管理暂行规定》出台。从12日起，对本市新入户的小客车核发专段号牌和普通号牌。

12日

◎贵阳与北京、深圳、重庆、杭州、长沙等8个城市被国家财政部、发改委定为首批节能减排财政政策综合示范城市。

15日

◎15日至19日，“全国生态文明建设成果展暨中国·贵阳节能环保产品与技术展”在贵阳开展。展览总规模达17000平方米，贵州省及全国45个生态市、区（县）或生态文明试点城市及来自北京、上海、广东、湖南等10个省（市）地区逾百家企业参展。

17日

◎16至17日，主题为“通向生态文明的绿色变革——机遇和挑战”的2011生态文明贵阳会议举行。中共中央政治局常委、全国政协主席贾庆林作重要批示，联合国秘书长潘基文发来贺信，全国政协副主席、香港特别行政区首任行政长官董建华演讲，全国政协副主席郑万通致辞，英国前首相托尼·布莱尔作视频讲话，爱尔兰前总理、爱中合作理事会终身名誉主席伯蒂·埃亨演讲。本次会议突出城市为核心、企业为关键、科技为先导、教育为根本、传媒为催化剂、社会为基石，先后举办基调演讲和科学论坛、技术论坛、教育论坛、企业家论坛、高新产业金融论坛、跨国公司论坛、城市规划典型案例和最佳实践论坛、绿色文明与媒体传播论坛、青年先锋圆桌会、森林碳汇论坛、生态修复论坛、电视高峰论坛等专题论坛，以及名人生态环保公益活动，“留住绿色·我们在行动”培育生态林以及“全国低碳发展现场交流研讨会”、“第一届生态文明建设试点城市经验交流会”、“全国生态文明建设成果展”、“中国·贵阳节能环保产品和技术展”等活动。会议期间，近千名参会代表、嘉宾围绕低碳经济、绿色发展和生态文明，积极讨论转变经济发展方式，深入探讨绿色就业、绿色产业、绿色消费、绿色运输、绿色贸易等战略性、前瞻性问题，形成“2011贵阳共识”，共同呼吁以更有力措施推进生态文明建设。

◎在中国社科院颁布的公共服务蓝皮书《中国城市基本公共服务力评价(2010—2011)》中，贵阳基础教育满意度在全国38个主要城市中排名第三。

◎生态文明贵阳会议招商引资项目签约。签约项目共15个，签约金额59.78亿元，均为旅游、再生低碳、固体废弃物无害化处理与综合利用、现代物流等绿色、环保项目。

21日

◎贵阳被中国城市竞争力研究会和世界城市合作组织授予“2011中国十大美丽城市”称号。

22日

◎贵阳市与安顺市签订平坝至贵阳城市快速干道项目共建协议书。路线全长48.152千米，估算总投资53.99亿元。

23日

◎小孟装备制造业生态工业园区、麦架——沙文高新技术产业园、息烽县磷煤精细化工工业园、清镇铝煤生态工业园区被列为省级一类工业园区。

26日

◎中意合作贵阳经济技术开发区生态工业示范园区项目洽谈会在京举行，双方达成一致意见，“中意环保伙伴关系基金”将对示范园区的集中式表面处理中心项目、雨水利用项目提供资金支持，援建小河生态工业。

28日

◎2011中国·贵阳中医药(民族药)博览会开幕。

8月

3日

◎贵阳市花溪区、乌当区被纳入2011年国家新型农村社会养老保险试点。同时，修文县、开阳县、息烽县、清镇市、花溪区、乌当区6个县（市、区）被纳入2011年国家城镇居民社会养老保险试点。

5日

◎贵阳会议产业与贵阳国际生态会议中心发展研讨会召开。会议提出，用5至10年时间，努力把贵阳建设成为“中国夏季会展名城”。

◎全市6796户符合条件的申请人通过公开摇号获得市级统筹公租房的配租资格。

8日

◎龙洞堡新城启动建设，首批10个项目同时集中开工。

◎乡村旅游精品景区、民俗生态示范点——“泉城五韵”成功注册商标和旅游标识。

9日

◎第八届中外避暑旅游口碑金榜发布，贵阳市位居“2011中国避暑旅游城市榜”榜首，同时，入围“2011全球十大避暑名城”。

10日

◎《贵阳市科技创业投资引导基金管理暂行办法》实施。

14日

◎为期3天的2011中国·贵阳国际特色农产品交易会落幕。888家国内外企业参展，参展产品上万种，实现销售额1.3亿元，签约8亿余元，参观人数31万人次。

◎贵阳市城市管理监督指挥中心林业绿化分中心成立。主要负责处置道路绿化带、广场绿化景观等涉及城市园林绿化的所有问题。

18日

◎由国家商务部与省政府共同举办的中国（贵州）国际酒类博览会暨2011中国·贵阳投资贸易洽谈会开幕。中共中央政治局委员、国务院副总理王岐山宣布开幕。展洽会设8个展馆，展览总面积7.2万平方米，参展企业1854家，参展人员和采购商12000人。签约项目148个，总投资1188亿元。

26日

◎2011亚洲青年动漫大赛暨“贵州华能”中国（贵阳）卡通艺术活动在贵阳市举行。本届大赛以“生态动漫、创意未来”为主题，共征集到参展参赛动画1510部，漫画、插画作品12110余件，作品遍及全球76个国家和地区。

27日

◎2011亚洲青年动漫大赛举行国际版权交易及经贸洽谈会，10个项目现场签订合作协议，签约金额共1.7亿元。其中，贵阳本土原创作品《黄果树水精灵历险记》成功签下5000万元大单。

31日

◎贵阳北控水务有限责任公司在云岩、南明、小河、金阳、花溪、乌当设立的服务中心正式成立并对外服务。

9月

2日

◎住房和城乡建设部、国家发展和改革委员会为贵阳等17个获“国家节水型城市”称号的城市授牌。

5日

◎168个“微笑小屋”投入使用。“微笑

小屋”为参加全国少数民族运动会的来宾提供赛事咨讯、旅游咨询、线路指示、天气查询等志愿服务。

6日

◎二环路全面建成通车。总投资约120亿元，全长49.1千米，由西二环、北二环、东二环、南二环四段组成。

◎花溪十里河滩国家城市湿地公园开园。湿地公园用地609公顷，涵盖了生态核心区、湿地科普区、花圃展示区、民俗文化体验区和湿地游览区。

◎贵阳市少年儿童图书馆正式揭牌并对外开放。图书馆占地1200平方米，设有书库、图书阅览室、电子阅览室、低幼儿童及盲童图书室和期刊阅览室等功能区，有藏书54337册。

7日

◎“贵州最具魅力民族村寨”评选揭晓。其中，贵阳市的清镇市虎山彝寨、乌当区泉城五韵、开阳县水头布依寨入选。

9日

◎机动车驶入贵阳市一环路以内道路（含一环路）按机动车号牌（含临时牌照）尾号对应的日期依次限行。

10日

◎第九届全国少数民族传统体育运动会在贵阳开幕。中共中央政治局委员、国务院副总理回良玉宣布开幕。来自全国34个代表团的6700多名少数民族运动员参加独竹漂、花炮、珍珠球、民族式摔跤、武术等16个竞赛项目和188个表演项目的比赛。

15日

◎第九届全国少数民族传统体育运动会民族大联欢活动在贵阳市观山湖公园举行。

17日

◎第九届全国少数民族传统体育运动会表演项目颁奖晚会举行，湖北代表队的《高脚对抗》等74个节目获得一等奖。

18日

◎第九届全国少数民族传统体育运动会闭幕。国务委员戴秉国宣布运动会闭幕。第十届民族运动会将于2015年在内蒙古自治区鄂尔多斯举行。

20日

◎贵阳市残联获全国残疾人康复工作先进集体，贵阳市残联康复部的张琦荣获先进个人。

22日

◎贵阳市举行“全国科普日”活动。活动共有“节约能源资源、保护生态环境、保障安全健康、促进创新创造”、“坚持科学发展观，节约保护水资源”、“百万公众网络学习工程”三大主题。

24日

◎“首届贵州应对气候变化与发展低碳经济”研讨会在贵阳举行。研讨会由省科学技术协会、省节能减排研究会共同主办，贵州天鼎（沃尔沃）汽车服务有限责任公司协办，来自国内知名企业、科研院校的300多人出席。

28日

◎贵阳市科技金融推进会暨科技企业信用体系建设签约仪式举行。

29日

◎由住房和城乡建设部政策研究中心主办的首次“建筑反射隔热涂料应用技术研讨会”在贵阳举行。会议旨在推广应用这一建筑节能技术。

30日

◎贵州省第九届全国少数民族传统体育运动会总结表彰大会举行。中共贵阳市委、贵阳市人民政府被授予“第九届民族运动会承办工作特别贡献奖”称号。

10月

3日

◎贵州省第一个“3C绿色电网”示范工程——贵阳电网110千伏青山变电站新建工程开工建设。

4日

◎“听嘎”首届西南大学生湿地旅游音

铝加工基地开工项目6个，总投资123亿元，占地总面积3637.4亩。

◎贵州凯阳航空发动机维修基地建成投入使用，这是高新区沙文生态科技产业园第一个竣工投用的项目。项目总投资2.97亿元。

◎在北京举行的中国媒体2011年会暨2011中国媒体华表奖颁奖典礼上，贵阳日报传媒集团获“2011年中国媒体华表奖——媒体奖”。

19日

◎助推水利建设 青春尽展风采——“六个一”绿水行动启动，号召社会各界以捐建或共建的方式修建“共青水窖”。

20日

◎贵阳市获“全国文明城市”和“国家卫生城市”称号。

21日

◎贵阳市应急救援综合训练基地开工建设。项目建设用地160亩，建筑总面积为40000平方米，投资2.45亿元。

22日

◎全国民营企业助推贵州发展大会在贵阳召开。贵阳市共签约91个项目，金额总计2450.6亿元。

◎“应急科普宣教和预警信息发布系统”终端设备开始安装。到2013年共安装3万台。

23日

◎贵阳农村商业银行开业。贵阳农村商业银行股份有限公司是在原南明区农村信用合作联社、小河区农村信用合作联社、白云区农村信用合作联社、云岩农村合作银行4家农村金融机构基础上设立。

◎贵阳金融中心开工建设。项目总投资106亿元，规划占地805亩，总建筑面积224万平方米。

24日

◎市残疾人康复托养中心开工建设。总投资近1.5亿元，占地面积43636平方米。

25日

◎全市科技金融专项补助资金兑现大会举行。19家科技企业和金融机构获补助资金606万元。

27日

◎贵阳奥体中心主体育场通过国家建设部专家验收，成为建设部科技示范工程。

◎息烽县磷煤精细化工工业园成为省级经济开发区，定名为贵州息烽经济开发区。

◎贵阳市“百姓—书记市长交流台”获人民网全国网民留言办理工作先进单位称号。

28日

◎贵阳市被评为“中国十大低碳城市”。

31日

◎“2012贵阳筑城广场迎新仪式”举行。迎新仪式由序篇、“龙腾金筑”、“金龙献瑞”、“筑笙开泰”、“鼓舞飞祥”、“心灯祈福”、“新年献辞”、“盛世宏钟”、“祝福祖国”九个部分组成。

媒体关注

MEI TI GUAN ZHU

公益活动直播预告》及《“2011生态文明贵阳会议”开幕式直播预告》；7月16日，贵阳日报、贵阳晚报刊登整版彩色2011祝贺公益广告、《“2011生态文明贵阳会议”开幕式直播预告》。

截至7月29日，贵州日报制作专版10个，其中1版发稿8条，全文刊发《2011贵阳共识》；贵州电视台“贵州新闻联播”发稿30条，并特别加强对会议的深度报道，开幕当天就推出专门以贵阳市的经济社会发展为内容的主题报道《贵阳：围绕生态文明指挥棒 奏响绿色发展交响曲》，时长近6分钟。7月17日，《贵州新闻联播》又在闭幕当天及时推出了主题报道《贵州：强健工业筋骨 筑牢生态文明基石》时长6分钟，全面展现了贵州省委省政府对工业强省和生态文明建设统筹发展，实现双赢的发展思路。会议结束以后，贵州卫视《论道》栏目对“电视高峰论坛”作了录制，精心编辑后择时播出。贵州人民广播电台发稿40条，会议闭幕后，又连续两天推出《世界缘何把关注的目光投向贵阳》和《在生态文明理念引领下的互动双赢》2篇综述报道，在头条播出。贵州都市报刊发消息、通讯、主题策划、花絮、记者手记、时评等各类稿件100余条，12个专版；贵州商报会议期间16日至18日，连续3天刊发头版头条或头版大图，共计发表通讯、消息共38篇、图片共29张，总计10个整版；贵州政协报总计发稿25条；贵州民族报分别于7月15日及7月22日推出2个专版；贵阳日报总计推出64个专版，会议期间共推出消息、特写、综述、人物专访60余篇，图片50余张，7月19日，以图片的形式，推出生态文明贵阳会议图片专版。并从19日开始将连续6天推出《生态文明贵阳会议在我市引起强烈反响》系列报道。贵阳广播电视台电视部分各专栏共播发前期预热报道、会议程序报道、论坛、嘉宾访谈、领导及嘉宾观点、特写等100余条，播出总时长达到200多分钟；推出《外宾看贵阳》、《图说生态贵阳》等专栏报道；在直播贵阳中推出民生话题等观众互动栏目，扩大市民对会议的关注和对生态文明城市建设的积极参与。贵阳广播电视台电台部分播发稿件300余条，各类资讯20多条，互动节目4期，专访8组，连线20多次。贵阳晚报共刊发专版28个，发稿总量98条，图片91幅。刊发通讯5篇，独家策划专版话题5篇。黔中早报从7月8日至7月15日，每日推出一个关于生态文明贵阳会议动态及前期准备工作的新闻报道的专版，共推出14个专版，发稿100余条。（郑 汉）

附录：建设生态文明城市外地动态

FU LU JIAN SHE SHENG TAI WEN MING CHENG SHI WAI DI DONG TAI

北京市：中国生态文明研究与促进会在北京成立

中国生态文明研究与促进会于2011年11月11日在北京成立。中共中央政治局常委、全国政协主席贾庆林，中共中央政治局常委、国家副主席、中央军委副主席习近平，中共中央政治局常委、国务院副总理李克强等为大会发来贺信、作出批示。

中国生态文明研究与促进会是专业性、公益性、非营利性的全国性社会团体。其宗旨是聚集全国高端人才，协助官方推进生态文明建设，为官方决策提供咨询服务。11日举行的成立大会上，国务院原副总理、中国生态文明研究与促进会总顾问姜春云指出，改革开放三十多年，中国经济社会发展取得了巨大成就，综合国力和人民生活水平大幅度提升，但为此付出了过大的资源、环境代价，环境问题也处于“局部有所改善、总体尚未遏制、形势依然严峻、压力继续加大”的态势。姜春云表示，应对全球生存危机、根治环境恶化痼疾，已成为包括中国在内的全人类刻不容缓、极其重大的任务。他希望，中国生态文明研究与促进会有所作为，多出高质量的研究成果。

十一届全国政协副主席、中国生态文明研究与促进会会长陈宗兴表示，无论从人类文明发展的历史进程，还是从中国转变经济发展方式的需求来看，中国都亟需探索一种崭新的发展模式，走出一条不同于以往的发展道路。这条新道路的核心，就是要在工业文明的基础上，推进新的发展理念、发展方式和消费模式，实现人与自然和谐、发展与环境双赢的科学发展，跨入人类生态文明的新时代。中国生态文明研究与促进会将研究、破解生态文明建设的重大课题，发挥政府与社会间的桥梁纽带作用，推动形成共同参与、共同建设、共同分享的生态文明建设新格局。（摘自：中新网）

天津市：第二届中国天津滨海国际生态城市论坛召开

第二届中国（天津滨海）国际生态城市论坛暨博览会于2011年9月23日在滨海新区开幕。本届滨海论坛暨博览会由国家发改委、住房和城乡建设部、天津市政府、中国国际经济交流中心共同主办，滨海新区人民政府承办。为期5天的展会集中展示了国内外低碳城市和生态城市的先进理念、技术和产品，还邀请了国内开展试点工作的低碳省市及国外代表参会，共同探讨生态低碳城市发展的未来。

展会期间举办了多场行业论坛。同期举行的博览会设置“低碳和生态城市展区”、“绿色建筑展区”等4个展区，集中展示我国低碳生态建设取得的成绩。此外，厦门、南昌、贵阳、保定、无锡、扬州等低碳试点城市参展，包括加拿大铝业、嘉里粮油、奥的斯等世界五百强企业在内的国内外100余家企业设置展台。（摘自：新华网）

天津市：生态文明视阈中的城市发展研讨会召开

由中国未来研究会承办，中国自然辩证法研究会、天津市未来与预测科学研究会、天津工业大学联办的第十三届中国科协年会第20分会场“生态文明视阈中的城市发展研讨会”于2011年9月21–23日在天津市召开。中国未来研究会理事长、20分会场主席张文范，中国未来研究会副理事长、中国工程院院士候立安，中国自然辩证法研究会代秘书长张明国，天津工业大学校长杨庆新出席分会场开幕式，分会场主席张文范致开幕辞。来自全国各地的150余位代表出席会议。

在分会场会议上，中国未来研究会学术交流委员会主任、国务院发展研究中心技术经济研究部原部长邓寿鹏，作了题为《云计算：城市信息化的绿色生态》的报告；中国自然辩证法研究会代秘书长、北京化工大学教授张明国，作了题为《生态文明的技术哲学视阈》的报告；中国未来研究会副理事长、第二炮兵工程设计研究院副总工程师、中国工程院院士侯立安，作了题为《遭核污染的城镇饮用水应急保障技术研究进展》的报告；中国未来研究会副理事长、天津工业大学公共危机研究所所长、教授阎耀军，作了题为《城市生态安全管理的前移与前馈控制系统的构建》的报告；天津大学教授韩永进，作了题为《科学技术前沿核心区与战略新兴产业选择》的报告；中国未来研究会副理事长、清华大学教授顾朝林，作了题为《关于未来城市的思考》的报告；天津市科学学研究所所长、教授李春成，作了题为《战略性新兴产业发展的制度创新》的报告。（摘自：新华网）

苏州市：中国生态文明研究与促进会首届年会通过《生态文明苏州宣言》

中国生态文明研究与促进会(简称“研促会”)第一届年会于2011年12月17日至18日在江苏省苏州市召开。此次年会以“生态文明，绿色转型”为主题，围绕生态经济与绿色转型、生态社会与制度创新、生态文化与绿色消费等议题，对中国生态文明建设现状及绿色转型发展前景等重大问题进行了深入研讨。

联合国副秘书长兼联合国环境规划署执行主任施泰纳、中国生态文明研究与促进会总顾问姜春云分别发来贺信和致辞；全国政协副主席、农工民主党中央常务副主席、中国生态文明研究与促进会会长陈宗兴，环境保护部副部长李干杰，中国生态文明研究与促进会常务副会长祝光耀等出席会议并讲话。

本届年会由研促会主办，苏州市委市政府承办，来自全国各地、各行各业的约400名代表出席了会议。20余名生态界知名学者、专家在各个分会上就中国经济发展方式的绿色转型，地方经济结构调整与绿色发展，绿色经济发展机制创新，生态文化引领中国的绿色消费，以及把循环经济的理念贯彻到生态文明创建全过程等进行了专题研讨。

大会通过了《生态文明苏州宣言》。宣言倡议政府、企业、公民和社会组织发挥各自作用和优势，全社会积极行动，深刻认识建设生态文明的重大意义，深入研究把握生态文明建设的客观规律，扎实开展生态文明创建，广泛传播生态文明理念，大力倡导低碳绿色的生产生活方式，积极培育崇尚生态文明的社会文化氛围，让生态文明的理念与实践永续承传，为建设生态文明不懈奋斗，共同缔造人类生态文明的美好未来。（摘自：中国新闻网）

苏州市：编制《生态文明建设规划》

《苏州市生态文明建设规划》（以下简称《规划》），针对五大系统建设，在未来十年，将重点建设湖泊水环境整治和湖岸生态修复工程、生态工业园区、绿地生态功能提升工程、生态环境教育基地建设工程、生态补偿机制完善工程等48项工程，总投资约83.66亿元。

《规划》在分析苏州现状优、劣势的基础上，初步确定了符合苏州特色的生态文明建设目标评估体系。该体系由生态文化、生产环境、生活经济、生态人居和生态制度等五大系统构成，总计27项指标、34个要素。2010～2015年的近期目标是：到2015年，生态教育理念在学校教育中普及，社区环保宣传教育普及率达95%以上，人均公共图书1.5本以上，财政性教育经费占同期GDP的2%以上。家庭电子商务普及率达到80%以上，拥有智能系统的居民小区达80%。全市工业用水重复利用率达到85%以上，主要农产品中有机、绿色及无公害产品种植面积的比重大于70%。区域生态环境质量明显改善，万元GDP能耗下降到0.9吨标准煤以下，万元GDP水耗量控制在18立方米以下，城镇和农村生活污水集中处理率分别达到85%、50%以上(其中，太湖、阳澄湖水源保护区农村生活污水集中处理率达75%以上)，城市环境空气质量达到国家二级标准，优良率大于90%。全市“十二五”污染物减排目标提前完成，绿色消费、生态办公、低碳生活已成为社会风尚。2016～2020年的中远期目标是：到2020年，建成特色鲜明的生态教育基地，环保宣传教育普及率达98%以上。人均拥有公共图书2本以上，财政性教育经费比重达世界平均水平。互联网已在居民家庭普及，居民小区智能系统拥有率达90%以上。产业结构得到全面升级，能耗水平和主要污染物排放指标整体上达到国际先进水平。工业用水重复利用率达到90%;万元GDP水耗量控制在16立方米以下;工业能耗达发达国家平均水平，主要农产品中有机、绿色及无公害产品种植面积比重大于80%。绿色、节约、低碳、环保已成为日常生活的习俗。（摘自：苏州日报）

温州市：2011海洋生态文明（温州）国际论坛召开

2011年10月16日，2011海洋生态文明(温州)国际论坛在浙江温州开幕，论坛旨在应对气候变化，加强国际间海洋领域合作。国家海洋局陈连增副局长，浙江省人民政府副省长、温州市委书记陈德荣出席论坛并分别作了重要讲话，开幕式由温州市代市长陈金彪主持。

论坛主题为“海洋应对气候变化的机遇与挑战”。与会专家学者将围绕“国别应对气候变化策略”、“沿海城市发展与应对气候变化”和“海岛、海岸带生态系统与气候变化的适应性”展开探讨。

该论坛系自2008年举办以来的第四届，来自美国、加拿大、德国、荷兰、挪威、以色列、马来西亚、泰国以及香港等9个国家和地区海洋研究领域的科学家及国内海洋学界知名学者，联合国开发计划署(UNDP)、美国国家海洋和大气局(NOAA)、全球环境基金(GEF)、世界自然基金会(WWF)、保护国际(CI)、生物多样性公约秘书处(CBD)、世界自然保护联盟(IUCN)等国际组织，还有来自国内沿海省市政府部门官员共计300余人参加了本次论坛。（摘自：中国新闻网）

珠海市：编制《生态文明建设规划》

2011年12月4日，《珠海市生态文明建设规划》（以下简称《规划》）通过了环保部技术评审，这标志着珠海确立了今后生态文明建设的总体目标和阶段目标，确立了生态文明的建设方向。《规划》研究报告由环保部华南环境科学研究所编制，规划范围覆盖全市，包括海陆总面积7653平方公里，近期规划为2011年-2015年，远期为2016年-2020年。该规划方案在全面分析珠海地理环境、自然条件、经济社会发展现状的基础上，提出了实现人与自然和谐，建设环境友好、生活富裕的新型生态文明城市的目标，并通过对整个珠海市进行科学合理规划，改善环境质量，优化资源配置来保障人民群众身心健康，提升生态水平，建设环境优美、适宜人类居住的生态一流的城市。

《规划》提出了该市生态文明建设总体思路，近期目标（2011-2015年）：构建起珠海市生态建设的基本框架和核心体系，实现国家级生态示范区建设的相关指标和珠海特色指标的全面稳定达标；着力实施生态建设“四个百分百”行动计划以及“双十百绿”行动方案，通过功能区优化和产业结构调整及工业重点行业规模调控，创建一批循环经济型企业和生态工业园区，能耗物耗得到有效降低；初步形成良好的生态安全格局和空间发展布局，在初步形成循环经济新格局的同时大幅削减污染物排放强度。远期目标（2016－2020年）：全面构建空间结构合理、布局有序，建成城乡一体化的农村环境保护体系；全面建立起良性循环的生态安全保障体系；统筹城乡发展，构建生态文明建设的体制机制，建设成为生态文明示范城市，建立起人与自然和谐的生态人居体系，成为人民生活富裕、生态文明发达、人与自然和谐的生态一流的文明城市。到2020年，生态环境质量达到世界先进水平，初步形成符合可持续发展的社会-经济-自然复合生态系统。产业结构、增长方式、消费模式集约、高效、节约，城镇污水处理率达到90%以上，城镇生活垃圾无害化处理率达到100%，工业废水排放完全达标，使珠海成为一个人与自然和谐相处的滨海生态园林城市。

（摘自：珠海特区报）

莱芜市：建设乡村文明长效机制

莱芜市探索建立城乡一体、综合治理的长效机制，用机制破解农村环境治理难题，生态文明乡村建设得到持续加强。

为有效破解农村垃圾治理难题，莱芜市按照“政府主导、市场运作”的思路建立了网络化及市场化运作、资金保障、常态化监管等长效机制，在全市建起了“村定点收集、镇集中清运、市区统一处理”的农村垃圾处理系统。该市20个镇、办事处通过招投标，确定29家专业垃圾清运公司，建起2145处垃圾池(箱)，共配备农村保洁员2696名。农村每天产生的生活垃圾，全部清运到市、区无害化垃圾处理厂集中处理，农村垃圾实现了日产日清，处理率达100%。

污水处理是农村新建社区面临的最大生态问题。莱芜广泛引进新技术、新产品，大力推行微生物降解法、沼气法和人工湿地法，使污水变成了清流。该市将正在规划建设的58个农村社区将全部配建污水处理设施，建成后可覆盖城市规划区外25%的村庄。

（摘自：大众日报）

D

F

G

H

J

T

U

W

X

Y

Z